Die moderne Erlebnispädagogik

Geschichte, Merkmale und Methodik eines pädagogischen Gegenkonzepts

Rainald Baig-Schneider

ziel
Gelbe Reihe : Praktische Erlebnispädagogik

Wichtiger Hinweis des Verlags: Der Verlag hat sich bemüht, die Copyright-Inhaber aller verwendeten Zitate, Texte, Bilder, Abbildungen und Illustrationen zu ermitteln. Leider gelang dies nicht in allen Fällen. Sollten wir jemanden übergangen haben, so bitten wir die Copyright-Inhaber, sich mit uns in Verbindung zu setzen.

Inhalt und Form des vorliegenden Bandes liegen in der Verantwortung des Autors.

Bibliografische Information der Deutschen Nationalbibliothek
Die Deutsche Nationalbibliothek verzeichnet diese Publikation in der Deutschen Nationalbibliografie; detaillierte bibliografische Daten sind im Internet über *http://dnb.d-nb.de* abrufbar.

Printed in Germany

ISBN 978-3-940 562-58-6

Verlag:	ZIEL – Zentrum für interdisziplinäres erfahrungsorientiertes Lernen GmbH Zeuggasse 7–9, 86150 Augsburg, www.ziel-verlag.de 1. Auflage 2012
Grafik und Layoutgestaltung:	Stefanie Huber, Friends Media Group GmbH Zeuggasse 7, 86150 Augsburg
Gesamtherstellung:	Friends Media Group GmbH www.friends-media-group.de

Gedruckt auf Recystar matt (100% Altpapier, „Blauer Engel“)

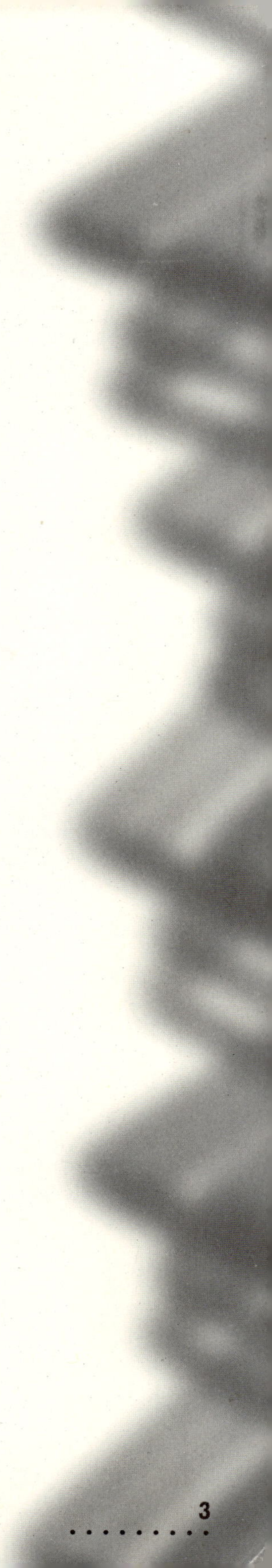

Inhaltsverzeichnis

Einleitung

Ausgehend von gesellschaftlichen und wirtschaftlichen Gegebenheiten und Notwendigkeiten nehmen die Bezugswissenschaften (…) mit ihren verschiedenen Disziplinen (…) sowie die Praxis Einfluss auf die Erlebnispädagogik. Dies ist natürlich ein wechselseitiger Prozess, denn die Erlebnispädagogik verändert und beeinflusst wiederum durch Bildung/Ausbildung/Realisierung und Therapie Mitglieder der Gesellschaft und somit diese selbst. [1]

Will man sich mit der „Erlebnispädagogik"[2] wissenschaftlich auseinandersetzen, steht man am Anfang vor einem riesigen Berg an Ansätzen, Einflüssen, Aspekten, Modellen, Erklärungen, Methoden, Richtungen, Beschreibungen, Wirkmodellen, Didaktiken, Verfahrensweisen, Zuordnungen. Kurz gesagt man befindet sich unversehens in einem riesigen „Erlebnislabyrinth". Friedrich Kron findet bei der Durchsicht von elf Lehrbüchern der Pädagogik insgesamt 40 „Ansätze, Richtungen oder Positionen der Pädagogik[3]". Bei der „Erlebnispädagogik" kommen noch Einflüsse aus den Bezugswissenschaften dazu, vor allem handelt es sich dabei um Psychologie und Soziologie, und der Basiswissenschaft Philosophie.[4] Es ist daher nicht verwunderlich, dass in der Schriftreihe „Wegbereiter der modernen Erlebnispädagogik"[5] des Institutes für Erlebnispädagogik an der Universität Lüneburg zurzeit 56 (!) Wegbereiter benannt werden.

Uneinigkeit besteht auch darüber, ob es sich um eine „Methode" oder um eine „Teilwissenschaft der Pädagogik" handelt. Diese Diskussion ist noch nicht entschieden und sie wird wahrscheinlich auch nie entschieden werden. Eine Methode ist ein „planmäßiges und folgerichtiges Verfahren"[6] und davon ausgehend kann man durchaus von der „Methode Erlebnispädagogik" sprechen. Aus diesem Verfahrenscharakter resultiert eine große Heterogenität „der Erlebnispädagogik", denn zur Begründung für das „folgerichtige Verfahren" werden Lerntheorien aus der Psychologie, Ansätze aus der Soziologie, wissenschaftliche Erkenntnisse aus der Hirnforschung bis hin zu Ansätzen aus dem Grenzbereich der Esoterik herangezogen.

1 Rehm (1996), S. 144.
2 Prinzipiell wird mit dem Begriff der Erlebnispädagogik das gesamte Spektrum der Möglichkeiten bezeichnet. Soll der Aspekt der Unheitlichkeit hervorgehoben werden, wird der Begriff unter Anführungszeichen gesetzt. Ebenso trifft dies auf andere in Anführungszeichen gesetzte Begriffe zu.
3 Kron (1999), S. 263. bzw. S. 248–290; vgl. dazu auch die Struktur der Pädagogik nach Dieter Lenzen in Gudjons (2003), S. 22–23 bzw. S. 30–68.
4 vgl. dazu Gudjons (2003), Kron (2001), Kron (1999), König, Zedler (2002) und Krüger (2002) als Referenzliteratur.
5 siehe auch http://www.uni-lueneburg.de/einricht/erlpaed/verlag_shop.htm#wegbereiter; Stand 06. November 2006. Die Reihe wird herausgegeben vom Verlag edition erlebnispädagogik.
6 Duden (1996), S. 490.

Es gibt wohl wenige Ansätze, Theorien bzw. „Trends“ in den letzten 15 Jahren die nicht in Verbindung mit „der Erlebnispädagogik“ gebracht wurden und werden[7]. Dies ist jedoch nicht wirklich überraschend, es handelt sich eben auch um einen „handlungstheoretischen Ansatz“, das TUN ist also Programm.

Als „Teilwissenschaft der Pädagogik“ ist ein Beschreibungsversuch der „Erlebnispädagogik“ einfacher. Denn am Anfang der „Erlebnispädagogik“ steht die „Erlebnistherapie“ des Reformpädagogen Kurt Hahn und von diesem ausgehend lassen sich viele Bezüge herstellen: zu *dem* Pädagogen Rousseau, zum Begründer der Geisteswissenschaft Wilhelm Dilthey, zu anderen Reformpädagogen wie Hermann Lietz bis hin zu den Pragmatikern. Hier bewegen wir uns also im Bereich der pädagogischen Theorien, was zumindest gewisse Anhaltspunkte der Betrachtungen liefert. Dabei lässt der Bezug zur Reformpädagogik – der Beginn „der Erlebnispädagogik“ ist in diesem Bereich zu verorten – den Begriff des Gegenmodells in den Vordergrund treten und hier treffen sich wieder Methode und Teildisziplin. Denn sowohl Methode als auch pädagogischer Ansatz sind als Gegenmodell zu verstehen, als Gegenmodell gegen das „verkopfte Lernen“, gegen „erstarrte Lernstrukturen“.

In dieser Arbeit wird sowohl die (Ideen)Geschichte eines „pädagogischen Gegenmodells“ als auch die Entwicklung der „Erlebnismethode“ dargestellt. Die Ursprünge der Erlebnispädagogik bis hin zu den 60er Jahren des letzten Jahrhunderts werden in den Kapiteln 2, 3, 5 und 6 dargestellt. Diese Ideengeschichte wird ergänzt durch eine Auseinandersetzung mit dem „erlebnispädagogischen Begriffsvokabular“, vor allem in Kapitel 1 und der Darstellung der institutionellen Entwicklung in Kapitel 4. Die Expansion der „modernen Erlebnispädagogik“ in den 80er Jahren[8], vor allem als „methodische Anwendung“ – von der Zielgruppe der Jugendlichen hin zur Zielgruppe der Erwachsenen und somit (auch) in den Bereich der „Arbeitswelt“ und die daraus resultierenden Folgen wird vor allem in den Kapiteln 7 und 8 beschrieben. In jenen beiden Kapiteln wird auch der Bezug zu gesellschaftlichen Entwicklungen hergestellt und in Kapitel 11 wird die Entwicklung der professionellen Erlebnispädagogik kritisch betrachtet. Die Merkmale der Erlebnispädagogik stehen im Mittelpunkt von Kapitel 9 und basierend auf dem „Tree of Science“ wird schließlich in Kapitel 10 aus den „Erlebnispädagogischen Merkmalen“ eine „Systematik der Erlebnispädagogik“ entwickelt.

Eine umfassende Beschreibung der „Erlebnispädagogik“ bedarf also sowohl der „pädagogischen Ideengeschichte“, der analytischen Beschreibung der Begrifflichkeiten, Merkmale und Methoden, der Beschreibung der historischen Entwicklung der Institutionen und des Bezuges zu gesellschaftlichen Veränderungen. Methodisch handelt es sich somit um eine

---

7 Ein kleiner Auszug: Neurolinguistisches Programmieren, Themenzentrierte Interaktion, Ansätze der (sozialen) Systemtheorie, Kognitivismus, Gestalttherapie, Entwicklungspsychologisches Modell von Piaget, Kohlberg, Erikson, soziologische Theorien von Parson und Mead, Gesellschaftstheorien von Beck (Risikogesellschaft) und Schulze (Erlebnisgesellschaft), Theorien der Personalentwicklung und Betriebswirtschaft, spirituelle Ansätze wie Schamanismus uvm.

8 vgl. Meier-Gantenbein (2000), S. 31. Meier-Gantenbein setzt den Beginn der „modernen Erlebnispädagogik“ bzw. den Anfang der Diskussion in der Fachliteratur konkret mit dem Jahr 1984 an. In anderen Publikationen wird „von einem Anfang in den 80ern“ gesprochen.

geisteswissenschaftlich-phänomenologisch-hermeneutische Arbeit. Es wird versucht, das „Phänomen Erlebnispädagogik“ durch die Analyse der verwendeten Begriffe möglichst genau zu beschreiben und diese gegeneinander abzugrenzen. Gleichzeitig macht dies nur Sinn, wenn die einzelnen Begriffe in ihrem historischen und gesellschaftlichen Zusammenhang beschrieben werden. Nicht zuletzt geht es darum, das pädagogische Fundament der Erlebnispädagogik (wieder) zu entdecken. Zurzeit besteht eine Tendenz, die Erlebnispädagogik als eine Art „Technik der Gruppenarbeit“, als eine „innovative pädagogische Verfahrensweise“ zu sehen. Diese Arbeit möchte entgegen diesem Trend den Blick auf die (wissenschaftlichen) Fundamente wieder freilegen. Denn die aktuellen praktischen Verfahrensweisen“ haben sich aus den verschiedensten theoretischen Ansätzen heraus entwickelt und sind Produkt einer langen Entwicklungskette. Wissenschaftliche Theorie und wissenschaftliche Methoden ergeben ein wissenschaftliches Konstrukt und erst auf Basis dieser wissenschaftstheoretischen Fundamente können sich praktische Verfahrensweisen entwickeln[9]. Somit sind das Konzept und die Umsetzung der Hahnschen Erlebnistherapie ohne die Grundlage der geisteswissenschaftlichen Pädagogik nicht vorstellbar.

Denn einiges kehrt immer wieder, vieles der heutigen „modernen Erlebnispädagogik“ ist nur Altes im neuen Gewand und so kann man manche „Verfahrensweisen“, ganz im Sinne eines Wilhelm Diltheys, erst dann verstehen, wenn die historischen Bezüge und die wissenschaftstheoretischen Fundamente des „Phänomens Erlebnispädagogik“ aufgespürt werden.

Das Neue ist in der Tat nichts Anderes als die Wiederbelebung des Alten zum rechten Augenblick. [10]

9 Dieses wissenschaftstheoretische Fundament schwingt zumindest in Form von „Haltungen, Ein- und Ansichten, Formulierungen und Leitbegriffen“ mit, ist allerdings oft nicht explizit ausgewiesen. Diese Bezüge herzustellen und nachzuweisen ist Aufgabe einer wissenschaftlichen Arbeit. Vgl. dazu Kron, Friedrich (1999).

10 Heckmair, Michl (2002), S. 267.

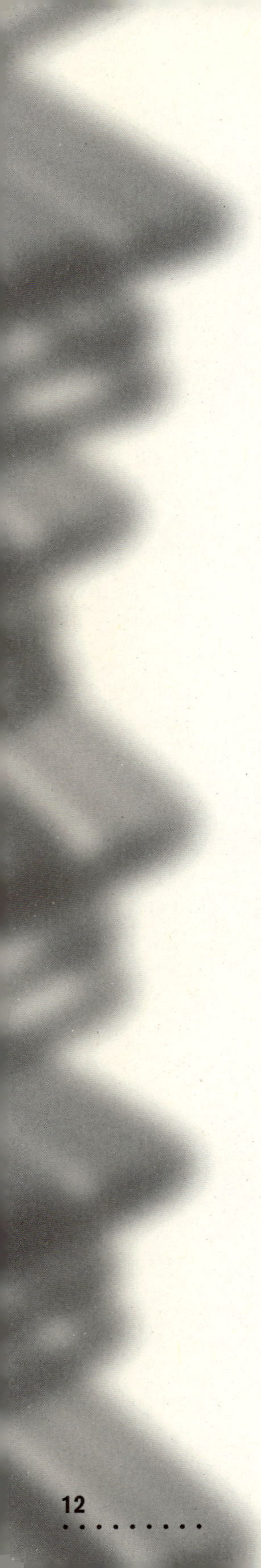

1. Ochsentour Definitionen und Grundwortschatz

In diesem Kapitel soll ein erster Überblick gegeben werden. Wie in der Einleitung schon ausführlich dargestellt, handelt es sich bei der Erlebnispädagogik um ein sehr heterogenes Gebilde und dementsprechend ist der Versuch, in einem Kapitel einen Überblick zu geben, schon zum Scheitern verurteilt. Allerdings ist es durchaus möglich, einen ersten Einblick zu gewähren. Dabei wird folgendermaßen vorgegangen: Im ersten Abschnitt werden einige Definitionen vorgestellt, die in ihrer Gesamtheit eine Beschreibung der Erlebnispädagogik aus verschiedenen Blickwinkeln ergeben. Damit ist ein erster Überblick gewonnen. Im zweiten Abschnitt wird aus diesen Definitionen ein „Grundwortschatz" generiert und somit werden relevante „Leitbegriffe" erfasst. Im letzten Abschnitt wird noch kurz auf die Frage „Wissenschaft, Verfahren, Methode oder pädagogische Grundhaltung" eingegangen.

1.1 Definitionen in der Erlebnispädagogik (Auswahl)

Definition ist der Prozess der inhaltlichen Klärung eines Begriffs durch Angaben seiner wesentlichen Merkmale.[11]

Da in der Erlebnispädagogik eine enorme Anzahl von Ansätzen und Theorien anzutreffen ist[12], erscheint eine Annäherung an das Phänomen Erlebnispädagogik bzw. der verwendeten Begriffe über die im Laufe der Zeit veröffentlichten Definitionen sinnvoll. Dabei kann man allerdings nicht von **einer** gültigen Definition ausgehen, sondern auch hier ergibt sich ein heterogenes Bild. Dementsprechend werden in diesem Kapitel mehrere Definitionen angeführt und alle zusammen sollen einen ersten Eindruck über die „Erlebnispädagogik" vermitteln. Die „Moderne Erlebnispädagogik" kommt in den unterschiedlichsten Arbeitsfeldern zur Anwendung: von der Sozialarbeit, der Erziehungshilfe über die (schulische) Erziehung bis hin zur betrieblichen Fort- und Weiterbildung. Dementsprechend spiegeln die Definitionen die speziellen Anforderungen dieser Arbeitsfelder wider.

Mit bereits vorliegenden Definitionen lassen sich (...) Zweige innerhalb der Erlebnispädagogik sinnvoll aufzeigen.[13]

11 dtv – Wörterbuch Pädagogik (2004), S. 133.
12 vgl. Fußnote 7.
13 Ernst (2001), S. 16.

Am größten ist die (begriffliche) Unterscheidung wohl zwischen dem Arbeitsfeld der „Sozialpädagogik" und dem der „betrieblichen Fort- und Weiterbildung": Im ersteren wird mehrheitlich der Ausdruck „Erlebnispädagogik" verwendet, im zweiteren überwiegt die Bezeichnung von „Outdoor-Trainings". [14] Allerdings ist diese Trennung im Detail nicht aufrecht zu erhalten (vgl. dazu Abschnitt 11.4) und so gilt einfach: Die Realität liegt (zumeist) irgendwo dazwischen.

I. Definition nach Jörg Ziegenspeck:
Ein *ganzheitlicher* Ansatz kennzeichnet erlebnispädagogisch definierte bzw. begleitende Maßnahmen und Programme – „buten und binnen" – allgemein:
Unmittelbares Lernen mit Herz, Hand und Verstand in Ernstsituationen und mit kreativen Problemlösungsansätzen und sozialem Aufforderungscharakter bilden den Anspruchsrahmen erzieherisch definierter, verantwortbarer und auf eine praktische Umsetzung ausgerichteter Überlegungen, die auf individuelle und gruppenbezogene Veränderungen von Haltungen und Wertmaßstäben ausgerichtet sind und durch sie veranlasst und begründet werden. [15]

II. Definition nach Annette Reiners:
Im Vordergrund soll das handlungsorientierte und soziale Lernen stehen.
Die *Herausforderung* soll vom Teilnehmer als subjektiv schwer, jedoch nicht unüberwindlich bzw. unlösbar gesehen werden. In dieser Situation der *Grenzerkundung* lernen die Teilnehmer ihre Fähigkeiten, die Eigenschaften und damit sich selbst besser kennen. (…)
Das Erleben muss *ganzheitlich* sein, d.h. die kognitive, emotionale und aktionale Lernebene sind abzustimmen.
Nach Einführung in die Aktivität soll der Gruppensteuerung und Selbstverantwortung der Gruppe soweit wie möglich freier Lauf gelassen werden.
Die Situationen müssen ernsthaft, direkt, konkret und authentisch, das heißt „nicht aufgesetzt" sein; die an die Gruppe übertragene Verantwortung muss real und nicht spielerisch sein.
Durch ein vielfältiges Angebot an sportlichen, sozialen, musisch-kreativen und organisatorischen Aktivitäten soll der Teilnehmer unausweichlich in Situationen geraten, in denen er sich bewähren oder an seine Grenzen stoßen kann. [16]

III. Definition nach Jörg Ziegenspeck:
Die Erlebnispädagogik versteht sich als Alternative und Ergänzung tradierter und etablierter Erziehungs- und Bildungseinrichtungen. Hört man heute das Wort Erlebnispädagogik, so kann davon ausgegangen werden, dass primär natursportliche Unternehmungen (…) gemeint sind. Die einseitige Ausrichtung auf (…) Outdoor-Pädagogik muss aber in Zukunft zugunsten von (…) Indoor-Pädagogik abgebaut werden, denn gerade auch in den

---

14 zu dieser Unterscheidung vgl. im Speziellen Schneider (2006)
15 Ziegenspeck (1992), S. 21.
16 Reiners (1995), S. 35.

künstlerischen, musischen, kulturellen und auch technischen Bereichen gibt es vielfältige erlebnispädagogische Entwicklungs- und Gestaltungsmöglichkeiten. Erlebnispädagogische Programme (…) beziehen die natürliche Umwelt mit ein und verfolgen damit meist zugleich einen ökologischen Bildungsanspruch. [17]

IV. Definition nach Torsten Fischer und Jens Lehmann:
Die Erlebnispädagogik versteht sich als Alternative und Ergänzung tradierter und etablierter Erziehungs- und Bildungseinrichtungen. Sie ist in der Reformpädagogik verwurzelt (…) und gewinnt in dem Maße neuerlich an Bedeutung, je mehr sich Schul- und Sozialpädagogik kreativer Problemlösungsansätze verschließen. Als Alternative sucht die Erlebnispädagogik neue Wege außerhalb bestehender Institutionen, als Ergänzung wird das Bemühen erkennbar, neue Ansätze innerhalb alter Strukturzusammenhänge zu finden. [18]

V. Definition nach Mark Ostenrieder und Michael Weiß:
Erlebnispädagogik kann einerseits als Zusatzangebot die rezeptiven Lernmethoden verstärken, indem sie den einzelnen als ganze Person fordert. Andererseits braucht die Erlebnispädagogik keine traditionellen Ansätze, um ihr Ziel, die Vermittlung außerfachlicher Qualifikationen, zu erreichen. Durch die Auseinandersetzung mit sich selbst, den anderen Kursteilnehmern und der gegebenen Umwelt erlebt der Teilnehmer die Konsequenzen seines Handelns und muss unmittelbar reagieren. (…) Während der erlebnispädagogischen Maßnahme werden die Teilnehmer in Situationen versetzt, in denen sie individuelle, gruppen- und tourenspezifische Entscheidungen treffen müssen. Da diese Situationen in ihrer Besonderheit immer unterschiedlich sind, werden die Teilnehmer von den neuen Gegebenheiten überrascht, zugleich aber auch herausgefordert, diese gemeinsam zu überwinden. Die Erlebnispädagogik schafft also Situationen, die überraschen und herausfordern und somit zu Erlebnissen führen. Dadurch werden letztendlich völlig neue Erfahrungen möglich. [19]

VI. Definition nach Annette Reiners:
In Anlehnung an Kurt Hahn setzte man anfangs die Erlebnispädagogik gleich mit einer handlungsorientierten Methode, in der Natur, Erlebnis und Gemeinschaft pädagogisch zielgerichtet miteinander verbunden werden. [20]

VII. Definition nach Hans-Peter Hufenus:
Erlebnispädagogik ist eine Methode, die Personen und Gruppen zum Handeln bringt mit allen Implikationen und Konsequenzen bei möglichst hoher Echtheit von Aufgabe und Situation in einem Umfeld, das experimentierendes Handeln erlaubt, sicher ist und den notwendigen Ernstcharakter besitzt. [21]

17 Fischer, Ziegenspeck (2000), S. 27.
18 Fischer, Lehmann (2009), S. 51.
19 Ostenrieder, Weiß (1994), S. 12.
20 Reiners (2003), S. 13.
21 Hufenus, zitiert nach Galuske (2002), S. 67.

VIII. Definition nach Bernd Heckmair und Werner Michl:
Wir sprechen dann von der Methode Erlebnispädagogik, wenn die Elemente Natur, Erlebnis und Gemeinschaft im Rahmen von Natursportarten pädagogisch zielgerichtet miteinander verbunden werden. Die Anregung zu dieser Definition entnehmen wir dem historischen Werdegang dieses Begriffs und sehen sie als notwendige Abgrenzung zu erlebnisorientierten Methoden und Formen der außerschulischen Bildungsarbeit (Theaterspielen, kreative Methoden, Selbsterfahrung u.v.a.m.), in denen das Erlebnis ebenfalls von großer Bedeutung ist.[22]

IX. Definition nach Bernd Heckmair und Werner Michl:
Erlebnispädagogik ist eine handlungsorientierte Methode und will durch exemplarische Lernprozesse, in denen junge Menschen vor physische, psychische und soziale Herausforderungen gestellt werden, diese in ihrer Persönlichkeitsentwicklung fördern und dazu befähigen, ihre Lebenswelt verantwortlich zu gestalten.[23]

X. Definition nach Bernd Heckmair und Werner Michl:
Unter Erlebnispädagogik verstehen wir eine handlungsorientierte Methode, in der durch Gemeinschaft und Erlebnisse in naturnahen oder pädagogisch unerschlossenen Räumen neue Raum- und Zeitperspektiven erschlossen werden, die einem pädagogischen Zwecke dienen.[24]

XI. Definition nach Annette Reiners:
Erlebnispädagogische Maßnahmen sind also verkürzt gesagt dadurch gekennzeichnet, dass der Einzelne mit sich und/oder in der Gruppe intensive Erlebnisse erfährt, die den Kern seiner Persönlichkeit treffen und mit denen er sich zuerst handelnd und dann reflexiv auseinandersetzt[25].

XII. Definition nach den Richtlinien des Landes Oberösterreich:
Erlebnispädagogik im Bereich der Sozialpädagogik ist dementsprechend ein handlungsorientierter Ansatz, der die Elemente *Erlebnis* (persönlich bedeutsame Natur-, Gruppen-, und Ich-Erlebnisse), *Gruppe* (Interaktionserfahrungen mit der Gruppe, soziales Lernen) und *Natur* (heilende Kraft der Natur) in einem Konzept pädagogisch zielgerichtet verbindet. Durch einen förderlichen *Rahmen*, begründbare *Inhalte* und entsprechende *Methoden* werden ganzheitliche (emotionale, motorische, und kognitive) Lernprozesse mit situationsübergreifender Wirkung (Transfer) angestrebt, die je nach Zielformulierung und Konzeption schwerpunktmäßig einen erkennbaren präventiven, sozialpädagogischen und/oder therapeutischen Einfluss auf die Persönlichkeitsentfaltung haben. Rahmen, Inhalte und Methoden müssen auf die *Zielgruppe* und die Ziele abgestimmt werden.[26]

---

22 Heckmair, Michl (2002), S. 161.
23 Heckmair, Michl (1998), S. 75.
24 Heckmair, Michl (1998), S. 75.
25 Reiners (2011), S. 15.
26 Positionierung der Erlebispädagogik in Oberösterreich. Richtlinien. Amt der Oberösterreichischen Landesregierung, Abteilung Jugendwohlfahrt, Altstadt 30, 4021 Linz, Jänner 2004.

XIII. Definition nach Günter Amesberger:

Unter Outdoor-Aktivitäten verstehen wir bewegungs- und sportbezogene Aktivitäten in einer möglichst wenig beeinträchtigten Natur. Diese Aktivitäten finden in einem sozial und räumlich anderen – für die Teilnehmer herausfordernden, anregenden, aber auch ungewöhnlichen – Bereich statt, in einem Bereich, der für die Teilnehmer im Wesentlichen neu ist, das heißt, sie werden aus ihrem sozialen Umfeld „herausgeholt".(…) Folgende weitere Aspekte sind für Outdoor-Aktivitäten fundamental:

Es werden Aufgaben gestellt, die von der Gruppe in Kooperation zu bewältigen sind.

Die Gruppe bleibt stets zusammen und führt nur Aktivitäten durch, die für alle zumutbar sind.

Es gibt auch Aufgabenstellungen, die an die Einzelperson gerichtet, aber im Rahmen der Gruppe zu lösen sind, wobei diese unterstützende Funktion hat.

Die Gruppe ist im Laufe der Aktivitäten zunehmend auf ihre eigenen Fähigkeiten angewiesen. Gleichermaßen wird die Unterstützung seitens der Leiter abgebaut.

Outdoor-Aktivitäten sind nicht als Selbstzweck, sondern als Chance (Medium, Metapher) zur Auseinandersetzung mit sich und der Gruppe zu verstehen.

Für diese Auseinandersetzung werden systematisch (konsequent) Methoden der Sozialarbeit und/oder der Psychotherapie eingesetzt. Es wird also die Wirkung von Aufgaben, Natur und Gruppe nicht dem Zufall überlassen, sondern gezielt unterstützt.[27]

XIV. Definition nach Hans Georg Renner:

Outdoorseminare sind ganzheitliche, handlungs- und erlebnisorientierte Seminare in der Natur, bei denen die Teilnehmer als Einzelne oder als Gruppe bestimmte Aufgaben mit Ernstcharakter lösen (…), die zwar allesamt ungewohnte Anforderungen stellen jedoch auch für Ungeübte zu bewältigen sind. Grundsätzlich gilt bei allen Übungen das Prinzip „Challenge choice": Jeder bestimmt bei jeder Aufgabe seine individuelle Grenze, wie viel er sich zutraut, wie weit er mitmachen will[28].

XV. Definition nach Wolfgang Müller:

Unter der Bezeichnung **Outdoor Training** sollen innerhalb dieser Analyse **alle naturbezogenen Weiterbildungsmaßnahmen verstanden werden, die personale und individuelle Erlebnisse als zentrale pädagogische Mittel des Lernens einsetzen und betriebliche Qualifikationsziele anstreben.**

Der Aspekt **„naturbezogen"** soll bedeuten, dass im Umfeld Natur durchgeführte Weiterbildungsmaßnahmen betrachtet werden, die *natursportliche Aktivitäten* wie beispielsweise Bergsteigen, Schlauchbootfahren oder Segeln beinhalten.

Der Aspekt **„personale und individuelle Erlebnisse als zentrale pädagogische Mittel des Lernens"** soll bedeuten, dass diejenigen naturbezogenen Maßnahmen betrachtet werden, die sich explizit des *„Erlebnisses"* als pädagogisches Lernmittel bedienen.

27 Amesberger (2003), S. 9–10.
28 Renner (2000), S. 7.

Der Aspekt **„betriebliche Qualifikationsziele anstreben"** soll bedeuten, dass diejenigen naturbezogenen und erlebnisorientierten Maßnahmen betrachtet werden, die explizit betriebliche Qualifikationsziele zum Inhalt haben und somit betrieblichen Zwecken dienen sollen. Unter einem **Qualifikationsziel** soll eine Beschreibung von *Kenntnissen, Fähigkeiten, Verhaltensweisen* und *Eigenschaften* verstanden werden, die betrieblich relevant sind, d.h. denen entsprechende Arbeitsplatzanforderungen gegenüberstehen.[29]

XVI. Definition nach Andrea und Stefan König:

Bei einem Outdoor-Training für Teams handelt es sich demnach um eine außer Haus stattfindende Schulung oder Ausbildung, in der es möglich ist etwas auszuprobieren und zu trainieren. Ziel des Ausprobierens und Übens kann sein, ein Team zu entwickeln. Dazu fördert und fordert ein Outdoor-Training Persönlichkeits-, Handlungs- und Teamkompetenz. Outdoors stellen eine Form der Weiterbildung dar, bei der die Teilnehmer aufgefordert sind dem Seminarraum zu „entfliehen". Um außergewöhnliche Resultate zu erzielen, werden ungewöhnliche Methoden eingesetzt. Diese sind, wie gesagt, handlungsorientiert und finden zum Großteil im Freien statt. Eingesetzt werden Outdoor-Trainings vor allem zur Unterstützung von Organisationsentwicklungsprozessen. Charakteristisch für die hierfür angewandten Methoden ist es, dass die Trainingsteilnehmer durch eigene Handlung und Erfahrung lernen. Dazu haben Trainingssituationen immer einen Ernstcharakter, dies wird z.B. beim Klettern oder Wildwasserpaddeln besonders deutlich. Ausbildungen mit diesem Charakter bedeuten für den Trainingsteilnehmer, dass er nicht nur kognitiv gefordert und gefördert wird, sondern auch körperlich und emotional. Dieser ganzheitliche Lernansatz begünstigt ein besonders intensives und nachhaltiges Lernen.[30]

Abschließend an dieser Stelle noch eine Beschreibung von Werner Michl:

Da sie nur eine Methode ist, hat sie zu einer sehr wichtigen Diskussion über pädagogische Zielsetzung geführt.

- Das Prinzip des „Learning by doing" ist in der Erlebnispädagogik am konsequentesten verwirklicht worden.
- Auch die Diskussion über Führung, Leitung, Verantwortung, kurzum über eine Ethik des Erziehens ist durch sie neu belebt worden.
- Die Begründung einer neuen Spielpädagogik, die sich mit dem Terminus „kooperative Abenteuerpädagogik" beschreiben lässt und die Entdeckung pädagogischer Möglichkeiten der Stadt ist ihr Verdienst.
- Schließlich ganzheitliches Lernen: Lernen mit Kopf, Herz und Hand ist nicht nur der Leitspruch von Johann Heinrich Pestalozzi, sondern auch von Kurt Hahn, dem Begründer der modernen Erlebnispädagogik.
- Und ein letzter Hinweis: der Dienst an der Gemeinschaft und das Projektlernen haben so eine Renaissance erfahren.[31]

29 Müller (2002), S. 21–22.
30 König, König (2005), S. 21.
31 Michl (1999), S. 12.

1.2 Erlebnispädagogischer Grundwortschatz

Die erlebnispädagogische Literatur verfügt über einen Grundwortschatz, dessen sie sich bedient um Erlebnispädagogik zu definieren. Dabei werden unterschiedliche Merkmale genutzt, um sowohl ganze Programme, als auch einzelne Aktivitäten zu beschreiben. [32]

Michael Ernst versucht die begrenzte Aussagekraft einzelner Definitionen für das heterogene Feld der Erlebnispädagogik durch das Postulat eines „Grundwortschatzes" zu umgehen. Diese Verfahrensweise erscheint sehr vielversprechend, um das heterogene Feld zu beschreiben. Denn im Gegensatz zu den notwendigen Einschränkungen und Präzisierungen bei Definitionen lassen sich durch diese Wortfelder einzelne Aspekte sehr dicht beschreiben. Wendet man diese Verfahrensweise auf die vorherigen Definitionen an, lässt sich der folgende Wortschatz generieren. Dabei wurde versucht diesen Wortschatz „sinnvoll" zu strukturieren, wobei je nach Fokus vollkommen andere Stichwörter und Kombinationen der Beschreibung entstehen. Handelt es sich auch nicht um eine exakte wissenschaftliche Methode, ermöglicht sie doch einen sehr guten Einstieg in die Welt der „erlebnispädagogischen Leitbegriffe":

Art der Pädagogik	moderne Erlebnispädagogik neue Spielpädagogik Indoor-Pädagogik Outdoor-Pädagogik kooperative Abenteuerpädagogik Outdoor-Training in der Reformpädagogik verwurzelt
Ziele	pädagogische Zielsetzung pädagogisch zielgerichtet pädagogisch zielgerichtet in einem Konzept erzieherisch definiert pädagogischem Zweck dienend ökologischer Bildungsanspruch betrieblicher Zweck betrieblich relevante Eigenschaften betriebliche Qualifikation Qualifikationsziel auf praktische Umsetzung ausgerichtet Vermittlung außerfachlicher Qualifikationen Ziel Teamentwicklung Persönlichkeitsentwicklung präventiver, sozialpädagogischer und/oder therapeutischer Einfluss auf die Persönlichkeitsentfaltung
Art der Veranstaltung	außerschulische Bildungsarbeit Outdoor-Seminare Seminar naturbezogene Weiterbildungsmaßnahme Schulung und Ausbildung

32 Ernst (2001), S. 16. Das Merkmalmodell von Ernst wird ausführlich in Kapitel 9 Merkmale der Erlebnispädagogik (Michael Ernst) besprochen.

Lernen	intensives und nachhaltiges Lernen Lernen mit Herz, Hand und Verstand Erlebnis als zentrales pädagogisches Mittel des Lernens Learning by doing exemplarischer Lernprozess handlungsorientiertes Lernen soziales Lernen rezeptive Lernmethoden Erlebnis als pädagogisches Lernmittel ganzheitliche (emotional, motorisch und kognititve) Lernprozesse Projektlernen
Didaktische Gestaltung	Ernstsituation Ernstcharakter ernsthafte Situationen/unausweichliche Situationen Echtheit der Aufgabe Echtheit der Situation real und nicht spielerisch Konsequenzen des Handelns Herausforderung physisch/psychisch/soziale Herausforderung räumlich und sozial herausfordernd herausfordernde Situationen überraschende Situationen Trainingssituation subjektiv schwer ungewohnte/bewältigbare Anforderungen nicht unüberwindliche Anforderung (sozialer) Aufforderungscharakter Grenzerkundung/Grenze Rahmen/Inhalt/Methode muss auf Zielgruppe und Ziel abgestimmt sein förderlicher Rahmen
Ausrichtung	ganzheitlich körperlich/emotional/kognitiv handlungsorientiert erlebnisorientiert trainieren
Methode(n)	handlungsorientierte Methode erlebnisorientierte Methode Methoden der Sozialarbeit Methoden der Psychotherapie ungewöhnliche Methode

Arbeitsebene	Einzelne/Gruppe Einzelperson im Rahmen der Gruppe Auseinandersetzung mit sich selbst Auseinandersetzung mit der Gruppe Auseinandersetzung mit der Natur Personen und Gruppe zum Handeln bringen Selbstverantwortung/Gruppenverantwortung Gruppe Gruppenentscheidungen Gruppe in Kooperation Gruppensteuerung Unterstützung durch die Gruppe Individuum individuelle Entscheidungen individuelle Grenzen individuelle Erlebnisse personale Erlebnisse Persönlichkeit Persönlichkeitsentwicklung Einzelne/Natur Aufgabe/Natur/Gruppe Natur/Erlebnis/Gemeinschaft Erlebnis/Gruppe/Natur
Form der Aktivitäten	sportliche Aktivitäten Natursportarten primär natursportliche Unternehmungen bewegungs- und sportbezogene Aktivitäten für alle zumutbare Aktivitäten Outdoor-Aktivitäten soziale Aktivitäten musisch-kreative Aktivitäten organisatorische Aktivitäten künstlerisch/musisch/kulturell/technischer Bereich
Ort	im Freien „außer Haus" Outdoor Natur Natur als Medium natürliche Umwelt wenig beeinträchtigte Natur naturnaher und pädagogisch unerschlossener Raum Seminarraum Indoor

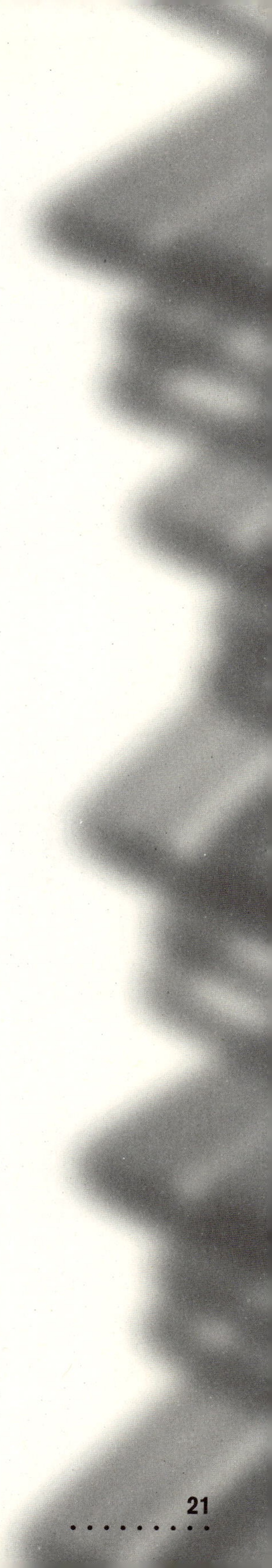

Alternative	Alternative zu tradierten/etablierten Erziehungs- und Bildungseinrichtungen Ergänzung zu tradierten/etablierten Erziehungs- und Bildungseinrichtungen kein traditioneller Ansatz Zusatzangebot ungewöhnliche Methoden kreative Problemlösungsansätze außergewöhnliche Resultate ausprobieren Seminarraum entfliehen Erlebnispädagogik gewinnt in dem Maße neuerlich an Bedeutung, je mehr sich Schul- und Sozialpädagogik kreativer Problemlösungsansätze verschließen … sucht Erlebnispädagogik neue Wege außerhalb bestehender Institutionen als Ergänzung … neue Ansätze innerhalb alter Strukturen wieder zu finden

1.3 Wissenschaft, Methode, Verfahren oder pädagogische Grundhaltung?

Eine wesentliche (wissenschaftliche) Frage in der modernen Erlebnispädagogik ist die, ob es sich bei der Erlebnispädagogik um eine Wissenschaft oder um eine Methode handelt. Argumente für eine Erlebnispädagogik als (Teil)Wissenschaft liefert Jörg Ziegenspeck:

„Erlebnispädagogik" als „(Teil)Wissenschaft" [33]

Wenn Erlebnispädagogik als (Teil)Wissenschaft definiert wird, kann verallgemeinert werden, dass eine Wissenschaft selbst nie gleichzeitig auch Methode sein kann. Was für die Medizin, Theologie oder Betriebswirtschaft gilt, gilt daher auch für die Erlebnispädagogik: wird in den aufgezählten Disziplinen von Methoden gesprochen, sind die der jeweiligen Disziplinen theoretisch und praktisch verpflichtet gemeint (z.B. spricht man von sozialwissenschaftlichen Methoden, nie aber von der Sozialwissenschaft als einer Methode, von medizinischen Behandlungsmethoden, von Forschungsmethoden in den jeweiligen wissenschaftlichen Disziplinen). Mit anderen Worten: auch die Erlebnispädagogik hat ihre eigenen Methoden und wird im Zuge ihrer weiteren Entwicklung und differenzierenden Ausgestaltung spezifische Methoden zu entwickeln wissen.

Betrachten wir also die „Erlebnis-Pädagogik", bedeutet dies, dass wir uns in einer speziellen wissenschaftlichen Disziplin mit seiner speziellen Gegenstandskonstruktion (Was wird innerhalb dieser Disziplin wissenschaftlich betrachtet) und speziellen Wegen der Erkenntnisgewinnung (Wie gelange ich zu wissenschaftlichem Wissen) bewegen.

33 Ziegenspeck (1992), S. 18.

Dies bedeutet aber zumeist auch, dass im Rahmen der Pädagogik wissenschaftliches Wissen generiert wird und nicht explizit praktisches Wissen (Theorie-Praxis Problem)

Theorie	**Theorie-Praxis**	**Praxis**
Erkenntnisse aufgrund wissenschaftlicher Verfahren	Gap	Erkenntnisse aufgrund eigenen Handelns

Erlebnispädagogik als „Verfahren"

Ein anderer Ansatz ist, die Erlebnispädagogik als „Verfahren" zu beschreiben.

Ein Verfahren nenne ich einen in sich konsistenten Handlungsansatz zur Steuerung anspruchsvoller Beziehungsarbeiten (...) Ein Verfahren enthält nicht nur eine Theorie fachlichen Handelns (Praxeologie) – wie etwa eine Methodik – sondern auch Theorien und Konzepte zur Integration der Geschehnisse, mit denen sie befasst ist (Interpretationsfolien) und vor allem eine Philosophie, die dieses Handeln begründet und rechtfertigt. [34]

TREE OF SCIENCE
jede systematische Praxis umfasst

Metatherorien – Philosophie
Ethik, Menschenbild, Ansichten über das Sein an sich
z.B. Das „ganzheitliche Menschenbild" und daraus resultierende ethische Forderungen

Realexplikative Theorien – die spezifischen Theorien
Erklärungsangebote über das jeweilige Phänomen
z.B. Erklärungen aus den verschiedensten wissenschaftlichen Disziplinen zu den Begriffen Erlebnis, Handlung, Abenteuer

Praxeologie – die methodische Umsetzung
Wie wird methodisch vorgegangen? z.B. das pädagogische Spiel (Spinnennetz), eine Expedition in alpines Gelände, das Befahren von Gewässer etc.

34 Petzold (2004) S. 382.

Ein Verfahren ist also ein stringenter Handlungsansatz mit einem speziellen Philosophie-Theorie-Praxis Verhältnis. Viele erlebnispädagogische Ansätze, die mit einem Copyright geschützt sind, können als Verfahren dargestellt werden. Betrachtet man die Internetauftritte solcher Ansätze folgen diese dem oben dargestellten Verfahrensschema (Wer sind wir, Unsere Philosophie, Was ist Erlebnispädagogik, Wie gehen wir vor), wobei aber die philosophisch-theoretisch-methodischen Ansätze durchaus aus ganz unterschiedlichen Bereichen stammen können. Es ist Aufgabe des Verfahrens diese Unterschiedlichkeiten zu einem stringenten Ganzen zu formen. Als praktisches allgemeines Beispiel sei hier das Verfahren des Neurolingusitischen Programmierens (NLP) genannt, in dem die unterschiedlichsten therapeutischen/kommunikationstheroretischen Ansätze zu einem neuen in sich schlüssigen Verfahren zusammengefasst wurden. In der Erlebnispädagogik wäre die Erlebnistherapie von Hahn ein Beispiel für ein erlebnispädagogisches Verfahren (vgl. Kapitel 10 Systematik der modernen Erlebnispädagogik).

Erlebnispädagogik als „Methode“[35]

Methoden *(griech. methodos Vorgehen, Verfahren; engl. methods)*[36]

Methoden beschreiben das praktische „Vorgehen“, beinhalten eine methodisch-praktische Komponente und sind auf der Ebene der Handlung angesiedelt. Im englischen Sprachraum wird daher oft auch von „Tools“ gesprochen, von Werkzeug dessen man sich bedient. Ein Beispiel dafür sind z.B. die Methoden der Gesprächsführung aus der Systemischen Therapie, die eine gelungene Kommunikation ermöglichen sollen. Als Beispiel im Bereich der Erlebnispädagogik wären die handlungsorientierten Problemlösungsaufgaben zu nennen, die in speziellen Methodensammlungen (Was brauche ich, Wie leite ich an…) gesammelt werden und dann zur erlebnispädagogischen Prozessgestaltung verwendet werden können. Der Vorteil dieser „praktischen Betrachtungsweise“ liegt darin, dass Methoden nicht auf spezifische Handlungsfelder festgelegt sind: sie können in den verschiedensten Verfahren (z.B. therapeutische Verfahren wie Psychodrama) und in den unterschiedlichsten Handlungsfeldern (Betriebliche Fort- und Weiterbildung, Soziale Arbeit, Supervision und Coaching…) zur Anwendung gelangen. Mit dem Methodenbegriff ergibt sich allerdings eine (begriffliche) Problematik. Methoden unterliegen streng genommen keiner ethischen Bewertung und können auch als reine „technische Verfahren“ verstanden werden. Dieser Umstand wird oft mit der Messermetapher dargestellt (ein Messer kann als Werkzeug dienen oder als Waffe), ein erlebpädagogisches Beispiel dazu wäre der Vergleich eines Boot Camps und eines erlebnispädagogischen Langzeitprojekts – methodisch nicht so unterschiedlich aber in der Intention und Zielsetzung („pädagogischer Zweck“) und vor allem in der philosophischen Grundhaltung (Menschenbild, Ethik) wohl doch.

35 Heckmair, Michl (1998), S. 75. Vgl. auch Definitionen nach Reiners (1995), Reiners (2011), Heckmair, Michl (2008).
36 dtv-Wörterbuch Pädagogik (2004), S. 383.

In einem umfassenderen Betrachtungsansatz werden Methoden allerdings auch als komplexere Verfahrensabläufe dargestellt:

Wir sprechen dann von der Methode Erlebnispädagogik, wenn die Elemente Natur, Erlebnis und Gemeinschaft im Rahmen von Natursportarten pädagogisch zielgerichtet miteinander verbunden werden. Die Anregung zu dieser Definition entnehmen wir dem historischen Werdegang dieses Begriffs und sehen sie als notwendige Abgrenzung zu erlebnisorientierten Methoden und Formen der außerschulischen Bildungsarbeit (Theaterspielen, kreative Methoden, Selbsterfahrung u.v.a.m.) in denen das Erlebnis ebenfalls von großer Bedeutung ist. [37]

Aber auch hier gilt, dass Methoden an sich keine eigenen philosophisch-ethischen Anteil beinhalten und dass sie als methodische Anweisungen (Natur-Erlebnis-Gruppe) zumeist den ethisch-theoretischen Ansätzen des jeweiligen Handlungsfeldes unterliegen. Ist dies der Fall so spricht man dann oft von „Handlungsmethoden" (z.B. Handlungsmethode Erlebnispädagogik im Handlungsfeld Soziale Arbeit).

Handlungsmethoden werden von Praktikerinnen und Praktikern (z.B. der Sozialen Arbeit) verwendet, um ihre Intervention, ihr professionelles Handeln anzuleiten und abzusichern. [38]

Methoden der Sozialen Arbeit thematisieren jene Aspekte im Rahmen sozialpädagogischer/sozialarbeiterischer Konzepte, die auf eine planvolle, nachvollziehbare und damit kontrollierbare Gestaltung von Hilfeprozessen abzielen und die dahingehend zu reflektieren und zu überprüfen sind, inwieweit sie dem Gegenstand, den gesellschaftlichen Rahmenbedingungen, den Interventionszielen, den Erfordernissen des Arbeitsfeldes, der Institutionen, der Situation sowie den beteilgten Personen gerecht werden. [39]

37 Heckmair, Michl (2002), S. 161.
38 Galuske (2002), S. 32.
39 Galuske (2002), S. 31.

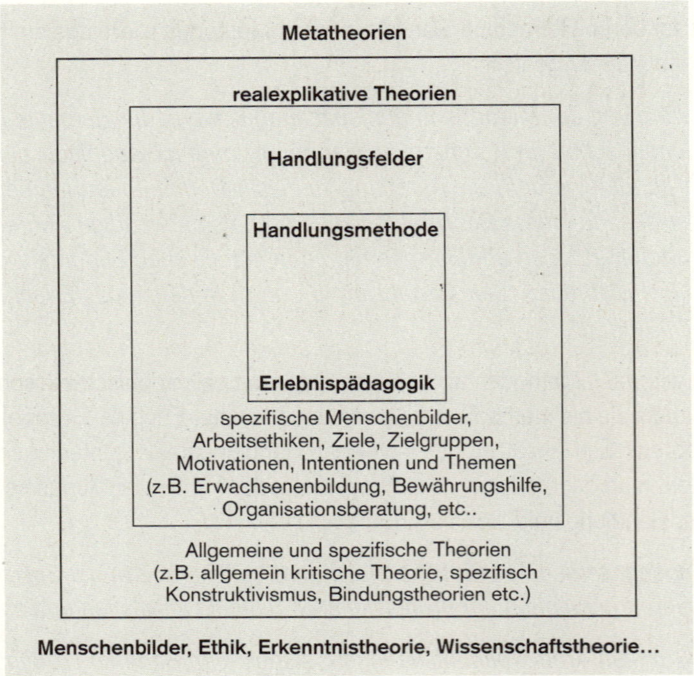

Handlungsmethode nach Wolfgang Mutzeck, erweitert nach Michael Galuske[40]

Erlebnispädagogik als „pädagogische Grundhaltung“[41]

Erlebnispädagogik ist keine Methode, sondern eine pädagogische Grundeinstellung, die darum bemüht ist, den pädagogischen Alltag in seinen Bezügen möglichst erlebnisintensiv zu gestalten. Situationen sind umso erlebnisintensiver, je mehr Kontrasterfahrungen zum Alltag sie ermöglichen und je ganzheitlicher sie sind, d.h. je mehr unterschiedliche Facetten der Persönlichkeit von Kindern und Jugendlichen sie erfassen/abdecken. Erlebnispädagogik ist – so verstanden – keine Projektpädagogik, sondern wird aus dem Alltag abgeleitet und muss in ihren Ergebnissen in den Alltag zurückfließen.

40 vgl.dazu Mutzeck (1997).
41 Klawe zitiert nach Klawe, Bräuer (1998), S. 14.

2. Fundamentale Ansätze der Erlebnispädagogik

Aber was ist diese Black Box? Wenn wir ganz ehrlich zu uns sind, dann bleibt das ein Geheimnis. Aber Geheimnisse lieben wir nicht, wir fühlen uns unbehaglich mit der Unsicherheit und deshalb erschaffen wir Modelle und Erklärungen, um uns zufrieden zu stellen, um uns schnelle, flexible Antworten zu geben, um uns selbst davon zu überzeugen, dass wir wissen, was wir tun, wie es funktioniert und wie intelligent wir doch sind, dass wir dieses Werkzeug, genannt Erlebnispädagogik, Outdoor-Education, Erfahrungslernen, Lernen durch Herausforderung, Erlebnistherapie oder etwas mit einem anderen Phantasienamen benützen können. [42]

2.1 Ansatz I: Die erzieherische Erlebnis-Therapie (Kurt Hahn)

Therapie (griech. ***therapeia*** *Pflege, Heilung) Behandlung von Erkrankungen oder Störungen. Dabei hängt der Einsatz spezieller Maßnahmen vom Zustandsbild, von der Krankengeschichte, von der Diagnose und vom Behandlungsplan ab.* [43]

Unter einem Erlebnis soll ein besonderes Ereignis aus subjektiver Sicht des Erlebenden verstanden werden, das einen hohen Erinnerungsgrad aufweist. [44]

Ganz im Sinne der obigen Beschreibung ist die Erlebnistherapie des „Urvaters der Erlebnispädagogik“, Kurt Hahn, zu verstehen. Dieser diagnostizierte „Verfallserscheinungen“ der Jugend und arbeitete als Behandlungsplan seine „Erlebnistherapie“ aus (siehe dazu genauer Kapitel 4). [45] Dabei diente das Erlebnis „als zentrales pädagogisches Mittel“ [46]. Es stellt allerdings keine inszenierte Einzelerscheinung dar, „sondern das Endprodukt eines pädagogisch weitgehend vorbedachten Planes“. Aufgrund dieser pädagogisch gestalteten Erlebnisse entstehen bei den Jugendlichen jene „unauslöschlichen Erinnerungen“, die Hahn als „Kraftquelle“ für entscheidende Augenblicke im späteren Leben ansieht. [47] In diesem Zusammenhang sind Erlebnisse also eher als „heilsame Erinnerungsbilder“ [48] zu verstehen und

42 Allison (1999), S. 99.
43 dtv – Wörterbuch Pädagogik (2004), S. 544.
44 Müller (2000), S. 25.
45 vgl. dazu Ziegenspeck (2000), S. 239–242. Hier wird das Konzept von Hahn überblicksartig vorgestellt.
46 vgl. Definition nach Müller, Wolfgang.
47 vgl. Schwarz (1968), S. 38.
48 Schwarz (1968), S. 44.

stehen somit in Bezug zu einer „Krankheitsheilung". [49] Dieser Heilungsaspekt ist fest verbunden mit der Intensitätsqualität des Erlebnisses. Denn in Bezug auf obige Definition von Erlebnis ist dessen subjektive Intensität von entscheidender Bedeutung für seinen „Erinnerungsgrad" und dementsprechend für die Wirkung der „heilsamen Erinnerungsbilder". [50] Die Erlebnistherapie stellt im Grund einen, den vier von Hahn postulierten Verfallserscheinungen (ausführlich in Abschnitt 4.3 behandelten) entgegenwirkenden, aktivierenden Behandlungsplan der „kranken" Jugendlichen dar, dessen wesentlichster „Wirkstoff" das Erlebnis ist:

When you are passive you forget; when you are active you remember. [51]

Im Rahmen dieses Behandlungsplans wird versucht, die Wahrscheinlichkeit für die Erlebnismöglichkeiten zu erhöhen und diese Erlebnisse immunisieren sozusagen als „heilsame Erinnerungsbilder". Diese heilsamen Bilder haben dementsprechend auch prophylaktische Wirkung, sie können sozusagen bei jedem neuen „Verfallsmoment" wieder aktiviert werden und entfalten dementsprechend auch später wieder ihre heilende Wirkung.

Streng genommen stellt allerdings die Erlebnistherapie von Kurt Hahn natürlich keine „Therapie" im Sinne der heute existierenden psychotherapeutischen Therapieformen dar [52]. Dies schon alleine deswegen, weil bei Kurt Hahn immer auch die Erziehung, somit die Pädagogik, im Vordergrund stand. Seine Umsetzungen fanden zunächst im Rahmen von Internatsschulen wie Schloss Salem statt und waren immer erzieherisch intendiert. Dementsprechend ist es auch durchaus verständlich, dass Kurt Hahn als Urvater der „Erlebnis-**Pädagogik**" gilt und der Begriff der Erlebnistherapie von Kurt Hahn auch in der Fachliteratur meistens als Erlebnispädagogik bezeichnet wird:

In diesem Sinne ist bei Hahn Erlebnistherapie zu verstehen – faktisch handelte es sich um ein Erziehungsprogramm für die Jugend, also um Pädagogik. [53]

Hahns „Erlebnistherapie" wandelte sich im Laufe der Zeit zu einer Erlebnispädagogik. (...) Hahns Erlebnistherapie (...) hatte eine bestimmte Sozietät im Auge (...). die Jugend. So gesehen war Hahns Erlebnistherapie immer schon eine Erlebnispädagogik. [54]

Das zeitliche Auftauchen des Begriffs Erlebnistherapie im Sprachgebrauch ist nicht genau zu datieren. Das Auftreten des Begriffs der Erlebnistherapie in den Lexika wird von Silke Bonarius auf das Jahr 1915 datiert, allerdings enthält sie sich jedes bibliographischen Nachweises. [55] Bei Heckmair und Michl wird auf eine Quelle verwiesen, in der davon die

49 Zur Krankheitsmetapher siehe Abschnitt 3.1.1.
50 Dieses Axiom über die Wirkung des Erlebnisses geht auf den „Pragmatiker" William James zurück.
51 Hahn zitiert nach Bauer (2001), S. 31.
52 Dabei muss allerdings erwähnt werden, dass gerade in den USA die Behavioristische Psychologie sehr stark präsent ist und dementsprechend die Grenze zwischen „Erziehung" und „Therapie" wieder etwas verwischt. Vgl. dazu auch z.B. die therapeutischen Ansätze des Adventure Based Councelling, entstanden aus Project Adventure, dargestellt z.B. in Nasser (1993).
53 Eckern, Schad (1998), S. 180.
54 Schlich (1994), S. 14.
55 Bonarius (1992), S. 32.

Rede ist, dass „es seit 1910 die Erlebnispädagogik gibt", aber auch hier fehlen die eindeutigen bibliographischen Zitate[56]. Für 1925 ist auf jeden Fall die „Erstnennung" des Begriffs „Erlebnispädagogik" nachgewiesen (siehe Abschnitt 2.2).

2.1.1 Einschub: Der psychotherapeutische Erlebnistherapiebegriff

Psychotherapie (griech. ***psyche*** *Seele,* ***therapeia*** *Pflege, Heilung): Seelenheilkunde, insbesondere zur Behandlung von Neurosen und psychosomatischen Erkrankungen. Wendet unterschiedliche Verfahren an, u.a. Psychoanalyse, Gruppentherapie. In jedem Falle bedarf es einer speziellen Qualifikation und Zulassung des Therapeuten.*[57]

Im Laufe der Nachkriegszeit und bis in die 70er Jahre entwickelten sich neue, in Abgrenzung zur Psychoanalyse und zum Behaviorismus, psychologische Ansätze, die unter dem Sammelbegriff „Humanistische Psychologie" zusammengefasst wurden. Im Rahmen dieser Entwicklung entstanden auch neue psychotherapeutische Therapieformen. Besonders eine Person ist dabei zu benennen: Ruth Cohn, die Begründerin der so genannten Themenzentrierten Interaktion (TZI). Sie stellt in ihren Schriften auch eine namentliche Verbindung zwischen diesem humanistischen Ansatz und der Erlebnistherapie her:

Ich suchte nach einem Oberbegriff für die verschiedenen Methoden und entschied mich, mit einigem Vorbehalt, für das Wort „Erlebnistherapie" bzw. „Experimentalismus". Es fiel mir kein anderer Begriff ein, mit dem ich Gestalttherapie, Biogenetik, Tranksaktionsanalyse, Psychodrama, Erlebnistherapie und -pädagogik und TZI zusammenfassen konnte.[58]

Dabei gibt es für Ruth Cohn einen starken Zusammenhang zwischen Therapie und Pädagogik:

Pädagogik ist die Kunst, Therapien antizipierend zu ersetzen.[59]

Dabei sind es besonders drei Komponenten, die die Verbindung zwischen Erlebnistherapie und Erlebnispädagogik herstellen:

- der Erlebnisbegriff
- der „handlungsorientierte Ansatz"
- die verwendeten, oft identen Methoden

Diese Zusammenhänge klar darzustellen würde den Umfang dieser Arbeit bei weitem sprengen, aber einige Hinweise seien gegeben. So setzte sich Fritz Perls, der Wegbereiter der Gestalttherapie, intensiv mit Wilhelm Dilthey und Bergson auseinander; zwei Persönlichkeiten die sich sehr mit dem Begriff des Erlebnisses" beschäftigten und auch für die Erlebnispädagogik von großer Bedeutung sind.[60] Jakob Moreno, dem Begründer des

56 Heckmair, Michl (2002), S. 79.
57 dtv – Wörterbuch Pädagogik (2004), S. 446.
58 Cohn zitiert nach Hufenus, Kreszmeier (2000), S. 13.
59 Cohn zitiert nach Bauer (1989), S. 29.
60 vgl. Warzecha (1994), S. 7.

Psychodramas, wird die Aussage: „Handeln ist heilender als Reden" zugeschrieben[61] und dementsprechend wird auch von „handlungsorientierten Therapieformen" gesprochen.[62] Als Methoden der Gestalttherapie werden Rollen- und Interaktionsspiele genannt, Methoden, die in der Erlebnispädagogik ebenso präsent sind.[63]

Die Sammelbezeichnung Erlebnistherapie für die „humanistisch-psychologischen Therapieformen" setzte sich nicht durch, zeigt aber die offensichtliche nahe Verwandtschaft dieser beiden Begriffe. Allerdings, wie Ruth Cohn so treffend formulierte, setzt die Pädagogik vor der Therapie an und handelt in einem anderen Setting. Die vier wesentlichsten Unterscheidungsmerkmale zwischen Therapie und Pädagogik sind aus meiner Sicht:

(Individual-)Therapie vs. Erziehung

Die humanistischen Psychotherapien verstehen sich, von der Psychoanalyse herkommend, genuin als Individualtherapien, wohingegen Hahns Erlebnistherapie eine bestimmte Sozietiät im Auge hatte: die Jugend. Hahns Erlebnistherapie war immer eine Erlebnispädagogik[64].

Krank vs. Gesund

Psychotherapie (griech. psyche Seele, therpapeia Pflege, Heilung): Seelenheilkunde, insbesondere zur Behandlung von Neurosen und psychosomatischen Erkrankungen (...).[65] *Dagegen ist der Krankheitsbegriff bei Hahn als Metapher zu verstehen.*

Unterschiedliches Setting

Neben dieser Gemeinsamkeit (...) besteht die Differenz im Setting, das kennzeichnend ist für die Unterscheidung zwischen Therapie und Pädagogik.[66]

Unterschiedlichkeit in der Profession

Ein weiteres Unterscheidungsmerkmal wäre die unterschiedliche Profession der im Feld Handelnden. Auf der einen Seite Pädagogen/-innen, Sozialarbeiter/-innen und Trainer/-innen und auf der anderen Seite die – anderen speziellen Zulassungsrichtlinien unterworfene – Berufsgruppe der Therapeutinnen und Therapeuten:

In jedem Falle bedarf es einer speziellen Qualifikation und Zulassung des Therapeuten.[67]

Allerdings beginnt in der modernen Erlebnispädagogik gerade durch die vielen differenzierenden Professionalisierungen manchmal, sozusagen über die Hintertür, wieder der Schritt hin zur „Erlebnistherapie". Die „moderne" Pädagogik zeichnet sich durch ihre so genannten „interdisziplinären Teams" aus. Diese Überschneidungen führen dazu, dass Therapie/Päd-

61 Moreno zitiert nach Hufenus und Kreszmeier (2000), S. 13.
62 vgl. Hufenus, Kreszmeier (2000), S. 13.
63 vgl. Warzecha (1994), S. 8.
64 Schlich (1994), S. 14.
65 dtv – Wörterbuch Pädagogik (2004), S. 446.
66 Warzecha (1994), S. 7.
67 dtv – Wörterbuch Pädagogik (2004), S. 446.

agogik/Sozialarbeit in der Fallarbeit näher zusammenrücken, so z.B. in der Bewährungshilfe. Da gelangt, wenn notwendig, Psychotherapie auf der persönlichen Ebene zum Einsatz, Sozialpädagogik (oder eben Erlebnispädagogik) auf der Ebene der sozialen Defizite und die Sozialarbeit für die Bewältigung praktischer Probleme. Diese Verschränkung kann man z.B. bei Günter Amesbergers Untersuchung eines Erlebnispädagogischen Projektes im Rahmen der Bewährungshilfe erkennen.[68] Die daraus entnommene Definition nach Günter Amesberger verweist daher folgerichtig auf die zur Anwendung gelangenden „Methoden der Sozialarbeit“ und „Methoden der Psychotherapie“. Zu Überschneidungen kommt es oft durch die Mehrfachqualifikationen der betreuenden Personen. So gibt es vielleicht unterschiedliche Settings, die darin agierenden Personen können aber durchaus ident sein. Es ist ja nicht selten, dass gerade Personen die im pädagogischen Bereich arbeiten, über diverse Zusatzqualifikationen verfügen: pädagogische Grundausbildung und Therapieausbildungen sind eine oft anzutreffende Kombination. Natürlich ist die Grenze des Settings, zumindest bei einer professionellen Arbeitsweise, vorhanden, aus der Außenperspektive ist dies dann oft nicht mehr zu erkennen. Katrin Leibner stellt in ihrer 2004 erstellten Arbeit fest: *„Bezüglich des ursprünglich erlernten Berufes heben sich pädagogisch oder psychologisch orientierte Ausbildungen mit 71,4 % deutlich ab.“*[69] Hinzu kommt, dass in unterschiedlichen Settings oft idente Methoden zum Einsatz gelangen.

Es ist daher aus meiner Sicht durchaus zulässig, **auch** von einer „Erlebnistherapie“ zu reden. Dies aber nur dann, wenn entweder „erlebnispädagogische Methoden“ durch eine therapeutisch ausgebildete Person im Rahmen einer Therapie zum Einsatz kommen bzw. wenn die „erlebnispädagogischen Methoden“ in einem interdisziplinären Therapiekonzept zum Einsatz kommen, wobei die die Methode betreuende Person kein/-e Therapeut/-in sein muss. An dieser Stelle möchte ich auch noch einmal auf die Unterscheidung von „Methode“ und „Teildisziplin der Pädagogik“ hinweisen. Denn während pädagogische Konzepte per se schon eben dem Bereich der Pädagogik zuzuordnen sind, kann eine Methode, eine Verfahrensweise, in den unterschiedlichsten Bereichen zum Einsatz kommen. Der Unterschied liegt dann eben weniger im Verfahren als im Fokus, im so genannten „erkenntnisleitenden Interesse“. Hier liegt auch die Möglichkeit eines möglichen Abgrenzungsmerkmals für den „professionellen Erlebnis-*Handwerker*“ als „Experte für das Verfahren“ (wie z.B. Aufbau eines Seilelements, Sicherheitsregeln etc.) in einem multiprofessionellen Team. Allerdings trifft eine derartige „Degradierung“ wohl nicht auf viel Freude in der „Community“ (wenn auch im Bereich von Trainings von so genannten „Trainings-Tools“, also von Werkzeugen, gesprochen wird). Auf diese Frage der Professionalisierung wird in Kapitel 11 noch genauer eingegangen werden.

68 vgl. dazu Definition XIII und Amesberger (2003).
69 Leibner (2004), S. 67.

Eine ganz genaue Beschreibung des Zusammenhanges zwischen Erlebnispädagogik/Erlebnistherapie/Psychotherapie sprengt – wie erwähnt – den Umfang dieses Buches, ich verweise daher auf die sehr eingehende Darstellung der theoretischen Überschneidungen von Rüdiger Gilsdorf[70] und andere Darstellungen allgemeinerer Art.[71] In dieser Arbeit wird im Kapitel 7.3 noch einmal daraufnäher eingegangen.

2.1.2 (schulische) Erlebnis-Pädagogik (Waltraud Neubert)

Pädagogik (Syn. Erziehungswissenschaft: griech. pais Knabe, Kind, ***agein*** *führen,* ***paidagogike techne*** *Knabenführungskunst; engl.* ***pedagogy****, educational theory). (...) Die Wissenschaft der* ***Erziehung*** *bearbeitet im Wesentlichen vier Aufgaben.*

1. *Beschreibung von Erziehungs-, Unterrichts- und Ausbildungsprozessen.*
2. *Interpretation der Programme* ***für*** *und der Theorie über Erziehung im Feld ihrer weltanschaulichen, wissenschaftlichen, politischen und sozialen Bedingungen. Verständlich gemacht werden sollen die Werte, Normen und Interessen, von denen her die Ziele, Formen, Maßnahmen und Methoden der Erziehung entwickelt und begründet werden bzw. worden sind.*
3. *Erklärung der organisatorischen und der zwischenmenschlichen Gestaltung von Erziehungsprozessen und der beobachtbaren Wirkungen von Erziehung. Gewonnen werden soll ein Wissen, mit dessen Hilfe die Voraussetzung für erfolgreiche Erziehung beschrieben und kontrolliert werden können.*
4. *Klärung der pädagogischen Grundbegriffe und bildungstheoretischen Analysen der gesellschaftlichen Entwicklungen, um eine reflektierte, öffentlich kontrollierbare und verantwortungsbewusste Gestaltung der pädagogischen Prozesse zu ermöglichen.*[72]

Erziehung: (engl. education). Handlungen von Eltern, Lehrern, Ausbildern und anderen Erziehern bzw. Pädagogen, die in der bewussten Absicht erfolgen, durch den Einsatz bestimmter ***E.mittel*** *und* ***E.maßnahmen*** *Kenntnisse und Fähigkeiten, Einstellungen und Wertorientierungen, Handlungswillen und Handlungsfähigkeit, also die individuelle Mündigkeit der Kinder oder Jugendlichen und ihrer Kompetenz zur Teilnahme am gesellschaftlichen Leben möglichst dauerhaft zu verbessern.*[73]

Wie schon zuvor dargestellt, steht am Beginn der Erlebnispädagogik der Begriff der „Erlebnistherapie", der allerdings, wie oben dargestellt, pädagogisch zu verstehen ist. Damit treten die Merkmale „Erziehung" und „Jugendliche" in den Vordergrund.[74] Bei der Erlebnispädagogik handelt es sich nach obiger Definition also um ein Erziehungskonzept für

70 Gilsdorf (2004)
71 Als kurze Einführung Eckern, Schad (1998) und weiters die schon zitierten Warzecha (1994) und Schlich (1994). Beide und noch weitere Beiträge zu diesem Thema, in erleben und lernen, Zeitschrift für handlungsorientierte Pädagogik 6/94.
72 dtv – Wörterbuch Pädagogik (2004), S. 418–421.
73 dtv – Wörterbuch Pädagogik (2004), S. 189.
74 Zum Thema der Zielgruppe für Erziehungsprozesse und des „lebenslangen Lernens" siehe Kapitel 11.

„die Jugend". Die erstmalige Verwendung dieses Begriffs ist im Gegensatz zum Begriff der „Erlebnistherapie" (vgl. dazu Ende Abschnitt 2.1) belegt: Im Jahr 1925 verwendet Waltraud Neubert in ihrer von Hermann Nohl betrauten Diplomarbeit diesen Begriff:

So will die Erlebnispädagogik den Menschen bilden zu dem, was er ist (...)[75]

Der Begriff wird anschließend noch von weiteren Pädagogen/-innen verwendet, allerdings entwickelt er sich zu keinem „Leitbegriff" der Pädagogik dieser Zeit. Dementsprechend selten taucht der Begriff „Erlebnispädagogik" explizit auf:

Es ist aber deutlich geworden, dass sich – von Gegenwart und jüngerer Vergangenheit abgesehen – der Nachweis eines ausdrücklichen Gebrauches des Begriffs Erlebnispädagogik nur auf einige wenige Quellen beschränkt. Neubert ist hier zuerst zu nennen. Bei ihr kann der Begriff Erlebnispädagogik erstmalig belegt werden. Es folgen Kneisel und Fischer, sowie Lehmann und Nohl, die zahlreiche fruchtbare Anhaltspunkte zu Struktur und Konzept einer Erlebnispädagogik an die Hand geben.[76]

An dieser Stelle muss man auch anmerken, dass die oben genannten Personen in der Diskussion der „modernen Erlebnispädagogik" so gut wie keine Rezeption erfahren. Eine Ausnahme ist nur Waltraud Neubert, einerseits als „Namensmutter" und andererseits, weil sie als Erste versucht, eine Schuldidaktik auf Grundlage von Erlebnissen zu erstellen (mit Erlebnisaufsatz, neuem Zeichenunterricht, Musik und Körperbeziehung und der Methodik des Erlebnisausdruckes)[77] Sie steht ganz im Zeichen eines humanistischen Bildungsbegriffs:

So will die Erlebnispädagogik den Menschen bilden zu dem, was er ist, in einem Leben, auf allen großen menschlichen Erlebnisfeldern. Darin liegt, dass ihr Bildungsideal, obgleich es des sozialen Einschlags nicht entbehrt, doch im wesentlichen humanistisch ist und auf die vollkommene menschliche Entfaltung des einzelnen abzielt, dass also Erlebnis als Bildungsmittel mit hineinverwoben ist in die historische und weltanschauliche Bedingtheit dieses Bildungsideals.[78]

Waltraud Neubert begreift das Erlebnis als „methodischen Grundbegriff der modernen Pädagogik"[79]. Dabei greift sie auf den Erlebnisbegriff von Wilhelm Dilthey zurück und entwickelt daraus ihr Konzept einer Erlebnispädagogik bzw. der „Erlebnismethode".[80] In diesem Kontext ist zu erwähnen, dass ihr Diplomarbeitsbetreuer Hermann Nohl als „Nachfolger" von Wilhelm Dilthey gilt und wesentlich zur Entwicklung der geisteswissenschaftlichen Pädagogik beitrug.

75 Neubert (1990), S. 77. verfasst 1925, publiziert 1930.
76 Bibliographische Details zum Nachweis des Begriffs: Kneisel, 1926 (Schott S. 227–230); Fischer, 1926 (Schott S. 230–238); Lehmann, 1927 (Schott S. 238–243) und schließlich Nohl, 1933 (Schott S. 243–246); entnommen aus Schott (2003), S. 248.
77 vgl. Neubert (1990), S. 30–38; Kapitel: Das Eindringen des Erlebnisses in die Didaktik der Ausdrucksfächer.
78 Neubert (1990), S. 77.
79 vgl. Schott (2003), S. 225.
80 Neubert (1990), S. 70–78.

2.1.3 „Gegenmodelle“ Erlebnistherapie und Erlebnispädagogik

Es ist interessant, dass sowohl Kurt Hahn als auch Waltraud Neubert etwa zur gleichen Zeit an einer „Pädagogik des Erlebens oder des Erlebnisses“ arbeiteten, ohne sich aufeinander zu beziehen. Und dies, obwohl beide „reformpädagogisch geprägt“ waren:

Nicht nur institutionsgeschichtlich wurden tatsächliche Erziehungsfelder geschaffen, auf denen erlebnispädagogische Initiativen verwirklicht werden konnten. Auch unter dem Aspekt der ideengeschichtlichen Grundlagen der Erlebnispädagogik wurden zwischen 1925 und 1928 ihre wesentlichen Ziele, Inhalte und Methoden durch die Arbeiten von Waltraud Neubert und Kurt Hahn konkretisiert. Die zeitliche Parallelität, in der die Konzepte der Erlebnispädagogik und Erlebnistherapie erarbeitet wurden, musste schon überraschen. Einerseits kann mit großer Sicherheit davon ausgegangen werden, dass weder Hahn die Arbeiten von Neubert noch Neubert die Arbeiten von Hahn kannte. Andererseits zeigt diese Parallelität, dass die „Erlebnisarmut“ im öffentlichen Erziehungswesen dafür sensibilisierte, sich alternativen Konzepten verstärkt zuzuwenden. Auf jeden Fall waren beide von reformpädagogischen Ideen beeinflusst, denn die Verbindung zwischen Erlebnis und Erziehung durch Methoden der Arbeitsschulbewegung wurde von Hahn und Neubert gleichermaßen thematisiert.[81]

Zusammengefasst bedeutet dies: die Grundlagen der Erlebnispädagogik und auch die Begrifflichkeit wird in der Zwischenkriegszeit ausformuliert. Dafür werden zwei Begriffe verwendet: Erlebnistherapie und Erlebnispädagogik. Beide Begriffe können der Reformpädagogik zugeordnet werden. Wie oben erwähnt, sind beide Konzepte Alternativkonzepte zum „öffentlichen Erziehungswesen“. Dementsprechend handelt es sich in beiden Fällen um Gegenmodelle.

Beide Ansätze sind Gegenentwürfe zum vorherrschenden Schulsystem bzw. dessen didaktischer Ausrichtung, zumindest in ihren Anfangsphasen. Allerdings geht es um Alternativen zum aktuellen System und nicht um die Abschaffung der Institution Schule. Somit geht es im Fall der Erlebnistherapie um die Schaffung einer „Reformschule“ und im Falle der Erlebnispädagogik um die Einführung einer „Reformdidaktik“. Die Arbeit von Waltraud Neubert steht ganz im Zeichen eines didaktischen Reformversuchs von Schule und Hahn setzt seine Erlebnistherapie in Form von Internatsschulen um. 1920 gründet er die Internatsschule Schloss Salem, der bald noch weitere folgen (dazu mehr in Kapitel 4.4). In beiden Fällen handelt es sich also um schulische Erziehungskonzepte, zumindest was die institutionelle Umsetzung betrifft. Damit sind beide Konzepte zwar Gegenkonzepte was ihre didaktische Gestaltung betrifft, aber prinzipiell stellen sie reformierte Ergänzungen des (öffentlichen) schulischen Erziehungswesens dar. Beiden Konzepten liegt die Institution Schule zugrunde, beide richten sich an die Zielgruppe Kinder und Jugendliche und sind somit schulische Er-

81 Fischer, Ziegenspeck (2000), S. 233.

ziehungskonzepte. Diese Ausrichtung auf das „System Schule" verändert sich erst im Laufe der Zeit bzw. erfährt in Form der so genannten Kurzschulen eine Ausweitung (dazu mehr in den Abschnitten 4.4.3 und 7.1)

Allerdings wird nur der Ansatz von Kurt Hahn langfristig, auch institutionell, umgesetzt. Der Grund dafür liegt wohl in der „Kraft der Bündelung" der verschiedensten „erlebnisorientierten reformpädagogischen Ansätze", in der „Erlebnistherapie":

Der Begriff des Erlebens spielt in nahezu allen reformpädagogischen Bewegungen eine zentrale Rolle. Als Kurt Hahns historischer Verdienst kann gelten, dass durch seine Theorien der Erlebnistherapie die verschiedenen Fäden einer Pädagogik des Erlebens wohl eher unbewusst als beabsichtigt verknüpft werden. Diese historischen Fäden oder Wurzeln reichen über die Reformpädagogik hinaus bis weit ins 19. Jahrhundert hinein. Die herkömmliche Einteilung in Bewegungen versucht aus dem subtilen Zusammenspiel von Ideen ein geographisches (Landerziehungsheimbewegung), thematisches (Kunsterziehungsbewegung) oder soziales (Frauen-, Jugendbewegung) Raster zu bilden. Zunächst aber zu den zentralen Begriffen oder Ideen der Reformpädagogik: Erlebnis, Augenblick, Unmittelbarkeit, Gemeinschaft, Natur, Echtheit und Einfachheit. [82]

Aber neben dieser Entwicklung einer „Sammeltheorie" ist der Grund für das nachhaltige Wirken von Kurt Hahn wohl seinem Organisationstalent und seiner charismatischen Ausstrahlung zuzuschreiben. Kurt Hahn ist als wirklicher „handlungsorientierter" Pädagoge zu sehen. Während in der Wissenschaft über Begrifflichkeiten diskutiert wird, gründet Hahn eine Schule nach der anderen. Selbst nach dem Gang ins Exil nach England dauert es nicht lange und schon wird die nächste (Internats)Schule gegründet. Durch seine Tätigkeiten schafft er ein Fundament, auf dem die heutige, so genannte „moderne Erlebnispädagogik" noch immer aufbaut. Diese Spannung zwischen „Aktionismus" versus „gelehrtem Diskurs" ist auch heute noch spürbar und wird an vielen Stellen erwähnt: hier die praktischen Erlebnispädagogen/-innen, dort die verkopften Theoretiker/-innen. Allerdings handelt es sich dabei um einen weit über die Grenzen der Erlebnispädagogik vorkommenden Topos. Tatsache ist auf jeden Fall, dass, im Gegensatz zu Waltraud Neubert, Kurt Hahn noch heute präsent ist: einerseits durch die aktuelle, wissenschaftliche Auseinandersetzung mit seiner „Erlebnistherapie" und andererseits in „materieller" Form durch seine Schulgründungen (siehe dazu Kapitel 4.4).

82 Heckmair, Michl (2002), S. 18. Vgl. dazu auch Fischer, Ziegenspeck (2000), S. 19.

2.1.4 Rückgriff: Das Erlebnis nach Wilhelm Dilthey

Zentraler Leitbegriff der Erlebnistherapie und der Erlebnispädagogik ist das Erlebnis. Dabei ist es gerade der Begriff des „Erlebnisses", der in der „modernen Erlebnispädagogik" sehr kritisch hinterfragt wird. Im Prinzip gibt es drei Hauptkritikpunkte:

- Erlebnisse sind nicht pädagogisch (methodisch-planvoll) provozierbar bzw. erzeugbar. [83]
- Erlebnisse sind als isolierte, individuelle Erscheinungen nicht in ein pädagogisches System integrierbar. [84]
- Erlebnisse sind nur die Befriedung einer „Abenteuerlust" oder „Entgrenzung" der Gesellschaft und dementsprechend als pädagogisch-erzieherische Kategorie nicht zulässig [85]

Es ist sicher so, dass „das Erlebnis" als ein „erlebtes Gefühl" einer wissenschaftlichen Beschreibung schwer zugänglich ist. Der Begriff bzw. der Begriff des „Erlebens" wurde von Wilhelm Dilthey bereits in den Anfängen der (geistes)wissenschaftlichen Diskussion als ein zentraler eingeführt:

Die Wurzeln der Erlebnispädagogik liegen bei Wilhelm Dilthey (1833–1911) und seiner Begründung einer geisteswissenschaftlichen Psychologie, in der das Erleben der eigenen Zustände und das Verstehen des in der Außenwelt objektivierten Geistes als die beiden Möglichkeiten des Menschseins verstanden wurde, die Wirklichkeit zu erfassen. [86]

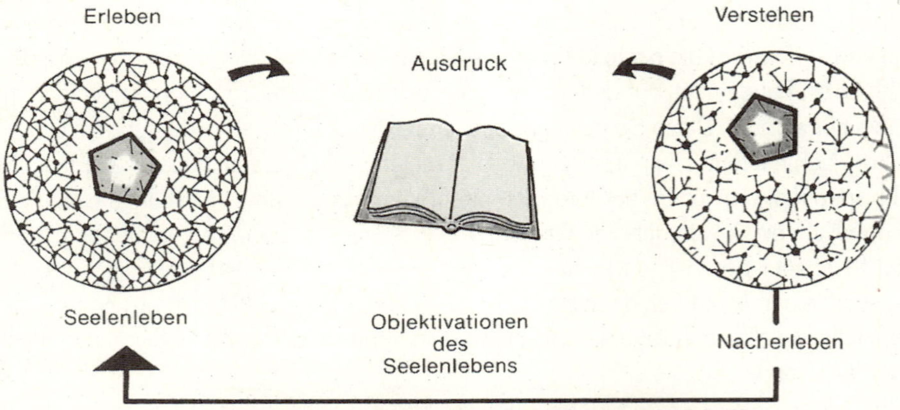

entnommen aus dtv-Atlas Philosophie.-München: dtv 2007, S. 180.

83 Oelkers ist einer der pointiertesten und genauesten Kritiker; vgl. dazu Oelkers (1995) und Oelkers (1998).
84 vgl. Oelkers (1995) und Oelkers (1998).
85 vgl. dazu z.B. die Theorien der Risikogesellschaft (Beck) und der Erlebnisgesellschaft (Schulze)
86 Ziegenspeck (1990), S. 81.

Die oben angesprochene Waltraud Neubert arbeitete aus dem Gesamtwerk von Wilhelm Dilthey für ihre Erlebnispädagogik sieben zentrale Momente für die Bestimmung des Erlebnisses heraus:

Erlebnisbegriff von Wilhelm Dilthey nach Waltraud Neubert:[87]

Kategoriale Gliederung	Inhaltlicher Kontext
1. Unmittelbarkeit des Erlebnisses	Erlebnisse sind unmittelbar, da mit ihnen, im Gegensatz zum denkenden Verstehen, das Leben vom Individuum selbst erfasst wird.
2. Erlebnis als gegliederte Einheit	Das Erlebnis ermöglicht eine solche denkende Aufhellung dadurch, dass es eine gegliederte Einheit darstellt, die als solche sich im gesamten Erlebnisstrom als bedeutsam von anderen Erlebnissen abgrenzt.
3. Erlebnis als mehrseitiges Spannungsgefüge	**3.1. Totalität** In jedem Erlebnis sind alle geistigen Grundrichtungen wirksam. Es kann in ihm auch wie in jedem anderen seelischen Akt die Totalität des Seelenlebens, das Wirken des ganzen, wollend-fühlend-vorstellenden Menschen nachgewiesen werden. Dabei liegt der Nachdruck auf der entscheidenden mächtigen Mitte: „im Gefühl genossene Lebendigkeit". **3.2. Subjekt-Objekt-Bezug** Zwar ist für das Subjekt das Erlebnis herausgehoben aus dem Gesamtverlauf des seelischen Geschehens durch seine Intensität im Bewusstsein. Zugleich mit dem seelischen Zustand aber ist im persönlichen Erlebnis in Beziehung auf ihn die Gegenständlichkeit der Welt gegeben. **3.3 Allgemeingültigkeit und Individualität** Jeder Mensch erlebt etwas Schmerz und Freude in der gleichen Grundart. Darüber hinaus aber sind jedem Erlebnis Züge eigen, die durch Rasse und Geschlecht, Gesellschaftsschicht und Beruf, schließlich durch die individuelle Anlage bedingt sind.
4. Historischer Charakter des Erlebnisses	Individualität ist nicht etwas Gegebenes, sondern das Seelenleben bildet eine Entwicklung. Umgekehrt schwingt auch alles je Erlebte im Erlebnis mit, so dass jeder einzelne Bewusstseinsakt in seinem Auftreten und seinem Charakter von diesem ganzen erworbenen seelischen Zusammenhang bedingt ist.
5. Entwicklungsfähigkeit des Erlebnisses	Das Erlebnis lässt sich einmal nach seinen Wurzeln hin verfolgen: denn hat es auch den Charakter des Plötzlichen, so ist es doch das Ergebnis einer inneren Folge von Seelenzuständen, welche nach ihrem Zusammenhang auf das Erlebnis hindrängen und in ihm Höhepunkt und Abschluss haben.
6. Objektivationsdrang und Erlebnis	Wie alle seelischen Grundfunktionen im Erlebnis ins Spiel treten, so wird auch der ganze seelische Zusammenhang, in den sich unser geistiges Leben gliedert, in ihm durchlaufen. Von der empfindungs- und vorstellungsgemäßen Antwort auf die Reize, über die Wertung im Gefühl als dem wichtigsten Teil, stößt das Erlebnis durch bis zum Willensimpuls, der sich dann in der doppelten Form des Ausdrucks oder der Handlung entladen kann.
7. Zusammenhang von Leben-Ausdruck-Verstehen	Die schöpferische Kraft des Erlebnisses begründet schließlich den Zusammenhang von Leben-Ausdruck-Verstehen, infolgedessen nun auch auf dem umgekehrten Wege von außen nach innen in jedem Gebilde, in welchem Erlebnis Gestalt geworden ist, das Schaffende, Wertvolle, Handelnde, Sichausdrückende, Sichobjektivierende im Nacherleben wieder flüssig gemacht werden kann.

87 entnommen aus Fischer, Ziegenspeck (2000), S. 235–236.

Die Diskussion über den Begriff des Erlebnisses ist ein zentrales Moment der „geisteswissenschaftlichen Pädagogik", ja in der Geisteswissenschaft als solche.

4 Perspektiven des Erlebnisses (nach Axel Schenz)

Existenzialphilosophische Perspektive (Karl Jaspers)

In Krisensituationen (Tod, Kampf, Leid, Schuld) wird sich der Mensch seine EXISTENZ bewusst

„Erlebnisse rühren somit an die jeweilige Existenz des Menschen, da er in ihnen eine „Krise" bewältigt. Erlebnisse sind in diesem Sinne eine Art Erweckung der in dem Menschen schlummernden Möglichkeiten."

Pädagogisch-hermeneutische Perspektive (Hermann Nohl, Waltraud Neubert)

Erlebnisse sind ein wichtiges Mittel zur Haltungs- und Einstellungsveränderung

Wichtig ist, dass im Rahmen eines vorbedachten Planes die richtigen Erlebnisse „weitergegeben, übernommen und gelebt werden".

„When you are passiv you forget, when you are active you remember"

Hermeneutisch-philosophische Perspektive (Wilhelm Dilthey)

Erkenntnisobjekt ist der „ganze Mensch" in seiner Geschichtlichkeit

ERLEBNIS – AUSDRUCK – VERSTEHEN

ERLEBNIS:	Strukturelle Elemente an denen sich das Seelenleben aufbaut
AUSDRUCK:	Niederschlag der Erlebnisse
VERSTEHEN:	Begreifen des Inneren auf Grund von Ausdrücken

Erlebnisse sind Bindeglieder zwischen WAHRNEHMUNG und DENKEN

„Die Natur erklären wir, das Seelenleben verstehen wir."

Lebensphilosophische Perspektive (Henri Bergson)

Die Erneuerung des Lebens (der Welt) durch eigene Erlebnisse.

„Die Teilnahme am schöpferischen Lebensimpuls ist nur durch eine Vertiefung des Bewußtseins in der Intuition möglich, die Instinkte und Intellekt verbinden"

In der modernen ***Erlebnis***pädagogik ist allerdings nicht mehr der Begriff des Erlebnisses ein „Leitbegriff" der wissenschaftlichen Diskussion, sondern die „pragmatischen" Begriffe wie „Transfer", „Wirkung" und „Lernen". Dabei ist auch nicht mehr die „geisteswissenschaftliche Pädagogik" die Leitdisziplin, sondern es wird auf eine Fülle anderer Wissenschaftstheorien (kritisch-rationale, empirische Theorie, Systemtheorie, Konstruktivismus etc.) bzw. auf die unterschiedlichsten Bezugswissenschaften (Psychologie, Soziologie), Modelle und Erklärungen zurückgegriffen. Eine genaue Differenzierung und Systematisierung dieser Diskussionsstränge in der modernen erlebnispädagogischen Literatur steht noch aus. Trotzdem gilt es festzuhalten, dass der Begriff „Erlebnis" noch immer ein, wenn auch manchmal nur historischer Leitbegriff der Erlebnispädagogik ist. Allerdings (ver)schwindet er oft durch Bezeichnungen wie „Outdoor-Training" oder durch die Umschreibung „handlungsorientierter Ansatz". Diese Verschiebung ist aus meiner Sicht eine logische Konsequenz aus den oben angeführten Tendenzen bzw. Differenzierungen. Auch in den beiden in diesem Buch verwendeten pädagogischen Wörterbüchern wird der Begriff „Erlebnis" nicht behandelt. Diese Entwicklung spiegelt aus meiner Sicht auch die Entwicklungen in der wissenschaftlichen Pädagogik wider. Der Begriff des Erlebnisses verweist direkt auf die geisteswissenschaftliche

Pädagogik, die ja gerade in den 60er Jahren massiv kritisiert wurde.[88] Der Begriff „Training" dagegen verweist auf die in der kritischen Wende aufkommenden (empirischen) Bezugswissenschaften und eine empirische Studie ist etwas „Handfesteres" als der „sperrige", schwer fassbare Begriff des Erlebnisses. Allerdings ermöglicht gerade der Begriff des Erlebnisses einen Anschluss an Begriffe wie „Ganzheitlichkeit" bzw. ist anschlussfähig an „spirituelle" Ansätze. Im Gegensatz z.B. zum Begriff des Trainings hebt er die hohe „emotionale Qualität" von Erlebnispädagogik hervor:
Unter einem Erlebnis soll ein besonderes Ereignis aus subjektiver Sicht des Erlebenden verstanden werden, das einen hohen Erinnerungsgrad aufweist.[89]

2.1.5 Unterscheidung von „Erleben" und „Erlebnis" nach Schott

Bei einem Erlebnis handelt es sich also um ein „besonderes Ereignis aus subjektiver Sicht". Ist „das Besondere" nicht gegeben, handelt es sich also um ein „Ereignis", und wird dementsprechend „erlebt". Dies ist eine bedeutsame Unterscheidung, wenn auch „Erlebnis" und „Erleben" in der Literatur oft synonym verwendet werden. Thomas Schott hat dagegen, in Fortführung von Dilthey und Neubert, die Unterschiede bzw. die unterschiedliche Struktur und Qualitäten, auch in ihrer historischen Entwicklung, sehr genau untersucht und damit den Begriff auch wissenschaftlich fassbar gemacht. Dabei unterscheidet er zwischen „Erleben", siehe Abschnitt 2.3, ein Begriff der eher dem handlungsorientierten Ansatz zugeordnet werden kann und dem Begriff „Erlebnis"[90]:

Zentrale und periphere Momente von „Erleben" und „Erlebnis" nach Thomas Schott.[91]

Zentrale Momente des Erlebens	Zentrale Momente des Erlebnisses	wichtige Unterscheidung
Als erstes, zentrales Moment des Erlebens ist dessen Unmittelbarkeit zu nennen.	Das erste zentrale Moment des Erlebnisses betrifft dessen Unmittelbarkeit	
Das zweite zentrale Moment des Erlebens bezieht sich auf dessen Einheitscharakter. Gemeint ist damit, dass das Erleben über die Fähigkeit verfügt, heterogene Vorgänge des seelisch-geistigen Geschehens zu verbinden. (...) Das Erleben ist Bedingung dafür, dass Gefühle kultiviert und Prinzipien in Handlungen umgesetzt werden können. Es ermöglicht ein **„learning by doing"**. (Hervorhebung durch Verfasser).	Das zweite zentrale Moment des Erlebnisses ist sein Einheitscharakter.	

88 Stichwort „realistische Wende" und „kritische Pädagogik". Vgl. dazu Kron (1999) und Kron (2001), zum Überblick Gudjons (2003).
89 Müller (2002), S. 25.
90 siehe dazu auch Schenz 2006.
91 Schott (2003), S. 125–157.

Das dritte zentrale Moment des Erlebens, seine Geprägtheit durch unterschiedliche Spannungsverhältnisse – geht mit dem zweiten Hand in Hand. (…) Das erste Spannungsverhältnis liegt in der Dialektik von Allgemeinheit und Individualität. (…). Das zweite Spannungsverhältnis äußert sich im Dualismus von Dynamik und Statik. (..) Das dritte Spannungsverhältnis erstreckt sich auf die Dialektik von Abstand und Nähe. (…). Das vierte Spannungsverhältnis endlich kennzeichnet den Widerstreit zwischen Willkürlichkeit und Unwillkürlichkeit (…).	Das dritte zentrale Moment des Erlebnisses erstreckt sich auf seine Spannungsverhältnisse. Im Unterschied zum Erleben können beim Erlebnis allerdings nur zwei Spannungsverhältnisse ausgemacht werden: Einmal die Dialektik von Allgemeinheit und Individualität (…) hinzu kommt die relative Opposition zwischen Abstand und Nähe.	Von einem Erlebnis kann also dann die Rede sein, wenn willkürliches, selbstinitiiertes Interesse mit unwillkürlichem, neigungsgebundenem Interesse koinzidiert, wenn Leidenschaft und Lust mit Überlegung und Einsicht einhergeht.
Das vierte zentrale Moment des Erlebens erstreckt sich auf die Zeitlichkeit. Wie schon Dilthey anmerkte, wirken biographische Umstände eines Menschen zum Teil Zeit seines Lebens auf dessen Erleben zurück. (…)	Die Zeitlichkeit stellt das vierte zentrale Merkmal des Erlebnisses dar.	Im Unterschied zum Erleben aber halten beim Erlebnis augenblickliche, zurückliegende sowie antizipierte Geschehnisse ihren Eigencharakter nicht aufrecht. Vielmehr scheinen sich deren strukturelle Grenzen, die beim Erleben noch vorhanden waren, gleichsam aufzulösen. (…) Man gewinnt die Überzeugung, als verstreiche im Erlebnis die Zeit wie im Fluge oder – das andere Extrem – als bliebe die Zeit stehen. (…) Im Erlebnis scheint eine Aufhebung zwischen Vergangenheit, Gegenwart, Zukunft vorzuherrschen.
Das fünfte zentrale Element des Erlebens ist seine „Manifestationstendenz", das ist seine Neigung bzw. sein Drang sich zu vergegenständlichen. Dieser Drang offenbart sich darin, dass Erlebtes je nach Intensität zur Reflexion zwingt, zur Sprache gebracht wird oder in unterschiedlicher Verhaltensweise in Erscheinung tritt. (…)	Das fünfte zentrale Moment des Erlebnisses meint seinen Drang zur Äußerung, Besinnung und Mitteilung.	Jedenfalls zeichnet ein Erlebnis unter anderem aus, dass man sich mit ihm verstärkt beschäftigen muss. Es verursacht das Streben nach Ausdruck und Handlung, ganz gleich, ob sich das beobachtbare Verhalten niederschlägt oder nicht.
Beim sechsten zentralen Moment des Erlebens handelt es sich um die Einbindung des Erlebens in die Vorgänge des Ausdrückens und Verstehens. Hier darf erneut auf Dilthey verwiesen werden, denn Dilthey hat klargemacht, dass das Erleben den Grundstein von Ausdruck und Verstehen darstellt. Ohne (bewusstes) Erleben ist keine begriffliche Objektivation und ohne diese kein Verstehen möglich. Das Erlebte muss also zunächst in Begriffe bzw. zur Sprache gebracht werden, um es verstehen zu können (…)	Das sechste zentrale Moment des Erlebnisses (…) ist gekennzeichnet durch seine Einbindung in die Vorgänge des Ausdrückens und Verstehens.	Allerdings ist das Erlebnis nicht – wie etwa das Erleben – Voraussetzung dafür, dass etwas auf einen Begriff gebracht und somit dem Verstehen zugänglich gemacht werden kann, denn die Vergegenständlichungen sind schon auf niedrigeren Ebenen möglich, die nicht des Erlebnisses bedürfen. Vielmehr könnte ein Erlebnis kraft seines gesteigerten Manifestationsdranges dazu beitragen, dass jemand seine Welt besser verstehen lernt, weil er sich mit dem Erlebnis intensiver auseinandersetzen wird als mit alltäglich Erlebtem. Gleichwohl gibt es dafür keinen Automatismus.

Das siebte zentrale Moment des Erlebens rekurriert auf die Fähigkeit zur Kommunikation (…) Kommunikation wird aufgefasst als Mitteilung und Verständigung, als Vorgang, bei dem etwas in Kontakt tritt bzw. bei dem etwas vereinigt wird.	In der Kommunikation zeigt sich das siebte zentrale Moment des Erlebnisses.	Im Unterschied zum Erleben aber ermöglicht es nicht die wechselseitige Kontaktaufnahme zwischen Empfundenem und Denken, zwischen Fühlen und Wollen, sondern im Erlebnis ist Kommunikation. Im Erlebnis ist die Kommunikation dieser Glieder kaum behindert (…) Es ist dann, als seien keine Grenzen mehr vorhanden. (…) In den Mittelpunkt gerät vielmehr ein Gefühl, mit welchem sich Ohnmacht und Allmacht zugleich einstellen.
	Das achte zentrale Moment des Erlebnisses ist sein Resultatscharakter.	Das achte zentrale Moment des Erlebnisses fasst einen markanten Unterschied zum Erleben in sich, den Unterschied, dass das Erlebnis im Vergleich zum Erleben Resultatscharakter hat. Das Erleben ermöglicht etwas, es ermöglicht Verbindungen, Verknüpfungen, es ermöglicht Einheit etc. Im Erlebnis ist Einheit von Denken, Fühlen, Wollen, ist Einheit von Dynamik und Statik, von Vergangenheit, Gegenwart und Zukunft, von Willkürlichkeit und Unwillkürlichkeit. Im Erlebnis ist Ganzheit.
	Das neunte zentrale Moment schließlich kennzeichnet die Eigen- bzw. Selbsttätigkeit des Erlebnisses. Das Erlebnis stellt ein „autokinetisches System" dar, das sich, per definitionem, selbst bewegt bzw. bildet und weder von außen – etwa durch Vorgaben des Lehrers – noch von innen – z.B. durch Neigung und Gefühle des Schülers – erzwingen lässt.	
Periphere Momente des Erlebens	**Periphere Momente des Erlebnisses**	
Das Kriterium der Quantität	Das Kriterium der Quantität	Klarheit und Deutlichkeit zum Gegenstand
Das Kriterium der Relation	Das Kriterium der Relation	
Modi des Erlebens • wirkliches (objektives) und mögliches (antizipierendes) Erleben • positives und negatives Erleben • Abgrenzung innerhalb des Erlebens nach kognitives Erleben, affektives Erleben oder konatives Erleben	Modi des Erlebnisses • wirkliches (durch faktische Ereignisse bewirkt) oder mögliches (durch vermutete, antizipierte etc. Inhalte bewirktes) Erlebnis • positives und negatives Erlebnis • affektives (durch sinnes- bzw. verstandesmäßige Tätigkeiten ausgelöstes) und konatives (durch Neigungen und Bedürfnisse ausgelöstes) Erlebnis	

„Erleben" und „Erlebnis" unterscheiden sich also wesentlich in einigen Punkten. Dabei ist die Unmittelbarkeit des „Erlebnisses" und die hohe „Intensität" ein wesentliches Unterscheidungsmerkmal. Bei Dilthey ist diese Differenzierung so noch nicht vorgenommen, aber die von Schott durchgeführte Unterscheidung spricht einen wesentlichen Aspekt der modernen Erlebnispädagogik an. Der Begriff des „Erlebens" weist eher in die Handlungssphäre des „handlungsorientierten Ansatzes" und des „erfahrungsorientierten Lernens", bestimmt durch eine hohe Prozesshaftigkeit und einen reflexiven Charakter. Hier wird didaktisch auch oft mit so genannten „(Lern)Schleifen" gearbeitet, in denen immer wieder gleiche Übungen durchlaufen und anschließend besprochen werden. Im Gegensatz dazu stehen die „Erlebnisse", die „besonderen Erfahrungen", die nicht „erzwingbar" sind. Sie haben eine wesentlich höhere „emotionale Wirkung" und dadurch ein wesentlich höheres (mögliches) Wirkpotential, sind aber methodisch nicht zu erzeugen. Diesem (methodischen) Problem wird in der erlebnispädagogischen Praxis dadurch begegnet, indem „Settings" geschaffen werden, die eine „hohe Erlebniswahrscheinlichkeit" haben (z.B. Hochseilgärten) bzw. der Ort der Handlung in die „unberührte Natur" verlegt wird. Eine Raftingfahrt auf einem Wildbach, ein Abseilen aus zehn Meter Höhe oder eine Übernachtung ganz alleine im Wald haben sicher ein relativ hohes „Erlebnispotential". Trotzdem stellen sich folgende, vor allem hinsichtlich des Nachweises und der Legitimität, methodische Probleme:

- Erzeugt das Setting ein Erlebnis?
- Hat das Erlebnis überhaupt einen Bezug zu Ziel und Intention?
- Ist das Erlebnis im Sinne der Ziele nutzbar zu machen?
- Ist es überhaupt „rational", reflektier- und besprechbar oder in seiner emotionalen Wirkung „übermächtig"?
- Wie geht man mit einer hohen negativen Emotionalität, einem negativen Erlebnis um?

Warum aber „das Erlebnis" als Kategorie der Erlebnispädagogik nicht verschwunden ist, liegt eben in seiner großen Intensität und dem damit verbundenen erhofften „Wirkpotential". Dahinter steht die Hoffnung, diese „Energien" für den pädagogischen Prozess nutzbar machen zu können und dadurch viel mehr „Wirkung" erzielen zu können. Manchmal kann man fast von einer Hoffnung auf ein „Erweckungserlebnis" sprechen (dies schwingt ja bei der Bezeichnung „finaler Rettungsanker" in der Erziehungshilfe mit). Aber Schott hat meiner Meinung nach sehr gut herausgearbeitet, dass Erlebnisse keinesfalls „pädagogische Erfindungen", sondern sehr wohl auch begrifflich fassbar sind. Neben dieser wissenschaftlichen Aufarbeitung kommt eine Unzahl von biographischen „Beweisen" solcher „wirkmächtiger Erlebnisse". Aus meiner Sicht ist es vor allem die Diskrepanz zwischen der subjektiven Wirkung und der (wissenschaftlichen) Beweisbarkeit bzw. der methodischen Planbarkeit, die sich hier zeigt. Im Rahmen eines professionellen Konzeptes ist es schwierig, mit einer derartig „sperrigen Kategorie" zu argumentieren. Diese Diskussion wird in der modernen (professionalisierten) Erlebnispädagogik vor allem über Begriffe wie „Wirksamkeit", „Nachhaltigkeit", „Transfer" und „Wirkungsnachweis" geführt. Abschließend möchte ich noch einmal darauf hinweisen, dass die Begriffe „Erleben" und

„Erlebnis" auch auf zwei unterschiedliche, in der aktuellen Diskussion oft vermischte „Ansätze" verweisen. Wie erwähnt stehen beim Begriff des Erlebens die Prozesshaftigkeit und die Reflexion im Vordergrund. Somit verweist der Begriff des Erlebens auf den handlungsorientierten Ansatz. Beim Begriff des Erlebnisses steht die hohe „Intensität" und die damit verbundene „Wirkmächtigkeit" im Vordergrund und verweist daher auf die (Hahnsche) Erlebnispädagogik mit ihren wirkmächtigen Erlebnissen (siehe 2.1.) Wie gesagt sind beide Begriffe noch immer in der modernen Erlebnispädagogik anzutreffen, wenn auch in der wissenschaftlichen Diskussion der erste zur Zeit überwiegt. Dies aus meiner Sicht deshalb, weil ersterer konzeptionell planbar und methodisch-didaktisch umsetzbar und auch empirisch leichter erfassbar ist. Dadurch sind solche Programme auch Geldgebern/-innen gegenüber leichter argumentierbar. Aber in letzter Zeit ist, vor allem in den rituell-kreativen Ansätzen, der Ansatz des „wirkmächtigen Erlebnisses" wieder zu erkennen. Manchmal werden diese Ansätze auch als „europäischer Sonderweg" im Gegensatz zu den „behavioristisch-amerikanischen" Projektkonzepten gedeutet.[92]

2.2 Ansatz II: Die Handlungs-Pädagogik (John Dewey)

Handlung: Handlung ist eine menschliche Tätigkeit, bei der als wesentliche Momente das Subjekt und Objekt der Handlung, der Vollzug und die Intention unterschieden werden. Die Handlungstheorie als philosophische Forschungseinrichtung sucht u.a. durch die Aufnahme der aristotelischen Unterscheidung von „praxis" und „poisis" und durch die Methoden der Sprachanalyse Strukturen und Voraussetzungen von Handlungen zu klären. Die Handlungstheorie kann so Pädagogik als handlungsorientierte und -orientierende Wissenschaft über die Bedingungen pädagogischen Handelns aufklären, unter denen sich weiterhin ein Erziehungs- als spezielles Handlungsziel anstreben lässt; von Bedeutung ist dabei die handlungstheoretische Frage nach Freiheit, d.h. nach der Begründung von Handeln durch die selbstbestimmte Intention der Person, die erst Erziehung zur Mündigkeit und Handlungskompetenz erlaubt.[93]

Es zeigt sich, dass die inhaltlich divergierenden Unterscheidungen von Handeln und Verhalten, Praxis und Poisis, Interaktion und Arbeit, Kommunikation und Diskurs weniger Themen als vielmehr wie auch immer wichtige Nebenprodukte eines Klärungsversuchs der primär normativen Frage sind: „Was ist (rationales, richtiges, vernünftiges…) Handeln? Insofern gilt: „Der Handlungsbegriff ist selbst in einem ursprünglichen Sinn ein Wertbegriff", Pädagogik als Handlungsreflexion daher eine „praktische" Disziplin.[94]

92 vgl. dazu vor allem Hufenus, Kreszmeier (2000).
93 Wörterbuch der Pädagogik (2005), S. 272.
94 Pädagogische Grundbegriffe (2004), S. 705.

Neben der Bezeichnung „Erlebnispädagogik" wird für die moderne Erlebnispädagogik auch oft die Bezeichnung „handlungsorientierter Ansatz" verwendet. Im Rahmen dieser Arbeit ist es nicht einmal annähernd möglich den Begriff des „Handelns" zu klären. Wie allerdings schon bei der Generierung des Wortschatzes zu erkennen ist, steht der Begriff der „Handlung" (fast) gleichberechtigt neben dem Begriff „Erlebnis". In der erlebnispädagogischen Literatur wird mit diesem Ansatz besonders eine Person in Verbindung gebracht und rezipiert: John Dewey. Dieser gilt in den USA und Kanada als Vater des „handlungs- und erfahrungsorientierten Lernens"[95] und ihm wird auch das in der erlebnispädagogischen Literatur oft rezipierte Theorem: **„Learning by doing"**[96] zugeschrieben.

John Dewey ist also neben Kurt Hahn sicher eine wichtige Persönlichkeit in der Geschichte der Erlebnispädagogik. Seine „Projektmethode"[97] wird in Form des „Projekts", wenn auch wahrscheinlich im Umweg über Kerschensteiner, zu einem konstitutiven Element der Hahnschen Erlebnistherapie:

Im Projekt-Lernen geht es (Hahn) um geistige, handwerkliche oder technische, wissenschaftliche, kunsthandwerkliche, musische und soziale Aufgaben und Felder der Bearbeitung (und Bewährung); (...). Die einschlägigen Vorbilder für Hahn, die (amerikanische) Projektmethode und der Arbeitsunterricht Kerschensteiners haben dabei vor allem die Selbständigkeit der Ausführung und die Selbstprüfung der Lernenden an der Sache betont. Nicht das Projektergebnis, sondern vielmehr die Fähigkeiten, die auf dem Weg zum Ziel erworben werden können, sind zentral.[98]

Dewey übte und übt einen nachhaltigen Einfluss auf die Entwicklung der Pädagogik in den USA aus. Seine Ideen bzw. sein pragmatischer Ansatz hatten darüber hinaus auch maßgeblichen Einfluss auf die Ausformung der Erlebnispädagogik in Nordamerika. Wie später noch gezeigt wird, ist der Beginn der Kurzschulen bzw. der Outward Bound Schulen und damit der Beginn der „modernen Erlebnispädagogik" in Großbritannien zu verorten. Von dort ausgehend expandierte vor allem die „Outward Bound Bewegung" in die USA und verband sich mit der „amerikanischen Pädagogik". Eine Vielzahl der heutigen Bezeichnungen und Methoden haben hier ihren Ursprung und wurden schließlich über die intensive Rezeption dieser „amerikanischen", von Dewey stark beeinflussten Erlebnispädagogik, in den 80er und 90er Jahren nach Deutschland „reimportiert" bzw. bestand schon ab den 70er Jahren ein weltweites Netzwerk von „Outward Bound", in dem natürlich auch inhaltlich diskutiert wurde. Deweys Ansätze übten damit zeitversetzt einen weiteren großen Einfluss

95 Heckmair, Michl (2002), S. 31.

96 Heckmair, Michl (2002), S. 32. Das oft auch in Zusammenhang mit Dewey rezipierte „Trial and error Prinzip" gehört allerdings in den Bereich der Lerntheorien (Thorndike). Aber trotzdem wird es in der erlebnispädagogischen Literatur oft im Zusammenhang mit dem „handlungsorientierten Ansatz" erwähnt.

97 Dabei gibt es unterschiedliche Ansichten, ob die Projektmethode tatsächlich von Dewey begründet wurde. Prinzipiell wird er gemeinsam mit William H. Kilpatrick genannt, wobei Dewey wohl als „philosophischer Urvater" zu werten ist und Kilpatrick als praktischer Umsetzer. Vgl. dazu ausführlicher Schreiner (1991), S. 14–15.

98 Bauer, Nickolai (1989), S. 17.

auf die europäische moderne Erlebnispädagogik aus. Dies bedeutet, viele Begriffe der modernen Erlebnispädagogik gelangten über die Vereinigten Staaten (wieder) in die in den 90er Jahren einsetzende wissenschaftliche Diskussion. Die pädagogische Praxis, und damit die Begrifflichkeit, in der nordamerikanischen Erlebnispädagogik ist aber oft von einer behavioristischen Tradition geprägt. Als Beispiel sei hier auf den Begriff des „Outdoortrainings" hingewiesen (siehe Abschnitt 7.5 und Abschnitt 9.2.3).

Die „moderne Erlebnispädagogik" ist sehr massiv von Deweys Ansatz beeinflusst, worauf der Terminus „Handlungsorientierter Ansatz" hinweist. Mit dieser Bezeichnung erfolgt eine begriffliche und inhaltliche Ausweitung: während die Begriffe Erlebnistherapie und Erlebnispädagogik definitorisch durch den Leitbegriff „Erlebnis" eingeschränkt sind oder zumindest begrifflich determiniert sind, eröffnet der Handlungsbegriff ein ungleich größeres **Handlungsfeld**. Sarkastisch kann man sagen, schon allein das TUN im pädagogischen Feld reicht, um dieses Tun als pädagogisch zu bezeichnen. Noch größer ist diese Ausweitung mit dem Zusatz „orientiert". Es muss also nicht einmal gehandelt werden, es reicht die „Orientierung" dahin. Dies ist natürlich eine sarkastische Betrachtungsweise, aber spiegelt durchaus das „uneinheitliche" Bild der „modernen Erlebnispädagogik".[99] Im Gegensatz zum Begriff „handlungsorientierter Ansatz" scheint der Begriff „Erlebnispädagogik" für die „moderne Erlebnispädagogik" zu einschränkend. Erst mit dem Überbegriff „Handlungspädagogik" lassen sich die heterogenen Ansätze der modernen Erlebnispädagogik zumindest annähernd beschreiben. Dementsprechend verwundert es nicht, dass die wichtigste Fachzeitschrift im deutschsprachigen Raum den Untertitel „Zeitschrift für handlungsorientiertes Lernen" trägt.[100]

Dewey ist also mit seinem „handlungs- und erfahrungsorientierten" Ansatz ein wesentlicher „Theoretiker" der modernen Erlebnispädagogik. Damit kann man aber die moderne Erlebnispädagogik in die Nähe des so genannten „Pragmatismus" rücken:[101]

Pragmatismus: (griech. pragma Handeln, Tatsache, Wirklichkeit; engl. pragmatism). Von dem amerikanischen Philosophen und Mathematiker C.S. Peirce am Ende des 19. Jahrhunderts begründete, handlungstheoretische Auffassung von Wissenschaft, die danach fragt, was wissenschaftliche Theorien für praktische, sachbezogene, soziale und sprachliche Handlungsprozesse in konkreten geschichtlichen Erfahrungsfeldern bedeuten. Darauf begründete J. Dewey in Amerika seine Pädagogik des Pragmatismus, die von der Bedeutung des Handelns und der Erfahrung ausgeht. Demokratie ist für Dewey

99 Zum Vergleich sei ein Blick in die Tagungsbände des Internationalen Kongresses „erleben und lernen" empfohlen. Hier gewinnt man jeweils einen guten Eindruck über die Vielfalt der Projekte, die sich alle unter dem Begriff des „handlungsorientierten Ansatzes" versammeln. Vgl. dazu zum Beispiel Ferstl, Scholz und Thiesen (Hrsg.) (2006).

100 „erleben und lernen", abgekürzt e&l, ist eine der zwei deutschsprachigen Fachzeitschriften und wohl „die" Fachzeitschrift der „professionellen Erlebnispädagogik". Im Untertitel führt sie die Bezeichnung „Zeitschrift für handlungsorientiertes Lernen". Aus diesem Umfeld werden auch die regelmäßig stattfindenden Fachkongresse organisiert und in Form von Tagungsbänden veröffentlicht. Diese Kongresse zählen zu den wichtigsten Treffen der deutschsprachigen, „erlebnispädagogischen Community". Die zweite große Fachzeitschrift war die „Zeitschrift für Erlebnispädagogik", die 2010 in der e&l aufgegangen ist.

101 dementsprechend spricht Fischer, Lehmann (2009), S. 111 auch von „Erfahrungsprinzipien Pragmatischer Pädagogik"

gemeinschaftliches Leben und Schule soll als Modell den Grund dafür legen. Erziehung und Unterricht bewirken seiner Ansicht nach in den Interaktionsprozessen und in der handelnden Auseinandersetzung mit Natur, Gesellschaft und Kultur beim Schüler einen kontinuierlichen Erfahrungsaufbau, der im Verlauf der Erziehungsprozesse zur Ich-Identität hinführt. Die Theorie des Projektunterrichts von J. Dewey und W.H. Patrick zeigt die pädagogische Umsetzung der Philosophie des Pragmatismus. [102]

Für die deutschsprachige Rezeption sei allerdings darauf hingewiesen, dass dieser Einfluss von Dewey auf die moderne Erlebnispädagogik oft nicht explizit erwähnt oder erkannt wird, sondern sozusagen „mitschwingt“. So wird Hahn mit seiner „Erlebnistherapie“ definitiv (und aus meiner Sicht auf Grund seiner enormen organisatorischen Leistung auch zu Recht) als „Urvater“ der Erlebnispädagogik bezeichnet und Deweys Einfluss, vor allem auf die moderne Erlebnispädagogik, meist nicht genau gekennzeichnet:

Im deutschsprachigen Raum war Dewey bis heute kaum im pädagogischen Blickfeld, da sein pädagogischer Pragmatismus wenig Anknüpfungspunkte zur deutschen, traditionellen idealistischen Erziehungsauffassung fand, doch sein Theorem „Learning by doing“ erlangte Bekanntheitsgrad weit über Wissenschafts- oder Wirtschaftsgemeinschaften hinaus. Bedeutsame Spuren des Wirkens von Dewey finden sich heute aber noch in anderen Bereichen wieder, sind jedoch nicht immer so deutlich zu erkennen wie jene, die Deweys Überlegungen in der amerikanischen „Outdoor-Szene“ hinterlassen haben. [103]

Deweys pädagogischer Pragmatismus hatte in der deutschen, idealistisch geprägten Erziehungswissenschaft seit jeher einen schweren Stand. Schon 1915 polemisierte Eduard Spaner in einem Brief an Kerschensteiner über Deweys „Küchen- und Handwerksutilitarismus“. Der Münchener Stadtschulrat und spätere Universitätsprofessor Kerschensteiner schuf in dieser Zeit sein Modell der „Arbeitsschule“ und ließ sich als einer der wenigen deutschen Reformpädagogen von Dewey inspirieren (Anmerkung des Verf.: Kerscheinsteiner wiederum hatte Einfluss auf Hahn!). [104]

Die große Bedeutung von Dewey für die moderne Erlebnispädagogik resultiert aus seinen Überlegungen zum „Erfahrungslernen“. Wie schon erwähnt, ergibt sich damit ein zweiter Argumentationsstrang in der erlebnispädagogischen Theorie. An Stelle des zentralen „Erlebnisbegriffs“ treten die Begriffe „Handlung“, „Erleben“ und „Erfahrung“. Deweys „Learning by doing“ ist als eine „Methode der denkenden Erfahrung“ [105] zu verstehen. Das bezieht sich auf die doppelte Rolle von Erfahrung:

- zum einen erwirbt man Erfahrung um zu Handeln
- zum anderen erwirbt man Erfahrung durch Handlungen

102 dtv-Wörterbuch der Pädagogik (2004), S. 438.
103 Datzberger (2003), S.18.
104 Heckmair, Michl (2002), S. 32.
105 Bauer (2001), S. 20.

Neben diesen zentralen gegenseitigen Verweischarakter der neuen Begriffe „Handlung" und „Erfahrung" treten als weitere wesentliche Leitbegriffe „Prozess" und „Reflexion". Dewey stellt dazu fest:

Durch Erfahrung lernen heißt, das was wir den Dingen tun, und das was wir von ihnen erleiden, nach rückwärts und vorwärts miteinander in Verbindung bringen. [106]

Gerade dieses Vorwärts und Rückwärts drückt das Prozesshafte und Reflexive aus. Dies bedeutet:

- dass aus einer Handlung offenbar nur mit Hilfe einer bewussten, denkerischen Durchdringung eine Erfahrung gewonnen werden kann – durch Reflexion also.
- dass dieses Vorwärts und Rückwärts immer prozesshaft ist, d.h. Prozessdenken statt „Ereignis- oder Erfolgsfixierung". [107]

In seiner „Theory of Inquiry" lassen sich fünf Phasen festhalten:

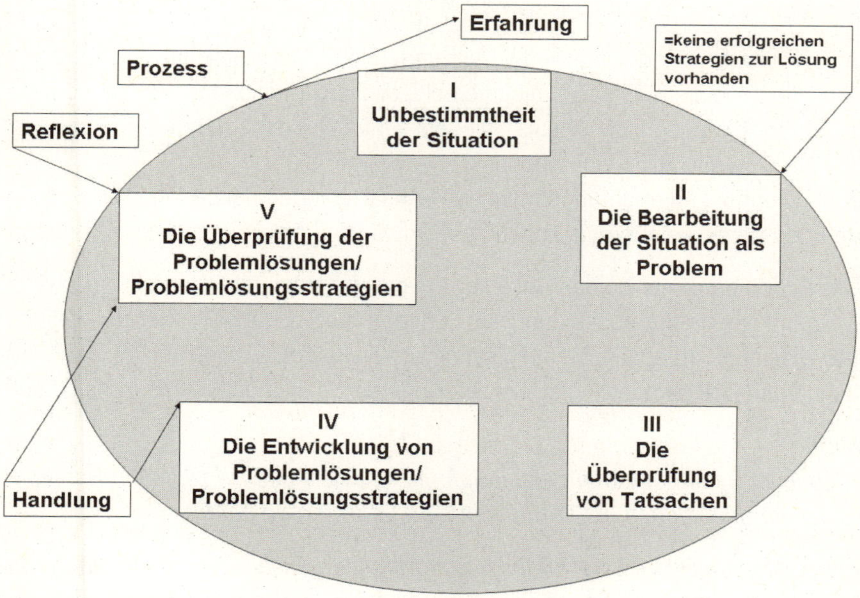

Somit treten vier neue Begriffe an die Stelle des Leitbegriffs „Erlebnis":

- Handlung
- Erfahrung
- Prozess
- Reflexion

106 Dewey, zitiert nach Bauer, S. 21.
107 Bauer (2001), S. 21–22.

Den Zusammenhang beschreibt Dewey wie folgt:

Er ging von der Annahme aus, dass Handeln die erste und ursprüngliche Form der Erfahrungsbildung darstellt und das durch Handeln gewonnene Wissen das erste und ursprüngliche Wissen des Menschen ausmacht. (...) Das Wiederentdecken von Denken, Erfahrung und Handlung kann als zentrales Kennzeichen der Pädagogik Deweys gelten. Neben Rousseau kann somit auch Deweys Ansatz als erziehungstheoretische Grundlage für erfahrungsorientiertes Lernen und das Lernen durch Erlebnisse herangezogen werden. [108]

2.2.1 Erlebnispädagogischer und handlungsorientierter Ansatz

Mit Hahn und Dewey bzw. mit dem Begriff „Erlebnis" auf der einen Seite und den Begriffen „Erfahrung" und „Handlung" auf der anderen Seite sind die zwei unterschiedlichen Argumentationsstränge der erlebnispädagogischen Theorie eingeführt. Im (wissenschaftlichen) Diskurs der modernen Erlebnispädagogik werden allerdings oft beide „miteinander" diskutiert. Ebenso werden die Begriffe „Erlebnis" und „Erleben" synonym verwendet, was dementsprechend zu argumentativen Verwirrungen führt, denn im Prinzip handelt es sich um zwei unterschiedliche Ansätze mit unterschiedlichen Traditionen und Leitbegriffen:

- Der „erlebnispädagogische Ansatz" mit dem zentralen Leitbegriff des „Erlebnisses", auf Hahn, Neubert und Dilthey beruhend.
- „der handlungs- und erfahrungsorientierte" Ansatz mit den Leitbegriffen „Handlung", „Erfahrung" bzw. „Erleben", beruhend auf Dewey und die Pragmatiker.

Zur Differenzierung dieser beiden Ansätze verweise ich noch einmal auf die in Abschnitt 2.1.5 vorgenommene Unterscheidung von „Erleben" und „Erlebnis". Werden diese beiden Begriffe, wie schon oft erwähnt, häufig synonym verwendet, handelt es sich doch, wie Schott eindrucksvoll dargestellt hat, um zwei in ihrem Wesen unterschiedliche Begriffe:

Erleben
*Das Erleben ist Bedingung dafür, dass Gefühle kultiviert und Prinzipien in Handlungen umgesetzt werden können. Es ermöglicht ein **„Learning by doing"*** [109]

*Erleben ist das subjektive Innewerden von Vorgängen, die als bedeutsam empfunden werden. Die **Erfahrung** stellt dann die **Summe von Erlebnisanteilen** dar, Erfahrung ist das durch das **eigene Erleben** und eigene Anschauung erworbene Wissen. Und aus Erfahrungen erwachsen schließlich Erkenntnisse, aus diesen können möglicherweise Einsichten resultieren, die als die höchste Stufe menschlicher Weisheit zu bezeichnen sind. Erlebnis, Erfahrung, Erkenntnis und Einsichten sind also wichtige Begriffe in der und für die Erlebnispädagogik.* [110]

108 Datzberger (2003), S. 20–21.
109 Schott, S. 139.
110 Ziegenspeck (1990), S. 81.

Erlebnis

Das Erlebnis hingegen zeichnet sich gegenüber „dem Erleben" dadurch aus, dass

- *Leidenschaft und Lust mit Überlegung und Einsicht einhergehen*
- *sich strukturelle Grenzen aufheben (Zeit vergeht wie im Flug)*
- *es einen verstärkten Drang zu Ausdruck und Handlung zeigt*
- *es durch den gesteigerten Manifestationsdrang eine höhere „Auseinandersetzungswahrscheinlichkeit" gibt*
- *Grenzen der Kommunikation schwinden (z.B. Ohmacht und Allmacht zugleich)*
- *es Resultatscharakter aufweist (Einheit von Denken-Fühlen-Wollen)*
- *es ein autokinetisches System darstellt; es ist nicht erzeugbar und nicht erzwingbar*[111]

Aus meiner Sicht handelt es sich hierbei **um eine sehr wichtige Unterscheidung**, um Programme der Erlebnispädagogik genauer untersuchen zu können. So sind eben die „heilsamen Erinnerungsbilder"[112] von Kurt Hahn nur durch ihre verdichtete Intensität und dementsprechende Wirkmächtigkeit, also durch die Kategorie des Erlebnisses erklärbar. Auf der anderen Seite ist das „Erfahrungslernen" ohne den Begriff des „Erlebens" und der daraus resultierenden Erfahrung nicht zu erklären. Diese Unterscheidung ist vor allem auf praktischer, konzeptioneller Seite von Bedeutung, erfordert sie doch eine vollkommen andere Vorgangsweise. Im Ansatz der „Erlebnispädagogik" mit dem zentralen Augenmerk auf den Begriff des Erlebnisses ist von zentraler Bedeutung, eben solche Erlebnisse durch Settings/Medien etc. möglich zu machen. Auf der Seite des „Erfahrungslernens" liegt der Fokus mehr auf der Prozessebene, auf der Reflexion des Handelns und dementsprechend auf der „Umsetzung" der Handlung in (nutzbare) Erfahrung. Dabei bedarf es natürlich einer gewissen „Qualität des Erlebens", um die Handlung als solche sozusagen für das Individuum erkennbar zu machen (siehe oben), allerdings in weit geringerer Intensität. Daher ist in der Praxis des handlungsorientierten Ansatzes die Reflexion von so zentraler Bedeutung, da das Erlebte von sich aus nicht wirkmächtig ist und dementsprechend (meist) erst über den Umweg der reflexiven Aufarbeitung des Erlebten von (Lern)Erfahrungen gesprochen werden kann. Dabei handelt es sich um einen bedeutsamen Unterschied (vgl. Abschnitt 9.3). Dilthey, Neubert und Hahn haben, da sie sich jeweils in ihrem Wissenschaftskonstrukt bewegten, keine strengen Abgrenzungen zu jeweils anderen Konstrukten vorgenommen (was diesen Pionieren wohl auch schwer gefallen wäre). Dementsprechend überschneiden sich die Ansätze in ihren Argumentationen. Diese Unterscheidung ist auch hinsichtlich des „Erfahrungslernens" nicht unbedingt notwendig, denn natürlich kann man die „Wirksamkeit" von Erlebnissen auch aus der Sicht des „Erfahrungslernen" erklären:

Etwas sehr Ähnliches wie Dewey hat 1906 auch Wilhelm Dilthey in Bezug auf die Erlebnispädagogische Kernmetapher, das Erlebnis, deutlich gemacht: „Da Erlebnisse völlig

111 vgl. Schott, S. 150–171.
112 Schwarz (1968), S. 44.

individuelle und daher auch nicht manipulierbare, irrationale, emotionale Ereignisse sind, ein inneres Bewegt- und Ergriffensein, genau deshalb benötigen Erlebnisse ihrer rationalen Durchdringung, wenn eine Einheit von Denken und Fühlen, von Erlebnis und Erfahrung hergestellt werden soll.“[113]

Interessanterweise wird Dilthey dementsprechend auch als Vertreter „der Psychologie des ERLEBENS“ eingeordnet.[114] Auch Erlebnisse müssen also „rational durchdrungen“ (Dilthey) werden. Der wesentliche Unterschied liegt in der Argumentation der „Wirksamkeit“ und der daraus folgenden didaktischen Umsetzung.

Für die „moderne Erlebnispädagogik“ ist, wie schon oben erwähnt, sicher der Ansatz von Dewey spürbarer und relevanter als der von Dilthey und auch, auf Seite der Theorie, von Hahn. Dies mag einerseits auf den starken Einfluss von Dewey und Thoreau auf die amerikanische Pädagogik und damit auf die „amerikanische Outward Bound Schools“ zurückzuführen sein, andererseits aber sicher auch auf den breiteren Ansatz von Dewey, der praktisch-methodisch-didaktisch leichter umsetzbar, eben pragmatisch, erscheint. Denn im Gegensatz zur aufwändigen, unsicheren Erzeugung wirkmächtiger Erlebnisse scheint bei einer didaktischen Gestaltung im Sinne von Dewey schon die Berücksichtigung der „Reflexion von Handlungen“ in der Planung ausreichend. Dementsprechend ist der handlungsorientierte Ansatz vor allem im Bereich der konzeptionellen Planung von Trainings- und Entwicklungskonzepten anzutreffen. John Dewey wird auch oft als „Begründer“ der Organisationsentwicklung bezeichnet. Gerade in der Personalentwicklung, in der Organisationsentwicklung und in der modernen Teamentwicklung wird oft in so genanten „Outdoortrainings“ auf erlebnispädagogische Methoden zurückgegriffen:

Gairing hat darauf hingewiesen, dass Deweys rigoroses Entwicklungsparadigma die Plattform für die moderne Organisationsentwicklung geschaffen hat. Ob bei Caritas, Jugendherbergswerk oder der Deutschen Bank: Die aktuellen OE-Prozesse sind ohne Dewey kaum zu denken. Auch die in den meisten Unternehmen vollzogene Kehrtwende in der Erstausbildung antizipierte Dewey schon 1916: die einzige Form der Ausbildung für den Beruf ist durch den Beruf. (…) Deweys Ansatz ist verblüffend radikal, indem er die Erfahrung als den „Lernort“ seiner Pädagogik positioniert.[115]

Daneben erscheint „Learning by doing“ als Schlagwort auf den ersten Blick als leicht einzulösendes Konzept und übte sicher zusätzlich einen starken Reiz auf Praktiker/-innen aus. Hier zeigt sich die auch heute in der modernen erlebnispädagogischen Literatur oft angesprochene Diskrepanz zwischen Theoretikern/-innen und Praktikern/-innen:

113 Dilthey zitiert nach Bauer (1997), S. 25.
114 vgl. dazu Bauer (1997), S. 26.
115 Heckmair, Michl (2002), S.34–35.

Deweys Pragmatismus wirkte auf den ersten Blick technokratisch und theoriefeindlich: Ein Gramm Erfahrung ist besser als eine Tonne Theorie, einfach deswegen, weil jede Theorie nur in der Erfahrung lebendige und in der Nachprüfung zugängliche Bedeutung hat. [116]

Dieser Theorie Praxis Gap ist sozusagen ein Urproblem der Pädagogik als Wissenschaft.

2.2.2 Exkurs: Dewey, Hahn und Thoreau: Veränderung durch Erziehung

Während Dewey durch die Projektmethode und die reflexive Ausrichtung in Form des Erfahrungslernens einen großen Einfluss auf die didaktische Gestaltung des Schulunterrichts ausübte [117], steht ein zweiter nordamerikanischer „Pädagoge", Thoreau, der ebenfalls zu den „Urvätern" der Erlebnispädagogik gezählt wird, für das „Prinzip der Unmittelbarkeit":

Während eine europäische Erziehungsgeschichte ohne Rousseau, eine amerikanische Philosophiegeschichte ohne Thoreau unvollständig bleibt, ist das Thoreausche Gedankengut im europäischen Kulturraum einer seltsamen Vergessenheit preisgegeben. Nur gelegentlich leuchtet die Persönlichkeit dieses Propheten und Poeten, Philosophen und Pädagogen im Pantheon der Unsterblichen auf. So vor 25 Jahren, als Thoreau als Prophet der 68er Generation herhalten musste, oder als bekannt wurde, dass Mahatma Ghandi Thoreaus Buch „Über die Pflicht zum Ungehorsam gegen den Staat" fast immer im Reisegepäck hatte. (…) Die Natur ist die große Erzieherin und Lehrmeisterin. Während Rousseau im „Emile" die Erziehung durch die Natur, die Dinge und den Menschen sozusagen am Reißbrett entwirft, liefert Thoreau ein praktisches Beispiel der Lebenskunst. Am 4. Juli 1845, dem amerikanischen Unabhängigkeitstag, zieht er in eine selbst gebaute Hütte am Walden-See in der Nähe seiner Heimatstadt Concord. Das Evangelium der Einfachheit und Einsamkeit ist aber kein romantischer Rückzug in die Natur, sondern baut auf einem durchaus komplexen Gedankengebäude auf, das zu einem nicht geringen Teil durch die besondere historische und persönliche Situation von Thoreau zu erklären ist. Zweieinhalb Jahre später beendet Thoreau sein Walden-Experiment und verdingt sich als Hilfskraft im Hause des Philosophen Ralph Waldo Emerson. [118]

Thoreau, Dewey und Hahn strebten alle drei eine gesellschaftliche Veränderung durch die Erziehung an: Dewey durch die Erziehung zur Demokratie, Hahn durch die Erziehung zur Verantwortung und Thoreau durch die Erziehung zur „Pflicht zum Ungehorsam gegen den Staat". [119] Diese Entwürfe zur gesellschaftlichen Veränderung sind in der „modernen Erlebnispädagogik" nur mehr sehr rudimentär nachzuspüren, während der „methodisch-technische" Anteil stark zugenommen hat. Allerdings ist das Fehlen solcher Entwürfe ein

116 Heckmair, Michl (2002), S. 32.
117 Die Ausrichtung des Unterrichts auf die Projektmethode ist in der amerikanischen Tradition sicher eine andere und stärkere als der (reformpädagogische) Projektunterricht in einer europäischen Schule.
118 Heckmair, Michl (2002), S. 9–10.
119 vgl. dazu Heckmair, Michl (2002), S. 9–17 (Thoreau), S. 22–27 (Hahn) und S. 27–35 (Dewey).

Zeichen der heutigen „postmodernen Gesellschaft", in der der Entwurf einer „einheitlichen (Gesellschafts-)Theorie" nicht so richtig gelingen mag (man denke da nur an die Wertediskussionen zum Thema Familie). Vielleicht macht ja gerade dies den Reiz einer Methode oder Teildisziplin einer Wissenschaft aus, in der das Schlagwort der „Ganzheitlichkeit" von großer Bedeutung ist.

Alle drei Personen und der Pragmatiker William James stellen wesentliche Protagonisten für die Ideengeschichte der Erlebnispädagogik dar:

Letzten Endes bleiben vier Männer übrig, die mit ihren Wegen, Werken und Gedanken die geistigen Grundlagen der modernen Erlebnispädagogik wesentlich beinflusst haben: Kurt Hahn, Henry D. Thoreau, William James und John Dewey. Besonders der Letzte zählt als bedeutender Vertreter der Philosophie des Pragmatismus zu den geistigen Vordenkern einer handlungsorientierten Pädagogik, mit dessen Intentionen sich die meisten Outdoor-Pädagogen identifizieren können. (…) Nach Dewey hat Philosophie ihren Ursprung nicht in intellektuellem, sondern in sozialem und emotionalem Material. Er bezieht sich auf den Nonkonformisten William James, der auch zu Hahns geistigen Vätern gehört, dass „Philosophie Vision" sei und ihre Hauptaufgaben darin bestehen, den menschlichen Geist von Voreingenommenheit und Vorurteil zu befreien. Dies ist der Schnittpunkt, in dem sich James, Hahn und Dewey treffen und der Outward Bound-Bewegung, der Erlebnispädagogik (Experiental Education) und der handlungsorientierten Pädagogik ihre philosophische Grundlage geben – wo sich das „Visionäre" mit dem „Social Engineering" verbindet. [120]

120 Händel (1995a), S. 21–22.

3. Philosophisch-pädagogische Wurzeln

Ein Kennzeichen der modernen Erlebnispädagogik bzw. der Fachdiskussion ist die Vielzahl von Erklärungsansätzen und Theorien, die versuchen, die Wirksamkeit der Programme zu erklären. Dabei werden unterschiedlichste wissenschaftliche Disziplinen (Soziologie, Psychologie, Pädagogik, Medizin) und Wissenschaftstheorien (z.B. Lerntheorien, Sozialisierungstheorien, Theorien der Hirnforschung) bemüht, die oft parallel und miteinander vermischt diskutiert werden:

Von Hahn und seiner zentralen Kategorie des „Erlebens" ausgehend, entwickelten sich verschiedene Praxisfelder. (...) Ich verzichte auf eine ausführliche Schilderung der einzelnen theoretischen Konzeptualisierungen, die generell versuchen, die Idee der Erlebnispädagogik mit je verschiedenen sozialwissenschaftlichen und psychologischen Ansätzen, mit anthropologischen, philosophischen und allgemein-pädagogischen Argumenten, mit Assoziationen oder Metaphern zu unterlegen, um ihren Wert und Stellenwert herauszustellen. Es finden sich viele plausible Verbindungen (...) die ihre Funktion auch erfüllen, die Sinnhaftigkeit erlebnispädagogischen Handelns zu belegen, allein es fehlen weitgehende Analysen der Realität in den Projekten. Diese Analysen hätten den Sinn danach zu fragen, wie sich die vielfach beschriebene Plausibilität auf der konkreten Erlebens- und Handlungsebene realisieren lässt. [121]

Diese Vielfalt der **Erklärungs**ansätze lenkt allerdings davon ab, dass das theoretische Fundament der Erlebnispädagogik aus meiner Sicht durchaus ausreichend mit den schon dargestellten zwei Ansätzen beschrieben werden kann:

- die „Naturpädagogik" von Jean Jaques Rousseau und von Henry Thoreau
- Wilhelm Diltheys „Erlebnisbegriff" und die Entwicklung einer Erlebnispädagogik durch Waltraud Neubert
- Ansatz I: Kurt Hahn und seine Erlebnistherapie
- Ansatz II: John Dewey und seine Handlungspädagogik

Damit sind sozusagen die „fundamentalen pädagogischen Stränge" gekennzeichnet. Sie bilden aus meiner Sicht das ideelle und methodisch-didaktische Grundgerüst von handlungsorientierten und/oder erlebnispädagogischen Projekten. Auf methodischer Seite kann man hier vielleicht noch die „Interaktionspädagogik" bzw. die Erkenntnisse aus der Gruppendynamik hinzufügen. Viele der modernen Erklärungsansätze werden aus meiner Sicht nur noch auf dieses Fundament „draufgesetzt" bzw. wird das Fundament mit dieser „theoretischen Brille" betrachtet. Dies kann man z.B. an Hand der „Interaktionspädagogik"

121 Sommerfeld (1993), S. 33.

beobachten. Dieser Ansatz lieferte zwar einige methodische Erweiterungen (kooperative Abenteueraufgaben), aber in weiterer Folge bleiben, bezogen auf die Erlebnispädagogik, trotzdem die Begriffe „Erlebnis", „Erleben" und „Handeln" zentral. Es macht daher durchaus Sinn, sich diesem Fundament und dessen philosophisch-pädagogischen Wurzeln noch einmal genauer zuzuwenden.

In der Zeit von Kurt Hahn war die Differenzierung in die einzelnen Wissenschaftszweige noch nicht fortgeschritten, es ist noch die Zeit des gemeinsamen philosophischen Fundaments. Die Pädagogik stand ganz in der philosophischen Tradition, es gab noch keine differenzierten pädagogischen Theorien, sondern eine Art pädagogisches Kontinuum. Aus diesem entstand die Erlebnistherapie, aber ebenso speisen sich daraus die Erlebnispädagogik einer Waltraud Neubert und die verschiedensten reformpädagogischen Ansätze. Dabei geschah dies im Kontext einer „weltweiten Community". So kann man problemlos Verbindungslinien vom „Vater der Geisteswissenschaft", Dilthey, zum amerikanischen Pragmatiker und Pädagogen Dewey ziehen, von dort eine weitere zum „Interaktionisten" Mead und zum Philosophen William James und dann wieder zurück zum pädagogischen Praktiker Hahn. Die einzelnen Persönlichkeiten standen vielfach in einem intensiven persönlichen oder intellektuellen Austausch. In der Zeit der Reformpädagogik von 1880 bis 1933 (diese Zäsur gilt für den deutschsprachigen Raum) wurden diese theoretischen Vorarbeiten von den unterschiedlichsten Leuten auf das entstehende Feld der pädagogischen Profession transferiert und so das wissenschaftstheoretische Fundament für die Erlebnispädagogik gelegt. Es war dies eine Zeit der praktischen Experimente, des Learning by doing:

Es gab im deutschsprachigen Raum seit Heinrich Pestalozzis Stanser Erziehungsprojekt eine ganze Reihe handlungsorientierter pädagogischer Ansätze. Sie alle könnte man gut und gerne als Vorläufer der heutigen Erlebnispädagogik bezeichnen. Inwiefern sie dem direkten Wurzelgeflecht zuzurechnen sind, wäre im Einzelfall zu prüfen. Problematisch ist dabei sicherlich das Aufstellen geeigneter Kriterien. [122]

122 Meier-Gantenbein (2000), S. 30.

Bei der Durchsicht der erlebnispädagogischen Literatur werden meist folgende Personen bzw. Strömungen als „Wurzeln" der Erlebnispädagogik erwähnt: [123]

Antike	Platon (427–347 v.Chr.)
„klassische" Pädagogen/ Philosophen	Jean Jacques Rousseau (1712–1778) Johann Heinrich Pestalozzi (1746–1827) „Stichwort Pädagogische Provinz"
deutsche Reformpädagogik	**Kunsterziehungsbewegung** u.a. Alfred Lichtwark (1852–1914) **Arbeitschulbegwegung** u.a. Hugo Gaudig (1860–1932) und Georg Kerschensteiner (1854–1932) **Landerziehungsbewegung** Hermann Lietz (1868–1919), Kurt Hahn (1886–1972), Paul Geheeb (1870–1961), Gustav Wyneken (1875–1964) und Minna Specht (1879–1961).
Jugendbewegung	**Pfadfinderbewegung** Robert Baden-Powell (1857–1941) **Wandervogelbewegung** **Andere**
Internationale Reformpädagogik (Auswahl)	Maria Montessori (1870–1937) Ellen Key (1849–1926)
Amerikanische „Pragmatiker"	John Dewey (1859–1952) William James (1842–1910) Henry David Thoreau (1817–1862)

123 Dabei handelt es sich natürlich um eine subjektive Auswahl meinerseits. Eine ausführliche Darstellung würde den Rahmen sprengen. Dazu verweise ich auf die ausführliche Darstellung von: Fischer, Ziegenspeck (2000). Ebenfalls empfehlenswert zu diesem Thema Bauer, Hans G. (2001) und Heckmair, Michl (2008). Bei den Reformpädagogen beziehe ich mich im Wesentlichen auf Witte (2002). Eine sehr kompakte und auch bibliographische Übersicht ist in Fischer, Lehmann (2009) zu finden.

3.1 Philosophische Wurzeln

3.1.1 Platon (427 – 347 v. Chr.)

Gedankliche Grundlagen finden sich bereits bei Platon. Im Rahmen seines Konzepts des ganzheitlichen Menschenbilds erkannte er, dass es zur inneren und äußeren Wohlgestimmtheit, neben Vernunft und dem damit einhergehenden Wissenserwerb auch des Einsatzes musischer und gymnasiastischer Kräfte bedarf. Somit begründete er die ganzheitliche Erziehung. [124]

Damit sind zwei Aspekte benannt, nämlich das ganzheitliche Menschenbild und die Verbindung von „musischen und gymnasiastischen" Kräften. Außerdem ist die Annahme der „Erziehungsfähigkeit" des Kindes, auch im Interesse des Staates, von Bedeutung:

Es faszinierte dabei die synthesenhafte, weil so ganzheitlich anmutende Idee eines Platon, der davon ausging, eine auf eine „schöne Seele" gerichtete Erziehung sei zugleich eine Erziehung im Interesse des Staates: Die „Wohlgestimmtheit" der Seele, erreichbar durch eine in der richtigen Mischung bzw. Integration von „Gymnastik" und „Musik" dargebotenen Erziehung, fördere sowohl Tapferkeit wie Besonnenheit.

Diese prinzipielle Erziehungsfähigkeit wird allerdings, so auch Hahn, von äußeren Einflüssen bestimmt:

Ich glaube mit Platon an die Macht der Erziehung. In jedem Kind schlummern gute und böse Kräfte – ob sie geweckt werden, hängt von den Einflüssen der Umgebung ab. [125]

Diese Annahmen haben großen Einfluss auf Kurt Hahns Pädagogik. Im Prinzip ist hier auch schon das Prinzip der „pädagogischen Provinz" enthalten. Platon erfasst diese Außeneinflüsse mit der Metapher vom „kranken Weideland". Dies bedeutet, dass durch eine ganzheitliche Erziehung die „schöne Seele" geformt werden kann, wenn sie von einem guten Weideland genährt wird.

Um die Einflüsse des „kranken Weidelandes" zu kompensieren, ist eine ausgewählte Umgebung von Nutzen. Diese wird in Form der „pädagogischen Provinz" aufgesucht. Dadurch erklären sich die Internatsschulgründungen von Hahn und die Bedeutung der „heilsamen Natur" für die Erlebnistherapie: auf der einen Seite das kranke Weideland und der schlechte Einfluss, auf der anderen Seite das gesunde Weideland in der pädagogischen Provinz und die heilende Natur. Durch dieses „Setting" kann eine „Erziehung zum Guten" erfolgen, die nach Platon und Hahn allerdings in letzter Konsequenz dem Staat dienen soll:

124 Zett (2004).
125 Hahn zitiert nach Weber, Ziegenspeck, S. 51.

Hier stellt Hahn in der Gefolgschaft Platons, der den Staat als Makranthropos, als einen Mensch im Großen ansieht und also aus dem Wesen der menschlichen Seele den Aufbau des Staates ableitet, woraus er folglich schließt, dass nicht Einrichtungen, Verfassung und Gesetz zum Aufbau eines gerechten Staates vonnöten sind (...) [126]

Allerdings ist diese Verbindung von Erziehung und Gesellschaft, wie schon im Abschnitt 2.2.2 beschrieben, keine Besonderheit für die Pädagogik der damaligen Zeit. Sie ist auch bei Rousseau, Dewey, Thoreau usw. erkennbar. In den Internatsschulen von Hahn ist am Anfang zusätzlich noch der Gedanke einer „Eliteerziehung" präsent. Bei den Kurzschulen rückt dieser Gedanke der Eliteerziehung auf Grund der Kürze und der Unterschiedlichkeit der Zielgruppe in den Hintergrund. Die Outward Bound Bewegung steht dementsprechend, auch organisatorisch, mehr in der Tradition der „heilsamen Natur" und weniger in der einer pädagogischen Provinz.

Bei dieser Form der Gesellschaftserziehung bleibt aber der Ansatz einer „Reform der Gesellschaft" über das Individuum beachtenswert. Damit geht der Fokus von der Gesellschaft weg, hin zum Individuum. Diese Tendenz ist auch bei erlebnispädagogischen Kurzprojekten zu erkennen, in denen die Reflexion zumeist an das Individuum gebunden wird. Dabei könnte man allerdings schon von einem allgemeinen (pädagogischen) Reflex sprechen. So wurden z.B. als Lösung für die „Gewalt in der Schule" zuallererst natürlich „Antigewalttrainings" statt politisch-strukturellen Veränderungen vorgeschlagen. So sinnvoll diese einzelnen Maßnahmen sind, handelt es sich immer um individuelle Ansätze. Dadurch wird aber die Bereitschaft bzw. Möglichkeit zur Veränderung durch das Individuum für die Gesellschaft von Bedeutung und somit verlagert sich die Verantwortung von der Gesellschaft auf das Individuum. Damit sind wir ganz in der Nähe vom durchaus kritisch zu sehenden Prinzip „der Veränderung der Gesellschaft durch das Individuum" von Hahn:

Hahn ging immer vom Einzelnen aus, dessen „Erziehung zur Verantwortung" gegenüber der Gemeinschaft und den Mitmenschen. Die hierin liegende Gefahr einer Individualisierung der Probleme sah er nicht, wechselseitige Abhängigkeiten zeigt Hahn nicht auf. [127]

Diese Verlagerung ist einer der Hauptkritikpunkte der „Pädagogisierungsidee" (vgl. dazu Kapitel 11).

3.1.2 Jean Jacques Rousseau (1712–1778)

Rousseaus Ansatz kann als eine wesentliche erziehungstheoretische Grundsäule des Lernens durch Erlebnisse herangezogen werden, da er das unmittelbare Erleben durch die Sinnesorgane und das gefühlsgesteuerte Erkennen für den Menschen dienliche Entwicklungswege hält. Handlungen und Erlebnisse bilden sein pädagogisches Instrumentarium. [128]

126 Weber, Ziegenspeck (1983), S.46.
127 Weber, Ziegenspeck (1983), S. 47.
128 Müller (2002), S. 30.

Rousseau wird als eine der wichtigsten „Wurzeln" der Erlebnispädagogik gesehen, allerdings gilt dies für die Pädagogik insgesamt. Ein wesentlicher Aspekt dieser Einschätzung ist der Ansatz einer „Erziehung vom Kinde aus", eine völlig neue Perspektive für die damalige Zeit:

Seiner Meinung nach war der „naturhafte" Urzustand des Menschen das Gute (...) Der zentrale Gedanke vom Erziehungsmodell Rousseaus ist die „Freiheit des Kindes" (...) Das Kind ist laut Rousseau von Natur aus ein gutes Geschöpf, das man vor der Erwachsenenwelt bewahren muss, damit es sich ungestört entwickeln und wie eine Pflanze wachsen kann. (...) Einfachheit, natürliche Bewegung in der Natur, unmittelbares Erleben durch die Sinne, Lernen aus seinen Erfahrungen und Erwerb von Selbständigkeit waren die Grundsäulen seiner Erziehungsphilosophie, auf die man später immer wieder in der modernen Erlebnispädagogik stößt. [129]

Auf die besondere Komponente der „naturhaften Erziehung" sind wir schon eingegangen. Allerdings war Rousseau Pragmatiker genug, die Möglichkeiten einer solchen Erziehung realistisch einzuschätzen:

Die methodischen Wege, um diesen erzieherischen Absichten nachgehen zu können, stellten sich für Rousseau in vier Ebenen ab: die Natur, als Ausgangspunkt und Rahmen der Erziehung, die die psychischen und physischen Anlagen der Zöglinge für sich gewinnt und auf diese gerichtet ist; die eigenständige Wirkung der äußeren Dinge in der Natur und im sozialen Umfeld, an denen direkter Rücklauf zu Tätigkeit und Verhalten möglich wird; die zentrale Rolle des Erziehers, der das angestrebte Bildungsideal auch selbst verkörpern musste; die praktische Übung des Lebens und sozialen Zusammenseins, die vor der rein geistigen Unterweisung den Vorrang erhielt. [130]

Rousseaus Konzept ist also kein reines Naturkonzept, sondern die Person des menschlichen (vorbildlichen) Erziehers nimmt eine zentrale Position ein. Damit ist die Position von Rousseau durchaus sehr verträglich mit der von Platon. Die Leitlinien des pädagogischen Konzepts Rousseaus im Sinne einer Erlebnispädagogik lauten dementsprechend:

- Eigenrecht auf die Lebensphase Kindheit
- Erlebnis, Erfahrung und Abenteuer sind notwendige Lernprinzipien
- Leben ist Handeln oder „learning by doing"
- Leben heißt Erleben
- Unmittelbares Erleben durch die Sinne [131]

129 Zett (2004), S. 15–16.
130 Fischer, Ziegenspeck (2000), S. 103.
131 vgl.Heckmair, Michl (2002), S. 4–9.

3.1.3 Johann Heinrich Pestalozzi (1746–1827)

Laut Pestalozzi führten nicht Belehrung und Ermahnung zu dem gewünschten Sozialverhalten. Stattdessen führen Erfahrung von Liebe, gelebter Gemeinschaft und Fürsorge zu Liebesfähigkeit, Gemeinsinn und Dankbarkeit. Ein weiterer Grundgedanke Pestalozzis war die ganzheitliche Lernerfahrung mit Kopf, Herz und Hand. Dieses Bild hat bis in die Gegenwart eine zentrale Bedeutung in der Erlebnispädagogik. [132]

Das Motto „mit Kopf, Herz und Hand" wird in vielen Publikationen für den „ganzheitlichen Ansatz" der Erlebnispädagogik verwendet. Diese Ganzheitlichkeit bezieht sich einerseits auf die Ganzheitlichkeit des Menschen mit all seinen Bereichen, und verweist andererseits auf die Notwendigkeit einer neuen Didaktik, die in der Lage ist, alle diese Bereiche abzudecken. Unter dem Stichwort der Ganzheitlichkeit finden sich, ganz im Sinne Platons, auch künstlerisch-kreative Tätigkeiten in Verbindung mit kognitiven und affektiven. Gleichzeitig sind über „das Herz" auch alle spirituellen oder schamanistischen Ansätze integrierbar. Schließlich spricht man ja auch davon „ein Herz und eine Seele zu sein" (vgl. dazu Abschnitt 10.2).

Pestalozzi war überdies der erste pädagogische Praktiker, der den Begriff der „pädagogischen Provinz" im deutschsprachigen Gebiet organisatorisch im großen Stil umsetzte. 1774 widmete Pestalozzi seinen Bauernhof zu einer Erziehungsstätte für verarmte und verwahrloste Kinder um. Dieser Hof stellte für sich eine abgegrenzte Einheit dar, in der er sein pädagogisches Konzept, ungestört von anderen Einflüssen, umsetzen konnte. Pestalozzi wirkte mit diesem Konzept einer „abgeschiedenen Bildungseinrichtung", kombiniert mit seinem „humanistischen Menschenbild", für viele späteren Reformpädagogen als Vorbild.

3.1.4 Exkurs: die Idee der pädagogischen Provinz

Der Begriff der pädagogischen Provinz steht für die Erziehung und Bildung von Kindern und Jugendlichen in bestimmten abgegrenzten Einrichtungen, mit dem Ziel, negative, unerwünschte Einflüsse von außen fernzuhalten. Hahns Überlegungen beziehen sich nach Schwarz[133] *auf Platons Akademie in Athen, auf Pestalozzis Erziehungsanstalten, auf die von Goethe entwickelte ideale Erziehungsstätte in dessen Werk „Wilhelm Meisters Wanderjahre" und auf die Landerziehungsheime von Lietz. Röhrs*[134] *fügt in diesem Zusammenhang Johann Gottlieb Fichtes „Erziehungsstaat" hinzu.* [135]

132 Zett (2004), S. 16.
133 vgl. Schwarz (1968).
134 vgl. Röhrs (1966).
135 Witte (2002), S. 30.

Dieser Begriff der pädagogischen Provinz steht auch in engem Bezug zur „Kranken-Weideland-Metapher“ von Platon:

Im „Platonischen Bild“ vom „Kranken Weideland“ wurde die Grundidee der „pädagogischen Provinz“ impliziert. Erziehung hatte sich mit ihr in natürlicher Umgebung und im ländlich-reizvollen Ambiente zu verwirklichen, also jenseits der spannungsvollen und konfliktreichen Routinen des Lebens und Arbeitens in der Stadt. [136]

Die Idee der pädagogischen Provinz wiederum steht natürlich in engem Zusammenhang mit der „natürlichen Erziehung“. Ein sehr extremer Vertreter dieser Ansicht ist Henry David Thoreau (1817–1862) mit seinem bereits im Kapitel 2.3.2 besprochenen, „Walden-Experiment“:

Damit wollte er seinen Landsleuten, die gerade zu Beginn des 19. Jahrhunderts buchstäblich im „American way of life“ geprägten Luxus, Technik, Mode, Bequemlichkeit und Naturbeherrschung schwelgten etwas entgegensetzen. Seine Devise war also die Einfachheit in der Lebensweise, (...) Unmittelbarkeit des Erlebens, Lernen durch Versuch und Irrtum in möglichst realen Situationen und die Natur als Lehrmeisterin waren sein Prinzip. [137]

Noch heute ist aus meiner Sicht dieser Ansatz der „pädagogischen Provinz“ in der modernen Erlebnispädagogik nachzuspüren. Am deutlichsten wohl in den verschiedensten so genannten „Langzeitprojekten“ im Arbeitsfeld der „Erziehungshilfe“. Ein Beispiel dafür sind lange Segeltörns, Wüstenwanderungen oder Wanderungen in großflächigen Naturräumen. In diesem „Setting“ wirken, dies wird zumindest so angenommen bzw. ist auch untersucht [138], einerseits die Reduzierungen der „Störquellen“ aus der Umgebung und gleichzeitig die hohen „echten“ Anforderungen aus der Natur. Durch diese „Settings(ein)wirkungen“ wird eine hohe Fokussierung erreicht: ein wesentlicher Teil eines therapeutischen oder pädagogischen Konzeptes. Nebenbei bemerkt ist in solchen Projekten der kritischste Punkte oft der, wenn die „Provinz“ wieder verlassen wird und die „Verlockungen“ der Zivilisation wieder stärker werden. Oft entziehen sich einzelne TeilnehmerInnen genau an diesen Schnittstellen (z.B. Häfen bei Segelprojekten) durch Flucht der pädagogischen Provinz. Aber auch in anderen Projekten der modernen Erlebnispädagogik spielt der Ansatz einer „pädagogischen Provinz“ eine Rolle – wenn auch in Form einer „Naturprovinz“. Auch hier werden die „Zivilisationseinflüsse“ auf ein Minimum reduziert. In der modernen Erlebnispädagogik hat sich also der Schwerpunkt von der „Pädagogischen Provinz Internatsschule“ hin zur „pädagogischen Provinz der heilenden Natur“ verschoben.

136 Fischer, Ziegenspeck (2000), S. 55.
137 Zett (2004), S. 16.
138 vgl. Klawe, Bräuer (1998) und biographisch Flückiger-Schüepp (1998).

3.2 Reformpädagogische Wurzeln

3.2.1 Kunsterziehungsbewegung

Die Kunsterziehung (...) betonte in starker Weise die Elemente einer künstlerisch-musisch-kreativen Erziehung. (...) Die Kunsterziehung fand auch in vielen anderen Fächern Eingang, so z.B. im Deutschunterricht (Erlebnisaufsatz statt aufgezwungene Texte), im Musikunterricht (lebendiges Musizieren, Volkslied), im Bereich des Werkunterrichts (Kunsthandwerk) und im Sportunterricht (Freude an der Bewegung, Volkstanz). Ziel war die Weckung des künstlerischen Gestaltungstriebs und der produktiven Kräfte, sowie die Herausforderung der allgemeinen Spontanität. Die Kinder sollten möglichst selbst schöpferisch werden, ihr eigenes Erleben in unmittelbar-ungekünstelter und gepflegt-stilvoller Weise ausdrücken, z.B. im freien Aufsatz, in der freien Zeichnung, in der selbsterfundenen Melodie, in der gymnastischen Bewegung, in der mimischen Darstellung. [139]

Diese, wenn auch nicht als zentraler Moment, kreativen Ansätze, sind auch in Hahns Internatsschulen zu finden. In den Kurzschulen sind sie weniger von Bedeutung, dafür gibt es im Bereich der modernen Erlebnispädagogik wieder durchaus die unterschiedlichsten kreativen Ansätze. Hier kann man wohl mehr vom handlungsorientiert-kreativen Ansatz sprechen (vgl. Definition nach Annette Reiners (2011) und Definition nach Jörg Ziegenspeck (1992)). Es gibt allerdings durchaus kontroverse Ansichten, ob es sich bei kreativ-musischen Ansätzen um Erlebnispädagogik handelt (vgl. dazu Definition nach Bernd Heckmair und Werner Michl (2008)). Mit der Erweiterung der Erlebnistherapie durch den „handlungsorientierten Ansatz“ ist eine derartige Zuteilung aus meiner Sicht allerdings prinzipiell möglich. [140]

3.2.2 Arbeitsschulbewegung

Ebenso wie die Kunsterziehungsbewegung ging die Arbeitsschulbewegung vom „kindlichen Betätigungsdrang“ aus, versprach sich aber die erstrebte pädagogische Wirkung nicht durch Kunstgenuss bzw. künstlerische Produktivität, sondern durch die schöpferische Betätigung des Kindes im Handwerk. Die Verbindung von Verstand und praktischem Tun sollte die Entwicklung der Heranwachsenden fördern. Ziel war die Bildung der Persönlichkeit im Sinne eines geistig selbständigen Menschen mit allseitig gebildeten Kräften. Wichtige Prinzipien waren: Selbständigkeit, Lernen an der Sache, Selbstüberprüfung des Erfolgs statt sachfremder Zensuren, Praxis- und Theoriekenntnisse, ethische Ziele wie Sorgfalt, Sparsamkeit und kooperatives Lernen etc. [141]

139 Witte (2002), S. 27.
140 So sind in fast jedem Tagungsband der e&l Tagungen in Augsburg solche Projektbeschreibungen zu finden, als Bsp. Schober (2006) in „Ferstl, Scholz und Thiesen (2006), S. 264–272.
141 Witte (2002), S. 27.

Kerschensteiner wird dabei als die Person genannt, welche die so genannte „Projektmethode“ im deutschsprachigen Raum bekannt gemacht hat.[142] Diese „Projektmethode“ hat ihr Fundament im „Pragmatismus“ und ihre Entwicklung wird allgemein dem Duo Dewey/Kilpatrick zugeschrieben. Dabei dürfte Dewey die geistigen Grundlagen gelegt haben, die von Kilpatrick praktisch umgesetzt wurden.[143] Ein weiterer Aktivist dieser Methode ist Richardson, der sie in den amerikanischen Werkunterricht einführte.[144] Noch heute ist „das Projekt“ ein wesentlicher Teil des amerikanischen Unterrichtssystems, in fast jeder amerikanischen Sitcom mit „High School Kids“ sind diese im Verlauf der Serie mit irgendeinen „Projekt“ konfrontiert. Auch bei Kurt Hahns Internatsschulen war das Projekt von zentraler Bedeutung, allerdings dürfte er sich dabei mehr auf die „Jahresarbeiten“ von Lietz bezogen haben als auf Dewey/Kilpatrick.[145]

3.2.3 Landerziehungsbewegung

Neben dem pädozentrischen Grundzug der Reformpädagogik musste sich eine Perspektive herauskristallisieren, die das Verhältnis von Individuum und Gemeinschaft wechselseitig sah. Ansonsten wäre es kaum vorstellbar gewesen, Aspekte sozialer Erziehung mit natürlichen und offenen Lernangeboten verbinden zu können. Herausragende Bedeutung gewann hier die Deutsche Landerziehungsheimbewegung. Sie wurde von Hermann Lietz gegründet und stand in enger Verbindung zu den Aktivitäten der Jugendbewegung. Formen der Gemeinschaftserziehung nach dem Vorbild der englischen Public Schools, handwerkliche Ausbildung und einige Prinzipien der Herbartschen Unterrichtstheorie wurden für ein spezifisches Konzept der Internatserziehung strukturiert. Lietz institutionalisierte eine ländlich abgelegene Internatsform, die eine Erziehung am ganzen Menschen in der Organisation eines patriarchalisch geleiteten Gutshofes anstrengte. Die pädagogische Provinz, Idee der Antike und Argument der Klassik, erlangte wieder zeitgemäße Konturen. (...) Der sittlich-religiöse Schulstaat Kurt Hahns knüpfte in seiner konservativen Grundtendenz am engsten an die Vorstellungen Platons und Fichtes zur pädagogischen Provinz an.[146]

Dabei greift Lietz allerdings nicht auf die „klassische“ Public School zurück, sondern auf „The new school Abbotsholme“ von Cecil Reddie, in der er selber war. Diese Schule wurde von Reddie bewusst in Abgrenzung zu den herkömmlichen Public Schools 1889 gegründet.

Dieser und ähnliche Versuche lassen sich im angelsächsischen Raum mit den dort geprägten Formeln beschreiben wie etwa „character development through adventure“ (M. Trevelyans) oder: Erziehung ist in erster Linie ausgewählte Erfahrung“ (William James).[147]

142 vgl. Michl (1998), S. 19.
143 vgl. dazu Schreier (1991), S. 14–15.
144 vgl. dazu Bauer (2001), S. 18–19.
145 vgl. dazu Bauer (2001), S. 15–20 und Weber, Ziegenspeck (1983), S. 71.
146 Fischer, Ziegenspeck (2000), S. 264.
147 Bauer (2001), S. 18.

Lietz ging in seinen Landerziehungsheimen nach folgenden Prinzipien vor: [148]
- Erziehung auf dem Lande
- Gemeinschaftsleben
- hygienische Lebensweise (Verzicht auf Alkohol, Nikotin und stark gewürzte Speisen)
- tägliche Körperübungen
- tägliche praktische Beschäftigungen
- tägliche Kunstausübungen
- Veranstaltungen zur sittlich-religiösen Gesinnung
- erzieherischer Unterricht

Hahn steht mit seinen Internatsschulen durchaus in dieser Tradition, allerdings immer erweitert durch seine Idee einer „Erlebnistherapie". Diese Erweiterung hebt Hahn von all den anderen „Landerziehungsheimen" ab:

Die besondere Public School in Gordonstoun stellte durch die Breite der handwerklichen Ausbildung und durch das Programm der Erlebnistherapie eine echte Neuerung für das englische Bildungswesen dar. Die Ergänzung der Internatserziehung durch das Outward Bound Konzept war nicht nur eine institutionelle Veränderung. Erziehungsbedürfnisse der englischen (Handels; der Verf.)Marine wirkte in die pädagogische Voraussetzung hinein. [149]

3.3 Exkurs: Jugend- und Pfadfinderbewegung

In Bezug auf die Landerziehungsheime wurde schon auf die Bedeutung der so genannten „Freideutschen Jugend" hingewiesen.

Die Jugendbewegung, die mit Wanderungen von Magdeburger und Steglitzer Gymnasiasten um 1900 ihren Anfang nahm, entwickelte sich zu einer kraftvollen Bewegung vieler kleiner Gruppen und Vereine. Sie wehrte sich vor dem Hintergrund der Kultur- und Gesellschaftskritik gegen die bürgerlichen Konventionen, gegen die Erwachsenenwelt, gegen die Enge des Stadtlebens und gegen die Bevormundung durch Schule und Elternhaus und legte somit gegen die bürgerliche Gesellschaft jener Zeit eine Protesthaltung ein. Die Jugend wollte sich als eine eigenständige Lebensphase verstanden wissen, in der sie ihr Leben aus eigener Bestimmung und Verantwortung gestalten konnte. Sie suchte nach neuen Formen der Gemeinschaft und Sinnerfüllung, organisierte Fahrten, Wanderungen und Zeltlager und besann sich auf eine ursprüngliche Lebensweise. Ziele waren u.a. Enthaltsamkeit von Nikotin und Alkohol, Naturverbundenheit und Naturpflege und die Verbesserung der Situation von Lehrlingen und jungen Arbeitern. Die Jugend-

148 nach Pielorz (1991), S. 25.
149 Fischer, Ziegenspeck (2000), S. 264.

bewegung umfasste eine kaum beschreibbare Mischung verschiedener Vereinigungen: Pfadfinder, Studentenbünde, Naturfreunde u.v.m. Ihr gemeinsames Grundverständnis von Jugend drückte die 1913 verabschiedete „Meißer Formel“ aus. [150]

Wie in diesem Zitat erwähnt, handelt es sich bei dieser Jugendbewegung um ein Gewirr der unterschiedlichsten Vereinigungen. Dabei ist die Pfadfinderbewegung von besonderer Bedeutung:

Diese Aktivitäten wurden von anderen Schulen (gemeint sind die ursprünglichen Schulen Magedeburg und Steglitz; der Verf.) aufgegriffen und in den Traditionen der englischen Pfadfinderbewegung ausgestaltet. 1901 wurden diese Aktivitätsformen im „Wandervogel“ institutionalisiert. [151]

Diese Sonderstellung erklärt sich für mich daraus, dass es sich bei der Pfadfinderbewegung (die übrigens schon sehr früh auch eine Pfadfinderinnenbewegung wurde), um die erste weltweit agierende Bewegung handelte, die speziell auf die Zielgruppe Jugendliche einging (siehe auch Kapitel 5).

Auf jeden Fall übte diese Jugendbewegung einen Einfluss auf die Landerziehungsheime aus und auch Hahn griff in seiner Erlebnistherapie mit der Expedition auf Ideen der Jugendbewegung zurück. Bei der praktischen Umsetzung dürften viele auf die Erfahrungen und Methoden der Pfadfinderbewegung, sozusagen die Spezialisten, zurückgegriffen haben. Dabei ist natürlich der Übergang von „Jugendbewegung“ und „Erziehungssystem“ fließend, was besonders der teilweise nahtlose Übergang zur nationalsozialistischen Bildungspraxis zeigte, die ihre ideelle Indoktrinierung ebenfalls mit den „Methoden der Jugendbewegungen“ koppelten. Dieser Umstand führte infolge dazu, dass nach dem Ende der nationalsozialistischen Phase derartige Methoden im Bereich der „staatlichen Erziehung“ für lange Zeit tabuisiert wurden.

3.4 Internationale reformpädagogische Wurzeln

Bei der Reformpädagogik handelt es sich nicht um ein isoliertes „deutsches“ Phänomen, sondern zu dieser Zeit setzten sich eine große Anzahl von Persönlichkeiten mit dem Thema einer ganzheitlichen, kindgerechten Erziehung bzw. vor allem einer kindgerechten Schule auseinander. Oft wird die Zäsur mit dem Erscheinen der Schrift von Ellen Key „Das Jahrhundert des Kindes (1908)“ angesetzt. Eine detaillierte Auseinandersetzung kann hier

150 Witte (2002), S. 27–28.
151 Fischer, Ziegenspeck (2000), S. 212.

nicht stattfinden [152], Wesentlich ist aber, dass die „Erziehungsfrage" in der von der Industrialisierung veränderten Welt am Beginn des zwanzigsten Jahrhunderts in vielen Staaten von vielen Persönlichkeiten fast parallel aufgegriffen wurde und zu den verschiedensten Reformkonzepten führte. Ich möchte dies deshalb anmerken, da ja auch die moderne Erlebnispädagogik, so zumindest eine Lesart, gerade in einer Zeit neuer, großer, weltweiter gesellschaftlicher Veränderungen enorm an Bedeutung zugenommen hat.

3.5 Pragmatische Wurzeln

Die moderne Erlebnispädagogik wurden nicht unwesentlich von einigen Pragmatikern beeinflusst: John Dewey und seine Handlungspädagogik, William James und sein „Moralisches Äquivalent des Krieges und George Herbert Mead als „Begründer" der Interaktionspädagogik.

Pragmatismus (griechisch pragma Handeln, Tatsache, Wirklichkeit; engl. pragmatism). Von dem amerikanischen Philosophen und Mathematiker C.S. Peirce Ende des 19. Jahrhunderts begründete handlungstheoretische Auffassung von Wissenschaft, die danach fragt, was wissenschaftliche Theorien für praktische, sachbezogene, soziale und sprachliche Handlungsprozesse in konkreten geschichtlichen Erfahrungsfeldern bedeuteten. Darauf begründete J. Dewey in Amerika seine Pädagogik des Pragmatismus, die von der Bedeutung des Handelns und der Erfahrung ausgeht. Demokratie ist für Dewey gemeinschaftliches Leben und Schule soll als Modell den Grund dafür legen. Erziehung und Unterricht bewirken seiner Ansicht nach in den Interaktionsprozessen und in der handelnden Auseinandersetzung mit Natur, Gesellschaft und Kultur beim Schüler einen kontinuierlichen Erfahrungsaufbau, der im Verlauf des Erziehungsprozesses zur Ich-Identität hinführt. Die Theorie des Projektunterrichts von J. Dewey und W.H. Kilpatrick zeigt die pädagogische Umsetzung der Philosophie des Pragmatismus. [153]

Peirce und Dewey haben mehrfach betont, dass der Pragmatismus den Gegensatz zwischen Idealismus und Realismus überwindet und ihn in einer neuen Synthese vereinigt. [154]

Neben Peirce und Dewey gehört James zu den drei Gründungsvätern des Pragmatismus. [155]

152 als Überblick, vor allem auch aus internationaler Perspektive, sei empfohlen Röhrs (2001).
153 dtv Wörterbuch Pädagogik (2004), S. 438.
154 Lenzen (2005), S.1266.
155 Lenzen (2005), S. 1267.

William James gilt als Begründer der modernen Psychologie in den USA und war einer der Väter der Pädagogik des Pragmatismus. (...) Seine „Talks to Teachers on Psychology" wurden ein pädagogisch-didaktischer Klassiker und bestimmten auf Jahrzehnte hin die starke Anlehnung der amerikanischen Pädagogik an die Psychologie. Das philosophische Hauptwerk „Pragmatism" erläutert seine Grundüberzeugung, dass eine Idee letztlich nach ihren praktischen Erträgen und Konsequenzen beurteilt werden muss. [156]

Auf die Bedeutung von John Dewey und seinem handlungsorientierten Ansatz sind wir bereits in Kapitel 2.2 ausführlicher eingegangen. Neben Dewey ist vor allem William James für die Entwicklung der Erlebnispädagogik wichtig. Dies hauptsächlich aufgrund seiner Annahme des „Moral Equivalent of War; moralisches Äquivalent des Krieges", die Kurt Hahn sehr beeinflusste:

James entwickelte die später von Hahn übernommene Theorie *„dass unsere edlen Gefühle sämtlich der motorischen „Entladung" („discharge") bedürfen, wenn sie nicht zu einer untergründig lauernden, dunklen Macht aufgestaut werden sollen oder wir uns nicht überhaupt an das Verflüchtigen edler Impulse regelrecht gewöhnen (...) Nur durch häufige und regelmäßige Übung in der Durchführung guter Tathandlungen, die sich zur Gewohnheit festigen müssen, ist es möglich, die Jugendlichen zu erziehen, dass sie das Handeln vor das bloße Reden von den Dingen stellen. Der Pädagogik erwächst daher die Aufgabe, in Friedenszeiten Gelegenheit zur ehrenvollen Entladung dieser Emotionen zu schaffen."*[157]

Ein wichtiger Aspekt bei der Erziehung unter dem Gesichtspunkt einer „Äquivalenz zum Krieg" ist dabei der „Trainingscharakter". William James beabsichtigte durch die „continuity of training" folgendes:

Beiden, Hahn wie James, geht es in ihrer pädagogischen Absicht um die Erzeugung zweier wesentlicher Gewohnheiten:
1. das *„Umsetzen von Gefühlen in echte Tathandlungen"*
2. die *„Gewohnheit der Selbstüberwindung"*[158]

Diese Ansätze werden von Kurt Hahn in seiner Erlebnistherapie umgesetzt:

Wie auch James fordert Hahn, dass die Heranwachsenden in ihren Lebenswelten Möglichkeiten vorfinden müssen, die sie herausfordern und in denen sie sich bewähren, um innere Spannungen abbauen und die Bedürfnisse nach Arbeit und Bewegung befriedigen zu können. Im Gegensatz zu James, der mit seinem Ansatz den „kriegerischen Trieb" im Innern des Menschen beseitigen will, versucht Hahn mit seiner Erlebnistherapie den sozialen Missständen der Gesellschaft entgegenzutreten. [159]

156 Wörterbuch der Pädagogik (2005), S. 323.
157 William James zitiert nach Schwarz (1968), S. 31–32.
158 Bauer (2001), S.25.
159 Witte (2002), S. 31.

Es ist gerade dieser Versuch die Spannungen abzubauen, der im Wesentlichen dazu führt, dass Kurt Hahn in seinem Landerziehungsheim noch einen Schritt weiter geht als die anderen Reformpädagogen. Seine Erlebnistherapie (siehe dazu Abschnitt 4.3) ist stark handlungsorientiert ausgelegt und vor allem unterscheidet sie sich von anderen durch die „Expedition" und den „Rettungsdienst". Vor allem die „Expedition" ist noch heute ein wesentlicher Bestandteil der Erlebnispädagogik. Die Expedition umschließt die Möglichkeit des Erlebnisses, des Abenteuers, des Erlebens, der Bewährung usw. Natürlich trifft dies auch(!) auf den Rettungsdienst, ein aktiver Ansatz der gesellschaftlichen Erziehung, zu, nur ist dieser Aspekt der modernen Erlebnispädagogik in den 70er Jahren abhanden gekommen. Eine besondere Parallelität zur modernen Erlebnispädagogik sehe ich auch in dem Versuch, Jugendlichen die Möglichkeit zur Bewährung und somit zur Aktivierung zu geben. Ein Aspekt übrigens, der im Zuge der hohen (Jugend)Arbeitslosigkeit auch in vielen „Aktivierungsprojekten" zu finden ist.

Zurück zu William James. Dieser beschäftigte sich auch mit dem Zusammenhang von Erlebnis, Erfahrung und Handlung:

Nicht die Dauer eines Erlebnisses ist für die Lernerfahrung entscheidend, sondern der Intensitätsgrad und ebenso das Maß des persönlichen Engagements und Handelns[160]

Und schließlich ist William James auch einer der Befürworter einer „pädagogischen Provinz":

*Der Schutz vor einer für krank erklärten Gesellschaft gibt somit den Rahmen für die (mit dem Hahnschen Vorbild W. James und anderen, besonders amerikanischen Pädagogen geteilte) pragmatische Einschätzung ab, dass **„Erziehung in erster Linie ausgewählte Erfahrung"** sei*[161].

Zum Abschluss noch ein letzter Querverweis zu einem weiteren Pragmatiker: George Herbert Mead. Ab den 80er Jahren finden so genannte „handlungsorientierte Problemlösungsaufgaben"[162], vor allem über das Vorbild des amerikanischen Anbieters Project Adventure Eingang in die Erlebnispädagogik. Heute sind diese Übungen (Stichwort Spinnennetz) oft elementarer Bestandteil erlebnispädagogischer Projekte. Diese Projekte heben sich wesentlich von den Projekten früherer Prägung ab, da die Natur und das Naturerlebnis nicht mehr obligatorischer Bestandteil sind. Diese Übungen können in relativ kurzer Zeit vor allem auch „indoor" durchgeführt werden. Diese didaktischen Veränderungen ermöglichten aus meiner Sicht erst den großen Boom der modernen Erlebnispädagogik, da nun auch Kurzzeitprojekte von 1–3 Stunden möglich wurden. Diese Übungen basieren hauptsächlich auf der Theorie des „(symbolischen) Interaktionismus"[163] und damit auf George Herbert Mead (1863 bis 1931). Dieser ist wiederum ein Teil der „pragmatischen Community":

160 William James zitiert nach: Reiners (2011), S. 12.
161 Bauer (2001), S. 26.
162 siehe dazu Kapitel 7.3 bzw. Fußnoten 296, 297, 298.
163 zur Einführung Kron (2001), S. 133–156 und Gudjons (2003), S. 160–163.

Der Begriff des „symbolischen Interaktionismus" hat sich zur Kennzeichnung eines relativ klar abgegrenzten Ansatzes zur Erforschung des menschlichen Zusammenlebens und des menschlichen Verhaltens durchgesetzt. Zahlreiche Wissenschaftler bedienen sich dieses Ansatzes bzw. trugen zu seiner geistigen Grundlegung bei. Unter ihnen finden sich solche hervorragende Persönlichkeiten Amerikas wie George Herbert Mead, John Dewey, W.I. Thomas, Robert E. Park, William James, Charles Horton-Cooley, usw. [164]

theoretische Bezugspunkte der schulischen Erlebnispädagogik

literarische Pädagogen
Goethe: Wilhelm Meister
Die Idee der pädagogischen Provinz und der Nützlichkeit des Handwerks

Reform-Pädagogik (D)
vor allem Hermann Lietz:
Internatsform nach der Public School, körperliches Training, Werkunterricht, Projekt
Kerschensteiner:
Handwerksunterricht, Übernahme der Projektmethode von Dewey/Kilpatrick

Pfadfinderbewegung Jugendbewegungen (Baden-Powell)
(Meissner Formel): eigenständige Gestaltung der Freizeit (Wanderungen, Treffen etc.)
praktisches Know-How der „neuen" Jugendarbeit

Pragmatiker (USA)
William James: Psychologe
Moralisches Äquivalent des Krieges
James Dewey: Pädagoge
Theory of Inquiry
Learning by doing, Handlungslernen
George Mead: Sozialpsychologe
Grundlagen des symbolischen Interaktionismus „I and Me"

philosophische Wurzeln
Plato:
Das kranke Weideland
Der Mensch als Wagengespann
Der ideale Erziehungsstaat
Der bildungsfähige Mensch
Das Höhlengleichnis

pädagogische Wurzeln
Rousseau:
Erziehung vom Kinde aus
Erziehung duch die Natur
Erziehung durch die Natur/Menschen/Dinge
Pestalozzi:
ganzheitliche Erziehung (Kopf-Herz-Hand)
Der Mensch ist ein Werk von Natur/Gesellschaft/Indivduum

Erlebnis-Therapie als Schulpädagogik
1925 Landerziehungsheim Schule Schloss Salem

Erlebnistherapie

Krankheit	Therapie
Verfall der körperlichen Tauglichkeit	Das körperliche Training
Mangel an Initiative und Spontanität	Die Expedition
Mangel an Sorgfalt	Das Projekt
Mangel an menschlicher Anteilnahme	Der Rettungsdienst

pädagogisch hermeneutischer Erlebnisbegriff
Erlebnisse sind wirkmächtige Erinnerungen

Erziehung zur Verantwortung
durch Verantwortung
Bildung durch Wagnis und Bewährung

philoshophischer Erlebnisbegriff hermeneutisch-geisteswissensch (Wilhelm Dilthey)
Erlebnis als Strukturelement;
„Erlebnis-Ausdruck-Verstehen";
Verbindung von Innenwelt und Außenwelt

Lebensphilosophie (Henri Bergson)
Die Erneuerung des Lebens (der Welt) durch **eigene** Erlebnisse.
geschlossene Gesellschaft **vs.** offene Moral

Existenzialistische Perspektive (Karl Jasper)
In Krisensituationen (Tod, Kampf, Leid, Schuld) wird sich der Mensch seiner EXISTENZ bewusst

pädagogisch-hermeneutischer Erlebnisbegriff (Hermann Nohl)
Erlebnisse sind ein wichtiges Mittel zur Haltungs- und Einstellungsveränderung.
Wichtig ist es im Rahen eines vorbedachten Planes die **richtigen** Erlebnisse zu vermitteln

Waltraud Neubert
Das Erlebnis im Unterricht
Erlebnis-Schuldidaktik
erstmalige Nennung des Begriffs „Erlebnispädagogik"

164 Herbert Blumer zitiert nach Kron (2001), S. 133. Allerdings ist die Darstellung etwas verwirrend, denn die Grundtheorie des Interaktionismus stammt von Mead alleine und wurde dann von anderen vielfach verwendet und ausgebaut.

4. Kurt Hahn: Begründer der institutionalisierten EP[165]

Kurt Hahn wird in vielen Publikationen als ***der*** Begründer der Erlebnispädagogik bezeichnet. Dies ist zwar eine sehr vereinfachte Darstellung (siehe Kapitel 2), aber es ist auch nicht verfehlt von Kurt Hahn als **dem Begründer** der (institutionalisierten) Erlebnispädagogik zu reden. Dafür sprechen mehrere Gründe:

1. Kurt Hahn hat die vielen (pädagogischen) Ansätze seiner Zeit kombiniert und in der Form der konkreten, institutionalisierten „Erlebnistherapie" umgesetzt.
2. Kurt Hahn verbindet in seiner Erlebnistherapie die deutsche Bildungs- und die britische Erziehungstradition. Dadurch kam es nicht zum Bruch in der Kontinuität seines Wirkens durch den Zweiten Weltkrieg und gleichzeitig erfolgt darüber der Anschluss an den amerikanischen Pragmatismus; diese Dualität ist auch die Basis für die weltweite Expansion bzw. auch Grundlage der modernen Erlebnispädagogik.
3. Kurt Hahn entwickelte mit seiner „Erlebnistherapie" die erste Didaktik der Erlebnispädagogik, die in Form seiner Internatsschulen und als Projektmethode von Outward Bound im Wesentlichen noch bis heute Bestand hat.
4. Kurt Hahn war eine „Gründungsmaschine" und schuf damit ein weit verzweigtes, beständiges, organisatorisches Fundament für die Entwicklung und Ausweitung seiner „Erlebnistherapie" (siehe Kapitel 4.4)

4.1 Kurt Hahn: Die Erlebnispädagogik als Integrationspädagogik

Hier ist alles gestohlen, und das ist gut so, vom Hermann Lietz, der wie kein anderer wagte, Jungen zum Mitträger der Verantwortung zu machen, von Goethe, von den englischen Public Schools, von den Boy Scouts, von der deutschen Jugendbewegung nach den Freiheitskriegen, von Platon. Sie werden nichts finden, wovon wir sagen können: das haben wir entdeckt.[166]

165 Auf die Vielzahl der Publikationen wird an dieser Stelle nicht eingegangen, stellvertretend sei dabei hingewiesen auf: Röhrs (1966); ein Sammelband, der noch immer einen sehr guten Einblick in Persönlichkeit und Wirken von Kurt Hahn liefert; Roscher (2005), hier wird eine große Anzahl von Zeitzeugenberichten vorgestellt; schließlich Esser (1987).

166 Prinz Max von Baden zitiert nach: Nasser (1993), S. 42.

Hahn hat sich auf dem Gebiet des „Lernens" die Projektmethode der Amerikaner, die Expedition der Jugendbewegung (Lietz-Schulen) und des Arbeitsunterrichts von Kerschensteiner zu Eigen gemacht, mit der triftigsten Begründung aller Begründungen: dass der Schüler hierbei die Selbstprüfung an der Sache vornimmt. [167]

Zunächst kommt es auf Beispiele an, die zur Nachahmung stimmen. Seelische Kräfte, die sich lebhaft regen, verkümmern oder blühen auf, je nach dem ob ihnen zur Betätigung verholfen oder die Betätigung versagt wird. Das ist eine Wahrheit, von der mich zuerst William James überzeugt hat. [168]

Kurt Hahn verwahrte sich in seinen Reden gegen jeden Anspruch von Originalität in seiner Pädagogik und bezeichnet es gerade als deren Wesenheit, dass sie aus vielen Quellenströmen zugleich ihre Nahrung saugt. Er bekennt sich zu dem Einfluss von Platon und Goethe, von Fichte und Pestalozzi sowie zu den durch Thomas Arnolds Erziehungsansätze neu geprägten englischen Public Schools. Er fühlt sich dem richtungweisenden Versuch Cecil Reddies, der seine Schule in Abbotsholme als „kleinen idealen Staat" aufgebaut und handwerkliche Tätigkeiten in den Lehrplan eingefügt hatte, ebenso verpflichtet wie Hermann Lietz, der unter Fortführung der Erkenntnisse in Abbotsholme „wie kein anderer wagte, Jungen zu Mitträgern der Verantwortung zu machen". [169]

Die eigentliche Pädagogik der Kurzschulen beruht dabei historisch vor allem auf drei Grundpfeilern. Diese sind:

1. *die auf Platons Erkenntnissen basierende Anschauung von der sittlichen Erziehung der Menschen,*
2. *das von Platon, Goethe, Pestalozzi und Lietz beeinflußte Modell einer „Pädagogischen Provinz" zur Erziehung des jungen Menschen,*
3. *die Wichtigkeit eines erstmals von William James geforderten „moralischen Äquivalents des Krieges in der Erziehung."* [170]

Es lassen sich also folgende Theorien/Theoriekomplexe zu Kurt Hahn zuordnen:

- die Ideen Platons hinsichtlich der „ganzheitlichen und sittlichen Erziehung", der „Erziehbarkeit der Seele" und des „kranken Weidelandes"
- der Einfluss der (New) Public Schools
- die Ideen von Hermann Lietz und seinen Landerziehungsheimen
- die Idee der Pädagogischen Provinz (Platon-Pestalozzi-Goethe-Lietz)
- die (teilweise) Übernahme der Projektmethode von John Dewey bzw.
- der Arbeitsunterricht von Kerschensteiner

167 von Hentig (1966), S. 55.
168 Kurt Hahn zitiert nach Schwarz (1968), S. 18.
169 Schwarz (1968), S. 15.
170 Schwarz (1968), S.15.

- der Einfluss von William James und seiner „Idee" eines „Äquivalents des Krieges", der „Erziehung durch ausgewählte Erlebnisse" und der „continuity of training"
- die Übernahme von Ideen der amerikanischen Pragmatiker
- die Übernahme der Methodik der Pfadfinderbewegung
- die Übernahme der Ideen der deutschen Jugendbewegung

Viele dieser Einflüsse sind in der modernen Erlebnispädagogik so nicht mehr explizit Thema, aber sie stellen das gedankliche Fundament für die Entwicklung der Erlebnistherapie dar und sind somit zumindest implizit Bestandteil der modernen Erlebnispädagogik.

4.2 Kurt Hahn: deutsches Bildungsideal und pragmatische Erziehung

Bereits in seinem Elternhaus nahm die Verbindung zwischen England und Deutschland ihren Anfang. Neben den Eltern übten vor allem zwei Lehrer entscheidend Einfluss auf Hahn aus: der Deutsche Sigmund Auerbach und der Engländer G.H. Humphreys, so dass ihm bereits frühzeitig in Gestalt dieser Lehrer die beiden Nationen gegenübertraten, die sein ganzes Leben geprägt haben. [171]

Im Hinblick auf dieses weite Wirkungsfeld soll zugleich die Frage nach der Originalität und dem möglichen Ursprung dieser Pädagogik gestellt werden. Man könnte sie im Schnittpunkt der geisteswissenschaftlichen Linien von Platon und den ***englischen Public Schools*** *über die Kulturkritik des ausgehenden 19. Jahrhunderts einerseits sowie vom amerikanischen* ***Pragmatismus*** *in der Gestalt von William James bis zu den Landerziehungsheimen – insbesonders der Lietzschen Prägung – andererseits ansiedeln. Von Platon wird gleichsam das Ziel und von James die Art der psychologischen Motivation als Orientierungshilfe übernommen. Vereinfachend könnte geradezu gesagt werden, dass die Hahnsche Pädagogik eine* ***Synthese einiger Wesenzüge von Platon, den englischen Public Schools, Lietz und William James sei.*** [172]

Kurt Hahn war also schon bei der Gründung seiner „Salem Schule" von der angelsächsischen Erziehungstradition beeinflusst. Dies ist aus meiner Sicht von großer Bedeutung, denn nach seinem Gang ins Exil konnte er hier mit seinen pädagogischen Ideen fast nahtlos and die vorgefundenen ähnlichen Traditionen anschließen. Kurt Hahns Gang in das Exil bedeutete dementsprechend keine Unterbrechung seiner Arbeit, ganz im Gegenteil: Er schaffte es innerhalb kurzer Zeit auch in England, als Exildeutscher(!) während des Zweiten Weltkrieges weitere Schulen zu gründen. Die Zeit im Exil war also keine Phase des Rück-

171 Weber, Ziegenspeck (1998), S. 80.
172 Röhrs (1966), S. 91.

schritts sondern eine der Entwicklung. Die organisatorischen Wurzeln der modernen Erlebnispädagogik liegen nicht in Deutschland, sondern in Großbritannien. Er gründete dort nicht nur neue Internatsschulen, sondern hier nahm die „Outward Bound Bewegung“, auf seinen Erfahrungen in Deutschland fußend, seinen Ausgang. Ich vertrete daher die These, dass es ohne diese doppelte Tradition gar nicht zur anschließenden Entwicklung, vor allem nicht zur Entwicklung einer modernen Erlebnispädagogik gekommen wäre. Denn durch die Person Hahn waren, wenn auch in der Erlebnistherapie noch nicht ausgeprägt, bereits von Beginn an (auch) die pragmatischen Ideen miteinbezogen und wurden von Großbritannien aus in die USA transportiert. Hier konnte man ohne Mühen das Modell der Erlebnistherapie mit dem des pragmatischen Ansatzes koppeln. Aus der Erlebnistherapie wurde die „handlungsorientierte Erlebnispädagogik“ später noch zusätzlich angereichert durch die Integration der „Interaktionspädagogik“. Grundlegend für die moderne Erlebnispädagogik war die Entwicklung eines „Kurzprogramms“ der schulischen Internats-Erlebnistherapie. Diese Transformation legte den Grundstein für den Erfolg des „außerschulischen“ pädagogischen Konzepts. Dabei fand er in Großbritannien mit der Pfadfinderbewegung eine Organisation vor, die eine lange Tradition und Erfahrung in der außerschulischen Jugendarbeit vorweisen konnte. Auf diese Erfahrungen griff Hahn zurück und gerade am Beginn der „Outward Bound Schools“ gab es sehr viele Querverbindungen, wenn auch weniger ideeller Art, sondern mehr in personaler und methodischer Hinsicht.

Die enge Bindung Hahns an Großbritannien führte auch dazu, dass nach dem Krieg relativ schnell das Kurzschulkonzept in Deutschland etabliert werden konnte. Für diese Expansion wurde massiv auf die britischen Ressourcen, ideell und materiell, zurückgegriffen. Gordonstoun fungierte einerseits lange als eine Art Vorzeigeinstitution und Anschauungsobjekt für an dem Konzept interessierte Persönlichkeiten aus Deutschland und andererseits wurden erst durch die von dort aus organisierten „englisch-amerikanischen“ Gelder die ersten Kurzschulen ermöglicht. Darüberhinaus erlaube ich mir die These, dass diese Verbindung auch die Grundlage für die schnelle Umsetzung eines derartigen Konzepts nach dem Krieg schuf. Wie schon oft erwähnt, gab es nach dem Zweiten Weltkrieg eine Art „wissenschaftstheoretisches Vakuum“ erlebnispädagogischer Ansätze. Handlungsorientierte Ansätze wurden, auf Grund der Instrumentalisierung durch das nationalsozialistische Regime, in der staatlichen Erziehungsarbeit ausgeblendet. Es ist daher eine interessante Frage, ob die Realisierung eines derartigen Konzeptes in den Nachkriegsjahren ohne „Siegerbackground“ möglich gewesen wäre. Durch die englisch-amerikanische Konstellation war auf jeden Fall der Vorwurf eines faschistischen Erziehungsmodells wohl von Anfang an obsolet.

Hahn konnte dabei in Großbritannien auch auf seine politischen und diplomatischen Erfahrungen zurückgreifen.[173] Hahn studierte vor dem Ersten Weltkrieg in Oxford und verbrachte viel Zeit in England. Nach seiner durch den Beginn des Ersten Weltkriegs

173 vgl. dazu (noch immer) Mann (1966).

erzwungenen Rückkehr nach Deutschland war er in der Zentralstelle für Auslandsdienste als englischer Lektor tätig. Seine Aufgabe war die Beobachtung und Bewertung der englischen Presseberichte. Ab 1917 war Kurt Hahn der Privatsekretär des letzten deutschen Reichskanzlers Prinz Max von Baden und nach dem Ende des Ersten Weltkriegs bzw. dem Ende der Monarchie widmeten sich die beiden der Idee der Schulgründung. Hahn war also sicher kein „politisches Leichtgewicht" und daher in Großbritannien auch jenseits seines pädagogischen Wirkens bekannt. Durch seine innere Nähe zur britischen (Bildungs)Tradition und seine diplomatischen Kontakte hatte er im britischen Exil die Möglichkeit sich Zugang zu den Entscheidungsträgern zu verschaffen. Sicherlich muss man Hahn auch eine hohe persönliche Ausstrahlung attestieren, denn es gelang ihm immer wieder potentielle Geldgeber und Entscheidungsträger von seiner Idee zu überzeugen; aus meiner Sicht hatte er aber durch seine diplomatischen Erfahrungen sicher den Vorteil des schnelleren Zugangs zu diesen Kreisen. Diese Kombination zwischen visionärem Pädagogen und ehemaligem „Diplomaten" war sicher nicht unentscheidend für die weltweite Umsetzung seiner Visionen.

4.3 Kurt Hahn: Die erste Didaktik der Erlebnispädagogik

Hahn schuf mit seiner Erlebnistherapie das erste didaktische Konzept der Erlebnispädagogik. Dieses wurde vor allem im Rahmen der Internatsschulen umgesetzt. Aber auch die Kurzschulen waren als Institutionen zur Umsetzung der Erlebnistherapie konzipiert.

Kurt Hahn diagnostizierte vier so genannte Verfallserscheinungen:[174]

1. Verfall der körperlichen Tauglichkeit
2. Verkümmerung der Initiative und Spontanität
3. Mangel an Sorgsamkeit
4. Mangel an menschlicher Anteilnahme

Zu den Verfallserscheinungen im Einzelnen:

1. u. 2. Der Verfall der körperlichen Tauglichkeit und der Unternehmungslust
Kurt Hahn spricht hier von einer Zuschauerkrankheit der *„Seuche der Spectatoritis"*, die dem Menschen sein aktives Dasein abgewöhnen würde. Durch teilnahmsloses, passives Erleben könnte sich die nötige Eigeninitiative nicht mehr entfalten. Zudem hätte die Vernachlässigung der körperlichen Tauglichkeit die Grundlagen der Selbstüberwindungskräfte

174 Ausführungen basierend auf Nasser (1993), S. 50–51. Dieser hat noch eine 5. Verfallserscheinung hinzugefügt (Verfall der Demokratie), die bei Hahn nicht als Verfallserscheinung aufgezählt wird, allerdings nachweislich ein Grundantrieb seiner Bemühungen war (Veränderung des Staates durch Erziehung).

verkümmern lassen. Er erklärte diese Dekadenz folgendermaßen: durch a) die *moderne Fortbewegung*, b) die *„ungebührliche Heldenverehrung"* für herausragende Sportler, die weniger Begabte nur an ihrer eigenen Entfaltung hindern würde und c) den *Mangel an Selbstdisziplin* gegenüber Suchtmitteln.

3. Der Verfall der Sorgsamkeit

Kurt Hahn bezeichnete diesen Verfall auch als *„Seuche der Schlampigkeit".* Als Ursache machte er den Niedergang des Handwerks aus, das ja durch den sorgfältigen und pfleglichen Umgang „mit den Sachen" gekennzeichnet war. Angeführt werden müssten auch die Auswirkungen der Massenproduktion, bei der das alte Produkt dem neuen weichen muss und zur Wegwerf-Mentalität regelrecht erzogen wird.

4. Der Verfall der menschlichen Anteilnahme

Er machte hierfür die Sucht nach einem Sensationskonsum verantwortlich, der bei der hohen Anzahl an Reizen nur oberflächliche Eindrücke vermitteln kann. *„Man kommt nicht dazu, einen Gedanken zu Ende zu denken oder gar ein Gefühl zu Ende zu fühlen.* „Die grausame Pausenlosigkeit des Daseins" würde für Selbstbesinnung und Mitgefühl, die für die Menschenliebe unabdingbar wären, keinen Raum mehr übrig lassen. Zudem würde sich der einzelne von Organisationen und Verwaltungen von seiner individuellen Verantwortung entbunden fühlen. Kurt Hahn sah hier bei der menschlichen Anteilnahme den größten Verfall menschlicher Substanz.

Der Verfall der Demokratie (Erweiterung nach Dirk Nasser)

Die Schuld an diesem Niedergang erkannte er in einer fehlerhaften Erziehung.
„Die Massenproduktion gleichgerichteter Lebensanschauung – darin sehe ich eine finstere Errungenschaft moderner Pädagogik. Kein Wunder, dass es heute an unabhängigen Stimmen fehlt." Kurt Hahn sah nur die Möglichkeit durch Entwicklung von Zivilcourage sich gegen die Verletzung von Menschenrechten zu wehren und Untertänigkeit und Gefügigkeit entgegenzutreten.

Außerdem werden folgende Gefahren lokalisiert: [175]

- die Gefahr der Legalisierung der Gifte
- die Gefahr einer enthemmten Erotik
- die Gefahr der korrupten Politik
- die Gefahr der pädagogischen Irrlehren (bezogen auf Eltern und Öffentlichkeit)

175 nach Bauer (2001), S. 26. Vgl. dazu auch vor allem die Kritik an Hahn durch von Hentig (1966), S. 41–82.

Zur Behandlung dieser Verfallserscheinungen bzw. zur Prophylaxe entwickelte Hahn seine Erlebnistherapie:

Krankheit	Erlebnistherapie	Therapie
Verfall der körperlichen Tauglichkeit		Das körperliche Training
Mangel an Initiative und Spontaneität		Das Projekt
Mangel an Sorgfalt		Die Expedition
Mangel an menschlicher Anteilnahme		Der Rettungsdienst
	Erlebnisse sind wirkmächtige Erinnerungen	
	Erziehung zur Verantwortung durch Verantwortung	
	Bildung durch Wagnis und Bewährung	

Während alle anderen Punkte in der modernen Erlebnispädagogik nicht mehr diese Bedeutung haben, ist es vor allem die Expedition, die sich noch immer als eine „erlebnispädagogische Leitform" behauptet. Allerdings kann man natürlich die Inhalte des „sozialen Lernens" auch als Maßnahmen gegen den Mangel menschlicher Anteilnahme subsumieren. Die kreativen Ansätze kann man ebenso als Maßnahme gegen den Mangel an Initiative und Spontanität verstehen. Die Outward Bound Projekte stehen auf jeden Fall noch heute ganz in der Tradition der didaktischen Umsetzung dieser Erlebnistherapie (siehe Kapitel 9.3). Dabei nimmt die Expedition allerdings eine zentrale Stelle ein, während der Rettungsdienst heute für die Outward Bound Standardprojekte ohne Bedeutung ist.

Zur Expedition

Die Expedition diente als Ergänzung des körperlichen Trainings. Hier wurden die wichtigen intensivsten Erlebnisse erfahren, die für das spätere Leben als eingeprägte Orientierung dienen sollten. Die Berg- und Skitouren wurden nach einem vorbereiteten Plan durchgeführt. Auch in diesem Fall hätte die Stärkung der Überwindungskraft als Voraussetzung für die persönliche Initiative gegolten. Als Lernziel wären Voraussicht in der Planung, Sorgsamkeit, Umsicht, Entschlusskraft, Zähigkeit in der Durchführung, Widerstandsfähigkeit und Nervenkraft beabsichtigt gewesen. Der Schüler fand hier das Abenteuer in einem natursportlichen, erlebnisorientierten Zusammenhang vor. Dabei sollte die Entdeckungsfreude und Abenteuerlust durch ein „zielbewusstes Herbeiführen" von intensiven Auseinandersetzungen gefördert werden, die dem Jugendlichen sonst vorenthalten blieben. In den Landerziehungsheimen wurden pro Jahr drei bis vier kleinere Expeditionen durchgeführt, die als Vorbereitung einer größeren in den Ferien dienten. Oftmals fanden auch Expeditionen in Verbindung mit den Projekten statt. [176]

4.4 Kurt Hahn: Begründer der institutionalisierten EP [177]

Wie schon öfters erwähnt, schaffte es Kurt Hahn in seinem Leben eine Vielzahl organisatorischer Einrichtungen in den verschiedensten Staaten und Kontinenten zu initiieren. Seine strukturell wichtigsten Gründungen sind dabei die beiden Internatsschulen Salem (erste Umsetzung der Erlebnistherapie) und Gordonstoun (von hier aus Entwicklung der Outward Bound Schools), denen er beiden auch eine Zeitlang vorstand. In Salem ist er auch verstorben.

Bei den Gründungen kann man dabei strukturell unterscheiden:

- Internatsschulgründungen
- Kurzschulgründungen (Outward Bound Schools)

Die organisatorische Entwicklung verlief in fünf Phasen:

4.4.1 Phase eins: Die schulische Erlebnistherapie (Landerziehungsheime) [178]

1920 Salem, 1925 Hermannsberg, 1929 Spretzgard, 1931 Hohenfels und 1932 Birkelhof im Schwarzwald.
Organisatorisch sind sie im 1925 gegründeten Salemer Bund zusammengefasst.

4.4.2 Phase zwei: Exil bzw. „Expansion“ nach Großbritannien

- 1933 Kurt Hahn geht nach Großbritannien ins Exil
- 1933 Gründung von Gordonstoun in Schottland

176 nach Nasser (1993), S. 53–54.
177 Als Grundlage dienen folgende Arbeiten: Fischer, Ziegenspeck (200), S. 242–267; Pielorz (1991); Weber, Ziegenspeck (1983); Schwarz (1968); Roscher (2005).
178 vgl. dazu Mann (1966), S. 10–40 und im Kurzüberblick Roscher (2005), S. 21–24.

- 1936 wird der „Moray Badge" als Leistungsabzeichen für körperliche Fitness eingeführt. „Aus der Praxis dieser Kurse heraus und auf Grundlage seiner Erlebnistherapie entwickelt er die Kurzschulprojekte. 1941 wird an der schottischen Küste in Aberdovey die erste Kurzschule"[179] gegründet. Aus dem „Moray Badge" entwickelte sich 1949 der „County Badge" und schließlich 1956 der „Duke of Edingburgh Award".
- 1937 Gründung von „Wester Elchies" als Zweigschule von Gordonstoun
- **1941 Gründung der Outward Bound Sea School in Aberdovey. (Ausgangspunkt für die Outward Bound Bewegung)**

4.4.3 Phase drei: Die projektorientierte Erlebnistherapie (Outward Bound Schools)

Die in den Internaten Salem und Gordonstoun erstrebten Heilwirkungen sollten durch die Kurzschulen noch schneller verbreitet werden, da es mehr Jugendlichen möglich war durch ihren Einfluss zu gehen als ein Landerziehungsheim zu besuchen.[180]

Der Beginn der Erlebnispädagogik, sowohl in ihrer ersten institutionellen Form als auch in ihrer Begrifflichkeit, liegt im Deutschland der Zwischenkriegszeit. Dabei handelt es sich allerdings noch um ein reformpädagogisches Schulmodell. Dieses kann allerdings nicht als isoliertes pädagogisches Phänomen gesehen werden, sondern ist **ein** reformpädagogisches Phänomen dieser Zeit.

Die Wurzeln der modernen Erlebnispädagogik sind also in der Schule zu finden. Das Leiden an der und die Leiden in der Schule waren Ursprung der reformpädagogischen Bemühungen.[181]

Eine Besonderheit ist allerdings der schon in Abschnitt 4.2 erwähnte starke Bezug von Kurt Hahn zu Großbritannien. Schon vor dem Ersten Weltkrieg verbrachte er dort viel Zeit und im Jahr 1933 emigrierte Kurt Hahn erzwungenermaßen, nach Großbritannien. Hier gründete er seine ersten „Kurzschulen" bzw. die „Outward Bound Bewegung" und somit liegen die Wurzeln der modernen Erlebnispädagogik in Großbritannien. Kurt Hahn gründete zuvor eine Schule nach Vorbild von Salem in Gordonstoun (1933), doch mit der Gründung der ersten Kurzschule im Jahr 1941 in Wales (Outward Bound Sea School) erfolgt die Trennung in zwei unterschiedliche Stränge. Auf der einen Seite die didaktische Umsetzung seiner Erlebnistherapie in Form von Internatsschulen in der pädagogischen Provinz, auf der anderen Seite die Kurzschulkurse, die in ihrer Umsetzung kürzer sind (26 Tage oder 28 Tage Kurse)[182] und auch eine gemischte Zielgruppe (Schüler/-innen und Auszubildende) haben.

179 Fischer, Ziegenspeck (2000), S. 251.
180 Weber, Ziegenspeck (1983), S. 7.
181 Michl (1998), S. 20.
182 vgl. dazu Carpenter (2000), S. 22 und Carpenter (1997), S. 7–11. Er spricht von 26 Tagen und Hogan (1966), S. 274, von 28 Tagen.

Den eigentlichen „Welterfolg" erzielte er (Kurt Hahn, der Verf.) jedoch mit der Entwicklung der (ursprünglich so genannten) Short Term Schools (Kurzschulen), die deshalb so hießen, weil ihre Kurse nur 3 bis 4 Wochen dauerten. Heute sind sie unter dem Logo Outward Bound in ca. 40 Einrichtungen auf fünf Kontinenten vertreten. [183]

An den Kursen nahmen Schüler/-innen und junge auszubildende Seeleute (!) gleichzeitig teil. Diese Ausweitung der Zielgruppe ist eine wesentliche Neuerung und bis heute ist die Kombination Schüler und Auszubildende ungewöhnlich. Dahinter stand der Anspruch einer gesellschaftlichen Veränderung durch das wechselseitige Kennenlernen anderer „Lebensrealitäten" bei der gleichzeitigen gemeinsamen Bewältigung des Kurses[184]. Allerdings steckte hinter dem „privatwirtschaftlichen Engagement" (am Beginn in Form einer Privatreederei) natürlich auch das (betriebliche) Interesse, durch diese Kurzschulungen die Kompetenz der Teilnehmer/-innen, heute würden wir wohl von einem Training zur Verbesserung der Schlüsselqualifikationen oder vom Sozialen Lernen sprechen, für die „betriebliche Praxis" zu verbessern.

Nicht zuletzt transportiert er (der Begriff; der Verf.) auch die Geschichte einer außerschulischen pädagogischen Institution, die sich im Interessenskonflikt zwischen Wirtschaftlichkeit und Pädagogik zu bewegen und zu bewähren hat, ganz anders als die meisten unserer Erziehungs- und Bildungsinstitutionen, die sich auch in diesem Sinne oft in lebensferne Schonräume bewegen und daher immer „für das Leben" lehren müssen. [185]

Schon am Beginn der Kurzschulbewegung war die „Vermittlung" beruflich verwertbarer Kompetenzen durch diese Kurse ein zentrales Interesse. Finanziert wurden die Kurse dabei (überwiegend) durch einen Gönner „aus der Wirtschaft". Schon von Beginn der Outward Bound Bewegung an war die Vermittlung von Hard Skills (körperliche Ertüchtigung, seemännische Fähigkeiten) und Soft Skills (Mitgefühl, Rettungsdienst) durch eine handlungsorientierte Didaktik ein zentrales Moment. Im Gegensatz zum Internatskonzept der Erlebnistherapie war die „Short Term School" von Anfang an durch ihre offenere Struktur, was die Teilnehmer betraf, und einen „praktischen Verwertungsgedanken" geprägt. D.h. diese Kurzschulen standen auch im Zeichen einer beruflichen Aus- und Weiterbildung (!)

183 Händel (1995), S. 8.

184 Diese Diskussion wird noch heute geführt, vor allem in Form der Gesamtschule, in der alle Schichten vertreten sind. Dahinter steht die Idee, dass in den einzelnen Klassen alle Gesellschaftsschichten vertreten sein sollen.

185 Bauer (2001), S. 76.

Die Entwicklung der Outward Bound Schulen („Kurzschulen“) erfolgte in vier Etappen:

- die Einführung des Moray Badge (benannt nach der Grafschaft, in der die Internatsschule Gordonstoun lag) Abzeichens im Jahre 1936
- die Abhaltung von Kursen zum Erwerb dieses Abzeichens 1938–1939
- die Ausweitung des „Moray Badge“ zu einem „County Badge“1940
- schließlich die Gründung der ersten „Short Term School“ unter der Bezeichnung „Outward Bound Sea School“

Bei dem „Moray Badge“ handelt es sich um ein Leistungsabzeichen, das dem Sportabzeichen der „deutschen Jugend“ sehr ähnelte[186], aber durch die Expeditionsanforderungen und Übungen zur Selbstdisziplin (kein Rauchen und Trinken) erweitert wurde[187].

Die vier Aspekte Sport, Projekt, Expedition und Rettungsdienst, die das pädagogische Konzept für das Moray Badge auch als „vierfache Leistung“ (fourfold achievements) auswies, waren letztlich eine Modifikation der erlebnispädagogischen Gestaltungsvarianten, die im Schulkonzept der Internate die Erlebnistherapie ausmachten.[188]

Für dieses Abzeichen kamen bald „Jugendliche aus der Grafschaft“ nach Gordonstoun, um dafür zu trainieren. Zusätzlich wurden im Zuge dessen 1938 bis 1939 in Schottland vom „National Fitness Council“ drei so genannte „Sommerschulen“ in der Dauer von vierzehn Tagen durchgeführt. 1940 organisierte Kurt Hahn eine „Sommerschule“, die in den Plas Dinam im August 1940 abgehalten wurde. Interessant ist hierbei die Zusammensetzung der Teilnehmer/-innen:

„Von den 60 Teilnehmern waren 16 über 18 Jahre alt und der Rest darunter; die ersteren waren alle Soldaten, die letzteren hauptsächlich Schuljungen.“[189].

1940 wurde das so genannte „County Badge Experimental Committee“ gegründet, dessen Ziel es war, aus dem lokalen Moray Badge eine „nationale Initiative“ zu machen. Dieses entwickelte „County Badge“ war schließlich die Grundlage für das spätere „Outward Bound Badge“.

Als die ersten Outward Bound Schulen gegründet wurden, wurde das County Badge-Trainingsprogramm vollständig übernommen.[190]

186 Weber nennt dabei das „Deutsche Sportabzeichen“, während Carpenter vom „deutschen Reichsjugendabzeichen“ spricht. Fischer, Ziegenspeck (2000), S. 251 und Carpenter (1997), S. 7.
187 vgl. Fischer, Ziegenspeck (2000), S. 250–252, Hogan (1966), S. 274 und Carpenter (1997), S. 7–9.
188 Fischer, Ziegenspeck (2000), S. 251.
189 Carpenter (1997), S. 8. vgl. dazu auch Hogan (1966) S. 271.
190 Carpenter (1997), S. 8.

Die Entwicklung des nationalen County Badge geriet nach der Ausformulierung des Programms ins Stocken. Doch die Erfahrungen der eigenen Trainingsaktivitäten in Gordonstoun, die Erfahrungen durch die „Sommerschulen“ und schließlich der Einstieg des Reeders Lawrence Holt führten 1941 zur Gründung der ersten „Short Term School“ in Aberdovey:

Unter sehr behelfsmäßigen Bedingungen wurde das Zentrum, dem Holt den Namen „Outward Bound Sea School“ gab, am 4. Oktober 1941 eröffnet. Am ersten Kurs nahmen 24 Jungen teil: acht von der Blue Funnel Line, acht von H.M.S. Conway (eine Nautische Schule) und acht von Gordonstoun. [191]

Die „Short Term School“ kam erst durch die Bereitstellung wesentlicher Ressourcen von Lawrence Holt, dem Seniorpartner einer großen Schifffahrtsfirma, der „Blue Funnel Line“, zustande. Er war ein wichtiger Financier, stellte ein Übungsschiff zur Verfügung und sorgte gleichzeitig für eine erhebliche Anzahl der Teilnehmer. So wurde aus der „Short Term School“ die „Outward Bound Sea School“:

Hier muss ich ein Geständnis machen,... Lawrence Holt bestand auf diesem Namen (Outward Bound), gegen meinen energischen Widerspruch. [192]

Holt (ein Reeder, Financier und Mitbegründer der ersten Schule; der Verf.) took the name from the blue peter flag that seamen fly on the start of a journey across the atlantic. The blue and white flag communicates that the ship is „outward bound“. Although Hahn did not like the name at first, he later counted it among the organisation's greatest assets. Hahn was always quick to credit Hogan with creating Outward Bound, which opened on October 14, 1941. [193]

Obwohl noch die Bezeichnung „Schule“ führend, handelt es sich modern gesprochen um ein „Trainingscenter für Erlebnistherapie“. Im englischsprachigen Bereich verschwindet der Begriff der „Short Term Schools“ sehr rasch, doch in Deutschland wird er noch eine Zeitlang verwendet:

Die von Kurt Hahn für diese Einrichtung gewählte Bezeichnung „Short Term School“ wurde später Vorbild für die deutsche Bezeichnung „Kurzschule“ [194]

Als erste „Outward Bound School“ in Deutschland wurde 1952 die *Kurzschule* Weißenhaus“ gegründet. Auch hier, ähnlich wie in Großbritannien, fand ein Vorprojekt statt. Auch hier war ein Reeder eine zentrale Figur, der Hamburger Reeder Heinz Schliewen. Sein Projekt, die Tiefseesegler „Pamir“ und „Passat“ als Schulschiffe zu verwenden, wurde von

191 Carpenter (1997), S. 11.
192 Kurt Hahn zitiert nach Händel (1995), S. 8.
193 entnommen aus der Homepage von Outward Bound North Carolina: http://www.ncoutwardbound.org/about_us/history/kurt_hahn_outward_bound.php, am 26. Februar 2007.
194 Weber, Ziegenspeck (1983), S. 93.

Hahn aufgegriffen und er überzeugte den Reeder zusätzlich einen Kurzschulkurs voranzuschalten. Dabei fungierte Gordonstoun, von dem ja die Outward Bound School auch beschickt wurde, als „Besucherzentrum für Erlebnistherapie"; viele Interessierte, auch Entscheidungsträger, reisten an die Schule und besichtigten sie. Schließlich wurden drei Kurzschulungen bis Januar 1952 durchgeführt. Wieder ist die Zusammensetzung der Teilnehmer sehr interessant:

Wie schon in den englischen Kurzschulen wurde auf eine vielfältige Mischung der Teilnehmer nach Alter, Schulbildung, sozialer und geographischer Herkunft und Nationalität geachtet. Die Bedingungen der Reederei ermöglichten es, dass unter insgesamt 83 Jugendlichen in Nehmten auch 30 Flüchtlinge aufgenommen werden konnten, die z.T. eine unterbrochene Schulausbildung hatten und ohne die Freistellung von materiellen Anforderungen nicht hätten teilnehmen können. Durch die Unterstützung der American-British-Foundation for European Education war es außerdem möglich, 15 Jungen nach Gordonstoun zu schicken, wo sie gemeinsam mit 5 Engländern eine entsprechende Vorausbildung erhielten. Diese Kadetten trafen am 12. Dezember 1951 mit der Gruppe aus Nehmten (Schulungsort in Deutschland) zusammen. [195]

Die Aufmerksamkeit, die dieses Vorprojekt erzeugte, der rege „Exkursionstourismus" nach Gordonstoun und die Überzeugungsarbeit von Kurt Hahn führten schließlich zur Gründung der „Kurzschule Weißenhaus". [196]

Bemerkenswert ist, dass die jeweiligen Erstgründungen mit Segelprojekten verbunden waren. Aus heutiger Sicht könnte man allerdings feststellen, dass nicht nur pädagogische Motive dabei im Vordergrund standen, sondern auch handfeste wirtschaftliche Argumente. Ich finde dies einen sehr wichtigen Gesichtspunkt: Schon in den Anfängen einer, so möchte ich sie an dieser Stelle bezeichnen, projektbezogenen Erlebnispädagogik ermöglichte erst die Verknüpfung von wirtschaftlichen und pädagogischen Interessen derartige Gründungen. Aus meiner Sicht ist dies ein schönes Beispiel für die Vermischung von Ökonomie und Pädagogik. Mit diesen „Segelkurzschulen" wurde eine Art pädagogische Tradition begründet, denn (sozial)pädagogische Segelprojekte mit den unterschiedlichsten Zielgruppen sind nach wie vor sehr verbreitet und waren am Anfang geradezu **das** Beispiel für eine sozialpädagogische Erlebnispädagogik. Als Fußnote sei angemerkt, dass z.B. auch am Beginn der (öffentlichkeitswirksamen) Erlebnispädagogik in Österreich ein Segelprojekt stand: die ARGE NOAH. [197] Und in Deutschland war eine Keimzelle der modernen Erlebnispädagogik der Bundesverband Segeln-Pädagogik-Therapie e.V.

195 Weber, Ziegenspeck (1983), S. 114.
196 vgl. dazu Weber, Ziegenspeck (1983), S. 107–117 und Richter (1966), S. 300 bis 310.
197 vgl. dazu Siegrist (1993) und Kreszmeier (1994). Heute umbenannt in Arbeitskreis NOAH; siehe http://www.noah.at/

Die Bezeichnung Kurzschule verschwindet im Laufe der Zeit schließlich auch im deutschsprachigen Bereich. Aus den „Kurzschulen" werden „Outward Bound Kurzschulen" und schließlich werden die einzelnen Kurzschulen als „Standorte" oder „Bildungszentren" (von „Outward Bound". Deutsche Gesellschaft für Europäische Erziehung eingetragener Verein", so die derzeitige Bezeichnung der Trägerinstitution) bezeichnet.[198] Der Begriff „Kurzschule" ist damit ein historischer und dies dokumentiert auch sehr gut die Entwicklung von einem Schulprojekt zu einem allgemeinen Schulungskonzept.

Für die Geschichte der „organisierten" Erlebnispädagogik halte ich Outward Bound aus drei Gründen für eine ganz wichtige Institution:

- als „Bewahrer der Erlebnispädagogik" im deutschsprachigen Raum
- als Ort an dem zeitgemäße pädagogische Entwicklungen diskutiert und integriert wurden (vor allem in den 70er und 80er Jahren)
- als „Keimzelle" für neue Projekte und Organisationen

Von besonderer Bedeutung ist die Gründung von Outward Bound Schools in den USA: Der erste Outward Bound Kurs fand 1961 statt und 1962 wurde die erste Outward Bound School eröffnet.[199] In den Vereinigten Staaten, geprägt durch eine andere pädagogische Tradition als Europa, wurden wie schon oft erwähnt einige (didaktische) Veränderungen vorgenommen, welche im Zuge der „Renaissance" zurück nach Europa gelangten. Viele der ersten Protagonisten der „modernen Erlebnispädagogik" machten Praktika in den Vereinigten Staaten bzw. besuchten dort die Kongresse und brachten so das Know-how „zurück nach Europa". Interessanterweise orientierte man sich bei der Renaissance der Erlebnispädagogik nicht an Großbritannien, wo ja auch eine lange Tradition der handlungsorientierten Pädagogik nachzuweisen ist. Diese Orientierung an Nordamerika ist besonders wichtig hinsichtlich der Entwicklung der so genannten „Outdoor-Trainings", stehen diese wohl mehr in einer behavioristischen Tradition wie das großflächiger angelegte System einer gesellschaftlich bildenden Erlebnistherapie. Dieser nordamerikanische Einfluss war besonders in den 90er Jahren zu beobachten, eine Zeit des Höhepunkts des „Metaphorischen Ansatzes" in der deutschen Erlebnispädagogischen Literatur.[200] Nach der Etablierung der Erlebnispädagogik an einigen universitären Institutionen[201] hat diese Rezeption stark abgenommen.

198 vgl. Weber, Ziegenspeck (1983), S. 103 und die Bezeichnung auf http://www.outwardbound.de/ueberuns/heute.html, Stand vom 28.11.2006.

199 vgl. dazu Miner (1966), S. 293 bis 299 und Weber, Ziegenspeck (1983), S. 96 und 105–106.

200 Zwei Kongresse standen ganz im Zeichen der „Amerikanischen Erlebnispädagogik". Dies waren die beiden Internationalen Kongresse „erleben und lernen" 1997: „Zu neuen Ufern" an dem Simon Priest, sozusagen der „Oberpriester des metaphorischen Ansatzes", persönlich anwesend war und der Kongress 1998 „Metaphern – Schnellstraßen, Saumpfade und Sackgassen des Lernens".

201 Als Bespiel in Österreich sei die Initiative Outdoor Aktivitäten genannt, die in enger Kooperation mit der Universität Wien steht

4.4.3.1 Exkurs: Outward Bound – ein Marktbegriff?

Von Laurence Holt, nicht wie häufig angenommen von Hahn, wurde die „Schule" nach dem englischen Seemannsausspruch „Outward Bound" benannt, ein Ausdruck, der früher für ein zum Auslaufen bereites Schiff verwandt wurde. Fortan wurde Outward Bound als Metapher und zugleich als Name für Programme und Einrichtungen Hahnscher Prägung verwendet. [202]

Die Begriffe der Erlebnistherapie und der Erlebnispädagogik verschwinden mit dem Auftreten des Begriffs „Outward Bound" beinahe vollständig. Erst wieder mit dem Begriff der „modernen Erlebnispädagogik" setzt eine Rezeption dieses Begriffes ein und in weiterer Folge wird auch der Begriff der„Erlebnistherapie" wieder aufgenommen. Jetzt allerdings tatsächlich psychologisch gedeutet und nicht pädagogisch.

Für fast 30 Jahre bezeichnet Outward Bound eigentlich das, was heute als Outdoor-Trainings oder Erlebnispädagogik bezeichnet wird. Outward Bound hat somit eine doppelte Bedeutung. Einerseits als Metapher bzw. Synonym für die Erlebnispädagogik bis in die 80er Jahre und auf der anderen Seite bezeichnet Outward Bound eine Organisation, die sich aus der ersten „Outward Bound Sea School" entwickelte und noch heute der führende erlebnispädagogische Projektanbieter ist. Es gibt in 32 Staaten der Erde und auf jedem Kontinent zumindest einen Projektträger und insgesamt über 40 Standorte. [203] Diese Doppelbedeutung kommt auch sehr deutlich in einem Rechtsstreit zwischen der Deutschen Gesellschaft für Europäische Erziehung e.V. (der Trägerverein für die Outward Bound Schulen in Deutschland) und, stellvertretend für den Bundesverband Segeln-Pädagogik-Therapie e.V., der Universität Lüneburg aus dem Jahr 1984–1985 zum Ausdruck. Wie aus dem Eingangszitat ersichtlich, wurde im Laufe der Zeit die Bezeichnung „Outward Bound" eine Art Synonym für die Erlebnispädagogik. Der Trägerverein der „Outward Bound Schulen" versuchte nun „Outward Bound" als Bezeichnung patentamtlich für sich zu schützen. Darauf reagierte der neu gegründete Bundesverband und auf Antrag der Universität Lüneburg wurde „der Begriff Outward Bound aus der Zeichenrolle des Deutschen Patentamtes" gelöscht. [204] Damit wurde, zumindest in Deutschland, die allgemeine Bedeutung dieses Begriff, in den Vordergrund geschoben.

Es ist aus meiner Sicht kein Zufall, dass sich dieser Rechtstreit gerade zu einer Zeit ereignete, in der die Erlebnispädagogik wieder präsenter wurde. Das „Institut für Erlebnispädagogik e.V." wurde 1990 in Lüneburg gegründet und ist als Privatinstitut organisatorisch in die Universität Lüneburg integriert. Im Auftrag dieses Institutes wurde bis 2010 die „Zeitschrift für Erlebnispädagogik" herausgegeben, zuvor war sie ab 1981 als „überregionaler Informationsdienst Segeln und Sozialpädagogik" und ab 1987 als Zeitschrift für Erlebnispädagogik

202 Heckmair, Michl (2008), S. 25.
203 Stand 26. November 2006; http://www.outwardbound.net/locations/
204 Ziegenspeck (1992b), S. 5.

herausgebracht worden. Somit steht auf der einen Seite ein relativ junges Universitätsinstitut und Mitglied eines neu gegründeten Bundesverbandes, und auf der anderen Seite ein etablierter, international vernetzter Verein. Zeitlich beginnt gerade der „Boom" der Erlebnispädagogik. Meine These ist, dass hier auch wirtschaftliche Interessen und Legitimationsinteressen auslösende Motive dieser Auseinandersetzung waren. Und dies ist für mich ein Zeichen, dass es erstmals überhaupt so etwas wie einen Markt für diesen „Markennamenstreit" gab. Der Anlass für den Streit (Versuch der Verankerung im Patentamt seitens der DGfEE e.V.) liegt just in jenem Jahr, in dem u.a. der Beginn der „modernen Erlebnispädagogik" angesetzt wird. Der Streit endete schließlich sozusagen mit einer Marktöffnung. Der lange Jahre, jenseits der Outward Bound Schulen natürlich, unbeachtete synonyme Begriff für Erlebnispädagogik wurde sozusagen offiziell zu einem allgemeinen pädagogischen Begriff erklärt. In die gleiche Zeit fällt auch die Gründung der Zeitschrift „e&l – erleben und lernen", deren Begründer dem Kreis um die Organisation Outward Bound zuzuordnen sind und die sich als größte Fachzeitschrift für Erlebnispädagogik etablierte. Die „großflächige" Verwendung des Begriffs „Outward Bound" als (medialer) pädagogischer Begriff ist allerdings nicht erfolgt. Durch die Veränderung des Vereinsnamens des Trägervereins von „DGfEE e.V." hin zu „Outward Bound". Deutsche Gesellschaft für Europäische Erziehung e.V." wurde im Gegenteil die Bezeichnung wieder stärker an den Verein zurückgebunden. Prinzipiell also steht heute „Outward Bound", wieder für die Institution. Inzwischen hat sich die Bezeichnung „Outdoortraining" als neuer Überbegriff durchgesetzt.

4.4.4 Phase vier: Die Differenzierung in Dachverbände

4.4.4.1 Internatsschulen und Round Square Conference

Bis spätestens 1946 nahmen die deutschen Internatsschulen ihren Betrieb wieder auf. Anschließend begannen die weitere Expansion und der organisatorische Ausbau der Internatsschulen in der Tradition Abbotshome-Salem-Gordonstoun. [205]

1946	Schlossschule Kirchberg (Deutschland)
1949	Anavryta (Griechenland)
1949	Louisenlund (Schleswig-Holstein)
1949	Battisborough (England)
1955	Rannoch (Schottland)
1959	Box Hill (England)
1965	Athenian School (USA)
1966	Gründung der Round Square Conference (benannt nach dem runden Besprechungszimmer in Gordonstoun); bis heute der Dachverband für die Internatsschulen in der Tradition Abbotshome-Salem-Gordonstoun

205 entnommen aus Fischer, Ziegenspeck (2000).

Heute sind über die Round Square Conference über 50 Schulen in 16 Staaten in allen Kontinenten organisiert. Aktuelle Daten unter: http://www.roundsquare.org/members.htm

4.4.4.2 Outward Bound Trust[206]

Outward Bound Trust ist die Trägerorganisation für die meisten neu gegründeten Outward Bound Schulen (vor allem in Großbritannien)[207] und stellt den „Zentralverband" der Outward Bound Schulen dar. Der Outward Bound Trust hält auch die „Outward Bound Trademark".

1946	Gründung des Outward Bound Trust
1949	American-British-Foundation for European Education. Diese Organisation wurde ursprünglich zur (finanziellen) Unterstützung der Gründung der Deutschen Kurzschulen ins Leben gerufen.
1950	Gründung von Eskadale (England)
1951	Gründung von OB Nigeria
1951	Gründung der „Deutschen Gesellschaft für Europäische Erziehung"; bis heute die Trägervereinigung der Deutschen „Outward Bound Schulen" bzw. Kurzschulen
1952	Kurzschule Weißenhaus
1952	Outward Bound Burghead (GB)
1955	Outward Bound Ullswater (GB)
1956	Kurzschule Baad (BRD)
1956	Outward Bound Loitokitok (Kenia)
1959	Outward Bound Fisherman´s Point (Australien)
1959	Outward Bound Holne Park (GB)
1959	Atlantic-Trust for the Education of Free als Nachfolgeorganisation der American-British-Foundation; diese Organisation gründet eine Tochterorganisation, die Outward Bound Inc., die wiederum Trägerin für die erste 1962 in den USA eröffnete „Outward Bound School" in Colorado und weitere Gründungen war.
1961	Outward Bound Moermond (Niederlande)
1962	Outward Bound Marble (USA)
1962	Outward Bound Anakiwa (Neuseeland)
1962	Outward Bound Towyn (GB)
1964	Outward Bound Ely (USA)
1964	Outward Bound Abercorn (Sambia)
1965	Outward Bound Apapa (Nigeria)
1965	Outward Bound Hurricane Island (USA)
1966	Outward Bound McKenzie (USA)

206 entnommen aus Schwarz (1968), Stand 01.01.1967.
207 eine genaue Übersicht über die einzelnen Trägerorganisationen bis 1967 in Schwarz (1968).

Heute sind über den Outward Bound Trust als Dachorganisation über 48 Schulen in 38 Staaten auf allen fünf Kontinenten organisiert. Aktueller Stand unter http://www.outwardbound.net/locations/index.html.

4.4.4.3 Atlantic Colleges und United World Colleges

*Kurt Hahn had been invited to address the **NATO Defence College** (Hervorhebung durch den Verfasser) where he saw former enemies from several nations working together towards a common goal. With a number of colleagues – several themselves military officers – Hahn realized how much more could be done to overcome the hostility of the Cold War if young people from different nations could be brought together in a similar way. He envisaged a college for students aged 16 to 18 who were already grounded in their own cultures but impressionable enough to learn from others. Drawn from all nations, the students would be selected purely on merit and potential, regardless of race, religion, nationality, background or financial means.* [208]

In den fünfziger Jahren wurden die Kooperationsprozesse der führenden westlichen Industriestaaten in der Nato (1949), im Anzus-Pakt (1951) oder in der SEATO (1954) institutionalisiert. [209]

Diese Colleges stellten eine Weiterentwicklung der „Landerziehungsheime“ in der bisherigen Form dar. Wie oben ersichtlich wurde, steht der „internationale“ Aspekt mehr im Vordergrund. Gegenüber den bisherigen Schulen sind drei Neuerungen zu erkennen:

1. Die Funktion der Schulen im Prozess internationaler Integration war unter dem Aspekt trans- und multikultureller Erziehungen außerordentlich betont.
2. Die gehobene Bedeutung der kognitiven Funktion der Schule erfolgte aus der Einsicht, dass „committee sense“ für die Gestaltung und Entwicklung zeitgemäßer Gesellschaften nicht ausreicht.
3. Die Ablösung eines aristokratisch-konservativen Dienst- und Pflichtideals durch bürgerlich-pluralistische Wertvorstellungen wurde in einem interkulturellen Kontext vollzogen. [210]

Initiiert wurde diese, ursprünglich „Atlantic College“ genannte, Schulform wieder von Kurt Hahn. 1967 wurde diese Arbeit vom neuen Präsidenten der Bewegung, Lord Mountbatten, weitergeführt und in „United World College“ umbenannt.

208 entnommen aus http://www.uwc.org/about_us/history1; 29.12.2006.
209 Fischer, Ziegenspeck (2000), S. 254.
210 Fischer, Ziegenspeck (2000), S. 262.

1962	Gründung des ersten „Atlantic College St. Donats“ in den USA; dabei handelt es sich um eine modifizierte Form der „Landerziehungsheime“, in der Tradition Abbotshome-Salem-Gordonstoun
1968	Gründung der „United World College“ Bewegung als Dachinstitution für die aus dem Atlantic-College entstehende Schulbewegung
1973 oder 1971	UWC South East Asia (Singapore)
1974	UWC of the Pacific (Canada)
1979 oder 1981	UWC of Southern Africa (Swaziland)
1982	UWC of the American West (USA)
1982	UWC Adriatic (Italien)
1986 oder 1988	UWC of Venezuela (Venezuela)
1992	UWC of the Hong Kong (China)
1996 oder1995	UWC of the Nordic (Norwegen)
1997	UWC of India (Indien)
2000	UWC of Germany (BRD = Salem 2000 i. Gr.) nach Ziegenspeck, auf der offiziellen Homepage nicht aufgeführt.
2006	UWC Costa Rica (Costa Rica)
2006	UWC Mostar (Bosnien-Herzegowina)

Zusammengefasst werden diese Schulen unter der Dachorganisation der „United World College“ Bewegung und zu Zeit sind unter diesem Dachverband 12 (oder 13 Schulen) in 11 (oder 10 Staaten) in vier Kontinenten zusammengefasst.[211] Aktueller Stand siehe unter: http://www.uwc.org/about_us/colleges.

211 Fischer, Ziegenspeck (2000), führen auf S. 263 auch die Salemer Schulen auf, die auf der offiziellen Homepage fehlen (http://www.uwc.org/about_us/colleges; Stand 29.12.2006). Auch differieren hier die Jahreszahlen.

4.5 Zusammenfassung:

Auf Kurt Hahns Initiativen gehen also drei weltweit agierende Dachverbände zurück mit insgesamt über 62 Internatsschulen und über 48 Kurzschulen. Dies stellt doch eine sehr beachtliche Zahl und ein beeindruckendes organisatorisches Geflecht dar. In diesen Organisationen werden die beiden Hahnschen Umsetzungen seiner Erlebnistherapie (Internatsform und Projektform) bis heute weitergeführt. Die öfters geäußerte These, dass die moderne Erlebnispädagogik gleichsam wie ein Phönix aus der Asche entstiegen sei, kann man wohl damit als widerlegt betrachten. Was natürlich stimmt, ist, dass die moderne Erlebnispädagogik nicht mit dieser „Erlebnistherapie" gleichzusetzen ist, aber aus diesen Organisationen heraus und auf Basis seiner „Erlebnistherapie-Didaktik" entwickelten sich z.B. Organisationen wie Project Adventure[212] und viele Autoren der ersten Stunde der „modernen Erlebnispädagogik" hatten in irgendeiner Weise zu ihnen Verbindung.

212 vgl. dazu Nasser (1993).

5. Erlebnispädagogik als (para)militärische Pädagogik

So sehr die emanzipatorischen und basisdemokratischen Ansätze der Reformpädagogik die Erlebnispädagogik auch beeinflussten, so unübersehbar ist, dass Erlebnispädagogik in ihren Ursprüngen über weite Strecken auch unter dem Einfluss vom militärischen Denken stand. Es ist allgemein bekannt, dass die Outward-Bound-Bewegung in ihren Anfängen in England von militärischer Seite Unterstützung erhielt. Und schon vorher gründete Baden-Powell die Weltbewegung der Pfadfinder mit einer eindeutigen paramilitärischen Struktur, und seine „Boyscouts" üben sich heute noch in Outdoor-Pioniertechniken, denen ihre militärische Herkunft leicht anzusehen ist. Man kann auch annehmen, dass die „Ropes Courses" eine Weiterentwicklung dieser pfadfinderischen Pioniertechniken sind. Anfänglich militärische Schulungen waren auch die Vorläufer der erlebnispädagogischen Segelschiffsprojekte. [213]

Am Beginn der Erlebnistherapie stehen zwei Bewegungen besonders im Blickpunkt: die so genannte Jugendbewegung („Freideutsche Jugend") und das „Scout Movement", initiiert von Lord Baden-Powell. Der Jugendbewegung, der Erlebnispädagogik und der Pfadfinderbewegung wird oft unterstellt, dass eine paramilitärische Ausbildung betrieben wird. Dazu kommt, dass die deutsche Reformpädagogik als Ganzes im Verruf steht, den Nationalsozialismus vorbereitet und dem faschistischen System zugearbeitet zu haben. [214] Dieser Vorwurf ist auch bei der modernen Erlebnispädagogik nicht verstummt, werden doch „Survival Camps" am Beginn der 80er Jahre auch noch zur „Erlebnispädagogik" gezählt [215], die Hochseilgärten werden sozusagen als zivile Version der militärischen gesehen [216] und Outdoor-Trainings sind, gerade durch die Vermischung mit den „Survival Camps", eine militärische Ausbildung im zivilen Bereich. Es wundert daher nicht, dass erlebnispädagogische Parcours mit „militärischen Kampfbahnen" verglichen werden [217]. Bei der oberflächlichen Betrachtung mancher „Wilderness-Trainings", vor allem in den USA, erkennt man durchaus Ähnlichkeiten zu militärischen Ausbildungsabläufen:

213 Hufenus, Kreszmeier (2000), S. 12.
214 vgl. dazu die umfangreichen Arbeiten von Kunert (1973) und Kupffer (1984).
215 vgl. Kölbinger (1995), S. 42.
216 so z.B. König, König (2005), S. 26.
217 vgl. Bauer (2001) S. 99.

Ziemlich beeindruckt war ich bei OUTWARD-BOUND Colorado von der „Schock-Therapie", mit der manche amerikanische Instructors ihren Kurs begannen: Als die anreisenden Teilnehmer den Bus verlassen hatten, wurden sie sofort durchs Gelände gehetzt zu einem Treffpunkt im Wald, und derjenige, der als erster Luft zum Reden hatte, musste sich vorstellen, dann ging es im Laufschritt weiter bergauf. Diese Form des Kursbeginns mag umstritten sein, aber sie wirkt. [218]

Aus diesem Blickwinkel betrachtet, findet man sicher eine große Anzahl von „Beweisen", die diesen Ansatz bestätigen. Dazu sechs Thesen:

5.1 Sechs Thesen

1. Die Erlebnistherapie und die daraus entstehenden Institutionen sind in ihrer Geschichte sicher als konservativ zu betrachten und sind prinzipiell dementsprechend zu konservativen Ansätzen kompatibel.
2. Die Übernahme von damals modernem Know-how der Pfadfinderbewegung bzw. die Überschneidung zwischen aktiven/ehemaligen Pfadfinder/-innen und Erlebnispädagogen/-innen führten zur Übernahme von Methoden, die ihren Ursprung in der militärischen Ausbildung haben.
3. Auch moderne Methoden der Erlebnispädagogik haben teilweise entweder einen Ursprung in der militärischen Ausbildung bzw. werden auch in der militärischen Ausbildung verwendet.
4. Für das Militär ergeben sich aus den Überschneidungen Möglichkeiten. Dementsprechend traten militärische Institutionen am Beginn auch direkt als Financier auf.
5. Die Reformpädagogik als Ganzes wurde in das nationalsozialistische „Bildungssystem" integriert und wurde damit Teil der nationalsozialistischen Bildungspraxis.
6. Die geisteswissenschaftliche Pädagogik hat auf wissenschaftstheoretischer Basis keine theoretische Erwiderung auf die nationalsozialistische Bildungspraxis und dementsprechend war sie Teil des „nationalsozialistischen Bildungssystems".

5.1.1 These 1: Erlebnispädagogik als konservative Pädagogik

Dass gesellschaftliche Widersprüche durch eine ethische und moralische Einbettung politischen Geschehens aufgelöst werden könnten, um so die Bereitschaft breiter Bevölkerungsschichten für die Weiterentwicklung und Stabilisierung der bürgerlichen Lebensroutine zu erhöhen, war die zweite Grundannahme Hahns. Der ethische und moralische Überbau dieses politischen Therapieverfahrens wurde aus sinn- und werthaften Vorstellungen bürgerlichen Daseins konstruiert. [219]

218 Pretzl (1999), S. 64.
219 Fischer, Ziegenspeck (2000), S. 226.

konservativ: am Hergebrachten festhaltend[220]

Konservatismus: am Überlieferten orientierte Einstellung; auf Erhaltung der bestehenden Ordnung gerichtete Haltung[221]

Es kann durchaus festgestellt werden, dass vor allem am Beginn der Erlebnispädagogik an bürgerliche Ideale angeschlossen wurde und diese teilweise das Fundament bildeten. Aus meiner kritischen Perspektive sehe ich auch einen Teil der „Outdoor-Trainings" im Bereich der betrieblichen Fort- und Weiterbildung als konservativ, im Sinne von „systembewahrend" (siehe dazu Kapitel 11 Das Zeitalter der Pädagogisierung):

Die komplex-verwalteten Industriegesellschaften erforderten eine breite Plattform elitärer Führungskräfte. Hierin bestand und besteht die traditionelle Erziehungsfunktion der Internate Hahns. Diese Tendenz ließ sich auch daran ermessen, dass schrittweise aus unterschiedlichen Schichten das lebendige Potential zur Führungskräfteentwicklung entlehnt wurde.[222]

Auch kann man aus meiner Sicht sehr viele Trainings für „soft skills" bzw. „Schlüsselqualifikationen" dazurechnen (vgl. dazu Kapitel 11). An dieser Stelle muss man allerdings auch anmerken, dass es eine Vielzahl von Projekten gibt, die man durchaus dem Bereich der kritisch-emanzipativen Pädagogik zurechnen kann, vor allem z.B. im Bereich der Vision Quest und der Erziehungshilfe. Die generelle These: Erlebnispädagogik = konservative Pädagogik oder sogar paramilitärische Ausbildung ist als solche sicher nicht aufrechtzuhalten, denn es entscheidet noch immer das „erkenntnisleitende Interesse", also der Fokus der Anwendung, das angestrebte Erziehungs- bzw. Ausbildungsziel. Aber eine prinzipielle konservative Tendenz kann ihr schon unterstellt werden, nicht zuletzt durch ihre unbestrittenen militärischen Wurzeln und aus ihrem historischen Entstehungszusammenhang.

5.1.2 These 2: Militärische Ursprung der Erlebnispädagogik

Wie schon beschrieben entstanden um 1900 mehrere Initiativen, die sich speziell auf die Zielgruppe Jugendliche konzentrierten: von Großbritannien ausgehend die Pfadfinderbewegung und in Deutschland die Jugendbewegung im Zeichen der „Meißner Formel". Dabei herrschte zwischen den einzelnen Gruppen und Verbänden ein gewisser Austausch. Eine besondere Bedeutung für die Outward Bound Bewegung nahm dabei sicher die „Scout Movement", also die Pfadfinderbewegung, ein. Prinzipiell handelt es sich auch bei diesen Bewegungen um kein isoliertes Phänomen, sondern sie sind eine Erscheinung der um diese Zeit herrschenden gesellschaftlichen Entwicklungen. Man denke eben nur an das ausgerufene „Jahrhundert des Kindes" und die reformpädagogischen Ansätze. All diese

220 Duden (1996), S. 424.
221 Duden (1996), S. 424.
222 Fischer, Ziegenspeck (2000), S. 260–261. Fischer/Ziegenspeck liefert dazu eine sehr gute Analyse.

Initiativen beschäftigten sich intensiv mit der Frage einer kindgerechten und zeitgerechten Erziehung, wobei die „Kinder“ und die „Jugend“ zum ersten Mal auch in den Blickpunkt von „freizeitpädagogischen“ Initiativen rückten.

Die Jugendbewegung und vor allem die Pfadfinderbewegung hatte dabei auf die Entstehung der Erlebnispädagogik einen großen Einfluss, zumindest gibt es viele Querverbindungen[223]. Dabei ist ein Aspekt besonders wichtig:

Die Pfadfinderbewegung stellt aus meiner Sicht eine Bewegung dar, in der „militärisches“ Know-how im großen Stil in den Bereich einer „Freizeitjugendbewegung“ transferiert und integriert wurde und zu einer großflächigen und vor allem internationalen Bewegung führte.

Dabei handelt es sich aus meiner Sicht um eine wirkliche Transformation – denn das spätere Ziel dieser Bewegung war eben nicht die militärische „Vorausbildung“ der Jugend, sondern der Versuch eine Antwort auf aktuelle gesellschaftliche Erscheinungen zu geben. Es handelte sich also um eine Entwicklung, die nur dadurch entstehen konnte, dass „Jugend“ als etwas Spezielles wahrgenommen bzw. auf diese besonderen Bedürfnisse explizit eingegangen wurde und so zur Entwicklung „neuer Methoden“ führte. Dass dies nicht staatlich bzw. militärisch geplant war und gleichzeitig den „Nerv der Zeit traf“, zeigt vielleicht die Geschichte um die Entstehung der Pfadfinderbewegung. Am Anfang stand ein militärisches Fachbuch, geschrieben von Baden-Powell, das, ganz entgegen seiner ursprünglichen Intention, in Schulen gelesen wurde, großen Anklang fand und zur praktischen Erprobung führte. Erst nach dieser Initialzündung kam es zu einer bewussten Orientierung auf die „Zielgruppe“ (zuerst nur männlicher) Jugend und zur (organisatorischen) Entwicklung der Pfadfinderbewegung.[224] Natürlich handelt es sich um eine Transformation militärischen Wissens und natürlich erzeugte eine solche Bewegung wenig Widerstand bei staatlichen und militärischen Organisationen dieser Zeit. Auch am Beginn der Kurzschulkurse zeigt sich die Armee durchaus interessiert:

Der Plan (zur Einführung des County Badge) wurde von der Armee begrüßt, die auf Grund bitterer Erfahrung wusste, was es heißt, Rekruten mit unterdurchschnittlichen Fähigkeiten zu bekommen.[225]

Es soll demnach nicht widersprochen werden, dass es sich im Kern um transferierte Methoden aus dem Bereich der militärischen Ausbildung und Übung handelte. Aber, wie gesagt, darf man nicht vergessen, dass hier einfach auf zu dieser Zeit verfügbare „erfolgreiche pädagogische Konzepte“ zurückgegriffen wurde und eine wissenschaftliche Pädagogik

223 sehr ausführlich dazu Zett (2004).
224 vgl. dazu Hansen, Walter: Das große Pfadfinderbuch.-Wien/Heidelberg: Ueberreuter 1979.
225 Carpenter (1997), S. 10.

erst ganz am Anfang stand. Gleichzeitig fand dieses Abenteuer-Angebot (vor allem in einer militärisierten Gesellschaft) durchaus Anklang bei der Zielgruppe. Dementsprechend ergab sich eine Art Übereinstimmung zwischen dem Interesse der Zielgruppe und den (staatlichen) Interessen. Allerdings herrschte in diesen Bewegungen längerfristig durchaus auch die Tendenz zur Entwicklung einer „völkerverbindenden" Bewegung, bei den Pfadfindern, z.B. durch den Gedanken der (internationalen) Pfadfindergeschwister dokumentiert. Bei Hahn tritt dieser „pazifistische Zug" besonders hervor, wenn er seine Erlebnistherapie als ein „moralisches Äquivalent zum Krieg" betrachtet! Es geht also darum, die im Menschen vermutete innewohnende Tendenz zu Zerstörung und Krieg in andere Bahnen zu lenken. In der Umsetzung wird dabei allerdings auch auf jahrhundertelang „bewährte" Methoden der militärischen Ausbildung zurückgegriffen. Aber nur auf Grund dieser Tatsachen eine „paramilitärische Ausbildung" zu orten entspricht einer Verkürzung auf die Methoden ohne das Setting und die Ideologie zu berücksichtigen. Sarkastisch könnte man ja auch sagen, dass alle Personen, die gerne wandern, sich eigentlich auf einen Krieg vorbereiten.

Auf jeden Fall wurden im Rahmen der Pfadfinderbewegung sehr viele (Arbeits)Methoden entwickelt, die ohne große Adaption auch im Bereich der Erlebnispädagogik zur Anwendung gelangten bzw. gelangen. Aber wie schon erwähnt, war dies nicht konzeptionell geplant, sondern das „methodische Know-how" wurde von den in den unterschiedlichen Feldern arbeitenden Personen einfach mitgebracht bzw. weitergegeben. Eine ähnliche Entwicklung ist in den 60er und 70er Jahren zu beobachten, in denen pädagogisch und gruppendynamisch geschulte Personen vermehrt im Bereich der Erlebnispädagogik Fuß fassten und einen großen Einfluss auf die „didaktische Gestaltung" und die zu behandelnden Themen hatten. Themen aus dem „Sozialen Lernen" wurden integriert und die Anzahl der Projektleiter/-innen mit sozialpädagogischen bzw. psychologischen Ausbildungen nahm massiv zu (siehe dazu Abschnitt 7.3).

Am Beginn der Kurzschulbewegung war die Überschneidung zwischen der etablierten Pfadfinderbewegung und der neu entstehenden Kurzschulbewegung sicher besonders intensiv. Zu dieser Zeit gab es noch keine „Erlebnispädagogen", sehr wohl aber Menschen mit langjährigen Erfahrungen mit der „Pfadfindermethode". Es ist daher nicht überraschend, dass man auf diese Ressourcen beim Aufbau der Kurzschule zurückgriff. Schon für 1936, bei den ersten „Trainings" außerhalb von Gordonstoun, ist dies nachweisbar:

Wir haben mit einer Hütte für Seepfadfinder in Hopeman angefangen. Wir würden sie gerne zu einer Seemannsschule ausbauen, mit einem Segelzentrum in Findhorn, offen für Tagesgäste aus dem Bezirk, wie auch Interne von weiter weg. [226]

226 Kurt Hahn; Memorandum, November 1936 zitiert nach Carpenter (2000) S. 8.

Bezüglich des dritten Problems (wer soll diese erste Kurzschule leiten, der Verf.) übergab Hahn die Schlüsselposition des Direktors an Jim Hogan. Hogan war ein erfahrener Lehrer und Pfadfinderführer und außerdem Sekretär des County Badge Commitee. Seine Aufgabe war es, Hahns Theorien unter den neuen Umständen anzuwenden.[227]

In dieser personalen Überschneidung vermischen sich also die „Erlebnistherapie" und das Know-how der Pfadfinderbewegung. Dabei besteht aber aus meiner Sicht der große Unterschied darin, dass die Theorie von Hahn eine andere moralisch-ethisch-erzieherische Intention hatte als die „freizeitorientierte" Pfadfinderbewegung und es sich dementsprechend um keine „Spielart" der Pfadfinderbewegung handelte. Was aber den „Know-how-Transfer" in keinster Weise gestört haben dürfte und bei diesem „Know-how" handelte es sich natürlich um eine „(freizeit)pädagogische Spielart" von militärischen Ausbildungsmethoden.

Heute definiert sich die Pfadfinderbewegung als eine internationale, koedukative Erziehungs- und Friedensbewegung.

5.1.3 These 3: Militärische Ursprung von Outdoortrainings

Vor allem am Beginn der betrieblichen Fort- und Weiterbildung wurden „Survival Trainings" zur „Führungskräfteentwicklung" angewendet und später dem Bereich der erlebnispädagogischen Methoden zugeordnet. Außerdem gibt es sicher eine große Ähnlichkeit zwischen den „High Rope Courses" für Outdoor-Trainings und militärischen Ausbildungsbahnen. In der Literatur zur Geschichte der „Outdoor-Trainings" wird auf diese Überschneidung durchaus hingewiesen:

„Outdoor-Trainings" stellen eine verhältnismäßig junge Trainingsform im Wirtschaftsbereich dar. (...). In Europa gab es vereinzelte Pioniere – z.B. Outdoor Adventures (später umbenannt in Outdoor Development) in Österreich, Dr. Strasser & Partner in Deutschland, Stucki in der Schweiz – die erste Schritte in diese Richtung unternahmen. Die damals eingesetzten Methoden hatten sechs Wurzeln (lt. Banks 1985):

1. *Outdoor-Sportarten (Bergsteigen, Rafting, Canyoning, usw.)*
2. *Outward Bound (ein weltumspannender Konzern, der heute bereits ca. 34 Schulen umfasst, mit einer in den 20er Jahren von Kurt Hahn entwickelten Methodik für soziales Lernen)*
3. ***Militär (Einige Ropes Course Aktivitäten wurden dort bereits im vorigen Jahrhundert eingesetzt.)***
4. *Outdoor Education in Schulen (vor allem in England und USA verbreitet)*
5. *Jugendbewegung (Pfadfinder)*
6. *Organisations- und Teamentwicklung in Unternehmen in den 60er Jahren initiiert (z.B. Kurt Lewins 3-Phasen-Veränderungsmodell)*[228]

227 Carpenter S. 11.
228 Siebert, Gatt (1998), S.245–246.

Outdoortrainings haben dementsprechend hinsichtlich ihrer Methodenauswahl durchaus auch militärische Wurzeln. Aber wie oben ersichtlich, gibt es noch andere Wurzeln und nur auf die militärische hinzuweisen stellt für mich eine nicht gerechtfertigte Verkürzung dar. Ich finde daher den Ansatz der kritischen Untersuchung der „erkenntnisleitenden Interessen" (Erziehung, Sozialisation, Bildung, Verhaltenstraining) und der pädagogischen Intentionen erlebnispädagogischer Maßnahmen für viel fruchtbarer als die generalisierende Feststellung, dass die Methoden der Erlebnispädagogik militärischer Natur sind.

5.1.4 These 4: Militärischer Nutzen der Erlebnispädagogik

Der Plan (zur Einführung des County Badge) wurde von der Armee begrüßt, die auf Grund bitterer Erfahrung wusste, was es heißt, Rekruten mit unterdurchschnittlichen Fähigkeiten zu bekommen. [229]

Wie auch schon in der Einleitung angesprochen, kann man vor allem am Beginn der Kurzschulbewegung eine vielfache Überschneidung mit der Institution Militär und auch mit militärischen Interessen nachweisen: [230]

Es ist allgemein bekannt, dass die Outward-Bound-Bewegung in ihren Anfängen in England von militärischer Seite Unterstützung erhielt. (...) Anfänglich militärische Schulungen waren auch die Vorläufer der erlebnispädagogischen Segelschiffsprojekte. [231]

Dabei möchte ich allerdings darauf hinweisen, dass die erste Kurzschule u.a. zur Ausbildung des Nachwuchses der Handelsmarine(!), also der zivilen (wenn man von solcher in Kriegszeiten sprechen kann) Schifffahrt und nicht wie manchmal irrtümlich behauptet, der Kriegsmarine geplant war. Dies wird oft vermischt:

Aus der Gründungssituation den Vorwurf paramilitärischer Ausbildung abzuleiten, ist also nicht berechtigt, zumal der Reeder Holt, mit dessen Hilfe Hahn die Schule in Aberdovey eröffnet hatte, die an den Kursen auch teilnehmenden Seekadetten für die Handels- und nicht für die Kriegsmarine vorbereiten wollte. [232]

Aber unbestritten ist, dass viele Teilnehmer der ersten Kurse vom Militär geschickt wurden. Allerdings muss man wohl auch die historischen Zusammenhänge genau betrachten; 1941 war der Zweite Weltkrieg noch in vollem Gange und das Militär durchdrang wohl so ziemlich alle Lebensrealitäten. Dass ein Projekt wie das von Hahn dabei eine Ausnahme darstellen sollte, ist wohl illusorisch. Natürlich ist es aber auch so, dass das Konzept der „Kurzschulen" auf jeden Fall in ein militärisches Ausbildungskonzept integrierbar war und dementsprechend geringer Reibungswiderstand bestand. Dies trifft auch noch heute zu,

229 Carpenter (1997), S. 10.
230 vgl. dazu vor allem Carpenter (1997) und Carpenter (2000) und speziell Ewald (1994).
231 Hufenus, Kreszmeier (2000), S. 12.
232 Weber, Ziegenspeck (2000), S. 124.

allerdings wird heute im Bereich der Sozialpädagogik viel mehr auf die Erlebnispädagogik zurückgegriffen als im Bereich der militärischen Ausbildung. Der Anteil einer „militärischen Erlebnispädagogik" ist daher heute verschwindend gering. Bei meinen Recherchen sind mir seit dem Zweiten Weltkrieg keine großen direkten finanziellen Förderungen seitens militärischer Einrichtungen für erlebnispädagogische Einrichtungen bekannt. Die „militärische Erlebnispädagogik" stellt also im Bereich der modernen Erlebnispädagogik einen marginalen Randbereich dar, wobei ich damit nicht sagen möchte, dass erlebnispädagogische Methoden im Bereich der militärischen Aus- und Weiterbildung nicht verwendet werden oder keine militärische Wurzeln haben (vgl. dazu Abschnitt 5.1.2 und 5.1.3)

5.1.5 These 5: Reformpädagogik als nationalsozialistische Pädagogik und die Folgen

Wie schon ausgeführt, steht die gesamte deutsche Reformpädagogik im Ruf als „Wegbereiter" der nationalsozialistischen Bildungspraxis gewirkt zu haben. Dieser Vorwurf ist sicher nicht von der Hand zu weisen.[233] Die „handlungsorientierte Ausrichtung", der hohe Wert der körperlichen Ertüchtigung in den Landerziehungsheimen und das Prinzip der Expeditionen konnte ohne Probleme in das nationalsozialistische Bildungssystem übernommen werden. Von dieser Übernahme wurde allerdings die Pfadfinderbewegung noch viel massiver betroffen. Eine Beurteilung dieser Situation ohne Betrachtung des Gesamtkontextes ist nicht möglich, sprengt jedoch gleichzeitig den Umfang dieses Buches. Daher sei darauf hingewiesen, dass die Internatsschulen auch nach 1933 bestanden und somit im Dienste der nationalsozialistischen Bildung standen, wenn auch ein subversiver Widerstand nachweisbar ist.[234] Die Instrumentalisierung handlungsorientierter Ansätze für die nationalsozialistische Indoktrinierung und Kriegsvorbereitung wird auch oft als Grund genannt, warum die Erlebnispädagogik nach dem Ende des Zweiten Weltkriegs im deutschsprachigen Bereich verschwiegen wird. Sie wurde für längere Zeit wissenschaftlich nicht mehr erwähnt, wodurch teilweise der Eindruck entsteht, sie hätte zwischen 1945 und dem Einsetzen der modernen Erlebnispädagogik in Deutschland gar nicht existiert. Die tatsächliche Kontinuität der Erlebnispädagogik wurde ja in Kapitel 4 ausreichend dargestellt. Diese Kontinuität wird allerdings im Bereich der „staatlichen Pädagogik" und wissenschaftlichen Pädagogik mehr oder weniger regelrecht unterschlagen bzw. in der pädagogischen (Wissenschafts)Literatur ausgeblendet:[235]

Nach dem Zweiten Weltkrieg konnte diese Methode in der schulischen Pädagogik nicht mehr Fuß fassen – die Gründe dafür sind historisch verständlich. In der Jugendarbeit, in den Jugendverbänden, in der Heimerziehung trat die Erlebnispädagogik allerdings inzwischen einen atemberaubenden Siegeszug an.[236]

233 vgl. dazu die umfangreichen Arbeiten von Kunert (1973), Kupfer (1984) und im Überblick Ewald (1984).
234 Eine der fundiertesten Kritiken dazu von Mann (1966) und im historischen Detail Kupfer (1966). Siehe Fußnote oben.
235 Wenn auch Werke wie Röhrs (1966) und Schwarz (1968) zeigen, dass sie nicht komplett ausgeblendet wurde. Allerdings, im Vergleich zu anderen Publikationen, handelt es sich natürlich um einen marginalen Bestand.
236 Michl (1998), S. 21.

In diesem Zusammenhang sei auch darauf verwiesen, dass sich auch die Pfadfinderbewegung in Deutschland sehr schnell wieder etablierte und expandierte. Handlungsorientierte Methoden wurden vielfach in die verschiedensten Bereiche der Jugendarbeit integriert und es wurde auch institutionell sehr schnell an die „Vornazizeit" angeschlossen, wie das der schnelle organisatorische Wiederaufbau der Hahnschen Internatsschulen und der schnelle Aufbau der Kurzschulen wohl sehr eindeutig dokumentierten. Auch jenseits dieser Institutionen entwickelte sich in Nischen die „erlebnispädagogische Methode":

Andererseits entwickelten sich in einigen Nischen der Jugendarbeit und Jugendhilfe – beinahe unbemerkt von der sozialpädagogischen Forschung und Lehre – Elemente von Fachlichkeit, die aus anderen Ecken gespeist wurden. Jugendverbände suchten in der Verbandsgeschichte nach Methoden (die Naturfreundejugend entdeckte beispielsweise das „Soziale Wandern" der 20er Jahre) oder verwandelten den Vereinszweck in ein Erziehungsmittel (die Jugend des Deutschen Alpenvereins bediente sich der Alpinistik als Medium für die Persönlichkeitsbildung). Heimerzieher begannen damit, mit Jugendlichen auf längere Reisen zu gehen. [237]

Die Schwierigkeit lag wohl mehr in der klaren Abgrenzung zum Nationalsozialismus, da ja das, offiziell nun oft mit dem Beiwort „missbraucht" bezeichnete, methodische Repertoire nahezu ident blieb!!! Eine durchaus schizophrene Situation. Vielleicht ist dies ja der entscheidende Anteil der „kritischen Pädagogik", dass die durch diese Bewegung ausgelösten Diskussionen über die Wechselwirkung von Gesellschaft und „Pädagogik" (endlich) über diese verhandelt werden konnten. Aus meiner Sicht wurde dadurch der Missbrauch und die Mechanismen desselben öffentlich und danach musste nichts mehr „verdrängt" werden und über diese Diskussionen fand die Erlebnispädagogik wieder Eingang in die wissenschaftliche Literatur. Parallel dazu führten die Theorien der 60er und 70er Jahre zu einer massiven Veränderung in der Erlebnispädagogik in didaktisch-methodischer Hinsicht. Damit wurde zu dieser Zeit das neue Fundament, aufbauend auf dem bisherigen(!) für die moderne Erlebnispädagogik gelegt. Hier zeigt sich also eher die Schere zwischen „Wissenschaft" und „Praxis" bzw. die Verhandlung von „Praxis" in der „Wissenschaft".

Außerhalb des deutschsprachigen Raumes war man mit dieser „ideologischen Verwertung" durch die Nationalsozialisten nicht konfrontiert. Während also in Deutschland eine Zeit des „Unaussprechlichen" folgte, ist dies in Großbritannien und Nordamerika nicht der Fall. Hier ist eine kontinuierlich ideelle Geschichte zu beobachten, es änderten sich vielleicht die Rahmenbedingungen, doch inhaltlich konnte man einen „erfolgreichen Weg" weiterverfolgen, während im deutschsprachigen Raum mit dem Erbe einer „verführten und missbrauchten" Methode umgegangen werden musste.

237 Heckmair, Küthe (1993), S. 21.

5.1.6 These 6: Geisteswissenschaftliche Pädagogik als nationalsozialistische Pädagogik und die Folgen

Die Erlebnispädagogik hat eines ihrer Fundamente (siehe dazu Abschnitt 2.1.2) in der geisteswissenschaftlichen Pädagogik. Vor allem Dilthey und Waltraud Neubert (bzw. Hermann Nohl) sind in diesem Zusammenhang zu nennen. Die Vorwürfe der kritischen Erziehungswissenschaften an die geisteswissenschaftliche Pädagogik galten natürlich auch für die (geisteswissenschaftliche) Erlebnispädagogik, wobei diese, wie zuvor ausgeführt, durch ihre „aktive Beteiligung" noch massiver betroffen war:

Nachdem die Geisteswissenschaftliche Pädagogik bis weit in die Wiederaufbauphase nach dem Zweiten Weltkrieg dominierend war, wurde sie innerhalb weniger Jahre nahezu zu einem Schimpfwort. Gründe dafür waren sowohl die „realistische Wende" (Heinrich Roth) in der Erziehungswissenschaft, als auch die allgemeine sozialwissenschaftliche Orientierung der Pädagogik und vor allem ideologiekritische Einflüsse der Frankfurter Schule (Kritische Theorie).

- *Inhaltlich ist vor allem das Autonomiepostulat kritisiert worden, vor allem weil die Geisteswissenschaftliche Pädagogik keine gesellschaftliche und politische Kritik von Ideologien entwickelt hatte, mit der man dem Nationalsozialismus hätte gegenübertreten können. Mit dem unpolitischen Modell des pädagogischen Bezuges, dem jede soziologische Dimension fehle, habe sie sich relativ autonom in einer reformpädagogischen Idylle isoliert, so einer der Hauptvorwürfe.*
- *Mit dem methodisch zentralen Element des Einfühlens und Einlebens in Sinnzusammenhänge transportiere sie bürgerliche Innerlichkeit und präpariere ihren Gegenstand als Kultur der Bürgerlichkeit.* [238]

Zu den speziellen Vorwürfen der (faschistisch) militärischen Ausbildung stößt also auch noch die prinzipielle Methodenkritik. Es verwundert daher nicht, dass der Ansatz in den 60er Jahren im deutschsprachigen (wissenschaftlichen) Bereich nicht gerade „der Renner" war. Erst die im Zuge der Emanzipationsdiskussion erfolgte Verschiebung in Richtung „Sozialtraining" und die „Reform" der geisteswissenschaftlichen Pädagogik machten die Erlebnispädagogik wieder „salonfähig".

Die deutschen Kurzschulen akzentuieren ihre Kurse stärker auf soziale Bereiche, während im englischen Sprachraum die Abenteuerbetonung deutlicher beibehalten wurde. Die deutschen Programme bestehen aus einem erlebnisorientierten Sportprogramm und einem Sozialprogramm, das durch politische Bildungsarbeit innerhalb der Projekte und dem Gruppentraining gekennzeichnet ist. [239]

In den USA blieb also der natursportliche Charakter, vor allem im Wilderness-Bereich erhalten.

238 Gudjons (2003), S. 34.
239 Nasser (1993), S. 58.

6. Formen und Begriffe der nordamerikanischen Erlebnispädagogik (nach Michael Rehm)

Die Tradition des handlungsorientierten Lernens in den USA reicht viele Jahrzehnte zurück. Entscheidend prägte Dewey (1859–1952) bereits in den 20er und 30er Jahren diesen Ansatz. Outward Bound wurde zu Beginn der 60er aus Großbritannien importiert. Mit dieser Konzeption eröffneten sich in den „outdoors" neue professionelle Möglichkeiten – der Begriff „adventure education" wurde geprägt. Dieser Begriff steht unserer Definition von Erlebnispädagogik heute am nächsten. Neben „adventure education" gibt es etliche Disziplinen, die miteinander konkurrieren. Zum Teil werden deren Bezeichnungen synonym verwandt, was zur sprachlichen Verwirrung gegenwärtiger Fachdiskussionen beiträgt. „Outdoor education, experiential education, wilderness recreation, environmental education, outdoor und leadership" sind einige Beispiele dieses Disziplinsortiments. [240]

Verkürzt könnte man die moderne Erlebnispädagogik als eine synergetische Verbindung der Hahnschen Erlebnistherapie mit dem handlungsorientierten Ansatz von Dewey bezeichnen. Von Hahn stammt das didaktische (siehe dazu Abschnitt 4) und vor allem das organisatorische Grundgerüst, der handlungsorientierte Ansatz von Dewey erlaubte eine Expansion des Handlungsfeldes. Die so genannte moderne Erlebnispädagogik und vor allem die (modernen) Outdoortrainings wären ohne diese synergetische Verbindung nicht denkbar. Es macht daher aus meiner Sicht nach der Vorstellung der Grundthesen durchaus Sinn in einem weiteren Schritt einen Blick auf die „angelsächsische" bzw. „nordamerikanische" Erlebnispädagogik [241] zu werfen. Michael Rehm hat dazu ein ausgezeichnetes Modell entworfen.

Rehm unterscheidet in seinem Modell zwei unterschiedliche Arten von „Erlebnispädagogik":

- Adventure Based Experiential Learning
- Experiential Education bzw. Experiential Learning

240 Heckmann, Küthe (1993), S. 22.

241 Es ist sehr schwierig, hier eine treffende Bezeichnung zu finden. Einerseits ist die Begrenzung auf „nordamerikanisch" zu einschränkend, da ja durchaus die „britische Bildungstradition" mitzudenken ist, allerdings ist die Bezeichnung „angelsächsisch" für den Kulturraum Großbritannien-Nordamerika auch etwas veraltert und unzureichend. Im weiteren Verlauf dieses Buches werde ich zwar durchgehend die Bezeichnung „nordamerikanisch" verwenden, verstehe darunter allerdings (zumeist) den „angelsächsischen" Kulturraum.

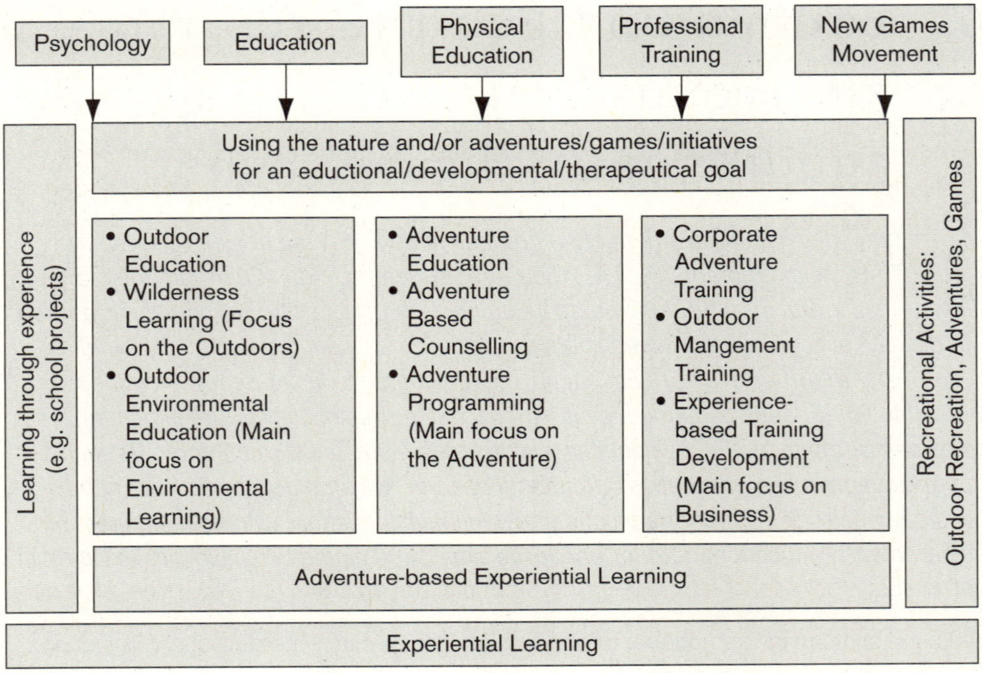

Skizze der nordamerikanischen Erlebnispädagogik (Michael Rehm)[242]

6.1 „Adventure-based Experiential Learning"

Der Begriff **„Adventure-based Experiential Learning"** wird vor allem von der „Association of Experiential Education" gebraucht, die auch die Zeitschrift „Journal of Experiential Education" herausgibt. Dieser Begriff verbindet am treffendsten die Komponenten **Abenteuer und Handlungsorientierung** und kann als Oberbegriff für „Erlebnispädagogik" im Zusammenhang mit **Abenteuer- und Natursportaktivitäten**, wie oftmals im deutschsprachigen Raum benutzt, verstanden werden.

Diese Form der Erlebnispädagogik kann man didaktisch mit dem Lernmodell „The mountain speaks for itself" gleichsetzen. Im Prinzip handelt es sich im Kern um die Erlebnistherapie von Hahn mit besonderem Akzent auf die (Natur)Expedition bzw. Natursportaktivitäten wie z.B. Abseilen, Raften etc.

242 Rehm (1997), S. 63.

6.2 „Experiential Education“ bzw. „Experiential Learning“

„Experiential Education“ oder auch „Experiential Learning“ entspricht mehr allgemein **handlungsorientiertem, entdeckendem Lernen** und ist somit **unserer grundlegenden Definition von „Erlebnispädagogik“ am nächsten**, beinhaltet also ebenso auch Lernen außerhalb der „Outdors“ und von „Risikosportarten“. „Hard Skills“ v. „Soft Skills“. Erstgenannte sind technische Qualifikationen (z.B. Klettertechnik, Fertigkeit des Segelns), letztere sind soziale Qualifikationen (z.B. Kommunikationsfähigkeit, Selbstwertgefühl). „Low vs. High Impact Activities“ ist die Unterscheidung zwischen Aktivitäten, welche niedrige bzw. hohe physische und psychische Anstrengungen beinhalten.

Diese zweite Form der Erlebnispädagogik ist sozusagen definitorisch offener. Hier wird der gesamte Bereich des „handlungsorientierten Ansatzes“ miteingebunden und zugleich ist auch der Begriff des „Sozialen Lernens“ inkludiert. Das erklärt auch, warum dieses „Learning through experience“ auch auf dem Fundament des „Experiential Learnings“ aufsetzt und nicht auf dem des „Adventure-based Experiential Learning“. Der Begriff des „allgemeinen Erfahrungslernens“ dient gleichsam als „Grenze“ zwischen „Adventure-based Experiential Learning“ und „Experiential Learning“:

- Allgemeines Erfahrungslernen muss nicht zwangsläufig in der Natur passieren.
- Erfahrungslernen bedarf der Reflexion.
- Erfahrungslernen ist ein Prozess.

Steht der Lernprozess im Vordergrund, das Lernen durch Versuch und Irrtum, durch Probieren und Veränderung, so sprechen wir vom Erfahrungslernen. [243]

Für diese zwei Formen der Erlebnispädagogik liefern nach Michael Rehm folgende Bezugswissenschaften das Grundgerüst für die erlebnispädagogischen Maßnahmen:

- Psychologie
- Pädagogik (bzw. Erziehungswissenschaften)
- Sportpädagogik
- Betriebspädagogik
- New Games Movement (bzw. Spielpädagogik)

Dabei stellt die Psychologie als Bezugswissenschaft für das Erfahrungslernen eine, allerdings sehr perforierte, Grenzwissenschaft zwischen „Adventure-based Experiential Learning“ und „Experiential Learning“ dar.

243 Jagenlauf (1993), S. 9–10.

6.3 Grenzen zu „Therapie“ und „Spiel“

Rehm grenzt die Erlebnispädagogik, zum Bereich der ***„recreation“ deutlich ab***:

- ***recreation:*** Erholung, Entspannung, Erfrischung, Belustigung, Unterhaltung
- ***recreation ground:*** Spiel- und Sportplatz [244]

Daneben stehen „Outdoor Recreation“, „Adventures“, „Games“ als reiche Freizeitaktivitäten [245].

Im deutschsprachigen Raum wird diese Grenze oft mit dem Terminus „erlebnisorientiert“ gekennzeichnet. Erlebnisorientierte Aktivitäten können dabei zwar äußerlich wie erlebnispädagogische gestaltet sein (z.B. Hochseilgärten, Raften), allerdings fehlt bei ihnen die „pädagogische Absicht“, das Ziel, und es gibt auch kein planvolles Handeln. Demgegenüber stehen die Bezugswissenschaften, welche „the natural and/or adventures/games/ initiatives for an educational/developmental/therapeutic **goal**“ [246] verwenden. Diese Unterscheidung wird im deutschsprachigen Bereich auch mit dem Begriff der „Erziehung“ (vgl. Abschnitt 2.2) getroffen:

*Erziehung: (engl. education). Handlungen von Eltern, Lehrern, Ausbildern und anderen Erziehern bzw. Pädagogen, die in der bewussten Absicht erfolgen, durch den Einsatz bestimmter **E.mittel** und **E.maßnahmen** Kenntnisse und Fähigkeiten, Einstellungen und Wertorientierungen, Handlungswillen und Handlungsfähigkeit, also die individuelle Mündigkeit der Kinder oder Jugendlichen und ihrer Kompetenz zur Teilnahme am gesellschaftlichen Leben möglichst dauerhaft zu verbessern.* [247]

Pädagogische Spiele zeichnen sich damit zumindest durch ihre Intentionalität aus, wie z.B. bei den so genannten „Parkprojekten“ (zum Spiel siehe auch Abschnitt 7.4.2). Zur Sphäre des „erlebnisorientierten“ Bereichs würden auch so genannte „(Firmen)Incentives“ und „(Abenteuer)Events“ zählen:

Events sind erlebnis- und ereignisreiche Veranstaltungen, die Teams Spaß, ungewöhnliche Herausforderungen, intensive Erlebnisse und viel Aktion bieten. (...) [248]

Das Ziel und die Planung sind dementsprechend die wesentlichen Unterscheidungsmerkmale zum Bereich der Freizeit.

244 Langenscheidts Großes Schulwörterbuch, Englisch-Deutsch (1974), S. 981.
245 Rehm (1996b), S. 53.
246 Rehm (1996b), S. 53.
247 dtv – Wörterbuch Pädagogik (2004), S. 189.
248 König, König (2005), S. 32.

An dieser Stelle wird auch vielleicht sichtbar, warum die Anbieter/-innen von erlebnispädagogischen Projekten sehr oft unter massiven Rechtfertigungsdruck geraten: Die Verwendung von speziellen Methoden ist **kein** Unterscheidungskriterium. Dementsprechend fällt von außen, da das Ziel und die Intention als solche nicht sichtbar sind, die Unterscheidung, ob es sich um Spiel oder Pädagogik handelt sehr schwer und dadurch verschwimmen oft die Grenzen. Das ist für die Praxis an sich kein Problem, sehr wohl aber häufig bei der Rechtfertigung für die Kosten von Projekten (nach dem Motto: Wozu braucht man da so teures Personal, das können ja ohnehin alle.).

Was allerdings aus meiner Sicht fehlt, wenn die Psychologie sozusagen als Grenzwächterin zwischen dem „Erfahrungslernen und dem Abenteuerlernen“ fungiert, ist die Abgrenzung zwischen Erlebnispädagogik und Erlebnistherapie (im Sinne einer Psychotherapie). Diese Abgrenzung finde ich persönlich sehr wichtig und wurde in Abschnitt 2.1.1 bereits vorgestellt:

Psychotherapie (griech. psyche Seele, therapeia Pflege, Heilung): Seelenheilkunde, insbesondere zur Behandlung von Neurosen und psychosomatischen Erkrankungen. Wendet unterschiedliche Verfahren an, u.a. Psychoanalyse, Gruppentherapie. In jedem Falle bedarf es einer speziellen Qualifikation und Zulassung des Therapeuten. [249]

Für eine Darstellung der modernen Erlebnispädagogik ist diese Grenze heute unverzichtbar, da es viele professionelle Ansätze gibt, erlebnispädagogische Methoden zielorientiert zu therapeutischen Zwecken einzusetzen (vgl. dazu Abschnitt 2.1.1, Abschnitt 7.3.2 und generell Abschnitt 10).

6.4 Programmtypen

Innerhalb der besprochenen Grenzen unterscheidet Rehm drei „Programmtypen“:

Outdoor and Wilderness
„Outdoor-Education“ und „Wilderness Learning“ betonen mehr den Naturaspekt, wobei aber ebenso alle anderen erlebnispädagogischen Elemente vorhanden sein können. „Outdoor Enviromental Education“ hat seinen Schwerpunkt definitiv auf der ökologischen Komponente.

Programming and Education
Adventure Programming“, „Adventure Education“, sind Synonyme für Abenteuer Lernen, während „Adventure Based Counselling“ der von „Project Adventure“ benutzte Begriff für deren therapeutischen Ansatz ist.

249 dtv – Wörterbuch Pädagogik (2004), S. 446.

Training and Development
„Outdoor Management Development“, „Cooperated Adventure Training“ sowie „Experience-based Training and Development“ setzen den Schwerpunkt auf die Betriebspädagogik, wobei der erste Begriff eher in England verwendet wird, der zweite vom „Corporate Adventure Training Institute“ geprägt ist und in Kanada und Australien verwendet wird. Der dritte Begriff ist mehr in den Vereinigten Staaten beheimatet und wird von der „Association for Experiential Training and Development“ verwendet.

Diese Unterscheidung bezieht sich auf Simon Priest[250]:

Type	deutsche Bezeichnung	Purpose	Outcomes	Outdoor Form
Recreation	Freizeit und Erholung	to change feelings	fun, enjoyment, reengergized	Event/Incentive
Education	Erziehung (manchmal Bildung)	to change thinking	ideas, new concepts, awareness	Kick-Off
Developmental	Entwicklungsförderung (manchmal Training)	to change behavior	increase functional action	
Therapeutic	Therapie	to change **mal**behavior	decrease dysfunctional action	

Die jeweils oberen Stufen sind in der Stufe darunter inkludiert

Was hier auffällt, ist, dass der in der deutschen Literatur so oft verwendete und namensgebende Begriff des „Erlebnisses“ (fast) fehlt. Dafür ist der Begriff des „Abenteuers“ umso präsenter. Dies resultierte einerseits aus der unterschiedlichen pädagogischen Tradition und andererseits aus der inhaltlichen Nähe der Begriffe „Abenteuer“ und „Erlebnis“ (vgl. dazu Abschnitt 6.5.5).

Im angloamerikanischen Sprachgebrauch gibt es auch noch den Begriff des „Programmings“, der wohl als „Programm = Plan“ zur gezielten Verhaltensänderung zu verstehen ist. Auch hier ist die größere behavioristische Tradition der amerikanischen Erlebnispädagogik sichtbar:

250 Simon Priest zitiert nach: Paffrath, Rehm (1998), S. 95 bzw. 66.

Simon Priest wies darauf hin, dass er weniger den Begriff „Erziehung" (education) verwendet, sondern die Bezeichnung „Programmieren" (programming) favorisiert. „Programming" bedeutet für ihn Veränderung durch Aktivitäten. Er meint damit ein geplantes und zielgerichtetes Handeln, um Menschen zu helfen, sich zu ändern, wobei das Helfen weniger als ein direkter Eingriff zu verstehen ist, sondern als eine Art Prozessbegleitung darstellt:

Wenn „Lernen" gleichbedeutend ist mit „Veränderung", habe ich nur dann etwas gelernt, wenn sich an mir wirklich etwas verändert. [251]

Hier wird wieder die unterschiedliche pädagogische Tradition sichtbar: auf der einen Seite „Lernen als „Verhaltensänderung" und auf der anderen Seite „Entfaltung der Persönlichkeit durch Bildung" (z.B. Persönlichkeitsbildung). Diese Thematik wird später noch ausführlicher behandelt.

6.5 Natur, Outdoor, Wilderness und Adventure

Zwar wird im Modell von Michael Rehm nicht direkt darauf eingegangen, doch bei der Durchsicht erkennt man sehr schnell drei wesentliche Grundbegriffe:

- Outdoor
- Wilderness
- Abenteuer

Die zentrale Bedeutung dieser drei Begriffe zeigt die hohe Bedeutung von „Adventure-based Experiential Learning" in der nordamerikanischen Tradition. Im deutschsprachigen Raum nahmen dagegen die „natur- und sportorientierten" Projekte im Zuge der Diskussion des Begriffs des „Sozialen Lernens" ab bzw. wurden mit der Komponente der „Interaktionsspiele" angereichert. Dies geschah auch in Nordamerika, genauer gesagt wurden die ersten in Europa verwendeten Spiele zuerst in Nordamerika entwickelt und gesammelt, allerdings ist der Anteil und die Tradition der „wilderness-projects" noch entschieden größer als in Europa. Dieser Unterschied zeigt sich z.B. in der didaktischen Gestaltung der Outward Bound Programme in Europa und Nordamerika [252]. Allerdings kann dies auch damit in Zusammenhang gebracht werden, dass der Anteil der unberührten Natur in Nordamerika wesentlich größer ist als in Europa: hier bleiben zumeist nur „die Berge" und die sind voller Hütten.

251 Paffrath, Rehm (1998), S. 93.
252 vgl. dazu z.B. Pretzl (1999), S. 48–49, S. 54 und S. 64; Nasser (1993), S. 58.

6.5.1 Die Grundannahme der heilsamen Natur

Ein zentrales Element dieser „Abenteuer(erlebnis)pädagogik" oder „Wildnis(erlebnis)pädagogik" ist die Natur bzw. das (angenommene) Wirken der Natur. Diese „Heilwirkung der Natur" bzw. das Bild der „Natur als Lehrmeisterin" ist ein sehr alter pädagogischer Topos. Wesentlichen Anteil daran hat Rousseau, sozusagen der pädagogische Urvater der Erlebnispädagogen/-innen. Schon bei ihm, dem Begründer der „Erziehung vom Kinde aus", ist die Natur die „unverfälschte" Lehrmeisterin".

„Zurück zur Natur" war die zentrale pädagogische Forderung Rousseaus, die auch eine Abkehr von den Zwängen der feudalen Gesellschaft meinte. Darüber hinaus war sie in ihrer ganz eigenen romantischen Interpretation Distanz und Widerspruch zur Vergeistigung aller Lebensvorgänge im Sinnverständnis des Rationalismus. (...) Weitab von Einflüssen und Widersprüchen des tatsächlichen Lebens wollte er den Nachweis führen, dass der „Mensch von Natur aus gut" sei und deshalb gute Erziehung von dieser Natur auszugehen habe. [253]

Allerdings wird in diesem Zusammenhang Rousseau oft verkürzt dargestellt, da zwar von der Natur auszugehen ist, diese allerdings vom Menschen nicht beeinflusst werden kann. Dementsprechend gilt für die **Erziehung** folgende Trias:

Die Natur ***oder die Menschen oder die Dinge*** *(Hervorhebung durch Verf.) erziehen uns. Die Natur entwickelt unsere Fähigkeiten und Kräfte; die Menschen lehren uns den Gebrauch dieser Fähigkeiten und Kräfte. Die Dinge aber erziehen uns durch die Erfahrung, die wir mit ihnen machen und durch die Anschauung.* [254]

Neben Rousseau wird in der erlebnispädagogischen Literatur, Stichwort „Zurück zur Natur", auch oft auf David Henry Thoreau mit seinem „Waldenexperiment" verwiesen [255]:

Das immer wieder aufgesuchte Ziel Thoreaus war die ursprüngliche und unmittelbare Hinwendung zum Leben ohne Mittler. Er beklagte den Verlust der Unmittelbarkeit durch den herrschenden Zeitgeist, durch Luxus, Bequemlichkeit, Mode, Zivilisation und Technik. Er suchte nach den ursprünglichen Bedürfnissen des Menschen und versuchte in seiner Blockhütte am Walden-See ein bedürfnisloses Leben zu führen, um zum eigentlich Wichtigen vorzustoßen. [256]

253 Fischer, Ziegenspeck (2000), S. 101–102.
254 Rousseau (1993), S. 10. Später wird ausgeführt, dass Natur und die Dinge entweder gar nicht (Natur) bzw. nur sehr beschränkt (Dinge) durch den Mensch beeinflussbar sind. Verbleibt also nur mehr der direkte Einfluss durch den (erwachsenen) Menschen.
255 Bei Heckmair/Michl werden genau diese beiden als einzige „Vordenker" angeführt; vgl. Heckmair, Michl (2002), S. 3–17.
256 Heckmair, Michl (2002), S. 12.

Sowohl bei Rousseau, als auch bei Thoreau stehen die jeweils „modernen Erscheinungen" in Opposition zu einer, als Ideal gesehenen, Erziehung „von der Natur aus". In dieser Tradition ist sicher auch Hahn mit seiner „Erlebnistherapie gegen die modernen Verfallserscheinungen" zu sehen. Diese Tradition der „Naturerziehung" ist in der Erlebnispädagogik massiv bis in die 60er Jahre sichtbar und noch heute zu spüren. In den Konzepten von Outward Bound, speziell bis in die 60er Jahre, ist die Natur bzw. sind die Anforderungen der Natur ein wesentlicher didaktischer Bestandteil. Diese Didaktik bzw. dieses „Lernmodell"[257] wird auch oft als: „The mountains speak for themselves"[258] beschrieben. Diese „Naturdidaktik" war und ist teilweise die Grundlage der „Outward Bound Kurse" und vieler „Wildernesskurse" in der Tradition der nordamerikanischen Erlebnispädagogik.[259] Auch für viele Programme im Bereich der Sozialpädagogik (vgl. dazu die Defintion des Landes Oberösterreichs in Kapitel 1.1) bzw. der „Erziehungshilfe" hat die Natur eine zentrale didaktische Bedeutung. In der erlebnispädagogischen Literatur werden dabei vier „Aspekte von Natur" besonders diskutiert:

- Die heilsame Natur
- Die Natur als Lernfeld/Medium/Katalysator
- Die echte, neutrale und gerechte Natur
- Die Natur als „pädagogische Provinz" und als Heilmittel gegen die Zivilisation

Die heilsame Natur

In dieser Konzeption wirkt die Natur von sich aus. Man könnte auch sozusagen von einer „naturmagischen" Wirkung sprechen. Diesem Konzept einer „aus sich wirkenden Heilsamkeit der Natur" wird in der „modernen Erlebnispädagogik" oft widersprochen:

Ein gebräuchliche Annahme automatischer Wirkungen „der Natur" besteht wie schon erwähnt darin, diesem „In-der-Natur-Sein" eine gleichsam automatische heilende Wirkung zuzuschreiben.(...) Ist nun das In-der-Natur-Sein alleine schon heilsam, dann muss es Erlebnispädagogik, der ja für sich alleine ebenfalls heilende Wirkung zugeschrieben wird, selbstverständlich in besonderem Ausmaß sein.(...). Daran soll nun gezweifelt werden, was allerdings auffällt, ist die Annahme eines Automatismus, denn wie sonst ist es zu erklären, dass diese Aussage mit vagen Hinweisen auf Übungen aus der Gestalttherapie und anderen allgemeinen Anmerkungen auskommen und so für sich sprechen sollen?[260]

Diese Kritik steht in Verbindung mit einer allgemeinen Tendenz in der (Erlebnis)Pädagogik, auf das Konzept, auf die Planung und den Prozess das größte Augenmerk zu legen. Dazu kommt auch ein derzeitiger Trend, die hohe Bedeutung, zumindest für die Finanzierung, der Evaluation. Für die Finanzierung wird der Nachweis der Wirksamkeit der „Trainings" von zentraler Be-

257 siehe Kapitel 9.3. Vgl. auch Egger (2003), S.55–56 und Kolbinger (1999), S. 89–91.

258 In der Literatur gibt es zwei unterschiedliche Formulierungen, einmal in Einzahl (the mountain) und einmal in Mehrzahl (the mountains). Im Text werden beide Varianten verwendet.

259 vgl. Reiners (1995), S. 20.und Priest, Gass (1999), S. 218–224.

260 Schörghuber, Amesberger (2005), S.6.

deutung. Dass in einer solchen (Förder- bzw. Finanzierungs-)Umgebung dem Konzept einer „aus sich heilsamen Natur“ natürlich wenig Bedeutung zugemessen wird ist nachvollziehbar. Es überwiegen die methodisch-technischen Komponenten. Allerdings gibt es eine neue Tendenz, in der die „spirituelle“ Dimension“ von Natur[261] wieder von großer Bedeutung ist:

Die dritte Linie der aktuellen europäischen Erlebnispädagogik hat ihren Fokus auf der Wirkung der Natur, dem Sein und Sich-Bewegen in der Natur – man könnte sagen, sie vertritt eine Art pädagogische Romantik. In einer Softvariante von natursportlichen Aktivitäten wie Kanutouren und Weitwanderungen, aber auch unter dem Zeichen von einfachem Leben unter freiem Himmel kommen in dieser Linie die Elemente Erholung und Sport bis hin zu Persönlichkeitsentwicklung und Therapie in den unterschiedlichsten Kombinationsformen vor. Neben dem unmittelbaren Erleben der Natur spielen hier besonders die andere Lernsituation, die veränderte Wahrnehmung und metaphorische Eindrücke eine Rolle.[262]

Dieser „schamanische“, „indianische“ oder „spirituelle“ Anteil ist schon seit Beginn der Erlebnispädagogik, zumindest der „Outward Bound Bewegung“ nachweisbar[263]. Die derzeitige Präsenz kann allerdings durchaus mit einer momentanen Sehnsucht nach Spiritualität in Verbindung gebracht werden. Als Schlagworte dazu seien „Vision Quest“ und der Ansatz der „kreativ-rituellen Prozessgestaltung“ genannt (siehe dazu auch Abschnitt 7.6).

Die Natur als Lernfeld/Medium/Katalysator

In den modernen Konzepten, vor allem in zielorientierten Trainingskonzepten, wird die Natur auch als „Medium“, als „Lernfeld“ oder als Katalysator bezeichnet. Damit wird sozusagen die Natur auch sprachlich entmystifiziert und technisiert bzw. der wissenschaftlichen Betrachtung zugeführt.

Natur als Lernfeld:
Es ist davon auszugehen, dass eine Person ihr unmittelbares Beziehungsumfeld nach immer wieder ähnlichen Mustern konstruiert und für sich in ähnlicher Weise erlebt. Diese Muster können im ***analogen Lernfeld Natur*** *(Hervorhebung durch Verfasser) aus unterschiedlicher Perspektive verdeutlicht werden. Welche Wirklichkeitskonstruktionen verwendet die Person? Z.B. „Immer wenn ich in der Natur bin, regnet es – ich bin jemand, der es nicht verdient hat …“. Welche Folge hat dies für die weiteren Handlungsintentionen der Person? Z.B. „Hier fühle ich mich nicht wohl …“ „Ich fühle mich bedroht und betrogen, … ich will weg“ oder „Das fordert mich heraus …“ Ich bin das schon gewohnt, ich nehme halt Regenzeug mit.“ etc …*[264]

261 siehe auch: Erleben und Lernen 6 (2004): Der Wald als Lernraum.
262 Hufenus, Kreszmeier (2000), S. 21.
263 Hufenus, Kreszmeier (2000), S. 11.
264 Amesberger (2005), S. 11.

Natur als Katalysator:
Neben den spezifischen Interventionsformen kann Natur auch als Verstärker oder Katalysator laufender therapeutischer Prozesse verstanden werden. [265]

Natur als Medium:
„Medium" (lat.; Mittel(glied); Mittler(in), Mittelsperson (bes. beim Spiritismus), Kommunikationsmittel) [266] (vgl. dazu Abschnitt 6.5.3).

Die echte, neutrale und gerechte Natur

Diese Konzeption steht in enger Verbindung zum **Lernfeld Natur**. Wie dort beschrieben, reagiert jeder Mensch unterschiedlich auf die Anforderungen der Natur. Aber im Gegensatz zu „künstlichen" Seminaranforderungen unterscheiden sich die Herausforderungen in der „echten Natur" in einigen Punkten. Zuerst durch die „gerechte Natur", die ohne Unterscheidung der Person an alle die gleichen Anforderungen stellt. Werden sie auch unterschiedlich wahrgenommen, sind die Anforderungen „im Prinzip" für alle gleich: wenn es regnet, regnet es für alle, wenn es schneit, schneit es für alle. Dabei ist die Natur jedoch gleichzeitig eine „unmenschliche" Instanz und somit werden soziale Handlungsmuster durchbrochen. Man kann zwar die Natur beschimpfen, doch die Argumente der Parteilichkeit, Voreingenommenheit etc. sind schlicht und ergreifend unwirksam. Natürlich kann man „die Natur" anschreien und der Voreingenommenheit bezichtigen, weil es regnet, aber.... Dazu kommt der Aspekt der „Ernsthaftigkeit" bzw. der „Unmittelbarkeit". Alle Anforderungen beinhalten fast automatisch ein hohes Maß an Ernsthaftigkeit: Das Überqueren eines Baches ist eine reale und ernsthafte Herausforderung (die individuell unterschiedlich erlebt wird). Besonders bei „Wilderness-Kursen" kommt hinzu, dass man dieser Ernsthaftigkeit nicht entfliehen kann: Wenn es regnet, muss man sich entweder einen Unterstand bauen, eine Höhle finden usw. Somit kann man nicht auf die Handlungsoption „Flucht" zurückgreifen. Dies spielt besonders im sozialen Arbeitsfeld eine große Bedeutung: Die „unmenschliche Ernsthaftigkeit der Natur" ist bei vielen Langzeitprojekten unverzichtbarer Bestandteil. Dies ist auch die Erklärung, warum viele Langzeitprojekte an so ungewöhnlichen Orten wie der Wüste Gobi, dem Atlantik oder in Island stattfinden. [267]

Die Natur als „pädagogische Provinz" und als Heilmittel gegen die Zivilisation

In Zusammenhang mit der Erlebnispädagogik wird auch oft der Begriff der „pädagogischen Provinz" verwendet. Dieser wird ausführlich in Abschnitt 3.1.4 behandelt. Im Sinne der Natur ist dies so zu verstehen, dass die „schädlichen Einflüsse" der „Zivilisation" (was auch immer eine solche ausmacht) in der Natur als solche zumindest minimiert werden

265 Amesberger (2005), S. 11.
266 Duden (1996), S. 484.
267 vgl. dazu die sehr umfangreiche Arbeit von Klawe, Bräuer (1998) und (noch immer) grundlegend Fürst (1992). Prinzipiell existiert zu diesem Thema eine Fülle von Literatur und vor allem von Diplomarbeiten.

können. Plakativ gesagt erübrigen sich Themen wie „lange weggehen" und „eine Nacht durchmachen" in der Wüste Gobi. Allerdings hat dieser Wegfall der Versuchungen meist nur vorübergehenden Charakter, es ist daher nicht verwunderlich, dass gerade an den Schnittstellen von Natur/Zivilisation wie z.B. in Häfen, bei Langzeitprojekten, einzelne Teilnehmer/-innen dem „Setting" entfliehen. Dies ist auch der Grund warum diese Projekte professionell und reflexiv begleitet werden: die Natur alleine als Konzept reicht nicht. Aber die Natur wird als „Therapieraum" verwendet. Durch die Minimierung der „schädlichen Einflüsse" wird sozusagen eine „heilsame Umgebung" garantiert. Besonders anschaulich ist dies anhand des Zigarettenkonsums: In der Einsamkeit Islands ist die Besorgung von Zigaretten wohl eher unmöglich. Schon Hahn führte in seinen Internatsschulen einen heftigen Kampf gegen das Rauchen und auch heute ist die Zigarette wohl der Drache, dem der ritterliche Erzieher zu begegnen hat:

Wir können heute diese Forderungen erheben, nicht nur als Erzieher, sondern auch im Namen der Ärzte. Es steht heute fest, dass die „Unterbewegung" nicht minder gefährlich ist, als es vor dem Kriege die Unterernährung war. Eine erschreckende Anzahl von Frauen und Männern sterben an Herzinfarkt zwischen 40 und 60 Jahren und der Mangel an körperlicher Bewegung trägt eine wesentliche Schuld daran. (…) [268]

So ist es möglich, mit dem anstrengenden Training einleuchtende Trainingsbedingungen zu verbinden, wie z.B. ein Rauchverbot. Hier befinde ich mich auf gefährlichem Boden. Eine Reihe von bekannten Internaten haben Rauchzimmer für Primaner eingeführt, und es gibt leider auch viele Eltern, die die Rauchlust ihrer Kinder begünstigen oder zumindest dulden. Hier sollte man den Verein gegen Kindesmissbrauch zu Hilfe rufen. [269]

Allerdings ist die Wirksamkeit alleiniger Naturabstinenzansätze meist nicht von langer Dauer.

6.5.2 Outdoor und Wilderness als Ortsbezeichnung

Outdoor und Wilderness stehen in dem (ursprünglichen) Zusammenhang, dass sie als „Orts-Bezeichnungen" zu verstehen sind:

Zerlegt man „outdoor" in sein Bestimmungswort „out" und auf das Grundwort „door", so findet man in der Übersetzung von „door" die eindeutigen substantivisch gebrauchten Zuweisungen wie: „Tür, Eingang, Zugang, Tor, und Pforte. (…) Nach Schöffler-Weis wird bei der Rückübersetzung vom Deutschen ins Englische für „außen", „draußen" und „außer dem Haus", u.a. „out of doors" angeboten, was im Englischen „im Freien, ins Freie"

268 Hahn (1986), S. 102.

269 Hahn (1986), S. 107. Randbemerkung: bei der Diskussion zum Rauchverbot/Raucheinschränkung in der Gastronomie in der Diskussionssendung „Offen gesagt" des ORF, gesendet am 3. Dezember 2006, verwendete die damalige Gesundheitsministerin Rauch-Kallat auch das Argument der „Kindesmisshandlung".

bedeutet und im Lexikon mit „(out-of-door(s)) = outdoor(s)“ gleichgesetzt wird. Als Adverb wird „outdoors“ mit „draußen im Freien“ übersetzt, was auf eine weitere Komponente des Begriffes hinweist. [270]

Wilderness: 1. Wildnis; 2. wildwachsendes Gartenstück; 3. Gewirr [271]

Wildnis: „unbebautes, nicht besiedeltes Gebiet“ (mhd. wiltnisse) [272]

Während also „outdoor“ eher allgemein, unspezifisch für „draußen“ steht, bedeutet der Begriff der „wilderness“ unbebautes, nicht besiedeltes Gebiet. In der manchmal verwendeten Bezeichnung „outdoors“ werden Outdoor/Wildnis miteinander verbunden im Sinne von „draußen im unbebauten, nicht besiedelten Gebiet“. Prinzipiell sind sie aber als „pädagogische Begriffe“ auf den ersten Blick unbrauchbar (vgl. dazu Abschnitt 6.5.3, 6.5.4 und vor allem 6.5.5).

6.5.3 Outdooraktivitäten und „erlebnispädagogische Medien“

Steht das Medium, der Kontext – z.B. Berg, See, Wüste – im Vordergrund, so sprechen wir von „Outdoor-Aktivitäten“. [273]

Beim Begriff der „Outdoor-Aktivitäten“ handelt es sich inhaltlich um eine Vermischung von Ortsbezeichnung und Tätigkeit, oder anders gesagt um eine genauere Ortsangabe für „handlungs- und erfahrungsorientierte“ Aktivitäten. Mit dieser Umschreibung sind zwar Ort und Aktionsform („Handlung“) genau definiert, aber die Ziele, im Sinne von angestrebten Verhaltensänderungen, nicht so genau vorgegeben wie im Begriff „Outdoor-Training“. In der Definition nach Günter Amesberger kommt dieser weite Ansatz zum Ausdruck: Von der Therapie über die Selbsterfahrung bis hin zum Verhaltenstraining, alles kann durch Outdoor-Aktivitäten ermöglicht werden. Dabei wird allerdings, siehe obige Definition, nicht auf eine undefinierte Wildnis zurückgegriffen, sondern man kann für seine Aktivitäten aus einer Vielzahl von Medien wählen. Man kann sich die passende Sprache, das passende Kommunikationsmittel suchen:

„Medium“ *(lat.; Mittel(glied); Mittler(in), Mittelsperson (bes. beim Spiritismus), Kommunikationsmittel)* [274]

270 Düppe (2004), S. 6–7.
271 Langenscheidts Großes Schulwörterbuch, Englisch-Deutsch (1974), S. 1381.
272 Duden Etymologie (1989), S. 813.
273 Jagenlauf (1993), S. 9–10.
274 Duden (1996), S. 484.

Dabei werden unter Medien allerdings nicht nur „Naturmedien" verstanden; auch Planspiele und Kooperationsübungen können als Medien aufgefasst werden. Finden diese „outdoors" statt, handelt es sich um „Outdoor-Aktivitäten":

Erlebnispädagogische Medien bei Outdoor-Trainings nach Puschnig:[275]

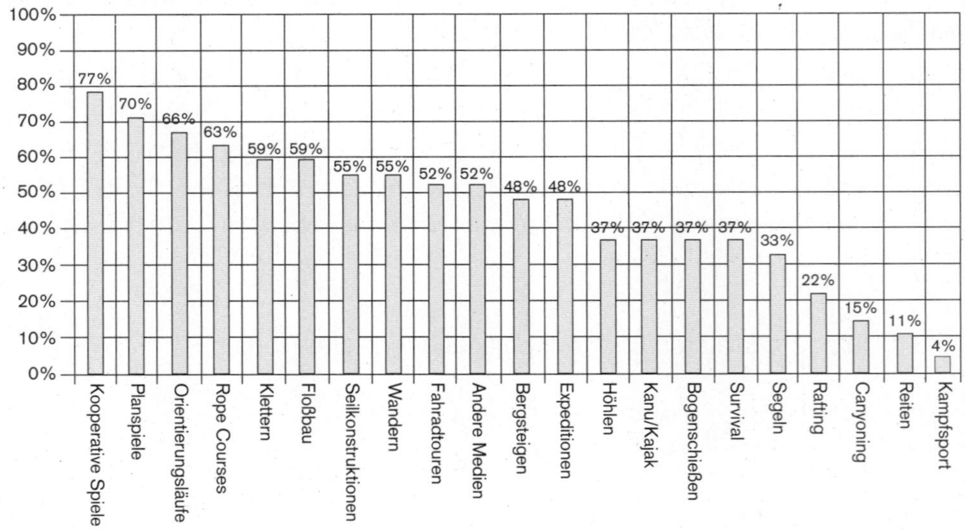

6.5.4 Outdoortraining

In Anschluss an die „Outdoor-Aktivitäten" kann man bei Outdoortrainings von Aktivitäten „outdoors" ausgehen, die sich zum Üben und Einlernen unterschiedlicher Medien bedienen. Dies wäre sozusagen die wörtliche Übersetzung. Dazu kommt aber noch eine weitere Bedeutung. „Outdoortrainings" ist die synonyme Bezeichnung für die erlebnispädagogischen Unternehmungen und Projekte im Bereich der betrieblichen Fort- und Weiterbildung[276] (vgl. dazu auch Abschnitt 7, Abschnitt 9 und Abschnitt 11).

*Unter der Bezeichnung **Outdoor Training** sollen innerhalb dieser Analyse **alle naturbezogenen Weiterbildungsmaßnahmen verstanden werden, die personale und individuelle Erlebnisse als zentrale pädagogische Mittel des Lernens einsetzen und betriebliche Qualifikationsziele anstreben.***

*Der Aspekt **„naturbezogen"** soll bedeuten, dass im Umfeld Natur durchgeführte Weiterbildungsmaßnahmen betrachtet werden, die* natursportliche Aktivitäten *wie beispielsweise Bergsteigen, Schlauchbootfahren oder Segeln beinhalten.*

275 Entnommen aus Puschnig (2000), S. 125.
276 Eine ausführliche Bearbeitung dieses Themas bei Düppe (2004).

*Der Aspekt „**personale und individuelle Erlebnisse als zentrale pädagogische Mittel des Lernens**" soll bedeuten, dass diejenigen naturbezogenen Maßnahmen betrachtet werden, die sich explizit des „Erlebnisses" als pädagogisches Lernmittel bedienen. Der Aspekt „**betriebliche Qualifikationsziele anstreben**" soll bedeuten, dass diejenigen naturbezogenen und erlebnisorientierten Maßnahmen betrachtet werden, die explizit betriebliche **Qualifikationsziele** zum Inhalt haben und somit betrieblichen Zwecken dienen sollen. Unter einem Qualifikationsziel soll eine Beschreibung von* Kenntnissen, Fähigkeiten, Verhaltensweisen *und* Eigenschaften *verstanden werden, die betrieblich relevant sind, d.h. denen entsprechende Arbeitsplatzanforderungen gegenüberstehen.*[277]

Bei einem Outdoor-Training für Teams handelt es sich demnach um eine außer Haus stattfindende Schulung oder Ausbildung, in der es möglich ist, etwas auszuprobieren und zu trainieren. Ziel des Ausprobierens und Übens kann sein ein Team zu entwickeln. Dazu fördert und fordert ein Outdoor-Training Persönlichkeits-, Handlungs- und Teamkompetenz. Outdoors stellten eine Form der Weiterbildung dar, bei der die Teilnehmer aufgefordert sind dem Seminarraum zu „entfliehen". Um außergewöhnliche Resultate zu erzielen, werden ungewöhnliche Methoden eingesetzt. Diese sind, wie gesagt, handlungsorientiert und finden zum Großteil im Freien statt. Eingesetzt werden Outdoor-Trainings vor allem zur Unterstützung von Organisationsentwicklungsprozessen. Charakteristisch für die hierfür angewandten Methoden ist es, dass die Trainingsteilnehmer durch eigene Handlung und Erfahrung lernen. Dazu haben Trainingssituationen immer einen Ernstcharakter, dies wird z.B. beim Klettern oder Wildwasserpaddeln besonders deutlich. Ausbildungen mit diesem Charakter bedeuten für den Trainingsteilnehmer, dass er nicht nur kognitiv gefördert und gefordert wird, sondern auch körperlich und emotional. Dieser ganzheitliche Lernansatz begünstigt ein besonders intensives und nachhaltiges Lernen.[278]

Bei genauerer Durchsicht bleibt allerdings als Unterscheidungskriterium zwischen „Outdoortrainings" und Erlebnispädagogik auf den ersten Blick nur:

- die unterschiedliche Zielgruppe,
- die Ausrichtung der Ziele auf betriebliche Qualifikationsziele.

Mit den „betrieblichen Outdoortrainings" wird ein neuer Fokus gesetzt und damit die Seminarform als Unterscheidungsmerkmal eingeführt:

Die natur- und erlebnisorientierten Trainings gibt es in zwei Varianten. Entweder als reine Wilderness Expeditionen oder als kombiniertes Seminar mit einem Aktionsteil Outdoor und einem theoretischen Teil Indoor – meist in einem Hotel. Die Kombination scheint auch die deutsche Praxis. In den USA, dort Residental genannt, machen sie 3/4 aller Seminare aus und in England gern über 90 %.[279]

277 Müller (2002), S. 21–22.
278 König, König (2005), S. 21.
279 Heibutzki (1992), S.39.

In diesen Outdoortrainings findet „das Erleben" also „outdoor" statt und die Reflexion bzw. „rationale Durchdringung" infolge „indoor". Aber auch erlebnispädagogische Seminare, vor allem als Trainings der Schlüsselqualifikationen, der „sozialen Kompetenzen" und des „sozialen Lernens" finden, dank der Einführung von „kooperativen Abenteueraufgaben, indoors statt[280]. Im Zuge der erlebnispädagogischen Angebote zum Thema „soziales Lernen" wird die Bezeichnung „Outdoortrainings" nun synonym für erlebnispädagogische Projekte verwendet und die Grenze zwischen „betrieblicher Fort- und Weiterbildung" versus „erzieherischer Kontext" fällt methodisch damit. Der Begriff „Outdoortraining" wird zum neuen Überbegriff, denn er lässt sich auf beide Handlungsfelder anwenden. Dies zeigt sich auch darin, dass in neueren Definitionen oft keine Unterscheidung der Handlungsfelder vorgenommen wird:

Outdoorseminare sind ganzheitliche, handlungs- und erlebnisorientierte Seminare in der Natur, bei denen die Teilnehmer als Einzelne oder als Gruppe bestimmte Aufgaben mit Ernstcharakter lösen (...) die zwar allesamt ungewohnte Anforderungen stellen, jedoch auch für Ungeübte zu bewältigen sind. Grundsätzlich gilt bei allen Übungen das Prinzip „Challenge by choice": jeder bestimmt bei jeder Aufgabe seine individuelle Grenze, wie viel er sich zutraut, wie weit er mitmachen will[281].

„Outdoortraining" wird also zu dem Überbegriff der modernen Erlebnispädagogik (der Begriff der modernen Erlebnispädagogik wird ausführlich in Abschnitt 7 diskutiert).

6.5.5 Wildnis und Abenteuer

Wie schon oben angeführt bezeichnet die Wildnis eigentlich einen Ort bzw. dessen Beschaffenheit. Befindet man sich an so einem Ort bzw. muss man sich „in der Wildnis" bewegen, so kann man die daraus resultierende Gefühlsqualität als „Abenteuer" bezeichnen.

> Stehen die Wirkungen – z.B. die bis an die Grenze des Erträglichen gehenden Wirkungen einer Herausforderung – im Vordergrund, so sprechen wir vom Abenteuer.[282]

Allerdings hat der Begriff Abenteuer eine viel umfangreichere Bedeutungsvielfalt:

adventure:
1. Abenteuer, Wagnis
2. (unerwartetes) Erlebnis[283]

280 vgl. dazu z.B. Großer (2003): Outdoor für Indoors. Mit harten Methoden zu weichen Zielen.
281 Renner (2000), S. 7.
282 Jagenlauf (1993), S. 9–10.
283 Langenscheidts Großes Schulwörterbuch, Englisch-Deutsch (1974), S. 37.

Abenteuer: „prickelndes Erlebnis; gewagtes Unternehmen“. (…) Das Wort hatte eine reiche Bedeutungsentfaltung und wurde früher auch im Sinne von „Geschick, Zufall, Risiko; Kunde, Bericht von einem außerordentlichen Ereignis; Betrug, Gaunerei, Trick; Preis, Trophäe, Wettschießen“ verwendet. [284]

Wie man erkennen kann, ist der Begriff des Abenteuers mit dem Begriff „Erlebnis“ verbunden. Dies ist durchaus einsichtig, handelt es sich doch in beiden Fällen um etwas besonders Intensives, Eindringliches. Das Abenteuer kann dabei aber neben der Gefühlsebene auch noch Raum und Zeit umschließen. Wenden wir uns dem Aspekt Raum zu, dann wird wieder der Bereich „Natur“ und „Wilderness“ angesprochen. Diese Räume bzw. diese Medien sind es, die eine hohe „Wahrscheinlichkeit“ des Abenteuers und damit eine ganz eigene Erlebnisqualität in sich tragen. Dabei ist das Abenteuer, in Abgrenzung zum Alltag, zeitlich begrenzt:

Das Abenteuer hebt sich in einem weiteren Sinn vom Lebenszusammenhang ab: Empfinden wir ansonsten so, als sei ein Ereignis zu Ende, weil oder indem ein neues einsetzt, so hat ein Abenteuer einen Anfang und ein Ende, setzt sich also deutlich von dem davor und dem danach ab.(…) [285]

Allerdings ist das Abenteuer nicht auf die Natur, auf die Wildnis festgelegt, sondern umfasst einen wesentlich größeren Raum.

Als Abenteuer wird allgemein das persönlich Unbekannte angesehen, wobei es aus verständlichen Gründen nicht definiert werden kann. Daher kann eine Konfrontation mit einem Abenteuer und sein spezifischer Kontext sehr variieren. (…) Das Abenteuer ist nicht Furcht oder Beklemmung oder Stress, sondern habe vielmehr zu tun mit Antizipation, Vitalität und vielleicht sogar mit einem Scharfsinn, um Leben zu erfahren. (…) Die Abenteuerauseinandersetzung kann keinen Bewältigungserfolg garantieren. Mit dem Entdecken des Unbekannten gehe das Verständnis einher, dass ein Scheitern möglich sei, da die Verantwortung nicht länger nur in den Händen des Lehrers oder des Curriculumschreibers liegen würde. Die Gelegenheit, diese unbekannten Bereiche zu entdecken, schafft einen dynamischen Lernprozess, bei dem Unsicherheit und Beklemmung oft durch den Wunsch begleitet werden, ganz in das Erlebnis hineinzugehen. [286]

Es geht also um ein Wagnis, um ein Risiko; der Ausgang ist ungewiss, es beinhaltet Stress, Furcht, Beklemmung, zugleich aber auch Vitalität, Antizipation, Scharfsinn. Das Abenteuer schafft Raum für einen dynamischen Lernprozess und es ist ein Erlebnis.

284 Duden Etymologie (1989), S. 16.
285 Meier-Gantenbein, S. 14–15.
286 Nasser (1993), S. 84–85.

Der Begriff des Abenteuers oder „adventure" ist im englischsprachigen Bereich noch sehr verbreitet, wobei hier allerdings zumeist wieder „die Wildnis" von Bedeutung ist. Dies dokumentierten Bezeichnungen wie: Adventure Education, Adventure Programming, Adventure-based Experiential Learning usw. Diese massive Präsenz des Begriffs in der nordamerikanischen Literatur führte dazu, dass der Begriff beim Einsetzen der modernen Erlebnispädagogik (wieder) Eingang in den deutschen Sprachraum fand. Allerdings sind die Begriffe „Abenteuer" und „Wagnis" schon bei Kurt Hahn präsent."[287] Am Beginn der modernen Erlebnispädagogik wird der Begriff „Abenteuerpädagogik, so die Übersetzung aus dem Englischen, noch synonym für die Erlebnispädagogik" verwendet, aber schon sehr schnell verschwindet der Begriff beinahe aus der wissenschaftlichen Diskussion:

Auch der Begriff Abenteuerpädagogik ist kein erzieherisch sinnvoller Terminus, denn das Abenteuer ist nicht planbar, wirkliche Abenteuer treten überraschend auf und sind meist unvorhersehbar und risikoreich. Gleichwohl tragen erlebnispädagogische Outdoor-Programme immer auch ein gewisses Restrisiko, das allerdings nach bestem Wissen und Gewissen kontrolliert und eingegrenzt werden muss.[288]

Die Verwendung des Begriffs Abenteuerpädagogik ist aus zweierlei Gründen fragwürdig. Zum einen ist sein Gehalt durch die Abenteuerspielplätze und Kinderladenbewegung der 68er Generation schon vorgegeben. (...) Der Terminus Abenteuerpädagogik ist schließlich zweitens abzulehnen, weil das Abenteuer pädagogisch nicht planbar und auch nicht als Ereignis mit vollkommen offenem Ausgang eingeplant werden sollte.[289]

Die nahe Verwandtschaft zwischen Abenteuer und Erlebnis ist auch daraus ersichtlich, dass auch am Abenteuer dessen „Unplanbarkeit" kritisiert wurde. Zusammen mit dem Begriff „Risiko" in pädagogischen Diskussionen der letzten Jahre geradezu ein schmutziges Wort[290], ergibt sich damit genug Potential, um diesen Begriff ziemlich schnell aus der deutschsprachigen Literatur verschwinden zu lassen. Dies vielleicht auch deshalb, weil in den ersten Jahren die Priorität wie in jeder „jungen Teildisziplin" darauf lag, die Erlebnispädagogik auch wissenschaftlich-institutionell zu etablieren. Dies ist natürlich mit Begriffen wie „Abenteuer" und „Risiko" sehr schwierig. Auch die große Bedeutungsvielfalt des Begriffes erhöht die „wissenschaftliche Verwertbarkeit" nicht:

All diese Bezeichnungen sind es, die mit dem Begriff des Abenteuers mitschwingen. Es ist daher eigentlich nicht möglich das Abenteuer klar zu definieren *(Hervorhebung durch Verf.).*[291]

287 vgl. dazu Röhrs (1966): „Bildung als Wagnis und Bewährung" und Schwarz (1968): Wagnis und Abenteuer".
288 Ziegenspeck (1992), S. 21.
289 Heckmair, Michl (2002), S. 88.
290 Ausnahmen bestätigen die Regel: siehe dazu Einwanger (2007), ein pädagogisches Konzept für den „Mut zum Risiko".
291 Nasser (1993), S. 84–85.

Hohe Begriffsvielfalt, Unplanbarkeit und Risiko: kein Wunder, dass der Begriff beinahe aus der wissenschaftlichen Diskussion verschwindet. Vor allem ist es die Möglichkeit des Scheiterns, die im Abenteuer auch mitschwingt, die sicher Angst verursacht. Risiko und Scheitern im Zusammenhang mit Abenteuer sind wahrlich schwer als professionelles, pädagogisches, methodisches und zielgerichtetes Arbeiten und Trainieren zu verkaufen. Für mich stellt das Verschwinden dieses Begriffs auch eine (erste) Reaktion auf „den Markt" dar.

Die Diskussion des Begriffs verlagert sich gleichsam auf andere Begriffe:

Das Abenteuer, so berichtet Schleske, bezeichnet nach überstimmender Meinung vieler Autoren, eine bestimmte Modalität des Erlebens oder eine bestimmte Art des Handelns in bestimmten Situationen. Wahrnehmungen, Handlungen, Empfindungen und Situationsanalysen stehen dabei in einem systematischen Zusammenhang bzw. in einem funktionalen Verhältnis und ergeben erst im Zusammenwirken das „Erlebnis des Abenteuers". [292]

Das „Abenteuer" wird also über die Begriffe „Handlung", „Erleben" und „Erlebnis" diskutiert. Vor allem im Begriff des Erlebnisses finden sich viele Aspekte des Abenteuers wieder (siehe Abschnitt 2.2.2).

Nach Schleske sind die drei Merkmale des Abenteuers: [293]
- Es ist etwas Neues und Fremdes,
- etwas Überraschendes,
- etwas Gefährliches.

Allerdings tritt ja auch der Begriff des „Erlebnisses" im Zuge der wissenschaftlichen Diskussion immer mehr in den Hintergrund.

Mit der Verdrängung des Abenteuerbegriffs wurden also „argumentative Probleme" der modernen Erlebnispädagogik ausgeblendet. Was allerdings mit dem Verschwinden des Abenteuers ebenfalls ausgeblendet wird, ist „das Wagnis", die besondere Situation und vor allem „die Bewährung". Aus meiner Sicht können gerade diese „ich/wir habe(n) es geschafft Momente" sehr bedeutungsvoll sein. Sie werden zwar unter anderen Begrifflichkeiten diskutiert, verlieren dabei jedoch an „Deutlichkeit". Damit geht auch Qualität verloren.

292 Bauer (2001), 73.
293 vgl. dazu Müller (2002), S. 25.

6.6 Weitere Begriffe

In der (englischsprachigen Literatur) sind noch weitere Bezeichnungen zu finden:

Action Learning	Aktionslernen
Adventure Learning	Abenteuerlernen
Adventure Therapy	z.B. „Adventure Based Counseling“; ist behavioristisch zu verstehen; nicht automatisch zu vergleichen mit einer (psychotherapeutischen) Erlebnistherapie
Outdoor-Experiential Training	Behavioristischer Ansatz (try and error)
Outdoor-Training	Im deutschsprachigen Bereich vor allem als Bezeichnung im Bereich der betrieblichen Fort- und Weiterbildung anzutreffen
Outdoor-Development	Im betrieblichen Kontext, vor allem mit dem Stichwort „Teamentwicklung“
Challenge Programmes	„Herausforderung“ als zentrales Mittel; z.B. Project Adventure
Wilderness Experience	„Natur und Erlebnis“; im Unterschied zu Europa gibt es in Nordamerika wesentlich größere „unberührte Naturgebiete“
Wilderness-based Adventure Education	„Abenteuererziehung basierend auf dem Abenteuerpotential der unberührten Natur“; siehe oben

7. Die moderne Erlebnispädagogik

Mit dem Konzept der Erlebnistherapie von Kurt Hahn wurde die Didaktik, mit dem Begriff von Waltraud Neubert die Bezeichnung „Erlebnispädagogik“ vorgegeben. Damit ist seit dem Jahr 1925 das Fundament gelegt. Trotzdem taucht in den 80er Jahren der Begriff der Erlebnispädagogik in der pädagogischen Literatur, fast wie ein Phönix aus der Asche, wieder auf:

Der Begriff „Erlebnispädagogik“ selbst taucht nach HECKMAIR/MICHL (1994) in der deutschen Fachliteratur seit etwa 1984 auf, davor und auch parallel dazu waren Freizeitpädagogik und Abenteuerpädagogik mehr oder weniger synonym verwendete Schlagworte, was die Weiterentwicklung der erlebnispädagogischen Methode in Form vieler Facetten unterstreicht. Der Beginn der Erlebnispädagogik im engeren Sinn markiert das Buch „(Er-)Leben statt Reden (Fischer 1985). (…) Er (der Buchtitel; der Verf.) war die deutsche Entsprechung für eine handlungsorientierte Maxime, die sich im angelsächsischen Sprachraum als frühestes Wirkmodell der Erlebnispädagogik etabliert hatte: The Mountains speak for themselves. [294]

Was geschah in der Zeit zwischen 1925 und 1985? Das Wirkmodell „The mountains speak for themselves“ ist, wie schon erwähnt, als Beschreibung der didaktischen Umsetzung von Kurt Hahns „Erlebnistherapie“ zu verstehen. Eine große Veränderung setzte ein, die eine große Bedeutung für die wichtigen Aspekte der modernen Erlebnispädagogik hat: Die Erlebnistherapie emanzipiert sich von der (Internats)Schule und damit ist sie keine (ausschließliche) Schulpädagogik mehr. Kurt Hahn begann 1941 in Großbritannien damit, neben seinen Internatsschulen seine Erlebnistherapie im Rahmen der so genannten „Short Term Schools“, oder wie sie auch genannt werden „Outword-Bound-Schools“, in Form von vierwöchigen Projekten für SchülerInnen und (!) Auszubildende, so die deutsche Bezeichnung für Lehrlinge, anzubieten. Mit der Veränderung der Rahmenbedingungen (außerschulisches Projekt) und der Ausweitung der Zielgruppe (Schüler und Auszubildende) war ein entscheidender Schritt für eine Expansion der Erlebnispädagogik auf andere Arbeitsfelder getan. Die moderne Erlebnispädagogik zeichnet sich dadurch aus, dass sie beinahe keine Schulpädagogik mehr ist, sondern eine Expansion in die außerschulische Jugendarbeit (wenn auch hier oft mit Schülerinnen und Schulklassen), in die Sozialarbeit und -pädagogik und in die betrieblichen Fort- und Weiterbildung stattfand.

Dieser Vorgang ist auch im Rahmen der Bezeichnung nachzuvollziehen. Wurde die erste derartige Einrichtung noch „Short Term School“, deutsch „Kurzschule“, genannt, verdrängte fast im gleichen Atemzug die Bezeichnung „Outward-Bound“ diese.

294 Meier-Gantenbein (2000), S. 31. Bei Heckmair/Michl werden auch Beispiele aus Wörterbüchern aus dem Jahr 1971 und 1973 zitiert; vgl. Heckmair, Michl (2002), S. 79.

7.1 Fundament Outward Bound und kooperative Spiele

Die Bezeichnung „Outward Bound" für die Kurzschulen, die anfangs 16- bis 19-jährige Teilnehmer in 26-tägigen Kursen zu natursportlichen Aktivitäten und wagnisreichen Rettungsdiensten anhielten, hat ihre historische Begrifflichkeit. Außerdem brachte sie die Erziehungsfunktion der Outward Bound Schools deutlich zum Ausdruck. Outward Bound war ein Begriff aus der englischen Schifffahrt: ***„Ein Schiff kann – zu großer Fahrt ausgerüstet – auslaufen."*** *Die Übertragung dieses seemännischen Begriffs in die pädagogische Terminologie wurde in unterschiedlichen Schriften Kurt Hahn und seinem Freund, dem englischen Reeder Lawrence Holt, zugeschrieben. Der Begriff hat die symbolische Bedeutung, dass die nach ihm benannten Kurzschulen „die jungen Leute, wie ein zu großer Fahrt ausgerüstetes Schiff, auf ihre Fahrt ins Leben vorbereiten". „Der junge Mensch, der die Kindheit hinter sich gebracht hat und auf der Schwelle zum Erwachsenendasein steht, soll auf eine aktive, verantwortungsbewusste und selbständige Lebensführung vorbereitet werden – auf seine Fahrt ins Leben".* [295]

Diese Bezeichnung ist noch heute existent. Die „Outward Bound Bewegung" expandierte von Großbritannien aus in die ganze Welt. In den 60er Jahren entstanden die ersten Outward Bound Schulen in Nordamerika und hier verband sich die „Erlebnistherapie" der Outward Bound Schulen, wie schon erwähnt, mit der amerikanischen Bildungstradition eines John Dewey. Im Laufe der 70er und 80er Jahre, Schlagwort „Soziales Lernen", wurden neue, handlungsorientierte Lehrformen im Bereich der Pädagogik eingeführt und auch die erlebnispädagogische Didaktik (Stichwort „Interaktionsspiele") damit angereichert. Dabei ist es vor allem die so genannte „New Games Movement", die in den 70er Jahren das „pädagogische" Spiel forcierte und auch im Bereich der Erlebnispädagogik wurden eigene erlebnispädagogische Interaktionspiele entwickelt. Dies geschah vor allem in Nordamerika bei „Project Adventure" und diese Spiele wurden in die erlebnispädagogischen Programme zuerst bei Project Adventure und dann bei Outward Bound eingebaut (Stichwort Spinnennetz). Theoretisch bauen viele dieser, jetzt im Gegensatz zur New Games Bewegung allerdings bereits weitaus pädagogischeren Spiele auf der Theorie des „Interaktionismus" von George Mead auf, die auch im deutschsprachigen Raum in der pädagogischen Diskussion der 70er und 80er Jahre stark rezipiert wurde.

295 Fischer, Ziegenspeck (2000), S. 251–252.

Im Zuge dieser New Games Bewegung, durch das Aufkommen der Interaktionspädagogik (Stichwort „Soziales Lernen") und der Entwicklung der gruppendynamischen Methode entstanden, wie oben erwähnt, spezielle

- „kooperative Abenteuerspiele" [296],
- Interaktionsspiele [297],
- und handlungsorientierte Übungen [298],

heute oft „handlungsorientierte Problemlösungsaufgaben" genannt. Diese Übungen, häufig auch als Methoden bezeichnet, sind ein wesentlicher Teil des methodischen Repertoires der modernen Erlebnispädagogik. Bei Project Adventure entstand auch das Prinzip des „Challenge by Choice" und daher werden solche Programme oft als „Challenge-Programms" bezeichnet. Diese Entwicklungen veränderten die didaktische Gestaltung der Erlebnispädagogik massiv. Dabei ist aber zu beachten, dass im Gegensatz zur Schule die Strukturen der Outward Bound Bewegung wesentlich geeigneter für die Umsetzung dieser didaktischen Neuerungen waren.

7.2 Professionalisierung und Markt

Durch die Veränderungen im Bereich der Wirtschaft (Stichworte „Teamorientierung" und „Lernende Organisation") und dem Entstehen eines professionellen Trainingsmarktes (siehe Kapitel 7.3 und Kapitel 11) expandierte die nun methodisch angereicherte Erlebnispädagogik in völlig neue Tätigkeitsfelder. Die professionelle, moderne Erlebnispädagogik entsteht:

Von moderner Erlebnispädagogik kann seit Beginn der 80er Jahre gesprochen werden, da Professionalisierung des Praxisfeldes und theoretische Systembildung verstärkt angestrebt wurden. Beide Tendenzen liegen nicht außerhalb multivalenter und funktionsvarianter Erziehungsbewegungen der Gegenwart. Die tradierende Funktion der modernen Erlebnispädagogik äußert sich darin, dass Ideengeschichte Variationen von Erziehung, Bildung und Schule ihre scheinbare Genese in zeitgeschichtlichen Anforderungen und politischen Konstellationen als Entdeckung, Wiederbelebung und Weiterentwicklung schon vergessener, nicht selten verdrängter und bis dahin vereinzelter Meinungen, Gedanken und Praktiken vollzieht. [299]

Die wissenschaftliche Diskussion auf breiterer, im Vergleich zu anderen pädagogischen Themen aber noch immer sehr bescheidener Basis setzt ein. Daran beteiligten sich nicht nur „pädagogische" Institutionen, sondern auch Zeitschriften aus dem Bereich des Trainings bzw. der Personalführung. Begrifflich zeigt sich diese Entwicklung durch die Verdrän-

296 Unter dieser Bezeichnung erschienen folgende Bücher: Gilsdorf, Kistner (1995) und Gilsdorf, Kistner (2001).
297 Unter dieser Bezeichnung (Neue Sammlung motivierender Interaktionsspiele) erschien das erste Buch von Reiners (1991); im Literaturverzeichnis in einer späteren Auflage aufgeführt: Reiners (2011).
298 Unter dieser Bezeichnung (Neue Sammlung handlungsorientierter Übungen für Seminar und Training) erschien der zweite Band von Reiners (2009).
299 Fischer, Ziegenspeck (2000), S. 301.

gung des Begriffs „Abenteuerpädagogik", durch den Begriff des „Outdoortrainings" (siehe dazu Abschnitt 6.5.4), der als zumindest gleichwertig neben dem der Erlebnispädagogik tritt. Mit diesem neuen Begriff können auch die neuen Tätigkeitsfelder erfasst werden.

Das moderne an der Erlebnispädagogik sind also die neuen Verfahrensweisen aus der Interaktionspädagogik, die neuen Arbeitsfelder mit anderen strukturellen Rahmenbedingungen und eine damit verbundene Professionalisierung und Marktausweitung. Allerdings geschieht dies im Rahmen der allgemeinen Etablierung eines neuen Marktes, des Trainings- und Beratungsmarktes, einer neuen Unterrichtsform, des Trainings und einer neuen Profession, die der „Professionist/inn/en für lebenslange Erziehung"[300]. Die methodischen und gesellschaftlichen Grundlagen, die eine derartige Entwicklung ermöglichten, an der auch die Erlebnispädagogik mitpartizipierte, entwickelten sich wie oben dargestellt ab den 70er Jahren. Dabei hatten die Entstehung der Gruppendynamik ab den 50er Jahren in Europa und die Pädagogisierungstendenzen ab den 70ern einen wesentlichen Anteil und somit auch am Entstehen der modernen Erlebnispädagogik:

- die Entwicklung der Gruppendynamik als Methode der Gruppensteuerung und somit die Entwicklung einer neuen Didaktik (Gruppenphasen),
- die Ausweitung der Lerninhalte unter dem Schlagwort des „Sozialen Lernens",
- der Übergang von „hard facts" hin zu so genannten „soft skills" (Schlüsselkompetenzen),
- die Entwicklung neuer Methoden (Gruppenübungen) zum Trainieren der soft skills,
- die Verlängerung des Lernzeitraums hin zum „lebenslangen Lernen".

Diese Entwicklungen lieferten die Grundlage für den Boom der Erlebnispädagogik in den 80er Jahren, er kam also keinesfalls „aus dem Nichts". Viele der neuen „Pioniere" der 80er Jahre stammen aus dem Umfeld von Outward Bound, wo schon seit 1941 weltweit kontinuierlich Erlebnispädagogik betrieben wurde und wo auch aktuelle „Trends" laufend zu methodischen Veränderungen führten. Auf dieses Fundament setzte die „plötzlich" einsetzende Expansion auf. Allerdings wäre dies ohne die gesellschaftlichen Veränderungen in den 80er Jahren undenkbar. Vielleicht ist die Erlebnispädagogik tatsächlich eine „Krisenpädagogik"; denn sowohl die Entwicklung als auch der Boom fallen ja jeweils in krisenhafte Zeiten (dazu ausführlicher Kapitel 11).

Ein weiterer Grund, warum die moderne Erlebnispädagogik im deutschsprachigen[301] Raum erst wieder in den 80er Jahren als **pädagogische Teildisziplin** auftaucht, scheint

300 Ribolits (2004), S. 11.

301 Dazu ist zu sagen, dass die „Erlebnispädagogik" in Österreich erst mit der modernen Erlebnispädagogik, und das auch nur sehr zaghaft, öffentlich bemerkt wurde. Diese These spiegelt allerdings den derzeitigen Forschungsstand wider, da die österreichische Erlebnispädagogik nur sehr spärlich durch Publikationen in Erscheinung tritt. Vgl. dazu Zeitschrift für Erlebnispädagogik 7&8&9/1996: Erlebnispädagogik in Österreich, e&l – erleben und lernen 6/2002: Erlebnispädagogik in Österreich und e&l – erleben und lernen 5/2006: Die erlebnispädagogische Szene in Deutschland, Österreich und der Schweiz. Zur Information auch http://www.erlebnispädagogik.at. Eine großflächige Vernetzung findet in Österreich so nicht statt, es gibt allerdings durchaus einige Pionierinstitutionen. Als Auswahl: die Initiative Outdoor Aktivitäten, http://www.ioa.at, die Firma Freiraum http://dieprojektwoche.at/freiraum.html bzw. als Kooperationspartnerin das Institut für Freizeitpädagogik http://www.wienextra.at, die Österreichische Alpenvereinsjugend http://www.alpenverein.at/jugend/Ausbildung/SpotSeminare/index.shtml etc.

mir das „nationalsozialistische Erbe“ zu sein. Dabei stehen einander zwei umgekehrte Entwicklungen gegenüber: auf der einen Seite die schnelle, vollständige Reetablierung der Internatsschulen und der relativ zügige Aufbau der deutschen Kurzschulen und auf der anderen Seite die **„Verdrängung“** reformpädagogischer Ansätze aus der wissenschaftlichen Kommunikation:

Mit Ausnahme der bereits 1951 nach britischem Vorbild gegründeten Outward-Bound-Schulen in Deutschland, begannen sich die Pädagogen in der Bundesrepublik erst in den 70er Jahren wieder intensiver mit dem erlebnispädagogischen Ansatz zu beschäftigen. Zu tief saß bis dahin die Sorge, dass nicht nur das Gedankengut und die Philosophie, sondern auch die Methoden der Erlebnispädagogik faschistisch orientiert sein könnten oder gar schon missbraucht wurden. [302]

Diese wissenschaftliche „Funkstille“ von fast 40 Jahren und die dann beinahe plötzliche einsetzende Publikationsflut führten erst zu dieser „Boomwahrnehmung“. Die Erklärung für den Boom könnte also auch darin liegen, dass die Erlebnispädagogik erst ab den 80er Jahren, vielleicht im Zuge der emanzipatorischen Pädagogik (siehe Kapitel 7.3), rehabilitiert wurde und erst ab diesem Zeitpunkt die wissenschaftliche Diskussion möglich wurde. Auf jeden Fall steigt die Anzahl der wissenschaftlichen Publikationen [303] ab den 80er Jahren massiv an.

7.3 Neue Ansätze und Theorien

Wie besprochen stellt sich bis in den 60er Jahren das Theoriefundament ungefähr so dar: [304]

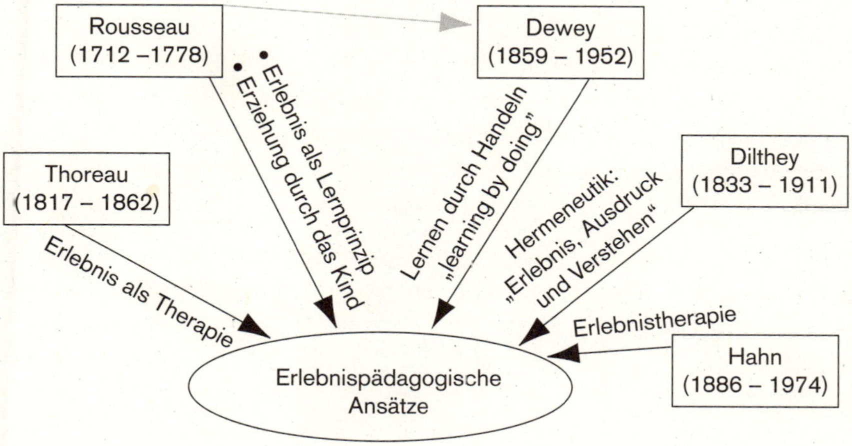

302 Reiners (2011), S. 12.
303 Diese Entwicklung lässt sich am besten durch das Entstehen zweier Fachzeitschriften (e&l – erleben und lernen, Zeitschrift für Erlebnispädagogik) und eines Fachverlages (ZIEL-Verlag, vormals Fachverlag Dr. Sandmann) dokumentieren.
304 entnommen aus Düppe (2004), S. 58.

Didaktisch basieren die Outward Bound Standardprogramme bis in die 60er Jahre noch immer auf der Erlebnistherapie von Kurt Hahn:

Das Kursprogramm in Weißenhaus setzte sich zusammen aus Seemannschaft, Erste Hilfe und Rettungsdiensten, Leichtathletik, landschaftskundlichen Exkursionen, einer zweitägigen Expedition und verschiedenen Arbeitsgemeinschaften. Der Tagesplan sah vormittags jeweils zwei, nachmittags eine zweistündige Gruppenarbeit vor, in der die Ausbildung in Leichtathletik, Seemannschaft und den Rettungsdiensten stattfand. Am Nachmittag und Abend fanden Vorträge, Diskussionen und freiwillige Arbeitsgemeinschaften statt. Zwei Nachmittage der Woche und der Sonntag waren frei von Gruppenarbeit. Die einzelnen Arbeitsgebiete wurden während eines Vier-Wochen Kurses etwa folgendermaßen verteilt: 12 Stunden Lebenskunde, 10 Stunden Segeln und Rudern, 10 Stunden Knoten, je 12 Stunden Raketenrettungsapparat und Feuerwehr, 16 Stunden Erste Hilfe, 12 Stunden Hindernisbahn, 16 Stunden Leichtathletik, 16 Stunden Biologie und 12 Stunden Musik. [305]

Das Erscheinungsbild der mit der Erlebnispädagogik in Verbindung gebrachten theoretischen Modelle veränderte sich im Laufe der 60er und 70er Jahre massiv:

Theoretische Modelle der Erlebnispädagogik [306]

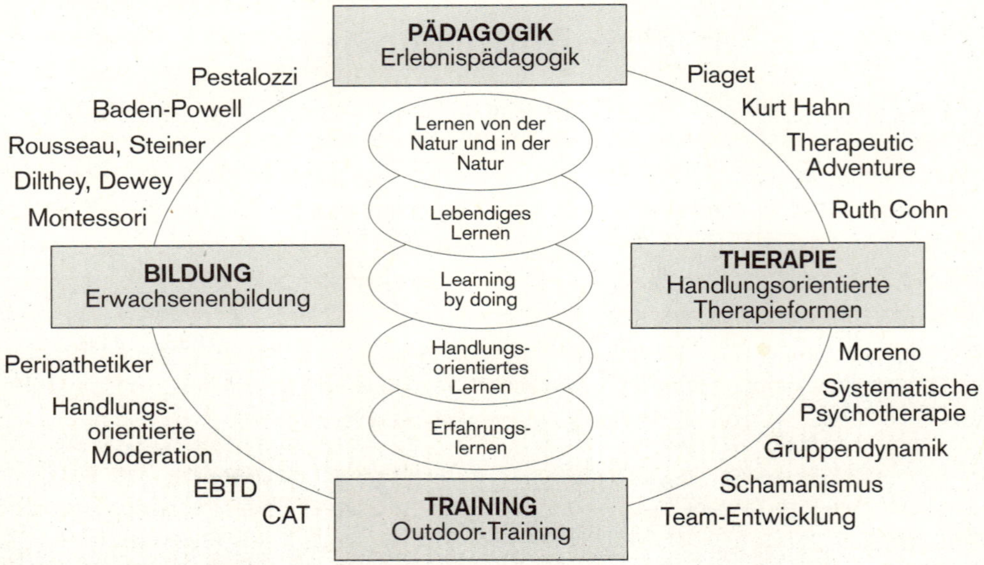

305 Weber, Ziegenspeck (1983).
306 entnommen aus Hufenus, Kreszmeier (2000), S. 15.

Bezugswissenschaften der Erlebnispädagogik:[307]

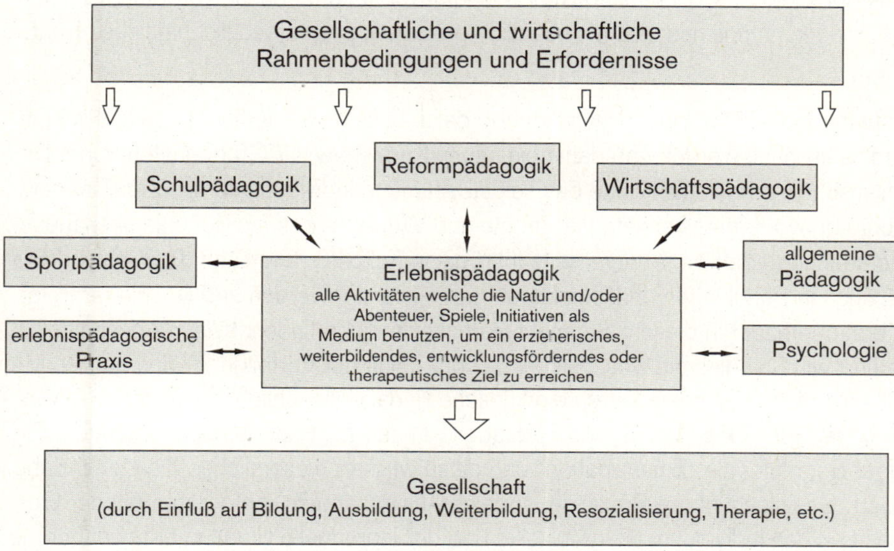

Unschwer kann man die enorme Ausweitung erkennen. Während das Fundament bis in die 60er Jahre noch sehr übersichtlich erscheint, ist in der nachfolgenden Grafik eine erste Orientierung schon ungleich schwerer. Während in der einen Grafik wenigstens der Fokus „Wissenschaft" eine Orientierung ermöglicht, ist diese für Neulinge bei der anderen Grafik fast unmöglich. Hier werden Personen, Mottos und auch Ansätze bzw. Methoden nebeneinander gestellt. Gerade dies finde ich allerdings an dieser Grafik so gelungen, denn während man bei der zweiten Grafik noch das Gefühl hat, eine Systematik erkennen zu können, bildet die erste Grafik die Realität der modernen Erlebnispädagogik mit ihrer Unzahl von Ansätzen sehr anschaulich ab. Prinzipiell kann man aus beiden Grafiken erkennen, dass einerseits die Erklärungsmodelle oder Erklärungsmöglichkeiten ab den 60er Jahren zugenommen haben und gleichzeitig sieht man die Ausdifferenzierung der einzelnen Bezugswissenschaften. Seit den 60er Jahren verändern also neue Ansätze die Erlebnispädagogik und es nehmen die theoretischen Begründungsansätze enorm zu.

Aus meiner Sicht haben folgende Theorien bzw. Ansätze einen maßgeblichen Anteil an den Veränderungen (bezügl. der didaktischen Gestaltung) in der Erlebnispädagogik ab den 60er Jahren:

- Gruppendynamik
- kritische Pädagogik
- humanistische Psychologie
- Interaktionspädagogik und Soziales Lernen

307 entnommen aus Rehm (1996), S. 145.

Dabei ist aber zu beachten, dass diese Entwicklungen sich nicht explizit an der Erlebnispädagogik orientierten, sondern umgekehrt diese davon (auch) erfasst wurde und sich die Veränderungen natürlich in einem wesentlich größeren, gesamtgesellschaftlichen Kontext ereigneten.

Die Entwicklung der Gruppendynamik führte dazu, dass neue Methoden der „Gruppenführung" entwickelt werden und damit ein neues Know-how zur Gruppensteuerung. Die humanistische Psychologie rückte das selbstbestimmte Individuum in das Zentrum der Betrachtung, wodurch einerseits die Rechte und Wünsche des Individuums ein hohes Maß an Anerkennung erfahren. Andererseits führt diese Fokussierung auch dazu, dass diese Inhalte auch in Schulungen und Seminaren berücksichtigt werden und in weiterer Folge damit erst überhaupt in diesem Segment Berücksichtigung finden. Wie in Abschnitt 11 ausgeführt wird, ist dies ein wesentlicher Schritt, um in der Fortbildung „den ganzen Menschen" erreichen zu können. Durch die kritische Pädagogik schließlich rücken die Wechselwirkungen von „Gesellschaft und Pädagogik" in das Zentrum der Betrachtungen. Ein wichtiger Begriff ist die „Emanzipation" und diese wird als wesentliches Ziel der Erziehung gefordert. Gesellschaftliche Prozesse, soziales Ausverhandeln, Anforderungen der Gesellschaft an das Individuum (Begriff Rolle) und der individuelle Umgang erlangen für die Erziehung eine hohe Bedeutung. Das „Soziale (emanzipative) Lernen" und „interpersonelle Prozesse" werden zuerst wissenschaftlich betrachtet und auf dieser Basis bald auch „Lernmethoden" für die Schulung von „prosozialem und selbstbestimmtem Verhalten" entwickelt. Dabei ist besonders die Theorie des Symbolischen Interaktionismus von Bedeutung und es entwickelte sich die „Interaktionspädagogik" mit ihrer Renaissance des Spiels. Diese Entwicklung führt in der Erlebnispädagogik zu einer der wesentlichsten Veränderungen: der Begriff des „Sozialen Lernens" lässt die Hahnsche Krankheitsmetapher und seine Verfallserscheinung verschwinden und das methodische Repertoire wird um die „handlungsorientierten Problemlösungsaufgaben" schrittweise erweitert. Folgende Stichworte lassen sich dazu anführen:

- Entstehen der New Games Bewegung bzw. die Wiederentdeckung des Spiels
- der Wandel vom „Erziehungs-" zum „Sozialisationsbegriff"
- die Einführung des Begriffs des „Sozialen Lernens"
- die Renaissance der Theorie der „Symbolischen Interaktion"
- die Entstehung der Methode des Interaktionsspiels
- Einführung der Interaktionsspiele in vielen pädagogischen Handlungsfeldern
- Entwicklung eigener „Interaktionsübungen" im Bereich der modernen Erlebnispädagogik (vor allem in Nordamerika durch Project Adventure)

7.3.1 Die Gruppendynamik: Basis der Seminardidaktik

Gruppendynamik: *(engl. group dynamics) In der zweiten Hälfte der dreißiger Jahre von dem deutschen Psychologen Kurt Lewin in den USA eingeführte experimentelle Kleingruppenforschung, die sich mit den Entstehungs-, Veränderungs- und Strukturbedingungen unbewusster und bewusster Prozesse in und zwischen sozialen Gruppen beschäftigte. Insbesondere interessierte die Erforschung von Möglichkeiten zur Veränderung von Gruppenstrukturen und Verhaltensweisen der Gruppenmitglieder z.B. in Familien, Schulklassen, Arbeitsgruppen und Wohngemeinschaften. In Deutschland fanden nach dem Zweiten Weltkrieg vor allem die sozialpsychologischen Forschungsergebnisse über Führungs- und Erziehungsstile von Kurt Lewin, R. Lippitt und R.K. White sowie die Methoden des Soziogramms und des Psychodramas von J.L. Moreno weite Verbreitung. Zur Umsetzung der Forschungsergebnisse in gruppendynamischen Seminaren wurden für das Verhaltenstraining von Lehrern, Ausbildern und Gruppenleitern spezielle Programme (sog. Sensitivity-Trainings) entwickelt. Von entscheidender Bedeutung ist heute die Frage der normativen Ausrichtung der Methoden und Techniken der Gruppendynamik, wenn es darum geht, die zwischenmenschlichen Beziehungen zu verbessern, dem Einzelnen zu Ich-Identität zu verhelfen oder im demokratischen Interesse die Kritik- und Mitbestimmungsfähigkeit zu fördern.* [308]

Gruppenpädagogik *(engl. social group work) Der Begriff Gruppenpädagogik wurde auf der Grundlage der amerikanischen Kleingruppenforschung (Kurt Lewin, R. Lippitt, R.K. White) nach dem Zweiten Weltkrieg in der Bundesrepublik Deutschland durch die von Amerikanern gegründete „Arbeitsstätte für Gruppenpädagogik" im Wiesbadener Haus Schwalbach verbreitet. Mit Hilfe der Gruppenpädagogik sollte die demokratische Umerziehung der deutschen Jugend vorgenommen werden. Der Erziehung im Netzwerk sozialer Beziehungen innerhalb von Gruppen wurde größere Wirksamkeit beigemessen als der Erziehung des Einzelnen mit Hilfe von Büchern und Filmen. Zur Anleitung und Gestaltung der Interaktionsprozesse in der Gruppe wurden Gruppenleiter inhaltlich und methodisch besonders ausgebildet. In den folgenden Jahrzehnten wurde die Gruppenpädagogik auch auf andere pädagogische Bereiche (z.B. Kindergarten, Jugendarbeit, Sozialarbeit, Erwachsenenbildung) ausgedehnt und entwickelte sich zu einer sozialpädagogischen Theorie aller Phänomene der Erziehung innerhalb von Gruppen. In den letzten Jahren fanden Ruth Cohns Verfahren der themenzentrierten Interaktion und T. Gordons gruppenbezogene Anwendungen der klientenorientierten Gesprächstherapie von C.R. Rogers in der Gruppenpädagogik Beachtung.* [309]

308 dtv-Wörterbuch Pädagogik (2004), S. 245.
309 dtv-Wörterbuch Pädagogik (2004), S. 245–246.

***Gruppendynamik** ist auch Sammelbegriff für eine Reihe von Methoden und Techniken, die im Rahmen der Jugend- und Erwachsenenbildung dem Individuum im nichttherapeutischen Feld (therapy for normals) zu einer verbesserten Selbst- und Fremdwahrnehmung, zu erhöhter Kommunikations- und Kooperationsfähigkeit, Verständnis für soziale Prozesse usw. verhelfen sollen. In den verschiedenen Organisationsformen angewandte Lernformen sind u.a. die Trainingsgruppe, Arbeitsgruppen, Plan- und Rollenspiele sowie Übungen mit speziellen Lernzielen, viele davon aus anderen therapeutischen Richtungen wie Gestalttherapie, Psychodrama etc. (...) Mit Gruppendynamik wird auch eine politisch-ideologisch-religiöse Bewegung bezeichnet, die durch Erlernen bestimmter Organisations- und Leitungsformen „friedliche Koexistenz" anstrebt.* [310]

Wie aus den obigen Beschreibungen ersichtlich ist, kann man innerhalb „der Gruppendynamik" auch einige Entwicklungsschritte ausnehmen. Am wichtigsten ist der von einer „Labormethode" zu einer allgemeinen und damit zwangsweise undifferenzierteren Methode. Am Beginn der Gruppendynamik stand die Trainingsgruppe (T-Gruppe), abgeleitet von den Laborgruppen von Lewin. Hier wurde fast ausschließlich mit dem Arbeitsprinzip des „Hier und Jetzt" gearbeitet:

Die Betrachtung dessen, was hier und jetzt geschieht, eher zufällig als nützliches Mittel zum Verstehen von Ereignissen entdeckt, wurde rasch zum zentralen Arbeitsprinzip gruppendynamischer Laboratorien, hier besonders der T-Gruppe. Diese Betrachtung des Hier und Jetzt musste gelernt werden: ....der Aufbau einer eigenen Kultur durch die T-Gruppe (wird) erreicht ..., wenn die Mitlieder dahin gelangen, sich auf die Kontrolle, Einschätzung und das Verstehen der konkreten Realitäten ihrer unmittelbaren Erfahrungen in der Gruppe zu konzentrieren. Es ist jedoch nicht leicht, das Hier-und-Jetzt ins Auge fassen und untersuchen zu lernen. [311]

Dies ist so vorzustellen, dass am Beginn einer Trainingsgruppe alle Teilnehmer/-innen in einem Kreis sitzen (durch die Leitungsperson so vorgegeben) und das ist schon beinahe alles an Methode. Alles weitere entwickelt sich durch die Dynamik der Gruppe. In diesem Konzept ist die Anfangssituation durch große Unsicherheiten (wer sind die anderen, was wird von mir erwartet, was passiert....) gekennzeichnet. Zusätzlich ist festzuhalten, dass die Leitungsperson sehr sparsam mit Interventionen und Methoden agiert und nur für den Rahmen zuständig ist.

Innerhalb von kurzer Zeit fanden nun, im Bereich der „problem- und themenzentrierten Gruppendynamik, Veränderungen in diesem Konzept statt Die Anfangssituation wurde „strukturiert" und damit in „verträgliche Stücke" zergliedert. Parallel wurde die offene Situation durch eine „Problem-Fokussierung" eingeschränkt und somit Themen vorgegeben:

310 Dorsch Psychologisches Wörterbuch, (2004), S. 382.
311 Edding (1999), S. 81–82.

Die Funktionalisierung der Hier-und-Jetzt Situation in der beschriebenen Weise hat viele Vorteile und verändert die Seminararbeit drastisch: Bestimmte, immer umgrenzte Lernvorhaben der Teilnehmer können ganz gezielt angegangen werden – je nach Bedarf vom Training einzelner Verhaltensweisen zur Verbesserung der sozialen Kompetenz im Sinne eines Skill-Trainings bis hin zur Planung, Durchführung und Auswertung größerer Trainingseinheiten durch einzelne Teilnehmer.

- *Das Verstehen ist leichter, da nur ein kleiner Ausschnitt der Realität zum Gegenstand der Untersuchung gemacht wird. Die Komplexität der jeweils zu untersuchenden sozialen Situation kann durch den Trainer nach eigenem Ermessen reduziert werden.*
- *Das Problem des Transfers ist viel geringer, wenn der Teilnehmer eine ihm schwierige Situation aus seinem beruflichen Alltag zum Lerngegenstand macht und die Wirklichkeit des Hier und Jetzt zugeschnitten auf eben dieses Alltagsproblem genutzt wird.*
- *Die emotionale Anspannung und Belastung der Teilnehmer wird sehr viel geringer. Die Klarheit und Zielorientiertheit des Vorgehens vermitteln Sicherheit; die Verwirrung über das, was geschieht und das Gefühl in einer unverständlichen, potentiell bedrohlichen Situation zu stecken nimmt deutlich ab.*
- *Die Trainer leiten die Veranstaltung. Sie gestalten den Lernprozess und die jeweilige Lernsituation. Sie sind diejenigen, die sich mit dem Hier und Jetzt des Gruppenprozesses vertieft auseinandersetzen müssen, aber nicht, um ihn gemeinsam mit den Teilnehmern zu erforschen, sondern um ihn so zu steuern, dass es möglichst selten „klemmt".* [312]

Kurz gesagt wurde die heutige „Seminardidaktik" entwickelt. Aus der Gruppendynamik entstand eine neue Form des „Lernens" oder „Übens", geleitet von einem „Seminarleiter" bzw. einem „Trainer". Diese Didaktik wurde in verschiedene Handlungsfelder, in denen mit Gruppen gearbeitet wurde, transferiert und somit auch in die Erlebnispädagogik. Ursprünglich waren die angesprochenen T-Gruppen als Trainings für die im pädagogisch-psychosozialen Bereich Arbeitenden konzipiert:

Folgerichtig bemühte sich Lewin (...) einerseits um die systematische und experimentelle Erforschung von Gruppen (...) und anderseits um die Umsetzung dieser Forschung in das Trainieren von Lehrern, Ausbildern und Gruppenleitern. (1947 erfolgte die Gründung der National Training Laboratories, Keimzellen des Sensitivity-Trainings und der gruppendynamischen Seminare) [313]

Im Laufe der Zeit entwickelten sich dann daraus Methoden der „Gruppenarbeit" und „Gruppenleitung" und diese stellen das Fundament für das heutige Gewerbe „des Trainers bzw. der Trainerin" dar. Das erste Gruppendynamische Laboratorium im deutschsprachigen Raum fand übrigens 1954 in Wien statt [314].

312 Edding (1999) S. 83–84.
313 Lenzen (2004) S. 692.
314 Rechtien (1999), S. 50.

Parallel zur Methode für Gruppenarbeit wurde natürlich auch nach „Gesetzmäßigkeiten" im Gruppenverlauf gesucht:

Hieraus hat sich eine Reihe von Theorien über Wesen und Verlauf solcher Gruppen entwickelt (Bion, Pages, Slaters), die alle erfahrungs- und nicht experimentell orientiert sind. [315]

Am bekanntesten ist wohl das Phasenmodell der vier Phasen Forming, Storming, Norming, Performing nach Bion. [316]

Unsicherheit und Angstgefühle, gegenseitiges Abtasten, Erwartungshaltung, Erfahrung von Freiheit, Einzelne profilieren sich in der Gruppe
Gegensätzliche Meinungen, Konflikte, Widerstände gegen Gruppenbeschlüsse, -sprecher und Vorgesetzte, Erarbeiten von Gruppennormen
Das Team findet zusammen, Konflikte werden ausgetragen, Widerstände überwunden, Aufbruchstimmung kommt auf
Positive Erfahrungen motivieren, Rollenverteilung ist geregelt, persönliche Probleme sind beseitigt. Freie Energie für neue Aufgaben
Formierungsphase
Konfliktphase
Normierungsphase
Arbeitsphase
Motivation/Leistungsbereitschaft

Motivation und Leistung in Abhängigkeit von der Entwicklungsphase; vgl. C.H. Antoni, Gruppenarbeit, Symposion 2001

Durch diese Entwicklungen wurde die Basis für eine neue Form der „Unterrichtsdidaktik" gelegt. Nun konnte man einerseits in der Planung gewisse „Entwicklungsphasen" berücksichtigen und gleichzeitig die einzelnen Phasen, vor allem die „ängstigende" Anfangsphase, sequenzieren. Durch die zusätzliche Fokussierung auf die Problemebene wurde schließlich der letzte Schritt in Richtung des modernen Trainings, vor allem für den Bereich der betrieblichen Fort- und Weiterbildung, gemacht:

Gruppendynamische Arbeit, die sich als feldbezogen und anwendungsorientiert versteht, hat in den vergangenen Jahren eine starke Änderung erfahren. Unsere eigene Entwicklung hat uns aus dem Umkreis des Sensitivity-Ansatzes weit herausgeführt; wir verzichten heute fast völlig auf die Konstruktion standardisierter Übungssituationen zugunsten von Interventions- und Trainingsformen die „nach Maß" zugeschnitten sind auf den

315 Dorsch Psychologisches Wörterbuch. (2004), S. 382.
316 Bion entnommen aus: Pfreimer, Jenuwein (2004), S. 125.

speziellen Kreis der Teilnehmer und angebunden werden an das Sozialsystem, aus dem heraus sie in das Training kommen und in das sie – mit hoffentlich verbesserten sozialen Fähigkeiten und Fertigkeiten – zurückkehren. [317]

Neben den so genannten „Sensiblity-Trainings" trat noch das „Organisationslaboratorium" auf und somit war die Grundlage für spätere „Firmentrainings" und vor allem auch für „Organisationsentwicklungsprojekte" gelegt.

Mit dem praxisbezogenen gruppendynamischen Verhaltenstraining war 1973 der auch jetzt noch gültige Grundtypus des „firmen- bzw. verwaltungsbezogenen Trainingsansatzes" ausgereift. [318]

Die Verschiebung vom ursprünglichen „Labor" hin zu einem „Training" erfolgte auch nicht zuletzt aus ökonomischen Überlegungen:

Für diese konzeptionelle Veränderung gibt es meines Erachtens sowohl methodische Gründe als auch solche, die sich auf den Markt beziehen. Ich halte es nicht für einen Zufall, dass die politisch motivierte Kritik an der Gruppendynamik konzeptionell folgenlos blieb, die Kritik der Praxisferne und geringen Nützlichkeit jedoch sehr wohl praktische Konsequenzen gebracht hat. [319]

Aus dieser Entwicklung ergab sich noch eine zweite Konsequenz: die Rolle der Leitungsperson veränderte sich massiv. War sie am Beginn zum großen Teil für die Einhaltung des Settings verantwortlich, entwickelte sie sich, vor allem im Bereich der Trainings, hin zu einer „Expertin" die für den „Gruppenprozess" verantwortlich wird. Sie ist dementsprechend verantwortlich für „Leitung" und „Gestaltung" des Prozesses. Dadurch ergeben sich gewisse Verschiebungen: [320]

- Die Gruppe wird zum Erprobungsfeld der Trainingsperson (gruppendyn. Strukturierung)
- das „gute Klima" der Gruppe wird Aufgabe der Gruppenleitungsperson
- die Gruppe wird Bühne und Spielfeld der teilnehmenden Personen
- die Gruppe wird zum Trainingsfeld, strukturiert von der Gruppenleitungsfunktion
- die Gruppenleitungsperson erhält eine „hierarchische" Rolle und ist dadurch an hierarchischen Strukturen anschließbar (sie gestaltet das Setting, ist für die Methode verantwortlich und verfügt über ein größeres (Fach)Wissen – damit ergibt sich wieder Hierarchie und Macht) [321]

Praktische Konsequenz dieser Entwicklungen war längerfristig das Entstehen einer neuen „Lehrperson": des Trainers bzw. der Trainerin.

317 Antons, Voigt (1999), S. 174.
318 Nellessen (1999), S. 64.
319 Edding (1999), S. 83.
320 nach Edding (1999), S. 85.
321 vgl. dazu Nellessen (1999), S. 71 und Edding (1999), S. 93.

Die moderne Erlebnispädagogik expandierte, nicht zuletzt deshalb, weil sie die neuen Ansätze auch in das neue Handlungsfeld der „betrieblichen Fort- und Weiterbildung" integrierte:

Anfang der 70er Jahre entwickelten einige Anbieter in den USA und später in England aus diesen Ideen erste Outdoor-Seminare für Führungskräfte. Diese Entwicklung wurde noch durch die Aktualität von gruppendynamischen Ansätzen zu jener Zeit gefördert, viele erkannten den Nutzen des erfahrungs- und handlungsorientierten Lernens in der Natur. Als erster Anbieter auf dem europäischen Festland spezialisierte sich 1980 das Outdoor Center auf die Durchführung firmeninterner Outdoor-Seminare. [322]

Als Konsequenz ergab sich, dass eine nach den neuen Erkenntnissen der Gruppendynamik gegliederte „Erlebnistherapie" entstand. Dadurch erfuhren, vor allem im deutschsprachigen Raum und weniger die Wilderness-Programme in den USA, die Kurzschulprojekte eine völlig neue Struktur und damit veränderte sich das Lehrpersonal. Nicht mehr der/die „naturnahe Praktiker/in", sondern die/der pädagogisch-gruppendynamisch geschulte Leiter/-in führte nun die Kurse. Im weiteren Verlauf wurden aus den Leitungspersonen dann schließlich Trainer/-innen.

Hier ein Beispiel eines derart bereits 1969/70 neu gestalteten Kurses:
Unter dem allgemeinen Ziel des „sozialen Lernens" ist das Sozialprogramm neben den natursportlichen Aktivitäten der zweite Arbeitsschwerpunkt der Kurzschule. (...) Der Verlauf des Gruppentrainings, in dem die Kurzschulen versuchen, eine Einheit von Wissen und Handeln anzubahnen bzw. herzustellen, d.h. soziale und persönliche Qualifikationen praktisch einzuüben und zu erproben, muss je nach der speziellen Gruppensituation ausgerichtet werden. Ohne dass damit eine Festlegung erfolgen soll, wird der Verlauf des Gruppentrainings folgendermaßen skizziert:

1. *Sensibilisierung für das zwischenmenschliche Geschehen im Kommunikations- und Verhaltensbereich*
2. *Reflexion des eigenen Verhaltens und das der Gruppe im natursportlichen Bereich und im GT (Gruppentraining)*
3. *Einüben von Kommunikationsfertigkeiten*
4. *Reflexive Übertragung der gemachten Erfahrungen auf die Alltagssituation*
5. *Exemplarische Einübung neuer Verhaltensweisen im GT, z.B. durch Plan- und Rollenspiele*
6. *Stabilisierung der neu erlernten Verhaltensweisen in der alltäglichen Situation (backhome-Situation)* [323]

322 Renner (2000), S. 9.
323 Weber, Ziegenspeck (1983), S. 142–143.

Diese gruppendynamische Planung ist besonders bei Project Adventure erkennbar, eine aus Outward Bound heraus entstandene amerikanische Spielart „gruppendynamischer Erlebnispädagogik", die vor allem für die moderne Erlebnispädagogik von großer Bedeutung ist. Hier findet die Transformation der „Gruppenphasen" auf das Feld der Erlebnispädagogik vor allem statt:

„Sequencing" bedeutet in diesem Zusammenhang die „korrekte Auswahl von Aktivitäten zu irgendeiner gegebenen Zeit für irgendeine Gruppe". Daraus folgt, dass es auch auf das richtige „Timing" der geeigneten Aktivitäten ankommt, die als ein abgestuftes Konzept präsentiert werden müssen. Die richtige Auswahl basiert auf dem Wissen der Gruppenformation. Als Grundregel gilt, dass unabhängig von der Gruppenkompetenz sowohl die Vertrauensfall-Sequenz als auch die Hilfestellungsaktivitäten als Voraussetzung anzusehen sind. Sie sind „Grundmaterial für das psychologische und physische Wohlbefinden der Individuen und der emotionalen Entwicklung der Gruppe. [324]

Damit ergibt sich eine massive Umgestaltung im Bereich der Erlebnispädagogik. Es verändert sich der Fokus (Soziales Lernen, Gruppenfähigkeit), die Qualifikationen des Lehrpersonals (Gruppenleitung) und schließlich wird das methodische Repertoire erweitert (Gruppendynamische Übungen).

7.3.2 Die humanistische Psychologie: zielgerichtete Persönlichkeitsentwicklung

Diese handlungsorientierten Therapieformen wurden unter dem Begriff „Experientialism" zusammengefasst, eine Bezeichnung, die Ruth Cohn, wie schon erwähnt, deutsch mit „Erlebnistherapie und -pädagogik" übersetzte. (...) „Es fiel mir kein anderer Begriff ein, mit dem ich Gestalttherapie, Bioenergetik, Transaktionsanalyse, Psychodrama, Erlebnistherapie und -pädagogik und TZI zusammenfassen konnte". (...) Diese damals neue Bewegung wurde unter dem Begriff der humanistischen Psychologie zusammengefasst, zu der allerdings auch weniger handlungsorientierte Ansätze zählten wie Carl Rogers Gesprächspsychotherapie. Die humanistische Psychologie stellte damals auch eine Gegenbewegung zum amerikanischen Behaviorismus dar, und viele ihrer Elemente flossen später in die europäischen therapeutischen, pädagogischen und erwachsenenbildnerischen Konzepte ein. [325]

324 Nasser (1993), S. 116–117.
325 Hufenus, Kreszmeier (2000), S. 13–14.

Prinzipiell rückt mit der humanistischen Psychologie der Mensch mit seinen Bedürfnissen und Möglichkeiten in den Mittelpunkt. Dies unterscheidet diese Richtung von der Psychoanalyse und vom Behaviorismus. Nach Carl Rogers (eigentlich für die Gesprächstherapie, allerdings kann man sie durchaus auch als Prinzipien der humanistischen Psychologie betrachten) gelten folgende Grundhaltungen:[326]

- Akzeptanz
- Empathie
- Kongruenz

Im Prinzip ergeben sich daraus zwei unterschiedliche therapeutische Aufgaben:

- Ein einfühlsames Verstehen der Klienten/-innen, getragen von dem Versuch, deren Erfahrungsprozess von Augenblick zu Augenblick nachzuvollziehen.
- Ein gezieltes Aufgreifen von sich in der therapeutischen Situation herauskristallisierenden Themen und ein prozessorientiertes Anleiten der Klienten/-innen bei diesen Themen.

Wichtig ist, dass mit dieser Entwicklung der „ganzheitliche" Mensch mit seinen Bedürfnissen wieder in den Blickpunkt kommt und auf diesen ganz speziell, nicht abstinent, eingegangen werden muss. Dadurch erhält die Beziehungsebene eine neue, verstärkte Bedeutung, die Beziehungsarbeit rückt wieder in den Fokus. Es ergab sich ein neues, nicht mehr pathologisiertes Menschenbild:

- Der Mensch ist mehr als die Summe seiner Teile.
- Der Mensch lebt in zwischenmenschlichen Beziehungen.
- Der Mensch lebt bewusst und kann seine Wahrnehmungen schärfen.
- Der Mensch kann entscheiden.

Damit ergeben sich im Zuge der humanistischen Psychologie neue Schwerpunkte, vor allem gegenüber den mechanischen „Verhaltensveränderungsansätzen" des Behaviorismus und der pathologischen Betrachtungsweise der Psychoanalyse. Der Mensch mit seinen Bedürfnissen, Beziehungen und seinen Entwicklungsmöglichkeiten, der ganzheitliche Mensch also, rückt in den Brennpunkt und dieser ganzheitliche Blickwinkel ist gerade in der Erlebnispädagogik von zentraler Bedeutung. Damit, so zumindest meine These, rückt aber auch der „ganze Mensch" in den Brennpunkt. In dieser Folge erfassen neue pädagogische Konzepte nicht nur das „äußere" Verhalten, sondern auch die innere Einstellung. Bei der Ausweitung „humanistischer Ansätze", kombiniert mit Methoden der Gruppensteuerung, werden damit völlig neue Inhalte und Themen in das entstehende Handlungsfeld der „Trainings" transferiert. In einer Umkehrung kann aus dem selbstbestimmten Individuum sehr schnell ein selbstverantwortliches Individuum werden. Dadurch entstehen vor allem im Bereich der Trainings aber auch neue Verantwortlichkeiten, oder etwas salopp formuliert: Ändert sich die Einstellung, entsteht auch automatisch das richtige Verhalten. Im Umkehr-

326 nach Gilsdorf (2004), vor allem S. 159–228.

schluss: Ist das Verhalten nicht adäquat, dann ist bei der nicht adäquaten Einstellung anzusetzen (und nicht an den Strukturen). Dieser Vorgang ist in den humanistischen Richtungen natürlich nicht intendiert gewesen, aber aus meiner Sicht ist diese Umkehrung eine mögliche Folge des „humanistischen Ansatzes (siehe dazu besonders Kapitel 11).

7.3.3 Exkurs: Humanistische und behavioristische Erlebnispädagogik

Wie schon öfter erwähnt, ist die „humanistische Ausrichtung" nicht die einzige Traditionsrichtung der Erlebnispädagogik. Große Teile der amerikanischen Erlebnispädagogik stehen ganz in der behavioristischen Tradition:

Die in der amerikanischen Theoriediskussion entwickelten Qualifikationsprofile sind im Vergleich zu jenen, die im deutschsprachigen Raum kursieren, wesentlich stärker curricular ausgerichtet. Die amerikanischen Erlebnispädagogen denken in Ziel-Inhalt-Methoden Kategorien (Thorndike, Pawlow, Skinner) während hierzulande ein sozialpädagogisch (humanistisch; der Verf.) geprägter Beziehungsansatz dominiert. Viele behavioristische Lerntheorien (...) kommen aus den USA, insofern ist es nur logisch, wenn die „adventure education" aus dieser Ecke ihre Prägung erhielt. [327]

Die humanistische Psychologie wird ja auch oft als „Gegenbewegung" zum Behaviorismus bezeichnet und fand besonders in Europa eine große Verbreitung. Dieses Phänomen ist auch in der Erlebnispädagogik spürbar. Am Beginn der entstehenden modernen Erlebnispädagogik in Europa wurde massiv auf die behavioristisch beeinflusste Didaktik von Project Adventure bzw. auf die „Metapherntheorie" aus dem Umfeld der amerikanischen Outward Bound Bewegung, zurückgegriffen. Dies passierte vor allem in der Zeit des „Aufbaus" einer modernen Erlebnispädagogik und in der wissenschaftlichen Diskussion. Bald darauf kam es zu einer Gegenbewegung und es wurde von einem „europäischen Weg" der Erlebnispädagogik gesprochen, der (wieder) mehr in der Tradition einer humanistischen Ausrichtung stand. [328] Allerdings sind in der modernen Erlebnispädagogik die Spuren von „Project Adventure" noch heute sichtbar, vor allem im methodischen Bereich. Über Project Adventure fanden die „handlungsorientierten Problemlösungsaufgaben" bzw. interaktionspädagogischen Übungen (dazu Abschnitt 7.4.2) Eingang in die Erlebnispädagogik. Diese Übungen wurden und werden im Falle von Project Adventure in ein behavioristisches Konzept eingebettet:

Bei dieser nordamerikanisch reformpädagogischen Erziehungsform sollen Erlebnis- und Abenteuerbedürfnisse des Menschen genutzt werden, um psychosoziale Defizite aufzuarbeiten, als auch um durch Verhaltensmodifikationen eine Orientierung an natürlichen Idealen verwirklichen zu können. [329]

327 Heckmair, Kühte (1993), S. 23.
328 vgl.dazu Abschnitt 7.6.
329 Nasser (1993), S. 13.

Dabei wird bei der Gliederung der einzelnen Arbeitsschritte, wie schon oben besprochen, auf Erkenntnisse der Gruppendynamik zurückgegriffen. Die Urform von Project Adventure stellt ein klares, auf Grundlage gruppendynamischer Verlaufsmodelle gegliedertes Programm, mit dem Ziel einer Verhaltensänderung, dar:

Die unübliche Länge und die Komplexität der Kurse, bei denen sich dieser Prozess viele Male in den unterschiedlichsten Zusammenhängen wiederholt, sollen die notwendigen Veränderungen vertiefen und begünstigen. Diese Veränderungen betreffen die notwenigen Verhaltensmodifikationen, die Einsicht, dass Handeln und Reflexion zusammengehören, genauso wie das Lernen der Verantwortungsübernahme. [330]

7.3.4 Exkurs: Neue Qualifikationsprofile

Die humanistischen Ansätze bzw. die „humanistische Haltung" und humanistische Interventionsmethoden fanden auch Eingang in den Bereich der Erwachsenenbildung und der (Sozial)Pädagogik. Dabei kam es auch, wie schon in Abschnitt 7.3.1 beschrieben, zu den unterschiedlichsten gegenseitigen Beeinflussungen, die Entwicklung der Gruppendynamik und die der humanistischen Ansätze kreuzen sich in vielen Punkten. Dies hier allgemein darzustellen, würde den Rahmen sprengen und daher verweise ich auf die Fachliteratur. [331] Auch in der Erlebnispädagogik hatte dieser neue Ansatz natürlich spezielle Auswirkungen. Diese Veränderungen sind vor allem an Veränderungen der in diesem Handlungsfeld arbeitenden Personen festzumachen. Dabei handelt es sich weniger um institutionell geplante und angeordnete Umstrukturierungen, sondern humanistisch-gruppendynamisch geschulte Menschen entdecken die Erlebnispädagogik für sich, oder aber in diesem Bereich Arbeitende erweiterten aus Interesse ihre Fachkompetenz durch die neuen Ansätze. Prinzipiell kann man davon ausgehen, dass das Interesse an neuen Methoden und Ansätzen sehr hoch war. In weiterer Folge führte dies im deutschsprachigen Bereich dazu, dass sich das Qualifikationsprofil der Erlebnispädagogen/-innen, später dann die Qualifikationsanforderungen, massiv veränderten. Am Beginn der Kurzschulen stellten die „Praktiker" die Mehrzahl des Lehrpersonals:

Zum Szenario gehören daher, jedenfalls so lange Hahn noch lebte, Mitarbeiter, die von Herkunft und Gestalt abenteuerlich genug waren, um allein schon die Begegnung mit ihnen als Erlebnis zu empfinden. Lebensretter der australischen Küstenwache, britische Seeleute, österreichische Bergführer (...) ein unerschöpfliches Arsenal von Urtypen, an deren „Machenschaften" während eines Standardkurses teilzunehmen sich durch nichts von den spontanen Erlebnissen unterschied. [332]

330 Nasser (1993), S. 63.Vgl. dazu Nasser (1993), vor allem 83–106.
331 Als kurze Einführung sei empfohlen Eckern, Schad (1998) und auch die schon zitierten Warzecha (1994) und Schlich (1994). Weitere Beiträge auch in: e&l – erleben und lernen, Zeitschrift für handlungsorientierte Pädagogik 6/94.
332 Händel (1995), S. 14.

Durch die beschriebenen Veränderungen und durch die didaktischen Verschiebungen in den 60er Jahren bei Outward Bound – anstatt des „Learning by doing"-Ansatzes wurde jetzt im Sinne eines „Erfahrungslernens" mehr Gewicht auf ein reflexives Modell, „Learning through reflection", gelegt – und dadurch wurden andere Qualifikationen notwendig. Die Reflexion rückte als zentrales Moment in den Mittelpunkt der Outward Bound Standardkurse bzw. erfolgte diese Verschiebung durch das neu mitgebrachte Know-how neuer Lehrpersonen und damit veränderten sich längerfristig die prinzipiellen Anforderungen an das Personal:

Das Reflexionsmodell forderte von den Erlebnispädagogen nun eine deutlich erweiterte Palette von Kompetenzen. Zu den „hard skills" tritt die Anforderungsbreite der „soft skills". Mit den einschlägigen pädagogischen und psychologischen Qualifikationen hielten Gesprächstherapie, Themenzentrierte Interaktion, Transaktionsanalyse u.v.m. Einzug in die Erlebnispädagogik und sind daraus nicht mehr wegzudenken. [333]

Folgende Kompetenzen waren also von nun an notwendig: [334]

- Hard Skills oder Fachkompetenz bzw. Methodenkompetenz
- Soft Skills oder Sozialkompetenz
- Meta Skills oder Schlüsselqualifikationen

Diese Veränderung wurde allerdings nicht nur positiv aufgenommen, sondern wird auch, vor allem durch alteingesessene Trainer, massiv kritisiert:

In den ersten Jahren meiner Tätigkeit bei Outward Bound war das Konzept einfach und klar, genauso wie die Ziele, welche allgemein und nie konkret waren, und denen man sich zu nähern versuchte, ohne jemals den Nachweis eines Erfolges beibringen zu müssen (und zu können). Als bei Outward Bound allmählich akademisch ausgebildete Pädagogen das Übergewicht bekamen und wissenschaftlich abgesegnete Methoden einzufließen begannen, wurde das Programm mit neuen „Bausteinen" angereichert, die Möglichkeiten dadurch vielfältiger und abwechslungsreicher. Ich empfand diese Entwicklung als überaus positiv und war und bin trotz einer gewissen Skepsis gegenüber „Schreibtischtätern" von der akademischen Ebene (für mich als Nichtakademiker hoffentlich entschuldbar) allen Innovationen gegenüber sehr aufgeschlossen. Sie sind ein wichtiges Mittel gegen Erstarrung und Routine. Nachdem nun eine Reihe von Initiativen, Problemlösungsaufgaben, „New Games" und ähnliches (viele Anregungen dazu kamen aus Amerika) ins Outward Bound Programm integriert, Techniken von Vorbereitung und Auswertung vielfältiger und abwechslungsreicher geworden waren, setzte mich in Erstaunen „wie viele Hühner über den gelegten Eiern gackerten". Bei Outward Bound investierten eine Reihe gut besoldeter Mitarbeiter viel teure Arbeitszeit in die Entwicklung von Konzepten, die im Prinzip schon entwickelt waren. [335]

333 Schödlbauer (1997), S. 41.
334 vgl. dazu Reiners (1995), S. 93–100.
335 Pretzl (1999), S. 59–60

7.3.5 Exkurs: Gegenmodell „erlebnispädagogische Praxis“

Im Gegensatz zu den gestiegenen Anforderungen bei Outward Bound entdeckten andere Institutionen die Erlebnispädagogik als „Praxismethode“. Wie schon angesprochen, fanden erlebnispädagogische Elemente schon bald nach dem Zweiten Weltkrieg (wieder) Eingang in die Arbeit von Jugendverbänden. Von diesen aus bzw. durch Outward Bound wurden jene Ansätze dann durch persönliches Engagement von „Praktikern“ schließlich auch im Handlungsfeld der Sozialpädagogik eingeführt. Während also im Bereich von Outward Bound die Anforderungen an das Trainingspersonal stiegen, entdeckten andere die, trotz der Veränderungen vom didaktischen Konzept her noch immer sehr überschaubare, Erlebnispädagogik als (Handlungs)Alternative zum „verkopften Arbeiten“ und „ewigen Diskutieren“:

Die verkopfte, sich aufklärerisch gebende Jugendhilfe/Jugendarbeit hatte sich festgerannt (...). Die intellektuelle Anstrengung wurde aufgegeben zugunsten der physischen und psychischen. Der sich ursprünglich aufklärerisch und gesellschaftsverändernd verstehende „Mainstream“ in der Jugendhilfe/Jugendarbeit spaltete sich auf in einen inneren und einen äußeren Weg: „Psycho-Boom“ und „Neue Körperlichkeit“ waren die Schlagworte (...). Vielen Sozialpädagogen und Erziehern kam dieser Kurswechsel entgegen. In ihrer Ausbildung wurde ihnen ein schwer verdauliches Menü von Studienfächern vorgesetzt, das sie eher widerwillig konsumierten. (...). Mit der Erlebnispädagogik war da endlich eine Pädagogik „zum Anfassen“, bei der man schnell zum Fachmann, zur Fachfrau aufsteigen konnte. Da war kein Psychologe, der für die Einzelberatung ausgebildet war, kein Lehrer, der die Schulsozialarbeit als Servicebetrieb für den Unterricht ansah, kein Arzt, der den Alkoholkranken therapierte und den Fachhochschul- bzw. Fachschulabsolventen in die „zweite Reihe zwang“. [336]

7.4 Ansatz III: Interaktionspädagogik (George Mead)

7.4.1 Kritische Pädagogik und emanzipatorische Pädagogik

Wie schon häufig erwähnt, ergab sich nach der so genannten „kritischen Wende“ in den 60er Jahren eine weitere Umwälzung in der (deutschsprachigen) Pädagogik. Die bis dahin vorherrschende geisteswissenschaftliche Pädagogik wurde massiv durch die so genannte „kritische Pädagogik“ eben kritisiert:

Anregungen aus der sozialwissenschaftlichen Diskussion um Wertorientierung oder Wertfreiheit der Wissenschaften und Analysen zum Verhältnis von Erkenntnis und

336 Heckmair, Küthe (1993), S. 21.

Interesse (J. Habermas) haben innerhalb der geisteswissenschaftlichen Pädagogik zu Korrekturen und Weiterentwicklungen geführt. Die Aufklärung der Interessensbindung pädagogischer Objektivationen und deren Erforschung wurde als Ideologiekritik in den Aufgabenkatalog der geisteswissenschaftlichen Pädagogik integriert. Pädagogik solle nicht dazu missbraucht werden können, so die Entscheidung der jetzt auch als kritische Erziehungswissenschaft auftretenden geisteswissenschaftlichen Pädagogik, der jeweils faktischen Erziehung durch Theoriebildung die Würde einer gültigen Erziehung zu verleihen. Im Gegenteil, geisteswissenschaftliche Pädagogik bzw. ***kritische Erziehungswissenschaft*** *müsse sich in radikaler Distanzierung zur etablierten Erziehungspraxis für eine Pädagogik engagieren, die im Sinne der Aufklärung konsequent für die Emanzipation der zu Erziehenden eintritt. Aus diesem leitenden Interesse heraus taucht für die kritische Erziehungswissenschaft auch die* ***Bezeichnung emanzipatorische Pädagogik*** *auf.*[337]

Dabei sind es vor allem zwei Aspekte, die aus meiner Sicht im Hinblick einer erlebnispädagogischen Geschichte hervorstechen. Erstens werden die Zusammenhänge zwischen Pädagogik und Gesellschaft genauer untersucht und geraten somit ins Blickfeld. Dadurch werden „gesellschaftliche Themen“ auch zu Themen der Pädagogik und somit verhandelbar. Dies führt zweitens dazu, dass aus der kritischen Pädagogik eine so genannte emanzipative Pädagogik wird und die Erziehung zur Emanzipation wird oberste Prämisse:

Emanzipatorische Pädagogik: *Seit den akademischen Unruhen der zweiten Hälfte der 60er Jahre ist der Begriff erneut in seinen vielfältig schillernden Bedeutungsnuancen zum Symbol für Fortschrittsbestrebungen aller Art geworden. Im Sinne eines fest umrissenen, Wissenschaft und Praxis begründenden Prinzips, ist er von Habermas in Anknüpfung an die Kritische Theorie von Horkheimer und Adorno eingeführt und für die Pädagogik als Disziplin wichtig geworden. Die Bindung der Pädagogik an das Postulat der Emanzipation erfolgt unter drei inhaltlich offenen Leitorientierungen, in denen das Normproblem der Pädagogik, wie schon bei Rousseau, auf eine undogmatische Weise gelöst ist. In wissenschaftstheoretischer Hinsicht heftet sich an die Gestalt einer emanzipatorischen Pädagogik der Anspruch, die methodischen Schwächen geisteswissenschaftlich-hermeneutischer und erfahrungswissenschaftlicher Erziehungswissenschaft zu überwinden und die pädagogische Grundlagenkrise zu beenden. Im Blick auf ihre Funktion im geschichtlich-gesellschaftlichen Ganzen soll die Pädagogik im Zeichen von Emanzipation aus einer bloß regenerierenden und die bestehenden Strukturen reproduzierenden Rolle herausgeführt werden und in ein angemessenes Verhältnis zur Politik und demokratischer oder sich demokratisierender Gesellschaft treten. Erziehung, Unterricht und pädagogische Theorie unter dem normativen Anspruch der Emanzipation sollen die Heranwachsenden aus Bedingungen, die ihre Rationalität und das mit ihr verbundene gesellschaftliche Handeln beschränken, befreien.*[338]

337 dtv – Wörterbuch Pädagogik (2004), S. 227–228.
338 Lenzen (2004), S. 391–392.

Dadurch ergibt sich eine massive Veränderung in der pädagogischen Arbeit. Durch das Emanzipationspostulat wird „Soziales Lernen" eine Art Verpflichtung. Gleichzeitig rückt durch den humanistischen Ansatz das Individuum ebenfalls in das Zentrum einer empathischen Bildungspraxis. Damit ergibt sich, dass das Individuum, seine Wünsche und die gesellschaftlichen Anforderungen bzw. die gesellschaftlichen Mechanismen des Ausverhandelns zentrale Themen der Bildungspraxis werden (können). Es ergibt sich aber auch, dass sich das einzelne Individuum dieser „Veröffentlichung seiner selbst" schwer entziehen kann. Für die Erlebnispädagogik bedeutet dies, wie schon erwähnt, da sich die Personalstruktur und der Fokus der Betrachtungen verändert. Gleichzeitig werden – wie beschrieben – Methoden der Gruppendynamik bzw. humanistische Ansätze integriert:

Die Kursziele (im Modell Learning by doing Outward Bound; der Verf.) waren eher allgemein formuliert und orientierten sich, noch ganz im Hahnschen Sinne, an Begriffen wie Tugendhaftigkeit, Richterlichkeit, Herausforderung und Bewährung. Diesen mehr allgemeinen Zielsetzungen entsprach auch das Programm: Es gab eigentlich nur Standardkurse. Wenn es überhaupt Kurse für Teilnehmer mit besonderen Bedürfnissen oder Problemen gab, so waren sie vom Programm her immer noch Standardkurse, wobei daran erinnert werden muss, dass zu dieser Zeit – Kollegen, die dies miterlebt haben, sagten mir, dass bis etwa Ende der sechziger Jahre nach diesem Modell gearbeitet wurde – die Kurse noch vier Wochen dauerten. Somit bestanden wesentlich breitere Erlebnismöglichkeiten als bei unseren heutigen Wochenkursen. (…) Mit der Verbreitung dieses Modells (Learning through Reflection bzw. Outward Bound Plus; der Verf.) veränderte sich einiges bei Outward Bound. Zunächst personell: Verstärkt wurden zu den Mitarbeitern mit einer fachsportlichen Ausbildung solche mit speziellen pädagogischen Ausbildungen – im allgemeinen Sozialpädagogen – eingestellt. Zweitens wurde eine ganze Reihe von Techniken und Methoden in unsere Kurse hinein importiert, die die Reflexion unterstützen sollten: Techniken aus der Gesprächstherapie, der Transaktionsanalyse, Yoga, Maltherapie…-die Liste ließe sich beliebig verlängern. (…) Aus unseren jeweiligen Aktionen können die Bereiche herausgepickt werden, die mit den „Problembereichen" der Kursteilnehmer zu tun haben. Damit werden die Kurse insgesamt effektiver, es bleibt weniger dem Zufall überlassen, und wir können für die verschiedensten Entsender maßgeschneiderte Kurse anbieten, die bestimmte, ausgewählte Schlüsselqualifikationen fördern. [339]

Die kritische Theorie führte also nicht direkt zu methodischer Auswirkung, war aber durch ihre gesellschaftliche Fokussierung und ihr Emanzipationspostulat ein wichtiger Katalysator für die Integration neuer Methoden und Ansätze in die (erlebnis)pädagogische Praxis.

339 Schad (1993), S. 51.

Wie schon erwähnt (vgl. dazu Abschnitt 5.1.6) wäre es sehr interessant auch einmal zu untersuchen, wie sehr die Diskussion über die Zusammenhänge zwischen Gesellschaft und Erziehung eine „Rückkehr" der Erlebnispädagogik ermöglichte, da dadurch auch die Diskussion der Zusammenhänge zwischen Nationalsozialismus und Erlebnispädagogik (endlich) auch auf einer **wissenschaftstheoretischen Ebene** geführt werden könnte. Ich nehme an, dass die kritische Pädagogik die Voraussetzung für die Rückkehr der Erlebnispädagogik in den schulischen Bereich, wenn auch erst ca. 20 Jahre später in Form der modernen Erlebnispädagogik, legte. Dies bleibt aber eine These und wird im Rahmen dieses Buches nicht weiter ausgeführt.

Im Zuge der sozialwissenschaftlich-pädagogischen Auseinandersetzung in Folge der kritischen Theorie wurde der Erziehungsbegriff teilweise durch den Sozialisierungsbegriff abgelöst:

Sozialisation *(lat. sociare verbinden, vereinigen, engl. socialization) Prozess, in dessen lebenslangem Verlauf ein Individuum über die kulturspezifische Regulation seiner Bedürfnisbefriedigung, den alltäglichen Umgang mit Familienangehörigen und anderen Bezugspersonen, über Lernprozesse im System der gesellschaftlichen Instanzen sowie als Teil bzw. Nutzer von gesellschaftlichen Institutionen die mehrheitlich anerkannten Kriterien für erfolgreiches bzw. unerwünschtes und weniger erfolgreiches Verhalten, die wesentlichen Verständigungsmittel und ein daran orientiertes Repertoire von Einstellungen und Verhaltensmustern erwirbt. Aufgrund dieser vielfältigen Erfahrungen und Lernprozesse wird das Individuum zum Mitträger eine Kultur, so dass das alltägliche Verhalten für die meisten Lebenssituationen im Einzelnen überwiegend sozial programmiert ist. Die Sozialpsychologen sprechen von Internalisierung einer Kultur. Mit zunehmendem Alter wächst durch subjektive Spontanität und äußere Anregungen die Ausbildung der individuellen Urteilskraft, also das Vermögen des Individuums, den Prozess der kulturellen Regelung und Stabilisierung seines Verhaltens zu reflektieren, Alternativen, Widersprüche und Wandlungen zu erkennen, Konflikte zwischen sozialen Erwartungen und subjektiven Standards bewusst zu machen und Entscheidungen zu fällen. (...) Erziehung wird als absichtlicher, formalisierter und kontrollierter Teilprozess verstanden.*
Nicht nur in der Sozialpädagogik wurde gegen Ende der 60er Jahre der bis dahin dominierende Begriff der „Erziehung" durch den „Sozialisationsgedanken" abgelöst. Es gibt jetzt, zum Ende des 20. Jahrhunderts, wie es scheint, noch keinen neuen „rechten Begriff". Eine Tendenz besteht meines Erachtens darin, den Sozialisationsgedanken auszudifferenzieren, ähnlich auch den „Lebensweltgedanken". Verstärkt hinzu kommen Begriffe wie „Enkulturation", „Persönlichkeitsentwicklung", vor allem aber „Individualisierung". [340]

Die kritische Pädagogik machte die „Erziehung" und die Entstehung der ihr zugrunde liegenden Normen diskutierbar. Damit wurde ein Konzept zur Kritik und Analyse einer „normativen Pädagogik" etabliert. Emanzipation wurde als Ziel ausgegeben und dement-

340 Bauer (20001), S. 86.

sprechend rückten das einzelne Individuum und seine Wünsche bzw. die Ermöglichung, diese selbstbewusst zu formulieren, in den Brennpunkt der Erziehung. Parallel dazu wurde die Erziehung im Zuge der Sozialisationsdebatte als „Prozess“ verstanden, in dem dem Individuum immer mehr Gestaltungsmöglichkeiten zugeschrieben werden. Es handelt sich also um eine Wechselbeziehung, in der das Individuum mehr oder weniger aktiv agiert. Zusätzlich wird der Begriff des „Lernens“ verstärkt in die pädagogische Diskussion eingebracht. Kritisch anmerken könnte man dazu, dass durch den Sozialisationsbegriff auch ein gewisses mechanistisches Verständnis im Bereich der Pädagogik, zumindest in der pädagogischen Praxis, Eingang fand. Unter kritischer Perspektive, vor allem unter dem „Primat zur Emanzipation“, wird die Rechtfertigung für „positiv sanktioniertes Verhaltensmuster“ (Emanzipation ist Forderung und Ziel gleichzeitig) diskutiert, und „Verhalten“ (Stichwort: prosoziales Verhalten) bzw. „Verhaltensmuster“ („Soziales Verhalten“) rücken, zum Teil auch als Forderung, massiv in den pädagogischen Brennpunkt. In weiterer Folge, so meine These, werden behavioristische Modelle für erzieherische Konzepte (wieder) möglich. Der Weg von einem Ziel „Emanzipation“ zur Forderung zur Emanzipation und schließlich zur Schulung von Emanzipation durch „Verhaltenstrainings“ ist sehr kurz. Dies vor allem dann, wenn, wie im Zuge der Outdoor-Trainings, die Grundeinstellungen aus der kritischen Theorie an Bedeutung verlieren bzw. (un)bewusst ausgeklammert werden und nur noch das Verhaltenstraining zum (prosozialem) Verhalten überbleibt. Verstärkend kommt dazu, dass aus dem ganzheitlichen Bildungsanspruch der Emanzipation ein gliederbarer Prozess des Sozialen Lernens wurde. Dementsprechend konnten einzelne Sequenzen bzw. einzelne Verhaltensweisen besonders in den Mittelpunkt gerückt werden. Dies ist z.B. im Bereich der modernen (Sozial)Erlebnispädagogik der Fall, wenn Schlüsselqualifikationen und „Leadership“ trainiert werden und nicht mehr diskursiv die Verantwortung zur kritischen Distanz erarbeitet wird. Generell kann man sagen, dass die theoretischen Ansätze der „kritischen Pädagogik“ im Laufe der 70er Jahre, sicher nicht zuletzt auch als Gegenreaktion einer kurzzeitigen Überbetonung des basisdemokratischen Prinzips, sehr schnell verschwinden und an vielen Orten eine sehr mechanistische, individualisierende Praxis überbleibt.

7.4.2 Interaktionspädagogik, Soziales Lernen und das pädagogische Spiel

Durch die kritische Theorie und die Sozialisationstheorie werden unterschiedliche, ältere Sozialisationstheorien wieder diskutiert bzw. Methoden zur praktischen Umsetzung neu entwickelt. Eine dieser Theorien, die eine große Bedeutung für die Erlebnispädagogik hat, ist der so genannte „Interaktionstheoretische Erklärungsansatz“[341]:

Der Begriff der Interaktion bezeichnet dieses wechselseitige, aufeinander bezogene Handeln von Individuum in Gruppen, welches Habermas auch kommunikatives Handeln

341 Hier beziehe ich mich besonders auf Kron (2001), S. 133–158, und König, Zedler (2002), S. 143–153.

(symbolisch vermittelte Interaktion und sprachlicher Austausch zwischen Menschen) in Abgrenzung zum instrumentalen (zweckrationalen Handeln) und reflexiven Handeln (kritische Prüfung des Sinnes von Arbeit und Interaktion) beschreibt. [342]

Der Begründer dieses Ansatzes ist George Mead und dieser ist wiederum zum Kreis der Pragmatiker zu zählen. Mead hatte auch einen nicht unwesentlichen Einfluss auf die Entstehung der so genannten „kritischen Theorie“ bzw. auf die kommunikative Theorie von Habermas. Hier schließt sich also wieder ein (theoretischer) Kreis. Im Bereich der Erlebnispädagogik findet der Ansatz der „Interaktionspädagogik“ vor allem im „Interaktionspädagogischen Spiel“ seinen Niederschlag. Für die Entwicklung dieser speziellen „erlebnispädagogischen Interaktionsspiele“ ist die nordamerikanische Organisation Project Adventure von großer Bedeutung. Hier fand die Integration der „Interaktionspädagogischen Spiele“ in die Erlebnispädagogik, in Form eines behavioristischen Gesamtkonzepts, statt. Diese behavioristische Ausrichtung wird allerdings im deutschsprachigen Raum durch die Diskussion der kritischen Theorie und dem Emanzipationspostulat gemildert. Das „pädagogische Spiel“ wird aber nicht nur in der Erlebnispädagogik eingeführt, sondern wird Teil der „allgemeinen“ pädagogischen Praxis, besonders im Zuge des „Sozialen Lernens“:

Die Interaktionspädagogik fällt in den Bereich des relativ komplexen Begriffs „Soziales Lernen“. Gegenstand des Sozialen Lernens sind die Beziehungen zu anderen, damit das Lernen abstrahierter Handlungsstrukturen. [343]

Soziales Lernen *(engl. social learning) Vermittlung und Reflexion von Erfahrungen mit Menschen und Sachangelegenheiten, von Wissen und Kenntnissen über Strukturen und Funktionen gesellschaftlich-historischer Handlungsfelder sowie Umsetzung von Erfahrungen und Wissen in Verhalten, Handlungsstrategien und Zukunftsentwürfe. Der Begriff des sozialen Lernens hat sich seit den sechziger Jahren aus der Abgrenzung gegenüber Konzepten der Sozialerziehung entwickelt. Seine Ursprünge gehen auf erziehungspsychologische Intentionen von R. und A.-M. Tausch zurück, die individuelle Freiheit, Selbstbestimmung, Kooperation und soziale Einordnung als zentrale Voraussetzungen für sozial-integratives, demokratisches Verhalten von Lehrern und Schülern ansahen. (...) Die Vertreter strategischen Lernens wollten die Schüler befähigen, die eigene Lage in den gesellschaftlich widersprüchlichen Konfliktfeldern zu erkennen und durch politisch-emanzipatives Handeln zu verändern. Psychologisch und psychoanalytisch orientierte Positionen der* ***Kommunikationstheorie*** *und des* ***symbolischen Interaktionismus*** *hatten zum Ziel, den Schülern zu helfen, gesellschaftliche Widersprüche zu ertragen, hemmende innerpsychische Zustände wie z.B. Angst abzubauen und Selbstbewusstsein zu entwickeln.* [344]

342 Reiners (2011), S. 24.
343 Reiners (2011), S. 25
344 dtv-Wörterbuch Pädagogik (2004), S. 517–518.

Hier wird wieder der Einfluss der so genannten humanistischen Psychologie erkennbar, sind doch R. und A.-M. Tausch maßgeblich für die Einführung der Gesprächstheorie im deutschsprachigen Bereich verantwortlich. Auch die Kommunikationstheorie Habermas, die sich darauf beziehende emanzipative Pädagogik und die symbolische Interaktion haben maßgebliche Bedeutung für den Begriff Soziales Lernen:

Wir gehen nach diesen grundsätzlichen Überlegungen davon aus, dass es notwendig und sinnvoll ist, die verschiedenen Ansätze, Richtungen und Konzepte aller jener Versuche zu beachten und für die Interaktionserziehung fruchtbar zu machen, die sich aus sehr unterschiedlichen wissenschaftstheoretischen Begründungszusammenhängen und methodischen Realisierungsformen herleiten und z.T. unter dem sehr undifferenzierten Sammelbegriff „Gruppendynamik" zusammengefasst werden. Dieses umfassende Spektrum von Konzeptionen, Arbeits- und Lernformen spiegelt sich auch in der Breite der hier entwickelten Materialien wider, die Verfahren aus der humanistischen Psychologie (z.B. der Gestaltpsychologie und -therapie, der Themenzentrierten Interaktion, der Encounter-Bewegung, dem Sensitivity-training u.a.) ebenso wie Ansätze aus der psychoanalytischen Gruppenarbeit, der Organisationsberatung und -entwicklung, aus der modernen Kommunikationspsychologie und dem -training usw. aufnehmen und in handhabbare Übungen und Spiele umsetzen. [345]

Nach Prior hat Soziales Lernen vier Funktionen: [346]
1. Soziales Lernen als soziale Elementarerziehung
2. Soziales Lernen als gruppendynamisch-interaktionistische Funktion
3. Soziales Lernen als sozialpädagogische und kompensatorische Funktion
4. Soziales Lernen als emanzipative und politische Funktion.

Mit dem Begriff des „Sozialen Lernens" korrespondiert der Begriff der „allgemeinen Sozialen Kompetenz" nach Argyle. [347] Der Ansatz des Sozialen Lernens führte zu zwei unterschiedlichen methodischen Zugängen: auf der einen Seite projektbezogene Gruppenarbeit und auf der anderen Seite spielerische Interaktionspädagogik:
1. Soziales Lernen über bestimmte Inhalte in Verbindung mit sachlich orientierter Arbeit (Gruppenarbeit, projektbezogene Arbeit)
2. Soziales Lernen über soziale Lernprozesse. Die zweite Zugangsmöglichkeit wird als ‚Interaktionspädagogik" bezeichnet: Das soziale Verhalten der Lernenden ist unmittelbarer Gegenstand dieser Pädagogik; Methoden wie das Rollenspiel, das Kommunikationstraining, die gruppendynamische Selbsterfahrung und andere werden unter diesem Begriff zusammengefasst. [348]

345 Gudjons (1987), S. 15–16.
346 nach Gudjons (1987), S. 24–25.
347 vgl. dazu Gudjons (1987), S. 28 und Reiners (2011), S. 24–33.
348 Fritz (1981), S.7.

Methodische Ansätze zur Umsetzung des Sozialen Lernens sind also:

- Gruppenarbeit (mit der Methodik der Gruppendynamik)
- Interaktionspädagogik (mit der Methodik des Interaktionsspiels)

Bei einer zu starken Fokussierung auf das Soziale Lernen ergibt sich allerdings aus meiner Sicht der Effekt, dass das in der kritischen Theorie massiv geforderte Mitdenken des gesellschaftlichen Zusammenhangs in den Hintergrund tritt und das Verhalten des Individuums in den Vordergrund. Dies stellt eine sehr bedeutsame Verschiebung dar, die daraus entstehenden möglichen Implikationen wurden schon ausgeführt bzw. sind zentrales Thema von Kapitel 11.

In der Interaktionspädagogik liegt der Schwerpunkt der Betrachtung auf der ***intrapersonalen*** *Ebene: im* ***sozialen Verhalten*** *des Lernenden. Ziel der Interaktionspädagogik ist es, zwischenmenschliches* ***Verhalten zu ändern*** *und zu verbessern. Sie gründet in der Annahme, dass soziale Erfahrungen aus früheren Interaktionssituationen als Handlungsorientierung für zukünftiges Handeln dienen (Hervorhebungen durch den Verfasser).* [349]

Gleichzeitig rücken im Zuge der Interaktionspädagogik, wenig überraschend durch den Zusammenhang von Interaktionspädagogik und Pragmatismus, wieder der handlungsorientierte Ansatz und die Reflexion der Handlungen in den Vordergrund.

Das Spiel, im Bereich der Erlebnispädagogik als „handlungsorientierte Problemlösungsaufgabe" bezeichnet[350], ist die zentrale Methode der Interaktionspädagogik. Nach Gudjons zeichnet das Spiel folgende Faktoren aus:[351]

1. Spiele helfen zur intrinsischen Motivation, indem sie als Tätigkeit selbst positiven Aufforderungscharakter haben.
2. Spiele unterstützen die Fähigkeit der „Steuerung".
3. Regelhaftigkeit: Eigens konstruierte „Spielregeln" können zwar als Sonderfälle die Wirklichkeit verzerren, aber sie ermöglichen auch das experimentierende „Aus-der-Rolle-Fallen" und damit gerade als Kontrastregeln zum Alltag wesentlich neue Erfahrungen.
4. Der „Als-ob-Charakter" des Spiels ermöglicht eine reflektierende und distanzierende Trennung von Ich und Rolle, die Spielhandlung kann als „Sache" betrachtet werden und führt zum Abbau von Angst vor „ernsten" Konsequenzen.
5. Konkrete Aktionen beleben die Selbsttätigkeit.
6. Aktives Interagieren macht den Reiz vieler Spiele aus, Informationen werden nicht passiv rezipiert.

Interaktionsspiele haben in der Regel keinen Gewinner und Verlierer, sie haben Nicht-Nullsummen-Charakter, alle Teilnehmer können Erfahrungen machen.

349 Reiners (2011), S. 24.
350 vgl. dazu Fußnote 3, 4 und 5.
351 Gudjons (1987), S. 29.

Ergänzend dazu noch die Ausführungen von Annette Reiners:[352]

- Spiele reduzieren die Komplexität auf zu behandelnde Brennpunkte
- Die Ursachen von Störungen sind leichter erkennbar und behandelbar.
- Die pädagogische Kalkulierbarkeit nimmt zu.
- Die Planbarkeit von Wirkungen nimmt zu.
- Die Realität kann ausschnittsweise betrachtet werden.
- Der Wechsel von Als-ob-Elementen und Ernsthaftigkeit fördert den Anreiz zur Reflexion des eigenen Verhaltens.
- Verändertes und altes Verhalten können in risikofreien Situationen geübt werden.
- die Gruppe als Schonraum und Ressource

Wie im Abschnitt zur Gruppendynamik beschrieben, verfeinerte sich das methodische Repertoire immer mehr. Im Zuge dieser Verfeinerung stieg die Anzahl der gesetzten „methodischen Interventionen“ durch die Gruppenleitungsperson immer mehr an (eine Intervention wäre z.B. das Rollenspiel). Im Laufe der Zeit wurden diese Interventionsmethoden gesammelt und als Methodensammlung[353] herausgegeben. Dabei ist die Grenze zwischen gruppendynamischer Intervention und interaktionspädagogischem Spiel sehr fließend und dementsprechend werden Methoden in beiden Feldern gleichzeitig verwendet:

Ein Interaktionsspiel ist eine Intervention des Gruppenleiters in die gegenwärtige Gruppensituation, welche die Aktivitäten aller Gruppenmitglieder durch spezifische Spielregeln für eine begrenzte Zeit strukturiert, damit ein bestimmtes Lernziel erreicht wird.[354]

Der Einsatz von Interaktionsspielen hatte eine umfangreiche Veränderung in der Erlebnispädagogik zur Folge. Es war jetzt möglich auch „indoor“ zu arbeiten bzw. „Outdoor-Aktivitäten“ und natursportliche Übungen mit gruppendynamischen Settings und Methoden zu kombinieren. Außerdem war es möglich, sowohl zielgruppenorientierte als auch problemlösungsorientierte Konzepte zu erstellen. Die Interventionen (oder Spiele) unterscheiden sich von der bisherigen Didaktik dadurch, dass sie zeitlich wesentlich kürzer sind. Daher kann man ab diesem Zeitpunkt mit sehr begrenzten Zeitressourcen „erlebnispädagogisch“ arbeiten. Im Prinzip sind auch Sequenzen von nur zehn Minuten denkbar

Diese „interaktionspädagogische Erlebnispädagogik“ wurde besonders von Project Adventure beeinflusst. Hier wurde sozusagen eine interaktionspädagogische Didaktik der Erlebnispädagogik entwickelt. Dieser, aus dem Bereich von Outward Bound entstandene[355] Ansatz, war am Beginn für eine Umsetzung im Schulunterricht, vor allem im Sportunterricht, konzipiert. Damit kehrte in Nordamerika die Erlebnispädagogik wieder in die Schule zurück.

352 vgl. Reiners (2011), S. 29 und 35.
353 Eine der bekanntesten und ersten Methodensammlungen aus dem Bereich der Gruppendynamik ist Antons (1973): Praxis der Gruppendynamik. Übungen und Techniken. Im Literaturverzeichnis zitiert in der 8. Auflage.
354 Reiners (2011), S. 29.
355 vgl. dazu Nasser (1993) und Fußnote 67.

Als „Staff“ wurden vor allem die Sportlehrer/-innen herangezogen, die in neu geschaffenen internen Ausbildungsgängen geschult wurden. Das Konzept basierte nicht auf einem einmaligen, längeren Projekt in der Natur, sondern auf einer kontinuierlichen Arbeit im Zuge des (Sport)Unterrichts. Damit war eine Sequenzierung in mehrere, kürzere Einheiten möglich, die oft auch in Turnhallen stattfanden. Neben speziellen sportlichen Übungen kamen auch vermehrt Spiele zum Einsatz. Diese wurden, ganz gemäß der Erkenntnisse über Gruppenverläufe (Forming, Storming, Norming, Performing; siehe dazu auch Abschnitt 7.3.1), gezielt für die jeweilige Phase adaptiert und eingesetzt:[356]

- Die „Eisbrecher“ und Bekanntschaftsaktiviäten
- Die enthemmenden Aktivitäten
- Die Vertrauens- und Beobachtungsaktivitäten
- Die Initiativprobleme
- Die Seilkurselemente
- Die niedrigen Elemente
- Die hohen Elemente
- Die (methodische) Nachbearbeitung

In dieser Form der (modernen) Erlebnispädagogik ist das Erlebnis und Abenteuer in der Natur nicht mehr von Bedeutung. Diese Art der Erlebnispädagogik ist heute im Bereich der Fort- und Ausbildung bzw. des Verhaltenstrainings sehr oft anzutreffen, ein besonderes Kennzeichen sind auch die Low and High Elements in den so genannten Seilgärten:[357]

356 vgl. Nasser (1993), S. 95–134.
357 Project Adventure Aktivitäten, entnommen aus Rohnke (1989). Skizze von Bob Nilson.

In der deutschsprachigen Tradition werden als Wurzeln für pädagogische Spiele viele Quellen genannt. Dabei ist an dieser Stelle als Vorläufer noch die amerikanische Fitnessbewegung[358], die schon seit den 30er Jahren nachweisbare Abenteuerspielplatzbewegung[359] und für Project Adventure[360] besonders maßgeblich die „New Games" – Bewegung[361] zu nennen. Vor allem die New-Games-Bewegung mit dem Konzept der „Spiele ohne Sieger und Verlierer" trug wesentlich zur Wiederbelebung des Spiels in der Pädagogik bei. Besonders bekannt sind die so genannten „Fallschirmtuchspiele" geworden[362]. Diese Spiele mischten sich mit den aus den T-Gruppen entwickelten Methoden und Interventionen. Spiele in der Tradition von Project Adventure wurden im deutschsprachigen Raum besonders durch folgende Publikationen bekannt:

- Annette Reiners: Praktische Erlebnispädagogik. Neue Sammlung motivierender Interaktionsspiele. Erste Auflage 1992.[363]
- Rüdiger Gilsdorf und Günter Kistner: Kooperative Abenteuerspiele. Praxis für Schule und Jugendarbeit. Erste Auflage 1995.[364]

Diese beiden Bücher machten die Spiele von Project Adventure, auf deren Tradition beide direkt zurückführen[365], in der deutschsprachigen Szene bzw. Jugendarbeit, jenseits von Outward Bound, bekannt und waren dementsprechend jahrelang stilbildend für das Methodenarsenal der Erlebnispädagogik. Allerdings gibt es durchaus Tendenzen, die den „neuen Zweig" der Erlebnispädagogik nicht dazuzählen wollen und nur die natursportlichen Ansätze als „Erlebnispädagogik" werten. Die kritischen Stimmen sprechen von „Abenteuer in Pillenform"[366] bzw. Parkplatzpädagogik und fordern „echte" Aktivitäten in der Natur ein. Diese Diskussion ist aber auf Grund der Praxis schon längst entschieden und so sind derartige Übungen und Konzepte ein wesentlicher Bestandteil erlebnispädagogischer Methodik und Didaktik. Annette Reiners skizziert, im Zuge der Klärung des Begriffs des „Sozialen Lernens", in ihrem ersten Buch die Unterschiede zwischen Interaktionspädagogik und Erlebnispädagogik. Dabei wird die Erlebnispädagogik noch in der Tradition der natursportlichen „Erlebnistherapie" gesehen:[367]

- Erlebnispädagogische Maßnahmen in der Interaktionspädagogik erhöhen den Anreiz zur Beteiligung an Übungen.

358 vgl. Nasser (1993), S. 39.

359 vgl. Bauer, Werner (1989), S. 23–24 und Bauer (2001), S. 57.

360 Hier sind folgende Publikationen des Begründers zu nennen: Karl Rohnke: Cowtrails & Cobras. A Guide to Ropes Courses, Initiative Games and other Adventure Activities, Project Adventure: Hamilton 1977; Karl Rohnke: Cowtails and Cobras II. A Guide to Games, Initiatives, Ropes Courses & Adventure Curriculum, Project Adventure Inc: Dubuque 1989; Karl Rohnke: High Profile: A how-to Book for Building, Belaying and Use of indoor Climbing Walls and selected Robe Course Elements, Project Adventure 1981; Karl Rohnke: Silver Bullets. A Guide to Initiative Problems, Adventure Games, Stunts and Trust Activities, Project Adventure 1984; Karl Rohnke und Steve Butler: Quicksilver. Adventure Games, Initiative Problems, Trust Activities and a Guide to Effective Leadership, Project Adventure 1995.

361 vgl. Nasser (1993), S. 155 und Heckmair, Michl (2002), 153.

362 Besonders bekannt die Publikationen von Andrew Fluegelman: The New Games Book. Garden City, NY: Doubleday und Andrew Fluegelman: The new, New Games Book. Garden City, N.Y.: Dolphin Books/Doubleday & Company 1983 und schließlich Andrew Fluegelman: More new Games! ... and playful ideas from the new Games Foundation. Garden City: N.Y.: Doubleplay 1981.

363 Reiners (1993).

364 Gilsdorf, Kistner (1995).

365 Bei Gilsdorf findet sich sogar eine Widmung von Karl Rohnke.

366 vgl. dazu Heckmair, Michl (2002), S. 192 bis 194.

367 Reiners (2011), S. 38.

- Erlebnispädagogik bietet ein realitätsnahes, wenn nicht sogar reales Handlungsfeld für die Interaktionspädagogik, wobei ein gewisser Schonraum, nämlich die Gruppensituation, gewährleistet bleibt, aber ein anderes Erleben durch die Risikosituation ermöglicht wird.
- Interaktionsspiele stellen ein wichtiges Instrument der Erlebnispädagogik dar, da sie Erfahrungen vorbereiten, vertiefen und reflektieren können. Durch Interaktionsspiele
  - können die in Extremsituationen gemachten Erfahrungen auf den Alltag generalisiert werden,
  - können Geschehnisse im Gruppenzusammenhang herausgearbeitet werden,
  - kann der Einzelne seine Reaktionsmuster in gefährlichen Situationen einschätzen lernen,
  - kann die Vertrauenswürdigkeit der Person überprüft werden,
  - kann die Zusammenarbeit und Kooperation einer Gruppe gefördert werden,
  - kann der Weg der Entscheidungsfindung deutlich gemacht werden.

Erlebnispädagogik und Interaktionspädagogik verbinden sich nach Reiners im Sinne des Sozialen Lernens (nach Prior) wie folgt:[368]

1. Ebene: Soziales Lernen als soziale Elementarerziehung

Erlebnispädagogik:	körperliches Training
Interaktionspädagogik:	Interaktionsspiele (Wahrnehmung…)

2. Ebene: Soziales Lernen als gruppendynamisch-interaktionistische Funktion

Erlebnispädagogik:	Projekt, Expedition
Interaktionspädagogik:	Vertrauensspiele, Kommunikationsübungen…

3. Ebene: Soziales Lernen als sozialpädagogische und kompensatorische Funktion

Erlebnispädagogik:	Rettungsdienst
Interaktionspädagogik:	Initiativspiele, Problemlösungsspiele, Rollenspiele, Planspiele

Die verschiedenen Übungen sind unter verschiedenen Namen heute in der Erlebnispädagogik „State of the Art“. Aber auch in den „Outdoortrainings“ der betrieblichen Fort- und Weiterbildung gehören sie zum Standardrepertoire. Dabei schwindet der Name „Interaktionsspiele“ immer mehr und heute wird von „handlungsorientierten Problemlösungsaufgaben“ gesprochen. So nennt sich auch der zweite Band von Annette Reiners folgerichtig:

Reiners, Annette (2005): Praktische Erlebnispädagogik 2. Neue Sammlung handlungsorientierter Übungen für Seminar und Training – Band 2. – Augsburg: ZIEL 2005.[369]

Unschwer sind auch die neuen Handlungsfelder zu erkennen: Seminar und Training!

368 Reiners (2011), S. 39–45.
369 Im Literaturverzeichnis in einer neueren Aufl. aufgeführt: Reiners (2009).

7.5 Entstehung der betrieblichen Outdoortrainings

Der Beginn der Outdoortrainings, darunter kann man die erlebnispädagogischen Trainings im Kontext der beruflichen Fort- und Weiterbildung verstehen (vgl. dazu Abschnitt 11.4), liegt in den 70er Jahren.

1970 wurden Outdoor-Trainings für die Wirtschaft entdeckt und in Großbritannien und den USA zum ersten Mal eingesetzt um Firmenziele zu realisieren. Zu dieser Zeit entstand eine neue Qualität in den Sozialgefügen der Unternehmen. Mit dem Ende der Arbeitsteilung ging die Einführung von Gruppenarbeit in einigen Vorreiterbetrieben einher. Teamarbeit als Leitidee sollte eine höhere Arbeitszufriedenheit und Produktivität gewährleisten und somit die Kosten reduzieren. Es waren nun nicht mehr nur fachliche und methodischen Stärken eines Mitarbeiters gefragt, ebenso gewichtet wurden soziale Qualifikationen und Kompetenzen wie Kommunikations- und Kooperationsfähigkeit, Selbstvertrauen und Vertrauen zu anderen. [370]

„Outdoor-Trainings“ stellen eine verhältnismäßig junge Trainingsform im Wirtschaftsbereich dar. Wer erstmalig die Idee hatte, Outdoor-Trainings einzusetzen, um Firmenziele zu realisieren, ist nicht eruierbar. In den frühen 70er Jahren begannen Anbieter in den USA (z.B. National Leadership School, Project Adventure, Wilderness Education Association) und in Großbritannien (Brathey Hall Trust, Outward Bound Eskdale) ihre ursprünglich für soziale Randgruppen und den Erziehungsbereich entwickelten Methoden auf Managementgruppen zu übertragen. In Europa gab es vereinzelte Pioniere – z.B. Outdoor Adventures (später umbenannt in Outdoor Development) in Österreich, Dr. Strasser & Partner in Deutschland, Stucki in der Schweiz – die ersten Schritte in diese Richtung unternahmen. [371]

Dabei waren es vor allem Veränderungen in der Arbeitsorganisation bzw. im Sozialgefüge der Unternehmen, die diese Entwicklungen verursachten:

Erst die neuen Schlagworte in der Managemententwicklung brachten die Wende. Zu den Leitthemen
- *teamorientiertes Arbeiten*
- *Führen mit Zielvereinbarungen*
- *lernendes Unternehmen*

mussten die geeigneten Methoden entwickelt werden. Plötzlich konnten Outdoor-Trainings reüssieren:

370 König, König (2005), S. 25–26.
371 Siebert, Gatt (1998), S. 245.

Sie wurden entdeckt als Bühne für offene Kommunikation und dialogische Führung und fungieren nun als Mikrowelten für den Übergang z.B. zu lernenden Organisationen. Neue Untersuchungen belegen diesen Trend. In der beruflichen Weiterentwicklung wird Schlüsselqualifikationen eine herausragende Stellung zukommen. [372]

Die Einführung der neuen Arbeitsformen, in Abgrenzung zum Taylorimus und „Scientific Management", [373] geschah natürlich aus ökonomischem Interesse der Firmen:

Das Unternehmensziel bei der Einführung von Team- und Gruppenarbeit ist es, in Zusammenhang mit anderen Maßnahmen wie Lean Production, Dezentralisierung, TQM usw. flexible Arbeitsstrukturen zu schaffen und neue, bisher ungenützte persönliche Kompetenzen der Mitarbeiter für das Unternehmen nutzbar zu machen. Gefordert ist das Aufgehen der ganzen Person „mit Haut und Haar", mit all ihren Kompetenzen und Interessen in ihrer jeweiligen Aufgabe. [374]

Der Ansatz der „Lernenden Organisation" und die daraus abgeleiteten Anforderungen waren ein maßgeblicher Grund dafür, dass sich erlebnispädagogische Methoden im Bereich der betrieblichen Fort- und Weiterbildung etablieren konnten:

Peter Senge schreibt in seinem Buch „The Fifth Discipline (1996)", dass als nächster Schritt die lernende Organisation ins Blickfeld rückt. Ich glaube, dass handlungsorientiertes Lernen eine sehr wichtige Rolle spielt für lernende Organisationen. [375]

Dabei ist der „Dreh- und Angelpunkt" dieser neuen Kommunikationskultur im Unternehmen „das Team": [376]

Lernende Unternehmen setzen auf die Potentiale ihrer Mitarbeiter: Sie sollen Zusammenarbeit effektivieren, Vertrauen zueinander entwickeln, besser miteinander kommunizieren. Dies kann man nicht in einem Seminarraum vermitteln. Auch Planspiele sind dafür ungeeignet, denn bei Planspielen können die Beteiligten ihr wahres Selbst verbergen. Sie spielen eine Rolle. [377]

In diesem Kontext ist auch der von Peter Senge geprägte Begriff der „Mikrowelten" von besonderer Bedeutung. Dabei spielen vor allem interaktionspädagogische Spiele und ihre Modifikationsmöglichkeiten eine große Bedeutung:

Kaum eine Veranstaltungsübersicht, die mit Erziehung und Bildung zu tun hat, in der nicht „Kooperative Abenteuerspiele", „Interaktionsübungen für Gruppen" oder „Problemlösungsaufgaben" einen vornehmen Platz einnehmen. Der Erfolg kommt nicht von

372 Heckmair, Wagner (1997), S. 5.
373 vgl. König, König (2005), S. 112.
374 Bender (1997), S. 8.
375 Priest (1997), S. 26.
376 Feuchthofen (1997), S. 6.
377 Priest (1997), S. 24.

ungefähr: Problemlösungsaufgaben taugen hervorragend für die kurzfristige Inszenierung gruppendynamischer Prozesse und sind so „Mikrowelten" (Peter Senge), in denen sowohl direkt und unmittelbar, aber auch reflektierend und alltagsweltbezogen, gelernt werden kann.[378]

Peter Senges Bestseller über die Vorzüge „lernender Organisationen" (1996) war ein Türöffner: Die in die „outdoors" verlegten Szenarien fungieren ganz im Sinne von Senge als „Mikrowelten", um – abseits des Alltags im Unternehmen – mit neuem ungewohnten Verhalten zu experimentieren und nachhaltige Lernerfahrungen zu sammeln.[379]

Dabei sei auch noch an die vorher genau aufgeführten Vorteile des Spiels gegenüber der „Wirklichkeit" hingewiesen (vgl. Abschnitt 7.4.2). Im Sinne von Senges fungieren Spiele als „risikolose Mikrowelten" und eignen sich daher ideal für Trainings. Verstärken kann man sie noch zusätzlich durch die „metaphorische Einkleidung".

Befördert wurde diese Entwicklung zusätzlich durch die Einführung des Total Quality Management (TQM):

Neuen Schub bekamen diese Seminare durch die Gedanken des TQM, die in der letzten Dekade die Organisationsentwicklung der amerikanischen Wirtschaft beherrschten. Teamorientiertes Arbeiten ist sicher der übergreifende Fokus bei Outdoor-Trainings. Das hängt sicher auch damit zusammen, dass TQM auf Teamwork aufbaut. Darüber hinaus laufen viele Trainings unter der Überschrift der Persönlichkeitsentwicklung. (…) Allerdings wird in kaum einem Unternehmen eine entsprechende Fehlerkultur gelebt.[380]

Was noch erwähnt werden muss, ist, dass diese Entwicklung ohne die Werkzeuge aus dem Bereich der Gruppendynamik nicht möglich gewesen wäre. Diese stellen sozusagen das methodische Grundgerüst für eine effiziente, funktionierende „Seminarbeschulung" dar. Gleichzeitig lieferte der humanistische Ansatz die Methodik für eine „fokussierende Individualbetrachtung". Dies, die oben skizzierten Entwicklungen und die neuen Methodiken finden ihren Niederschlag in den so genannten „Outdoor-Trainings" der betrieblichen Fort- und Weiterbildung. Besonders wichtig ist die schon angesprochene Fokussierung auf „den ganzen Menschen". Wie in Abschnitt 7.3.1 für die Gruppendynamik beschrieben, verschiebt sich damit natürlich das „leitende Interesse", was wiederum Auswirkungen auf die Gestaltung der Programme hat. Dabei ergibt sich der Unterschied nicht auf Grund der verwendeten Methoden, sondern die Strukturen und Rahmenbedingungen des neuen Handlungsfeldes erzwingen eine neuerliche Fokusverschiebung und Konzeptveränderungen. Allerdings ermöglichen erst die in den 70er Jahren entwickelten Ansätze und das daraus entstehende Methodenrepertoire, das Individuum für „Verhaltenstrainings" verfügbar

378 Heckmair, Michl (2002), S. 192.
379 Heckmair, Michl (2002), S. 141.
380 Priest (1997), S. 25.

zu machen. Dies gilt allerdings für alle Bereiche der Erziehung, Pädagogik und Erwachsenenbildung. Was aber den ökonomischen Bereich vom sozialpädagogischen Bereich unterscheidet, ist der neue Blickwinkel, unter dem das methodische Repertoire zur Anwendung kommt:

Ging es Kurt Hahn mit der Erlebnistherapie um das globale Ziel der Genesung der damaligen Gesellschaft, so sind in heutigen erlebnispädagogischen Ansätzen vorwiegend individuelle Zielsetzungen vorherrschend. Es geht vorwiegend um eine Stärkung der Persönlichkeit und um das Erlernen sozialer Kompetenz. Im Bereich der Personal- und Betriebspädagogik, bei Outdoor-Trainings, geht es neben der Persönlichkeits- und Teamentwicklung vorwiegend um das Erreichen bestimmter Unternehmensziele, um die Realisierung wirtschaftlichen Erfolgs. Die Feinziele, wie Aufbau von Selbstvertrauen, Vertrauen in andere, Übernahme von Verantwortung, Förderung von Kreativität und Spontanität, Kooperationsfähigkeit, Kommunikation etc. sind dieselben geblieben. [381]

7.6 Exkurs: Gegenmodell ganzheitlich-spirituelle Ansätze

Mit der klassischen Erlebnispädagogik verbindet die kreativ-rituelle Prozessgestaltung die Haltung, dass die Natur große Lehrmeisterin ist. Dabei sieht sie in der Naturerfahrung neben der konkreten auch eine metaphorische, eine energetische und spirituelle Dimension. Mit dem Mittel des rituellen Gestaltens integriert sind Grundsätze und Techniken aus verschiedenen Naturheiltraditionen. [382]

Dieser sehr offene und weite Ansatz, auch als ein „europäischer Weg der Erlebnispädagogik“ bezeichnet, steht exemplarisch für die unterschiedlichsten „spirituellen Ansätze“ in der modernen Erlebnispädagogik. Diese Ansätze kritisieren die zumeist „mechanisch-methodische“ Vorgangsweise in der Erlebnispädagogik, im Zuge der aus Nordamerika importierten „behavioristischen Metapherntheorie“ [383] und in den Outdoortrainings. [384] Ausgehend von dieser Kritik entstanden immer mehr Programme, die zu einem nicht unwesentlichen Anteil auch die mystisch-spirituelle Ebene bewusst integrierten. Dabei spielt die Natur, wie in Abschnitt 6.5.1 schon ausgeführt, eine große Bedeutung, aber auch spirituell-religiöse Aspekte [385] (siehe nachfolgende Skizze).

381 König, König (2005), S. 26.

382 Hufenus, Kreszmeier (2000), S. 32.

383 vgl. dazu Priest, Gass (1999) und Schödlbauer (2000).

384 Als Hauptvertreter dieser ersten Kritik gilt Johann Hovelynck im Zuge der Diskussion des „Metapherlernens“. Vgl. dazu Kapitel 7:1 „Ich wehre mich gegen das Wort Methoden, wenn ich mit Menschen arbeite“ Johann Hovelynck“ in Schödelbauer (2000), S. 363–365 bzw. Kapitel 7: Europäische Positionen, S. 360–451.

385 vgl. dazu ausführlich: Hufenus, Kreszmeier (2000); Schödlbauer (2000), Kapitel 7 und 8; Ferstl, Schettgen und Scholz (Hrsg) (2004), Kapitel VI: Spiritualität als erlebnispädagogisches Tätigkeitsfeld; e&l – Zeitschrift für handlungsorientiertes Lernen 2/1999: Rituale kontrovers.

Die Kategorie „europäischer Sonderweg" darf man dabei nicht allzu ernst nehmen, denn viele Ansätze integrieren auch (indianische) schamanistische Traditionen. Das Besondere ist wohl, dass diese Ansätze oft den „ganzheitlichen Anspruch" [386] der Erlebnispädagogik betonen.

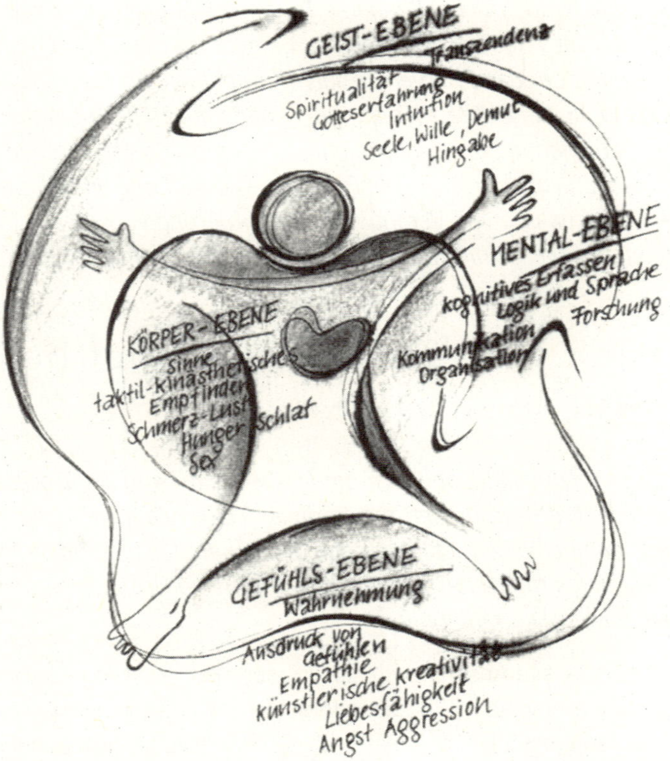

386 zum Begriff „Ganzheitlichkeit" siehe Fischer, Lehmann 2009, S. 101 bis 108.

8. Zusammenfassung: Von der Erlebnistherapie zur modernen Erlebnispädagogik; Quellen und Transformationsprozesse

8.1 Quelle 1: Die Erlebnistherapie von Kurt Hahn

Nach dieser ersten Beschreibung der (post)modernen Erlebnispädagogik ein Sprung zu den Quellen der Erlebnispädagogik. Ausgangspunkt der Zusammenfassung ist die Erlebnistherapie[387] von Kurt Hahn, das erste ab 1925 in den Landerziehungsheimen großflächig organisierte und umgesetzte pädagogische Konzept mit dem Fokus Erlebnis[388].

theoretische Bezugspunkte der schulischen Erlebnispädagogik

literarische Pädagogen
Goethe: Wilhelm Meister
Die Idee der pädagogischen Provinz und der Nützlichkeit des Handwerks

Reform-Pädagogik (D)
vor allem Hermann Lietz:
Internatsform nach der Public School, körperliches Training, Werkunterricht, Projekt
Kerschensteiner:
Handwerksunterricht, Übernahme der Projektmethode von Dewey/Kilpatrick

Pfadfinderbewegung
Jugendbewegungen (Baden-Powell)
(Meissner Formel): eigenständige Gestaltung der Freizeit (Wanderungen, Treffen etc.)
praktisches Know-How der „neuen“ Jugendarbeit

Pragmatiker (USA)
William James: Psychologe
Moralisches Äquivalent des Krieges
James Dewey: Pädagoge
Theory of Inquiry
Learning by doing, Handlungslernen
George Mead: Sozialpsychologe
Grundlagen des symbolischen Interaktionismus „I and Me“

philosophische Wurzeln
Plato:
Das kranke Weideland
Der Mensch als Wagengespann
Der ideale Erziehungsstaat
Der bildungsfähige Mensch
Das Höhlengleichnis

pädagogische Wurzeln
Rousseau:
Erziehung vom Kinde aus
Erziehung duch die Natur
Erziehung durch die Natur/Menschen/Dinge
Pestalozzi:
ganzheitliche Erziehung (Kopf-Herz-Hand)
Der Mensch ist ein Werk von Natur/Gesellschaft/Indivduum

Erlebnis-Therapie als Schulpädagogik
1925 Landerziehungsheim Schule Schloss Salem

Erlebnistherapie

Krankheit	**Therapie**
Verfall der körperlichen Tauglichkeit	Das körperliche Training
Mangel an Initiative und Spontanität	Die Expedition
Mangel an Sorgfalt	Das Projekt
Mangel an menschlicher Anteilnahme	Der Rettungsdienst

pädagogisch hermeneutischer Erlebnisbegriff
Erlebnisse sind wirkmächtige Erinnerungen
Erziehung zur Verantwortung durch Verantwortung
Bildung durch Wagnis und Bewährung

philoshophischer Erlebnisbegriff hermeneutisch-geisteswissensch (Wilhelm Dilthey)
Erlebnis als Strukturelement;
„Erlebnis-Ausdruck-Verstehen“;
Verbindung von Innenwelt und Außenwelt

Lebensphilosophie (Henri Bergson)
Die Erneuerung des Lebens (der Welt) durch **eigene** Erlebnisse.
geschlossene Gesellschaft **vs.** offene Moral

Existenzialistische Perspektive (Karl Jasper)
In Krisensituationen (Tod, Kampf, Leid, Schuld) wird sich der Mensch seiner EXISTENZ bewusst

pädagogisch-hermeneutischer Erlebnisbegriff (Hermann Nohl)
Erlebnisse sind ein wichtiges Mittel zur Haltungs- und Einstellungsveränderung. Wichtig ist es im Rahen eines vorbedachten Planes die **richtigen** Erlebnisse zu vermitteln

Waltraud Neubert
Das Erlebnis im Unterricht
Erlebnis-Schuldidaktik
erstmalige Nennung des Begriffs „Erlebnispädagogik“

387 Kurth Hahn nannte sein Konzept zwar Erlebnistherapie gegen den Verfall der Jugend, allerdings handelt es sich um ein pädagogisches Konzept.

388 zu den Deutungsangeboten des Begriffs „Erlebnis“ in der Erlebnispädagogik sei besonders empfohlen: Schenz (2006). Seine Darlegungen fließen entscheidend in die nachfolgende Skizze ein.

Stichwortartig sei hier angeführt, welche Ideen Hahn für sein Konzept verwendete und die bis heute nachwirken:

- sein didaktisches Konzept mit körperlichem Training, Expedition (Wandervogelbewegung), Projekt (Kerschensteiner, Lietz) und Rettungsdienst
- der Rückgriff auf das „Medium Natur" (Rousseau) und auf natursportliche Aktivitäten
- die Idee „Zivilisationskrankheiten" in einer „pädagogischen Provinz" (Plato, Goethe, Pestalozzi), also in einer idealen (idealer Erziehungsstaat Plato, Lietz) und von den Reizen der Zivilisation unbeeinflussten Umgebung zu heilen.
- das Konzept einer ganzheitlichen Erziehung (Pestalozzi, Reformpädagogen) mit Kopf, Herz und Hand (Schulunterricht, handwerkliches Projekt, Rettungsdienst)
- die Idee, abweichendes Verhalten durch ein Erziehungskonzept der Bewährung, der Verantwortungsübernahme und des sozialen Engagements zu ändern (William James: Moralisches Äquivalent zum Krieg)
- Die (nachhaltige) Einführung des Erlebnisbegriffs in die Pädagogik (unterschiedliche Deutung des Erlebnisbegriffs, z.B. Dilthey, Nohl, Jaspers, Bergson…)
- Der nachhaltige Aufbau einer organisatorischen Struktur

Die große Bedeutung von Kurt Hahn liegt weniger in seiner stringenten Theorie, als in der Entwicklung eines pädagogischen Konzepts und deren weltweite, didaktisch-organisatorische Umsetzung (vgl. dazu besonders Abschnitt 2.1, 3., 4.).

8.2 Transformation 1: Die Entstehung von Outward Bound

1941 gründete Kurt Hahn seine erste „Kurzschule", die spätere Outward Bound Sea School. Damit wurde aus einem reformpädagogischen Schulkonzept ein „pädagogisches Trainingskonzept". Durch das Verlassen des „Schulkontextes" und der begrenzten Zeit erlangte der „verfahrenstechnische Anteil" eine wesentliche Stärkung. Denn durch die oben angeführten Veränderungen wurde die Standardisierung „des Programms" an Hand der „erlebnispädagogischen Didaktik" (die 4 Schritte der Erlebnistherapie) vorangetrieben. Es spricht einiges dafür, an dieser Stelle vom Beginn der „Erlebnismethode" zu sprechen, wenngleich die differenzierteren Ziele (Arbeitgeber, Schule, Militär,…) noch immer durch ein Erziehungskonzept erreicht werden sollten (vgl. dazu besonders Abschnitt 4.4).

Erlebnis-Therapie als Schulpädagogik
1925 Landerziehungsheim Schule Schloss Salem

Verfestigung der Erlebnis-Therapie zu einem didaktischen (Erziehungs) Konzept
Übernahme Know-How Pfadfinderbewegung

neue Arbeitsfelder Schule und betriebliche Fort- und Weiterbildung	Projektstruktur (4 Wochen) statt Schulstruktur	neue Zielgruppe u.a Lehrlinge, Soldaten, Schüler/-innen, Polizeianwärter; ab 1957 Schülerinnen, ab 1957/1958 Seniors Courses GB

„Outward Bound" (1941)
Erlebnistherapie in Projektform
Pädagogik/Training

8.3 Quelle 2: Die Handlungspädagogik von John Dewey

Die Handlungspädagogik (Learning by doing) kann man auf John Dewey, den wichtigsten Theoretiker, zurückführen. Spätestens mit der Ausweitung der Outward Bound Bewegung in die USA gewannen die pädagogischen Ansätze von John Dewey an Bedeutung für die erlebnispädagogische Theorie, wenn auch oft die Praxis nachträglich mit Deweys Ansätzen („Learning by doing") erklärt wurde.

Mit der Bezugnahme auf Dewey ergibt sich eine wesentliche Verschiebung in den Begrifflichkeiten: Das Erlebnis verliert an Bedeutung und an dessen Stelle treten Handeln und Erfahrung. Dies hat folgende Konsequenzen:

- Prozesshaftigkeit:
  - aus Handeln wächst Erfahrung
  - Erfahrung beeinflusst Handeln
- Erleben und Erfahrung und nicht das Erlebnis stehen im Zentrum
- Reflexion erhält eine zentrale didaktische Bedeutung
- Handlungs(orientiere)-Projekte können für den Bereich der Erlebnispädagogik theoretisch begründet werden

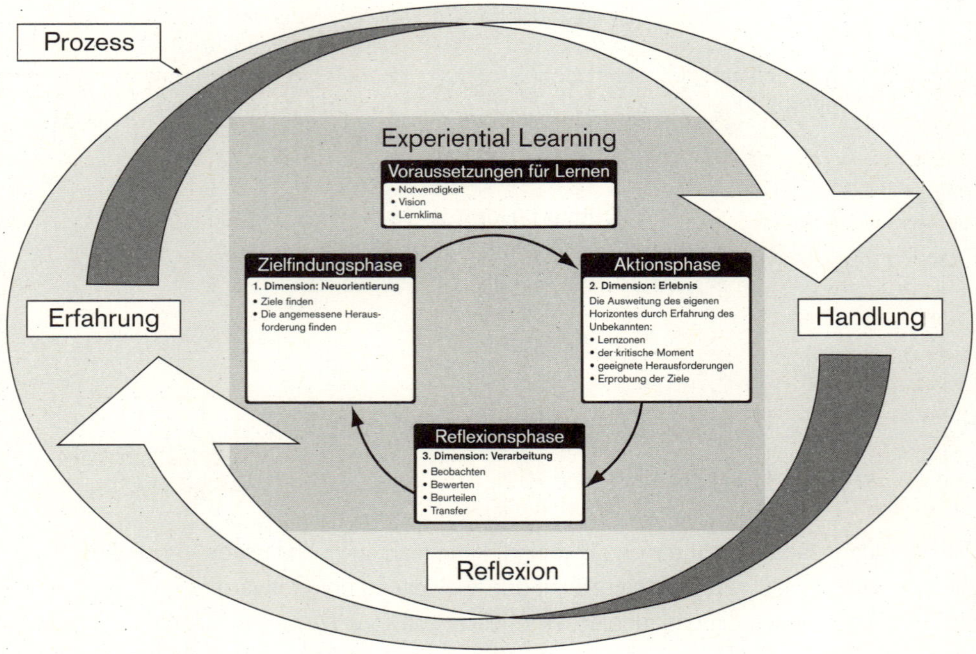

Tom Senninger erweitert durch Baig-Schneider. [389]

Natürlich gab es bereits vorher viele Elemente (so z.B. das Projekt), doch durch den Bezug auf Dewey wurde der Zusammenhang von Handlung, Reflexion und Prozess theoretisch neu begründet, praktisch umgesetzt und ein fixer Bestandteil der Erlebnispädagogik (vgl. dazu besonders Abschnitt 2.2).

389 Senninger, Tom (2000): Abenteuer leiten – in Abenteuern lernen. Münster: Ökotopia, S. 28.

8.4 Transformation 2: Vom Erlebnis zu Handlung und Erfahrung

Es müssen keine komplizierten, vorbedachten Pläne für richtige Erlebnisse mehr entworfen werden, sondern der Alltag und das eigene Tun können pädagogisch bearbeitet werden. Ein nicht unwesentlicher Punkt für die Gestaltung von Seminaren im Bereich der beruflichen Fort- und Weiterbildung. Hahn hatte zwar neue Arbeitsfelder erschlossen, aber Dewey lieferte die anschlussfähigere Didaktik[390] (vgl. dazu besonders Abschnitt 2.2 und 7.3).

<table>
<tr><td></td><td colspan="2">„Outward Bound“ (1941)
Erlebnistherapie in Projektform
Pädagogik/Training</td></tr>
<tr><td rowspan="3">Die Pragmatiker
William James: Philosoph
Moralisches Äquivalent des Krieges
James Dewey: Pädagoge
„Learning by doing“
Projektunterricht
Handlungslernen
amerikanischer „Naturpädagoge“
Henry David Thoreau
„Über die Pflicht zum Ungehorsam gegenüber dem Staat
Waldenexperiment</td><td>Outward Bound GB (1941)
Abenteuer-Expedition
„Adventure Education“</td><td>Outward Bound BRD (1952)
Rettungsdienst-Expedition</td></tr>
<tr><td>Outward Bound USA (1962)
Adventure Education
Wilderness Learning</td><td></td></tr>
<tr><td>Handlungs-pädagogik (John Dewey)</td><td>Erlebnistherapie (Kurt Hahn)</td></tr>
</table>

390 Oft findet man geschrieben, dass ohne Dewey die aktuellen Organisationsentwicklungsprozesse nicht denkbar wären.

Im angelsächsischen Raum wird dem Begriff des „Abenteuers“ eine größere Bedeutung zugewiesen, während in den deutschen Outward Bound Schulen der Schwerpunkt mehr auf der „sozialen Erziehung“ lag. Der im angelsächsischen Raum etablierte Begriff des Abenteuers (adventure education) konnte sich, oft als „Abenteuerpädagogik“ bezeichnet, nie im deutschsprachigen Raum durchsetzen. In den USA haben auch „Wilderness“-Projekte, auf Grund der vorhandenen „Naturressourcen“, große Tradition. Da in Europa, außer im Norden, derartige Ressourcen weniger vorhanden sind, gibt es wenige derartige Projekte. Grob könnte man somit sagen, dass im angelsächsischen Raum Natur, Abenteuer und Natursport große Bedeutung haben, im deutschsprachigen Bereich überwiegt die soziale Komponente (vgl. dazu besonders Abschnitt 6).

8.5 Quelle 3: Die Interaktionspädagogik und Project Adventure

Das 1970 gegründete „Project Adventure“ verbindet die Tradition der Outward-Bound-Bewegung mit den Erkenntnissen aus der Gruppendynamik: Ziel ist, die Erlebnispädagogik (wieder) für die Schule nutzbar zu machen. Als neue, dritte, Bezugstheorie findet nun die „Interaktionspädagogik“ Eingang in die Erlebnispädagogik. Zentrales methodisches Element ist das pädagogische Spiel. Die Interaktionspädagogik und das (gruppendynamisch strukturierte) pädagogische Spiel sind die Basis für die „Indoor-Erlebnispädagogik“ (vgl. dazu besonders Abschnitt 7.4). Das bedeutet:

- Einführung und Entwicklung spezieller Spiele und Aufgaben
- Modifizierbare Herausforderung nach dem Niveau der Gruppe/Teilnehmer/-in
- Keine durchgehenden Blöcke mehr wie bei Outward Bound, sondern kurze Einheiten werden auf längere Zeit aufgeteilt (in den Schulablauf integrierbar)
- Einzelne Einheiten und die jeweiligen Spiele werden nach den Erkenntnissen der Gruppendynamik (ideale Gruppenabläufe) gegliedert. Damit existiert erstmals ein gruppendynamisch-erlebnispädagogisches Didaktikkonzept
- Viele Übungen sind auf „Indoor“ ausgerichtet. Die Natur, bzw. natursportliche Aktivitäten und Medien, verlieren an Bedeutung

8.7 Transformation 3: postmoderne Differenzierung

Bis in die frühen 70er Jahre ist das Feld der Erlebnispädagogik relativ einfach zu beschreiben. Outward Bound ist bis dahin der einzige weltweite Anbieter. Die Theoriebezüge und didaktischen Konzepte sind überschaubar. Ab den 70er Jahren setzen dann die großen Transformationsprozesse ein (die Interaktionspädagogik wurde schon erwähnt), die schließlich zur (post)modernen Erlebnispädagogik führen (vgl. dazu besonders Abschnitt 7):

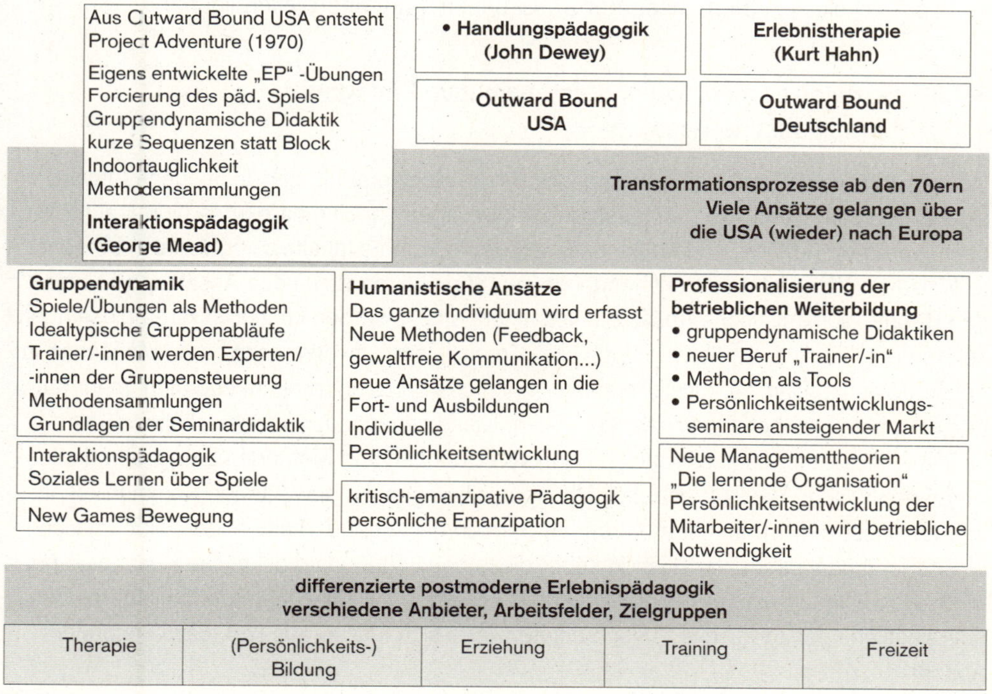
Aus Outward Bound USA entsteht Project Adventure (1970)
Eigens entwickelte „EP“ -Übungen
Forcierung des päd. Spiels
Gruppendynamische Didaktik
kurze Sequenzen statt Block
Indoortauglichkeit
Methodensammlungen
Interaktionspädagogik (George Mead)
• Handlungspädagogik (John Dewey)
Erlebnistherapie (Kurt Hahn)
Outward Bound USA
Outward Bound Deutschland
Transformationsprozesse ab den 70ern
Viele Ansätze gelangen über die USA (wieder) nach Europa
Gruppendynamik
Spiele/Übungen als Methoden
Idealtypische Gruppenabläufe
Trainer/-innen werden Experten/-innen der Gruppensteuerung
Methodensammlungen
Grundlagen der Seminardidaktik
Interaktionspädagogik
Soziales Lernen über Spiele
New Games Bewegung
Humanistische Ansätze
Das ganze Individuum wird erfasst
Neue Methoden (Feedback, gewaltfreie Kommunikation...)
neue Ansätze gelangen in die Fort- und Ausbildungen
Individuelle Persönlichkeitsentwicklung
kritisch-emanzipative Pädagogik
persönliche Emanzipation
Professionalisierung der betrieblichen Weiterbildung
• gruppendynamische Didaktiken
• neuer Beruf „Trainer/-in“
• Methoden als Tools
• Persönlichkeitsentwicklungsseminare ansteigender Markt
Neue Managementtheorien
„Die lernende Organisation“
Persönlichkeitsentwicklung der Mitarbeiter/-innen wird betriebliche Notwendigkeit
differenzierte postmoderne Erlebnispädagogik
verschiedene Anbieter, Arbeitsfelder, Zielgruppen
Therapie
(Persönlichkeits-) Bildung
Erziehung
Training
Freizeit

8.7.1 Gruppendynamik

Die Gruppendynamik liefert, wie bei Project Adventure schon angedeutet, die Grundlage für eine (Seminar)Didaktik der Erwachsenenbildung und ist damit die methodisch/didaktische Basis für die Professionalisierung und die Entstehung des Berufs Trainer/-in (vgl. dazu besonders Abschnitt 7.3):

- idealtypische Abläufe von „Gruppenbildungsprozessen“ und „Gruppenverläufen“ werden niedergeschrieben (später die Grundlage der didaktischen Gestaltung von Seminaren)
- Spiele/Übungen werden methodisch verwendet und aufgezeichnet (Methodensammlungen)
- es entwickeln sich **themenzentrierte** T-Gruppen (Fort- und Weiterbildung)

8.7.2 Soziales Lernen, kritisch-emanzipative Pädagogik, humanistische Ansätze

Wie schon erwähnt, war der „Rettungsdienst“ ein Schwerpunkt der deutschen Outward Bound Schulen. Durch die permanenten Verkürzungen der Standardkurse (von 4 auf 2 Wochen) verschwand dieser und die Inhalte wurden durch die Inhalte des „Sozialen Lernens“ teilweise ersetzt. Außerdem entstanden in den 60er Jahren viele neue Ansätze, die unter den Begriff „humanistische Ansätze“ zusammengefasst werden können. Waren diese auch sehr unterschiedlich, stellten sie doch alle den einzelnen, unverwechselbaren Menschen in den Mittelpunkt. Damit fokussierte man sich auf das ganze Individuum und nicht mehr auf den erkrankten, zu behandelnden Menschen. Diese neuen, auch kommunikationstheoretischen, Ansätze fanden sehr bald in Form von Übungen und Methoden Eingang in die (sozial)pädagogische Praxis (Feedback Übungen, Übungen zur gewaltfreien Kommunikation, Interaktionsspiele,...). Immer mehr der im Bereich der Jugendarbeit Tätigen bildeten sich in diese Richtung weiter und so fanden über diese neue Theorien didaktische Konzepte und Methoden Eingang in die Erlebnispädagogik. Die bis in die 60er Jahre doch einigermaßen übersichtliche pädagogische Theorie differenzierte sich massiv aus (vgl. dazu besonders Abschnitt 7.4):

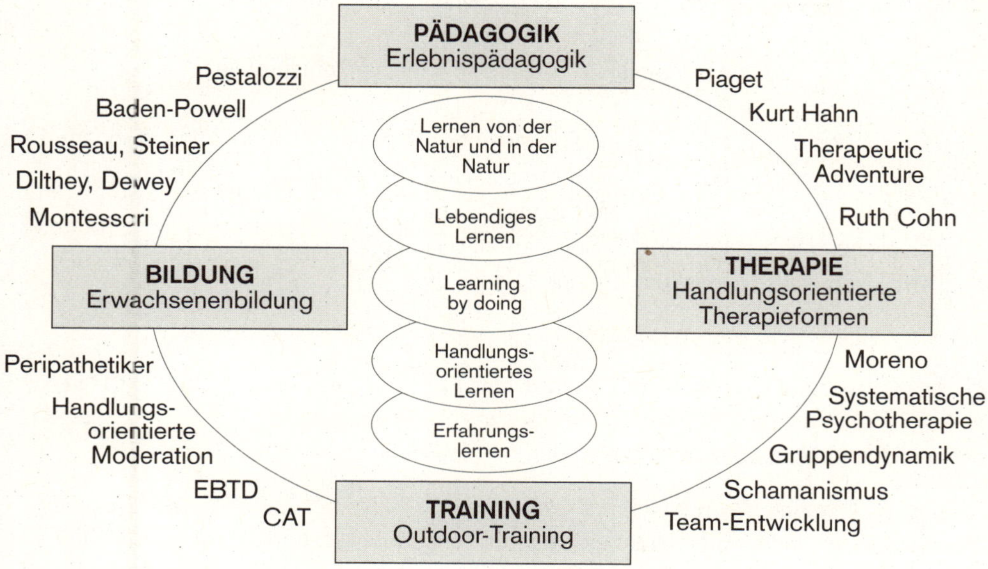

Hufenus, Hans-Peter und Astrid Habiba Kreszmeier[391]

8.7.3 Professionalisierung der Fort- und Weiterbildung

Die gruppendynamischen Erkenntnisse und die humanistischen Ansätze führten auch zu großen Veränderungen im Bereich der Fort- und Weiterbildung. Erstmals konnten erwachsenengerechte und die gesamte Persönlichkeit erfassende Fortbildungsdidaktiken entwickelt werden. Im Mittelpunkt stand nicht mehr alleine die Vermittlung von Wissen, sondern auch eine Persönlichkeitsentwicklung. Mit dem Postulat der „Lernenden Organisation" erlangte die Fort- und Weiterbildung eine große Bedeutung für den ökonomischen Erfolg. Dies führte zu folgenden Entwicklungen (vgl. dazu besonders Abschnitt 7.2, 7.3, und 7.5):

- größerer Bedarf nach Fort- und Weiterbildung
- Entstehung einer neuen „Seminarpädagogik"
- Strukturierung nach dem idealtypischen Gruppenverlauf und den neuen Erkenntnissen der Psychologie (programmierter Unterricht, etc.)

391 Hufenus, Kreszmeier (2000), S. 50.

- Verwendung von Methoden der Gruppendynamik und der humanistischen Ansätze,
- Fokus Fachwissen und Persönlichkeitsentwicklung,
- Entstehung einer neuen Profession (Trainer/-in) mit einem entsprechenden Ausbildungsprofil,
- Aufzeichnung und Veröffentlichung von Methoden (Spiele, Übungen, Interventionen) in Methodensammlungen als Trainings-Tools. Diese Tools sind von den ursprünglichen Ethiken und Theorien (humanistischer Ansatz) entkoppelt,
- Ermöglichung von zielgerichteter Seminarentwicklung durch die neuen Ansätze,
- Entwicklung eines Markts für Fort- und Ausbildung.

8.8 Skizze der modernen Erlebnispädagogik

basierend auf Michael Rehm, erweitert durch Baig-Schneider

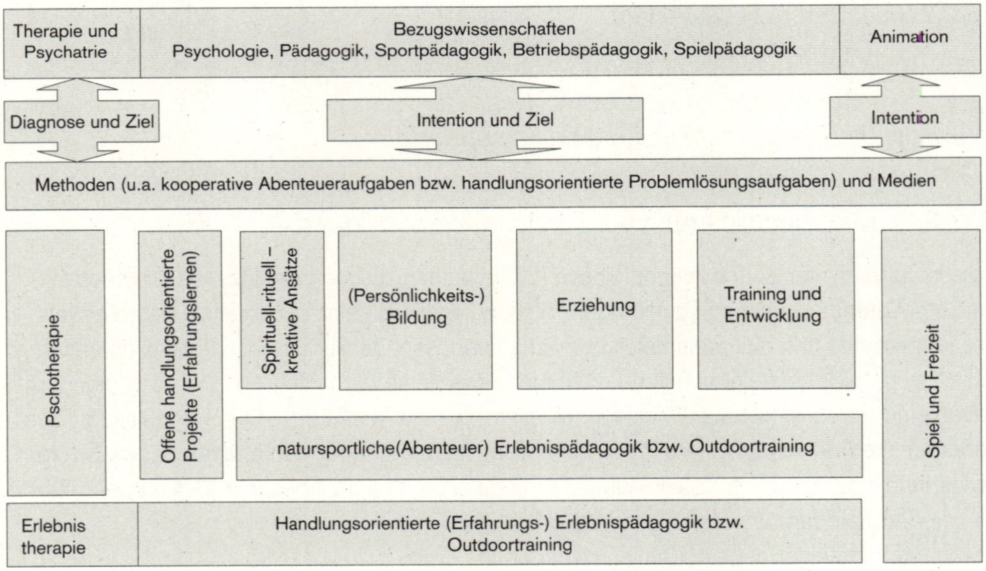

9. Merkmale der Erlebnispädagogik (Michael Ernst) [392]

In den vorherigen Abschnitten wurde das „erlebnispädagogische Begriffsvokabular" besprochen und dann ausführlich die „pädagogische Ideengeschichte" dargestellt. In diesem Abschnitt wird nun auf der formalen Ebene versucht, eine „Systematik der Erlebnispädagogik" [393] zu entwerfen.

Eine Systematik der Erlebnispädagogik muss die theoretische Ebene und die methodische Ebene mitberücksichtigen und offen genug sein, um die heterogenen Beschreibungsversuche zu integrieren. Es kann sich somit nur um eine „Rahmensystematik handeln". Zur Erstellung der Systematik greife ich auf zwei Modelle zurück: auf das Merkmalmodell von Michael Ernst [394] und auf das Modell des „Tree of Science" [395] von Hilarion Petzold (vgl. dazu Abschnitt 10), wobei das Merkmalmodell besonders geeignet **ist die erlebnispädagogische Praxis zu beschreiben.**

Nach Ernst gibt es, wie schon erwähnt, keine gemeinsame Definition (vgl. dazu Abschnitt 1.1 Definitionen), sondern lediglich wiederkehrende Begriffe und Beschreibungen. Ernst spricht daher von einem „**Grundwortschatz** der Erlebnispädagogik" und von „**Merkmale** zur Beschreibung"

Es kann keine einheitliche Definition von Erlebnispädagogik geben, sehr wohl aber einen gemeinsamen Grundwortschatz und verschiedene, in sich wieder differenzierte, Merkmale. Durch Grundwortschatz und Merkmale können Phänomene sowohl analysiert als auch sehr dicht beschrieben werden:

392 Ernst (2001), S. 16–18.
393 zum Thema „Systematik der Erlebnispädagogik" sei an dieser Stelle auch an Fischer, Lehmann (2009) verwiesen. Aufgrund der überschneidenden Erscheinungsdaten und auch der unterschiedlichen Ansätze konnte dieses Buch hier nicht mehr einfließen, aber inhaltlich handelt ist es um eine der elaboriertesten Darstellungen zu diesem Themenkomplex. Die Überlegungen in diesem Abschnitt wurden schon vorab auf einen Kongress veröffentlicht, siehe Baig-Schneider (2008).
394 vgl. Ernst (2001).
395 siehe dazu Petzhold (2003)

Die Grundmerkmale von Ernst sind:

Merkmal	Arbeitsfeld	Freizeitpädagogik, Bildung, Ausbildung, Therapie, ...
Merkmal	Ziel	Persönlichkeitsentwicklung, Umweltbildung, Soziales Lernen, ...
Merkmal	Anleitung (im Sinne von Didaktik)	Moderations- oder Reflexionstechniken (siehe die sechs Lernmodelle nach Priest)
(Abgrenzungs-) Merkmal	Erlebnis	Erlebnispädagogik unterscheidet sich durch die gezielte Nutzung von Erlebnissen als lehrreiche Situationen von anderen Pädagogiken
Merkmal	Räume	pädagogisch unerschlossene Räume, Wildnis, Turnhalle, Großstadtdschungel, ...
Merkmal	Methode	Interaktionsspiele, Natursportarten, Service Projekte, ...
Merkmal	Teilnehmende	Inwiefern stehen die Lernenden im Mittelpunkt? Welche Bereiche werden beim Lernenden angesprochen?
Merkmal	Anbietende	Motive für den Einsatz von Erlebnispädagogik: gegenmoderne Pädagogik, „letzter Rettungsanker", Ergänzung zu tradierten Einrichtungen, wirtschaftliche Interessen, pädagogische Überzeugungen, ...)

Diese Merkmale werden nun verwendet um die aktuelle moderne Erlebnispädagogik zu beschreiben. Wo es notwendig erscheint, werden manche Merkmale ausführlicher beschrieben und inhaltlich ergänzt. Aufgrund der heterogenen Ausrichtung der Erlebnispädagogik ergibt sich bei der Darstellung der einzelnen Merkmale wiederum kein einheitliches Bild, sondern Widersprüchliches steht gleichwertig nebeneinander. Aus der Gesamtschau der Merkmale ergibt sich also eine Bestandsaufnahme der modernen Erlebnispädagogik aber keine befriedigende Systematik.

9.1 Das Merkmal Arbeitsfeld

Arbeits-, bzw. Handlungsfelder prägen die erlebnispädagogische Praxis sehr massiv. Im Rahmen der Arbeitsfelder werden Aufgaben, Zielgruppen und Ziele, aber auch arbeitsfeldspezifische Vorgangsweisen zumeist mit einem spezifischen Menschenbild verbunden, einer spezifischen Ethik, vermittelt. Dies ist gemeint, wenn Wolfgang Mutzeck von einer „Handlungsmethode (des spezifischen Arbeitsfeldes)" spricht[396] (siehe auch Abschnitt 1.3).

396 vgl. Mutzeck (2000) und Galuske (2007).

Einer der Ersten, der „Arbeitsfelder" (in seiner Darstellung als Programmtypen bezeichnet), identifizierte, war Simon Priest (siehe Kapitel 6.4 Programmtypen). Seine „Programmtypen" Erholung/Erziehung/Entwicklung/Therapie wurden in den 80er Jahren massiv in der erlebnispädagogischen Literatur rezipiert und auch noch heute wird darauf noch gerne zurückgegriffen:

Type	Deutsche Bezeichnung	Purpose	beinhaltet	Outcomes	Outdoor Form
Recreation	Freizeit und Erholung	to change feelings		Fun, enjoyment, reenergized	Event/ Incentive
Education	Erziehung (manchmal Bildung)	to change thinking	plus obere Stufe	Ideas, new concepts, awareness	Kick-Off
Developemental	Entwicklungsförderung (manchmal Training)	to change behavior	plus obere Stufe	increase functional action	Training
Therapeutic	Therapie	to change malbehavior	plus obere Stufe	decrease dysfunctional action	

Programmtypen nach Priest I[397]

Outdoor Form	Anvwendungsbereich	Zweck	Ergebnisse/Ziel
Event/Incentive	Freizeit/Belohnung	Positive Gefühle wecken und verändern	Spaß und Genuss erleben
Kick-Off	Einleitung von Veränderungsprozessen	Mut entwickeln, neue Möglichkeiten und Grenzen zu entdecken	Förderlichen „Kick" erfahren für bevorstehende Veränderungen und Projekte
Training	Unterstützung von Change-Prozessen	Denken, Verhalten und Handeln modifizieren	Verstärkung von funktionalen Verhaltensweisen und Erlernen neuer Verhaltensweisen

Programmtypen nach Priest II[398]

397 Paffrath, Rehm (1998), S. 95 bzw. 66.
398 König, König (2005), S. 31.

Jürgen Einwanger entwarf auf Priests Grundlage ein „Handlungsmotivationsmodell“ [399], in dem den einzelnen Handlungsfeldern noch „Handlungsmotivationen“ zugeordnet werden:

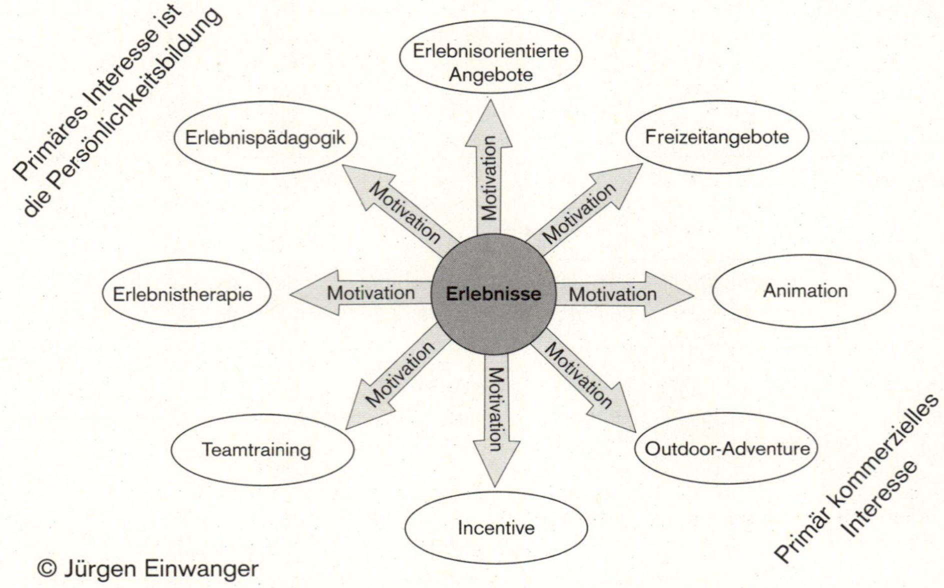

Anuschka Düppe liefert für die Arbeitsfelder „Erlebnispädagogik“, „Outdoor-Training“ und „Animation“ eine interessante Beschreibung:

	Erlebnispädagogok	Outdoor-Training	Incentives	Outdoor-Aktivität
Inhalte	• „neue Natursport-arten“ • Interaktionsspiele • Problemlösungs-aufgaben • Abenteuer	• Teamtraining • Führungskräftetraining • Culture Change-Programme • Schlüssel-kompetenzen • Verkaufstrainings • Motivationstrainings	• spannende, packende, lustvolle Erlebnisse • unangenehme/lästige Kopfarbeit fällt weg	• bewegungs- und sportbezogene Aktivitäten in der Natur
Theorie/ Praxis	Theorie/Praxis gleich große Bedeutung	Theorie/Praxis gleich große Bedeutung	Theorie nicht nötig	Theorie nicht nötig

399 Einwanger (2006), S. 294–295.

	Erlebnispädagogik	Outdoor-Training	Incentives	Outdoor-Aktivität
Indoor/ Outdoor, „Aufarbeiten/ Erleben“	• ausgewogenes Verhältnis • entsprechende Zielsetzung	• bis zu 90 % Indoor • Outdoor zur Unterstützung	nur Outdoor	nur Outdoor
Seminardauer	• längere Touren • methodisch-didaktische Abfolge	• selten halbtägig • 2–3 Tage bis zu 12 Tagen • methodisch-didaktische Abfolge	• kein Seminar • einzelne Aktionen in der Regel 1–2 Tage	• kein Seminar • einzelne Aktionen
Strukturiertheit	• Bedingt durch Natur/Gruppenmitglieder vorgegeben • Minutengenau strukturiert (Eigenheiten der Gruppenmitglieder neutralisiert)	• Bedingt durch Natur/Gruppenmitglieder vorgegeben • Minutengenau strukturiert (Eigenheiten der Gruppenmitglieder neutralisiert)	• wenig Berücksichtigung der Gruppe • zeitlich strukturiert	• Mittel um Struktur in einem Programm zu schaffen
Körperliche Belastung	Aktivitäten mit niedriger und hoher physischer und psychischer Anstrengung	Aktivitäten mit eher niedriger und selten hoher physischer und psychischer Anstrengung; Anpassung an Forderungen der Teilnehmer/Gesellschaft	Härtetraining mit hohem Leistungsanspruch bis körperlich nicht fordernden Übungen	Aktivitäten mit niedriger und/oder hoher physischer Anstrengung

Abgrenzung von Erlebnispädagogik, Outdoor-Training, Incentives und Outdoor-Aktivitäten. Programmtypen nach Düppe[400]

Fischer/Ziegenspeck[401] hingegen beschreiben fünfzehn unterschiedliche „Integrationspotentiale“ (die durchaus als „Arbeitsfelder“ zu deuten sind) der Erlebnispädagogik:

1. Erlebnispädagogik als Integrationspädagogik
2. Erlebnispädagogik als Kompensationspädagogik
3. Erlebnispädagogik als alternative Pädagogik
4. Erlebnispädagogik als Outdoor-Pädagogik
5. Erlebnispädagogik als Freizeitpädagogik
6. Erlebnispädagogik als Sozialpädagogik
7. Erlebnispädagogik als Umwelterziehung
8. Erlebnispädagogik als Adventure-Education
9. Erlebnispädagogik als natürliches und soziales Erfahrungslernen
10. Erlebnispädagogik als Rehabilitationspädagogik
11. Erlebnispädagogik als Behindertenpädagogik

400 Düppe (2004), S. 28.
401 Fischer, Ziegenspeck, S. 281.

12. Erlebnispädagogik als praktische Soziologie
13. Erlebnispädagogik als Betriebspädagogik
14. Erlebnispädagogik als interkulturelle Erziehung
15. Erlebnispädagogik als multikulturelle Erziehung

Wie nachfolgendes Beispiel zeigt, eignet sich die „Programmtypen-Systematisierung“ nicht nur zur Typisierung einzelner Handlungsfelder, sondern umgekehrt kann das Angebot in einem spezifischen Handlungsfeld (betriebliche Fortbildung oder nach Fischer/Ziegenspeck Betriebspädagogik) mit seinen spezifischen Zielen noch einmal differenziert dargestellt werden:

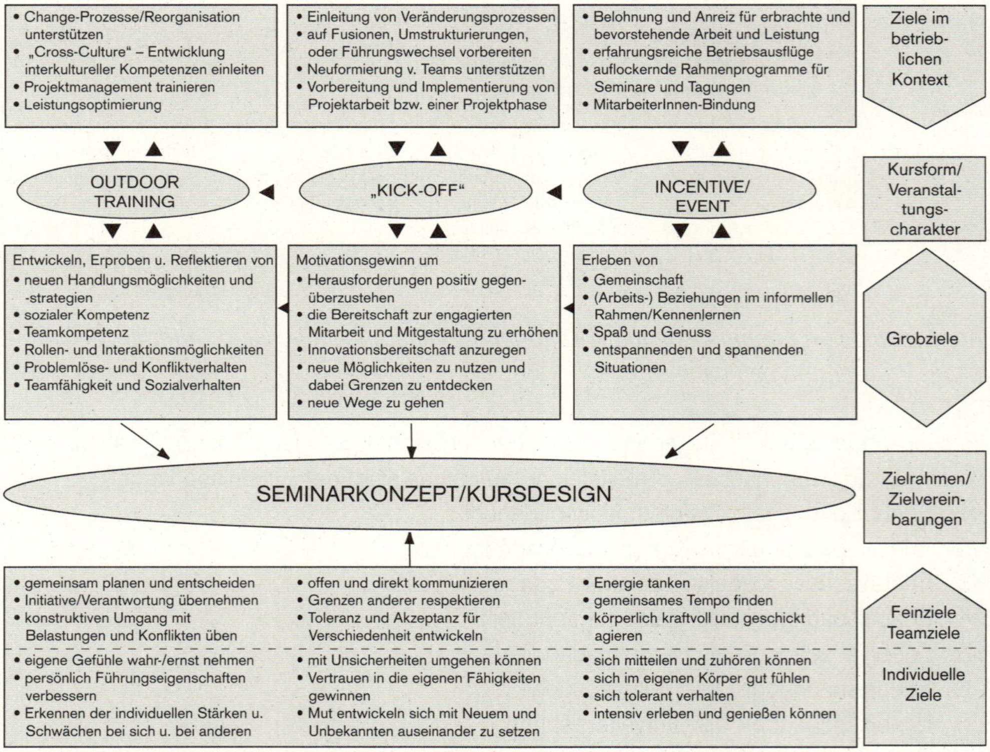
• Change-Prozesse/Reorganisation unterstützen
• „Cross-Culture“ – Entwicklung interkultureller Kompetenzen einleiten
• Projektmanagement trainieren
• Leistungsoptimierung
• Einleitung von Veränderungsprozessen
• auf Fusionen, Umstrukturierungen, oder Führungswechsel vorbereiten
• Neuformierung v. Teams unterstützen
• Vorbereitung und Implementierung von Projektarbeit bzw. einer Projektphase
• Belohnung und Anreiz für erbrachte und bevorstehende Arbeit und Leistung
• erfahrungsreiche Betriebsausflüge
• auflockernde Rahmenprogramme für Seminare und Tagungen
• MitarbeiterInnen-Bindung
Ziele im betrieblichen Kontext
OUTDOOR TRAINING
„KICK-OFF“
INCENTIVE/ EVENT
Kursform/ Veranstaltungscharakter
Entwickeln, Erproben u. Reflektieren von
• neuen Handlungsmöglichkeiten und -strategien
• sozialer Kompetenz
• Teamkompetenz
• Rollen- und Interaktionsmöglichkeiten
• Problemlöse- und Konfliktverhalten
• Teamfähigkeit und Sozialverhalten
Motivationsgewinn um
• Herausforderungen positiv gegenüberzustehen
• die Bereitschaft zur engagierten Mitarbeit und Mitgestaltung zu erhöhen
• Innovationsbereitschaft anzuregen
• neue Möglichkeiten zu nutzen und dabei Grenzen zu entdecken
• neue Wege zu gehen
Erleben von
• Gemeinschaft
• (Arbeits-) Beziehungen im informellen Rahmen/Kennenlernen
• Spaß und Genuss
• entspannenden und spannenden Situationen
Grobziele
SEMINARKONZEPT/KURSDESIGN
Zielrahmen/ Zielvereinbarungen
• gemeinsam planen und entscheiden
• Initiative/Verantwortung übernehmen
• konstruktiven Umgang mit Belastungen und Konflikten üben
• offen und direkt kommunizieren
• Grenzen anderer respektieren
• Toleranz und Akzeptanz für Verschiedenheit entwickeln
• Energie tanken
• gemeinsames Tempo finden
• körperlich kraftvoll und geschickt agieren
• eigene Gefühle wahr-/ernst nehmen
• persönlich Führungseigenschaften verbessern
• Erkennen der individuellen Stärken u. Schwächen bei sich u. bei anderen
• mit Unsicherheiten umgehen können
• Vertrauen in die eigenen Fähigkeiten gewinnen
• Mut entwickeln sich mit Neuem und Unbekannten auseinander zu setzen
• sich mitteilen und zuhören können
• sich im eigenen Körper gut fühlen
• sich tolerant verhalten
• intensiv erleben und genießen können
Feinziele Teamziele
Individuelle Ziele

Ebenen der Zielorientierung von Outdoor-Kursformen mit unterschiedlichen Anwendungsbereichen

Programmtypen in der Betrieblichen Weiterbildung[402]

402 Skizze entnommen aus Datzberger (2003), S. 70.

Den deutschsprachigen Bereich verlassend, beschreibt Michael Rehm die „Programmtypen-Arbeitsfelder“ für die „nordamerikanische Erlebnispädagogik“

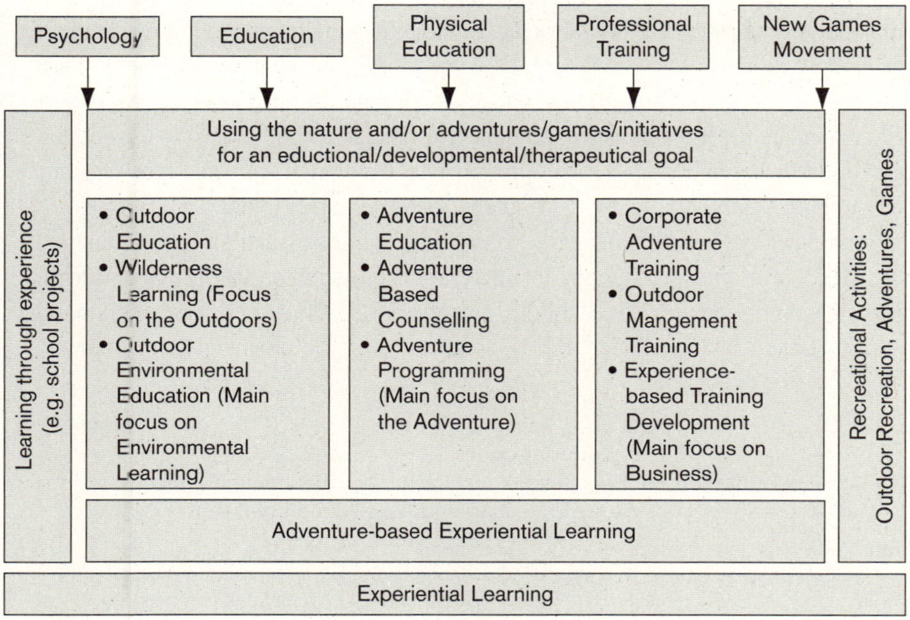

Aufgliederung der verschiedenen erlebnispädagogischen Programme und Begriffe. Programmtypen nach Rehm[403]

9.2 Das Merkmal Ziel(e)

Hier stellt sich die Frage nach den vorherrschenden Zielen der einzelnen Arbeitsfelder. Betrachtet man die erlebnispädagogische Literatur, lassen sich folgende 3 „Leitbegriffe“ ausmachen:

(Persönlichkeits) Bildung	**Erziehung**	**Training**

403 Rehm (1997), S.63. Grafik entnommen aus: Düppe (2004), S.17.

Diese Begriffe intendieren ganz spezielle Zielvorstellungen des Handelns: mit (Fort-) Bildungsprogrammen wird etwas anderes beabsichtigt (und wird anders vorgegangen) als in erzieherischen Projekten. Aus den Bezugswissenschaften werden Theorien entnommen und anschließend zur Erreichung der verschiedensten Ziele methodische Interventionen gesetzt bzw. entsprechende Settings erzeugt. Die moderne Erlebnispädagogik zeichnet sich aus meiner Sicht besonders dadurch aus, dass diese methodische Diskussion einen sehr großen Raum einnimmt. Dementsprechend geht die Diskussion der zugrunde liegenden Leitbegriffe und Menschenbilder – für mich gleichzeitig Haltungen – etwas unter. Die intensive Methodendiskussion und die angestrengten Diskussion über „Feinziele“ (Sozialkompetenz erhöhen, Führungsverhalten fördern…) überlagern die Diskussion über allgemeinere, im gesellschaftlichen Kontext stehende Ziele bzw. ideelle Ausrichtungen. Diese unterschiedlichen Ziele stellen aber aus meiner Sicht das entscheidende Unterscheidungsmerkmal dar und so wird mit einem Bildungskonzept, Erziehungskonzept oder Trainingskonzept jeweils Unterschiedliches bezweckt.

Pädagogik
Vom griech. **paidagogike**: Erziehungskunst; Sammelbezeichnung für alle Wissenschaften, die sich mit Erziehung und Ausbildung befassen.

<table>
<tr><td colspan="2">Bildung
Der Mensch als prinzipiell vernunftbegabtes Wesen ist aufgerufen zu Freiheit und Mündigkeit. ER hat seinen Zweck in sich selbst. Bildung wird zur Selbst-Bildung der Individualität in der Auseinandersetzung mit seiner Kultur.</td><td>Erziehung
alle Maßnahmen die den Menschen positiv verändern und ein erwünschtes Verhalten hervorrufen sollen (…)
Erziehung soll Wert und Normen einer Gesellschaft sowie deren Wissen vermitteln</td></tr>
<tr><td>Therapie
(griech. therapeia Pflege, Heilung) Behandlung von Erkrankungen oder Störungen. Dabei hängt der Einsatz spezieller Maßnahmen vom Zustandsbild, von der Krankengeschichte, von der Diagnose und vom Behandlungsplan ab.</td><td>Ziele</td><td>Freizeitpädagogik
Als praktische Pädagogik will sie die entlastende, erholsame und ökologisch verträgliche Frezeitgestaltung entwickeln helfen. Dadurch sollen Gegenwichte zu Fremdbestimmung, Einseitigkeiten beim Lernen geschaffen werden.</td></tr>
</table>

Training
systematisches Üben zu körperlicher, geistiger, seelischer Leistungs-(Erfolgs)Steigerung bzw. Fehler-(versagens)Minderung

9.2.1 Bildung

*So will die Erlebnispädagogik den Menschen bilden zu dem, was er ist, in einem Leben auf allen großen menschlichen Erlebnisfeldern. Darin liegt, dass ihr **Bildungsideal**, obgleich es des sozialen Einschlags nicht entbehrt, doch im wesentlichen **humanistisch** ist und auf die vollkommene menschliche Entfaltung des Einzelnen abzielt, dass also Erlebnis als **Bildungsmittel** mit hineinverwoben ist in die historische und weltanschauliche Bedingtheit dieses **Bildungsideals**.* [404]

Der Kern des Bildungsbegriffs kann wie folgt umschrieben werden:

Mit geistesgeschichtlichen Neuerungen durch die Aufklärungsphilosophie und der politischen Emanzipation des Bürgertums von feudaler und kirchlicher Bevormundung gewinnt der Begriff den Kern seiner noch heute bei uns vorherrschenden Bedeutung. Der Mensch als prinzipiell vernunftbegabtes Wesen ist aufgerufen zu Freiheit und Mündigkeit. Er hat seinen Zweck in sich selbst. Bildung wird zur Selbst-Bildung der Individualität in der Auseinandersetzung des Menschen mit den Erscheinungsformen seiner Kultur. Bildungsarbeit als gestaltende Einflussnahme kann von daher nicht als Formung nach einem vorgegebenen Bilde gedacht sein, sondern allein als Angebot von außen und Bereitschaft von innen zum Dialog über das Sein des Einzelnen wie der Menschheit in ihrer Geschichte. (…) Doch so wie alle staatliche Gewalt die Würde des Menschen nachdrücklich achten und schützen soll, diese Würde aber keineswegs selbst herstellt, weil sie mit jedem Menschen immer schon als Möglichkeit und Auftrag vorgegeben ist, ist auch Bildung von außen zwar zu befördern, aber nur vom Subjekt selbst zu verwirklichen, in dem es sich zu sich selbst und zu seiner Lebenswelt unter der Maxime von Humanität in kritischer Distanz stellt. [405]

Bildung

Der Mensch als prinzipiell vernunftbegabtes Wesen ist aufgerufen zu Freiheit und Mündigkeit.

*Bildung ist ein, wenn nicht **der** Grundbegriff der Pädagogik in Deutschland. Da sich in ihm das jeweilige Selbst- und Weltverständnis des Menschen widerspiegelt, kann er nicht zeitlos definiert, sondern nur in seiner historisch-systematisch-dynamischen Vielschichtigkeit erschlossen werden. Der deutsche Bildungsbegriff, für den es in anderen Sprachräumen kein Äquivalent gibt, entstand in der Mystik des 14. Jahrhunderts (…).* [406]

404 Neubert (1990), S. 77.
405 dtv-Wörterbuch Pädagogik (2004), S. 95–96.
406 Wörterbuch der Pädagogik (2005), S. 90.

Im englischsprachigen Raum ist der Begriff „Bildung“ nicht präsent. Dies ist insbesondere von Interesse, da dadurch die jeweilige pädagogische Kultur auch mitgeprägt wird. Wie schon ausgeführt, wurde die moderne Erlebnispädagogik im deutschsprachigen Raum am Beginn sehr von der nordamerikansichen Tradition beeinflusst und daher fand aus meiner Sicht auch eine kleine Fokusverschiebung in Richtung der Begriffe „Training und Lernen“ statt, da diese in der nordamerikanischen Tradition schlicht präsenter sind.

9.2.2 Erziehung

Der Begriff der Bildung geht also von einem „vollständigen“ Menschenbild aus, während dem Begriff der Erziehung eher ein „defizitäres“ Menschbild zugrunde liegt. Anders formuliert, während die Bildung von einer „inneren Entfaltung“ ausgeht, geht die Erziehung von einer (notwendigen) äußeren Beeinflussung aus (wobei auch in der Erziehung der Aspekt der „Selbst-Erziehung“ und der Selbstentfaltung von großer Bedeutung ist). Der Begriff der Erziehung ist also (zumeist) durch Absicht (Erziehungsziel) und einem hierarchischen Verhältnis (pädagogisches Verhältnis) geprägt:

Educandus (lat. der zu Erziehende, der erzogen Werdende, der sich erziehen Sollende, der sich zu erziehen Habende). Wird neben „Zögling“ gebraucht und bezeichnet (in dieser schwer zu übersetzenden gerundivischen Form) in ganz weitem Sinne denjenigen, an den sich Erziehung richtet, gehe diese nun von einem Erzieher aus oder sei sie ein Prozess der Selbsterziehung. [407]

Erziehung: (engl. education). Handlungen von Eltern, Lehrern, Ausbildern u.a. Erziehern bzw. Pädagogen, die in der bewussten Absicht erfolgen, durch den Einsatz bestimmter E.mittel *und* E.maßnahmen *Kenntnisse und Fähigkeiten, Einstellungen und Wertorientierungen, Handlungswillen und Handlungsfähigkeit, also die individuelle Mündigkeit der Kinder oder Jugendlichen und ihrer Kompetenz zur Teilnahme am gesellschaftlichen Leben möglichst dauerhaft zu verbessern.* [408]

Erziehung

den Menschen (oder sich selbst) positiv verändern und ein erwünschtes Verhalten hervorrufen

Erziehung: Unscharfer, weitgefasster Begriff: alle Maßnahmen, die den Menschen positiv verändern und ein erwünschtes Verhalten hervorrufen sollen; zumeist in Zusammenhang mit Kindern und Jugendlichen benutzt. Erziehung soll Wert und Normen einer Gesellschaft sowie deren Wissen vermitteln. [409]

407 Wörterbuch der Pädagogik (2005), S. 169.
408 dtv-Wörterbuch Pädagogik (2004), S. 189.
409 Dieter Lenzen, zitiert nach Hardenberg Lexikon (1994), Bd. 5, S. 803.

9.2.3 Training

Während im deutschen (pädagogischen) Sprachgebrauch das Begriffspaar „Bildung" und „Erziehung" von großer Bedeutung ist, sind es in der englischsprachigen Literatur zur Erlebnispädagogik die Begriffe „Education" und „Training". Der Begriff des Trainings ist im deutschsprachigen Raum als „pädagogischer" Begriff nicht präsent[410]. Dies überrascht doch einigermaßen, ist doch das Training bzw. der/die Trainerin in der pädagogischen Praxis ein fixer Bestandteil geworden. Heute ist der Begriff „Training" sogar viel präsenter als der im Laufe der 60er Jahre zum „Unbegriff" gewordene Begriff der „Erziehung".

Für mich steht das Auftauchen des Begriffes „Training" durchaus in enger Beziehung zu gesellschaftlichen (Werte)Veränderungen und daraus resultierenden Veränderungen in der pädagogischen Praxis (vgl. dazu ausführlich Kapitel 11).

So, wie der Begriff „Bildung" keine wörtliche Entsprechung in der englischen Sprache findet, ist der Begriff Training als solcher im deutschsprachigen Raum noch sehr unscharf, wie folgendes Beispiel zeigt:

Training: Planmäßige Vorbereitung des Körpers zur Steigerung der psychischen und physischen Leistungskraft, um eine Höchstleistung zu erzielen; neben dem körperlichen Training ist auch die emotionale Einstellung von Bedeutung (mentales Training). Für Leistungssportler werden seit den 70er Jahren individuell entwickelte Trainingspläne aufgestellt, die auch Ernährung und Lebensführung reglementieren.[411]

Training, das; systematische Vorbereitung (auf Wettkämpfe)[412]

Wie man erkennen kann, wird der Begriff also um 1995 (noch) nicht in den Bereich der Pädagogik verortet. Ganz anders ist dies im englischen Sprachgebrauch:

Training: I. 1. Schulung, Ausbildung; 2. Üben; 3. sport. Training, 4a) Abrichten b) Zureiten; II. adj. 5. Ausbildungstraining, Schul(ungs)training, Lehrtraining; 6. sport. Trainings.[413]

Diese aus dem Jahr 1977 stammende Definition lässt den wesentlich größeren Bedeutungsinhalt von „Training" in der englischen Sprachtradition erkennen. Training bezeichnet also sowohl das „Üben" als auch die „Schulung" und die „Ausbildung". Damit werden eindeutig aber pädagogische Handlungsfelder angesprochen. Die Bedeutungen „Zureiten" und „Abrichten" sind übrigens aus meiner Sicht für manche Trainings im deutschsprachigen Raum auch durchaus zutreffend. Eine Einschränkung des Wortes auf „Vorbereitung auf sportliche Wettkämpfe" und auf den Bereich „Sport" entspricht dem heutigen Verständnis von Training sicher nicht mehr.

410 So ist der Begriff „Training" weder im dtv-Wörterbuch, noch im Wörterbuch der Pädagogik und auch nicht in Lenzens „Pädagogische Grundbegriffe" zu finden. Dabei lagen alle drei Werke in aktualisierten Auflagen von 2004 bzw. 2005 vor.
411 Harenberg Lexikon (1994), Bd. 5, S. 3005.
412 Duden (1996), S. 747.
413 Langenscheidts Großes Schulwörterbuch, Englisch-Deutsch (1977), S. 1272.

Training systematisches Üben zu körperlicher, geistiger, seelischer Leistungs-(Erfolgs-) steigerung bzw. Fehler-(Versagens) Minderung

Training (engl. Ausbildung, Übung), systematisches Üben zu körperlicher, geistiger, seelischer Leistungs-(Erfolgs-)steigerung bzw. Fehler-(Versagens-)minderung. Entsprechend werden u.a. Funktions-T., Verhaltens-T, Anti-Havarie-T., mentales bzw. geistiges T. unterschieden. [414]

9.2.4 Exkurs: Training, Lernen und Persönlichkeitsbildung

Training bzw. trainieren steht, wie wir oben gesehen haben, in einem engen Bezug zum „Üben".

Training (engl. Ausbildung, Übung), systematisches Üben zu körperlicher, geistiger, seelischer Leistungs-(Erfolgs-)steigerung

Das Üben und Training wiederum sind eng verbunden mit dem Begriff des Lernens:

Üben, Übung, Training, practice, ein Verfahren zur quantitativ-qualitativen Verbesserung von Tätigkeiten und zwar durch häufige, auch systematische Wiederholung. (...) Üben wird umgangssprachlich auch Lernen genannt, was psychologisch ungenau ist. [415]

Ursprünglich, vor allem im Sinne eines „sportlichen Lernens", wird unter Training, Üben, das gezielte Wiederholen verstanden:

Übung (Syn. Üben; engl. exercise, practice) Teil des Lernprozesses, durch den Lernergebnisse dauerhaft gesichert werden sollen. Dabei werden Lernvorgänge systematisch wiederholt, um die Ziele Vervollkommnung von Fähigkeiten, Automatisierung von Fertigkeiten, rasche Verfügbarkeit von Gedächtnisoperationen oder Verbesserung körperlicher Bewegungsabläufe zu erreichen. Voraussetzung für erfolgreiches Üben ist der Übungswille, der von der Zielvorstellung getragen wird. Ist das Ziel ansatzweise erreicht, wird das Gedächtnis vom erinnernden Nachdenken entlastet und frei für neue Lernprozesse. [416]

In erlebnispädagogischen Konzepten kommt dieser Wiederholungsaspekt sehr oft im Sinne von so genannten „Lernschleifen" zum Ausdruck. Dies entspricht einer Didaktik des reflektierenden Handlungslernens (vgl. dazu Kapitel 9.3.2). Als Beispiel für solche Konzepte wäre vor allem Project Adventure zu nennen (vgl. Abschnitt 9.3.3.). Dabei ist aber von Bedeutung, dass die moderne Erlebnispädagogik besonders durch ihr breites Methoden- und Settingspektrum gekennzeichnet wird. Der „Drillcharakter" von Wiederholungen kann vermieden werden und es steht ein breites Spektrum von, teilweise natürlichen, „Übungsformen" zur Verfügung:

414 Dorsch Psychologisches Wörterbuch. (2004), S. 964.
415 Dorsch Psychologisches Wörterbuch. (2004), S. 980.
416 dtv-Wörterbuch Pädagogik (2004), S. 555–556.

Übung. Gehört als notwendiger Schritt zu allem ***Lernen*** *(Hervorhebung durch den Verfasser). Damit Lösungswege, Beweisverfahren, Verhaltensweisen, Techniken, Wissensbestände, Fähigkeiten und Fertigkeiten zum festen Besitz werden, müssen sie nicht nur gekannt, sondern auch geübt werden. Der Erfolg des Übens hängt von der Art der Übung ab (z.B. führen Pauken und Drill leicht zur Sinnentleerung des Stoffes und Ablehnung und Überdruss beim Lernenden); eine* ***natürliche Form des Übens ist das kindliche Spiel****. Üben in* ***sinnvollen Zusammenhängen*** *ist erfolgreicher als das Üben von zerstückeltem Wissen; häufiger Wechsel der Übungsformen steigert die Übungsbereitschaft, kurze, über einen längeren Zeitraum verteilte Wiederholungen sind einem langen, gehäuften Üben überlegen.*[417]

Außerdem ist die Erlebnispädagogik (auch) dem Ansatz des „ganzheitlichen Lernens", in dem neben „Hand und Hirn" auch noch „Herz" von Bedeutung ist, verbunden. Diese „emotionale Beteiligung" wird besonders durch die Begriffe „Erlebnis" und „Erleben" ausgedrückt:

Lernen (engl. learning) Nach E.R. Hilgard und G.H. Bower ist Lernen eine Veränderung im ***Erleben*** *(Hervorhebung durch Verfasser) und Verhalten eines Individuums, die durch wiederholte Erfahrungen in der Interaktion mit der Umwelt zustande kommt. Vorausgesetzt wird, dass diese Veränderung des Verhaltensrepertoires nicht auf neuropsychologische Reifungsvorgänge oder vorübergehende Zustände des Organismus (z.B. Ermüdung, Erkrankung) zurückgeführt werden kann. Lernvorgänge selbst sind nicht unmittelbar beobachtbar, sondern können nur aus dem Vergleich der Reaktionen des Lernenden auf Umweltsituationen geschlossen werden. Veränderung ist der generelle Indikator für Lernen in allen Lerntheorien. Dabei kann Veränderung Erlernen oder Verlernen bzw. Anpassung oder Fehlanpassung bedeuten. Erfahrungen, auf die sich das Lernen bezieht, sind an Wahrnehmungen und Informationen aus der Umwelt und an deren Verarbeitung durch das Individuum gebunden. Lernen als Prozess* ***der Erfahrungsbildung*** *(Hervorhebung durch Verfasser) in der Auseinandersetzung mit der Umwelt bezieht sich auf* ***Kognition, Emotion und Verhalten*** *(Hervorhebung durch Verfasser). Hierzu gehören z.B. auch die Entstehung und Veränderung von Ängsten, Einstellungen, Fähigkeiten zum Problemlösen und Sprachkompetenz. Die verschiedenen Lerntheorien unterscheiden sich in der Beschreibung und Faktoren, unter deren Veränderungen und Erfahrungen möglich werden.*[418]

Vor allem in Form der „zielorientierten Trainings" kann dieser ganzheitliche Ansatz in den Hintergrund treten und die Sachebene wieder eine größere Bedeutung erhalten, wodurch der „einübende Trainingscharakter" wieder stärker betont wird:

Psychologisch betrachtet ist Lernen in einem sehr weiten Sinn ein Anpassungsprozess

417 Wörterbuch der Pädagogik (2005), S. 642.
418 dtv-Wörterbuch Pädagogik (2004), S. 352–353.

an eine sich ständig ändernde Umwelt. So gesehen können auch Tiere lernen. Das menschliche Lernen unterscheidet sich aber vom tierischen, sofern Probleme auf der Symbolebene gelöst werden können. Durch das Lernen wird sowohl erwünschtes als auch unerwünschtes Verhalten aufgebaut. Gelerntes Verhalten wird im Gedächtnis gespeichert. Die Speicherkapazität des Menschen ist gegenüber dem Tier größer durch die Fähigkeit des Menschen, auf Symbole zurückgreifen zu können. Dabei bezieht sich Lernen nicht nur auf die geistige Entfaltung, auf die Erweiterung von Einsicht und Erkenntnissen und auf die Prägung von Bedeutungsgehalten, sondern auch auf die Änderungen des motorischen und sozialen Verhaltens. Von Lernen wird jedoch nicht gesprochen, wenn Verhaltensänderungen auftreten aufgrund zwischenzeitlich anormaler psychophysischer Verfassungen, z.B. durch Müdigkeit oder Rauschmittelkonsum. Lernen als Prozess ist von multiplen Bedingungsfaktoren abhängig; ein wesentlicher Faktor ist die Motivation, die den Lernprozess in Gang setzt und steuert, ein anderer Entwicklungsstand des Lernenden, ein weiterer die (Struktur der) Lernsituation. [419]

Diese Dualität zwischen „ganzheitlicher (Persönlichkeits)Bildung" von innen, und -„verarbeitendes Lernen" von äußeren „Sinnesdaten" ist bereits eine sehr alte:

Lernen: In der Geschichte des abendländischen Denkens prägten sich relativ früh zwei (konkurrierende) Auffassungen von Lernen aus. Für Platon bedeutet Lernen Wiedererinnerung und zwar der Ideen, die die Seele immer schon in sich trägt und die anlässlich konkreter Sinneseindrücke reaktiviert werden. Dieser Begriff von Lernen hat eine lange Wirkungsgeschichte von Augustinus, Leibnitz, den Deutschen Idealismus bis zur Theorie von Lernen als Einsicht (Lerntheorien). Für Aristoteles ist die Seele eine tabula rasa (eine leere Tafel), auf die Sinneseindrücke eingetragen werden; Lernen bedeutet, so gesehen, Aufnahme und Speicherung von Sinnesdaten. Diese Auffassung lässt sich über Locke, Hume, den englischen Empirismus, den Behaviorismus bis zu gegenwärtigen Konditionierungstheorien verfolgen. Meint Lernen im ersten Fall vorwiegend die theoretisch-kontemplativen Bemühungen um Selbsterkenntnis, so geht es im zweiten Falle vor allem um die technisch praktische Verarbeitung und Nutzung von Informationen. [420]

Auch in der Erlebnispädagogik sind beide Ausrichtungen auszumachen. Vergleicht man nun den Begriff einer Erlebnispädagogik mit dem eines „Erfahrungslernens", ist es nicht schwer die unterschiedlichen Grundeinstellungen von Platon und Aristoteles jeweils einer „Tradition" zuzuschreiben: auf der einen Seite Kurt Hahn und seine Erlebnis-Pädagogik [421], und auf der anderen Seite John Dewey mit seinem handlungsorientierten Ansatz. [422] Aus meiner Sicht überwiegt in der „modernen Erlebnispädagogik" derzeit die „technisch-praktische" Perspektive, vor allem

419 Wörterbuch der Pädagogik (2005), S. 407.
420 Wörterbuch der Pädagogik (2005), S. 407.
421 Hahn bezieht sich explizit auf Plato, vgl. dazu Schwarz (1968), S. 23–29.
422 Wobei es hier eher um die Fokussierung des Begriffs des „Erfahrungslernens" geht und weniger darum, Dewey als einen „Behavioristen" darzustellen.

im Bereich der „betrieblichen Fort- und Weiterbildung". Für mich wird mit dem Begriff des „Outdoor-Trainings" dieser (technische) Zweig in der modernen Erlebnispädagogik erfasst. Der Bildungsbegriff ist in der Diskussion der modernen Erlebnispädagogik sehr stark zurückgetreten[423] und der Begriff des „Lernens" und des „Lernprozesses" gewann stark an Bedeutung. Ebenso stark an Bedeutung gewann die Psychologie als Bezugswissenschaft, vor allem als die Wissenschaft, welche sich mit dem Phänomen des Lernens sehr intensiv auseinandersetzte:

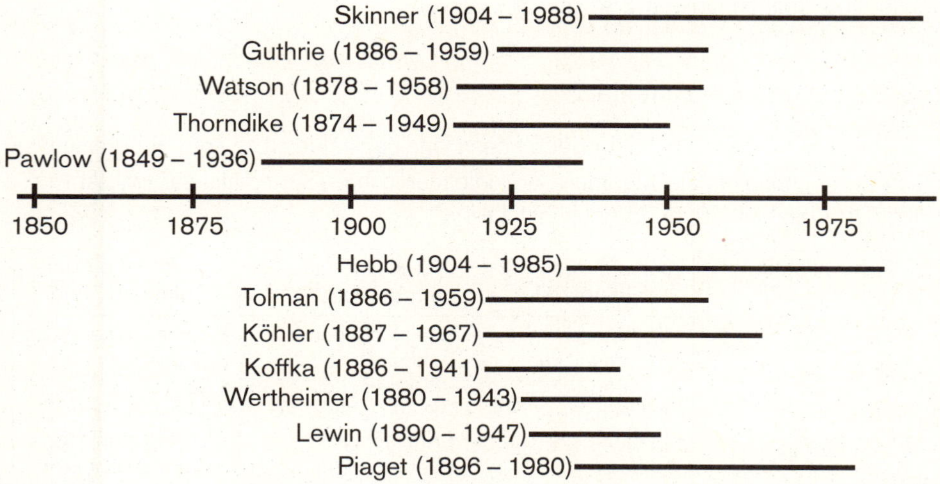

Lebenslinien einiger Psychologen, die sich mit dem Phänomen Lernen beschäftigten[424]

Die (deutschsprachige) moderne Erlebnispädagogik wurde am Anfang nicht unwesentlich von der amerikanischen Tradition beeinflusst und die amerikanische Erlebnispädagogik wiederum steht großteils in einer „behavioristischen Tradition"[425]. Dementsprechend verstärkt wurden lerntheoretische Begründungen, die ja um die 80er Jahre schon in einer großen Zahl vorhanden waren, forciert. Zum Zeitpunkt des ersten Auftretens der Begriffe „Erlebnistherapie" und „Erlebnispädagogik" waren die heutigen Wissenschaften „Pädagogik" und „Psychologie" hingegen noch voll im Prozess ihrer fachlichen Ausbildung, sowohl hinsichtlich der Entwicklung „fachlicher" Theorien als auch bei der Entwicklung dementsprechender Wissenschaftsmethoden. Die Pädagogik stand, vor allem im deutschsprachigen Bereich, noch ganz im Zeichen der „geisteswissenschaftlichen Methode" und auf „psychologische Lerntheorien" konnte nur sehr begrenzt zurückgegriffen werden.[426] Damit ent-

423 Es wird zwar zur Zeit sehr viel über Bildung gesprochen, vor allem im Zuge der Pisa-Diskussion, allerdings wird hier „Bildung" sehr stark auf Wissenserwerb eingeschränkt.

424 entnommen aus:http://arbeitsblaetter.stangl-taller.at/LERNEN/Lernen.shtml#Grundformen%20des%20 Lernens am 3.12.2006; darin ausgewiesene Bildquelle: http://www.uni-oldenburg.de/sport/bww/Lehre/Lrntheo/behavior.html.

425 Allerdings ist dies natürlich eine Generalisierung und es gibt durchaus eine Fülle kreativ-ritueller Ansätze, vor allem in Form von schamanistischen (indianischen) Ansätzen. Auch die „Metaphertheorie" von Priest greift auf die „Archetypen" von C.G. Jung zurück.

426 Wobei noch zu beachten ist, dass zu dieser Zeit diese neuen „Wissenschaftsdisziplinen" auf einem gemeinsamen, noch nicht differenzierten, philosophischen Fundament aufbauten. Diese philosophischen Grundlagen sind in den heutigen Wissenschaftsdisziplinen nicht mehr so präsent, auch hier überwiegt großteils die Methodendiskussion.

spricht die hohe Präsenz des Bildungsbegriffs am Beginn der Erlebnispädagogik durchaus den historischen (geographischen) Gegebenheiten und der reformpädagogischen Tradition, in der Hahn und Neubert standen; die derzeitige Präsenz des „Lernbegriffs" spiegelt nur die Bedeutung dieses Begriffs in der heutigen wissenschaftlichen Diskussion wider.

Neben dieser großen Präsenz des „technischen" Lernbegriffs ist im deutschsprachigen Bereich allerdings zunehmend wieder eine Orientierung hin zu einem ganzheitlichen „Bildungsbegriffs" zu erkennen (vgl. dazu Abschnitt 7.6.).

9.2.5 Ziele und Arbeitsfelder

Ziele sind eng verbunden mit dem Begriff des Handlungsfeldes, bzw. des Programmtyps. Diesen Zusammenhang stellt Cornelia Schödlbauer in ihrer Systematik dar (vgl. Abschnitt 9.1, Abschnitt 10.4 und Abschnitt 11.4):

Persönlichkeitsbildende Ziele	Soziale und interaktive Ziele	Gesellschaftsintegrative Ziele	Spirituelle oder religiöse Ziele
• Eigeninitiative • Selbtvertrauen • Verantwortung übernehmen • Vertrauen • Körpererfahrung • Intellekt • Phantasie • Kritikfähigkeit • Selbstüberwindung	• Vertrauen • Kommunikation • Kooperation • Toleranz • Leistungsbereitschaft • Kritikfähigkeit • Erkennen von Synergieeffekten in der Gruppe • Entwicklung von Sympathie durch gemeinschaftstiftende Erlebnisse (Spaß!)	• Leistungsbereitschaft • ökologisches Bewußtsein • Kritikfähigkeit • Verantwortung übernehmen • Toleranz • Werte entwickeln • Heilung dysfunktionalen Verhaltens • (Wieder)herstellung der Arbeits- und Sozialfähigkeit	• sich auf einen Weg machen • Suche • gemeinsame Rituale etablieren • Werte entwickeln • spirituelle Haltung zur Natur entwickeln • Initiation • Übergangsphasen rituell gestalten (rite de passage) • Transzendenzerfahrung
Alle Programmtypen	– berufliche Bildung – Managementtraining – gruppendynamische Trainings – Bildungsprogramme – soziale Trainingskurse – Fortbildungen	– Bildungsprogramme – Programme mit verhaltensauffälligen Jugendlichen, z.B. Heimerziehung – Drogentherapie – Soziale Trainingskurse	– Selbsterfahrungskurse – Fortbildungen – religiöse Bildung – Psychotherapie

Ziele der Programmtypen nach Schödlbauer[427]

427 Schödlbauer (2000), S. 72.

Weniger allgemein gehalten sondern spezifischer für das Handungsfeld betriebliche Fort- und Weiterbildung ist die Zielauflistung von Anuschka Düppe:

Persönlichkeitsentwicklungstraining	Total-Quality-Management-Training
Teamentwicklung/-building-Training	Projektmanagement-Training
Konfliktmanagement-Training	Leistungsverhalten- und Führungs-Training
Kommunikations- und Kooperations-Training	Integrations-Training

Zielsetzung und Übungsfelder des Outdoortrainings. Ziele nach Düppe[428]

Der Zusammenhang von Ziel und Handlungsfeldern wird in der Systematik der Erlebnispädagogik noch einmal allgemein dargestellt (vgl. Abschnitt 10).

428 Düppe (2004), S. 129.

9.3 Das Merkmal Anleitung/Didaktik

Ernst bezieht sich mit dem Merkmal Anleitung auf das 6-teilige Lernmodell von Priest/Gass. Dieses Modell beschreibt historisch die didaktische Entwicklung von Outward Bound-Kursen: vom Modell „Learning by doing", bis hin zum komplexen, metaphorischen Handlungslernen.

<table>
<tr><th>Geschichtliche Einordnung</th><th>Lernmodell</th><th>Anforde-rungsprofil</th><th>Zeit</th><th>konzept. Aufwand</th></tr>
<tr><td>1940–1950
„Lernen durch Handeln" (Hahn und Dewey)</td><td>Handlungslernen pur „The mountain speaks for itself" ; keine spezielle Reflexion der Handlung (auf den Berg gehen und erleben)</td><td rowspan="5">hard skills

hard skills & soft skills

Hard & soft & meta skills</td><td rowspan="5">lang

kurz</td><td rowspan="5">klein

groß</td></tr>
<tr><td>1950–1960
„Lernen, indem man was erklärt bekommt"</td><td>kommentiertes Handlungslernen; die Lernfortschritte werden von den Trainern/-innen benannt</td></tr>
<tr><td>1960–1970
Lernen durch Reflexion</td><td>Handlungslernen durch Reflexion; die Teilnehmer/-innen reflektieren ihr Handeln</td></tr>
<tr><td>1970–1980
Lenken durch Reflexion</td><td>direktes Handlungslernen (Frontloading); vorwegnehmendes Deuten der Erfahrung: „Was könnt ihr bei dieser Übung lernen"</td></tr>
<tr><td>1980–2000
Verstärkung in der Reflexion (vor allem nach Bacon)</td><td>metaphorisches Handlungslernen; Einrahmung der Erfahrung durch isomorphe Methoden. Die Methoden haben eine Strukturähnlichkeit zum Alltag: Die Bergtour steht für einen Börsengang…</td></tr>
<tr><td>1990–2000
Rückwendung vor der Reflexion (Priest/Gass)</td><td colspan="4">indirekt metaphorisches Handlungslernen (paradoxe Intervention); kann nach dem Scheitern aller anderen Interventionsmethoden eingesetzt werden, wenn sich Teilnehmer/-innen immer wieder in dieselben Muster verstricken; vorwegnehmende Deutung von Erfahrung, Form einer negativen Provokation: „Normalerweise würdet Ihr jetzt Folgendes machen (übliches Muster), Ihr könntet es aber auch folgendermaßen angehen…</td></tr>
</table>

Anleitung: Sechs Lernmodelle nach Priest/Gass[429]

429 Priest/Gass 1999 nach Witte, S. 41 und nach Reiners, S. 20–21. Vgl. Schad (1993).

Reaktionen und Erweiterungen[430]

Das Modell von Gass und Priest, vor allem der Ansatz des „metaphorischen Handlungslernens", wurde am Beginn der 90er Jahre sehr stark diskutiert. In dieser Phase der sich neu positionierenden modernen deutschsprachigen Erlebnispädagogik ist noch eine sehr starke Ausrichtung nach Nordamerika zu erkennen.[431] Dies veränderte sich sehr rasch. Im Prinzip ist mit dem Handlungslernen pur der Zustand der Erlebnispädagogik bis in die 60er Jahre beschrieben. Danach beginnt das Modell des „reflexiven Handlungslernens" bzw. das Lernen durch Reflexion zu greifen (siehe oben). Dieses Modell ist auch noch heute sehr verbreitet und eigentlich das Gebräuchlichste. Das „metaphorische Modell" mit all seinen Abwandlungen ist sozusagen nur als Spezialfall zu betrachten und ist auch in der deutschsprachigen Literatur nicht mehr sehr präsent. Das (nordamerikanische) Modell des „Schnittstellenlernens" erlangte seine Bedeutung in Europa vor allem als „Gegenmodell" zu Priest/Gass, wird jedoch jenseits dieses Kontextes allerdings eher selten rezipiert. Interessant ist noch das Modell der „selbstgenerierten Metaphern" als „europäische Antwort" auf das behavioristische Modell von Priest:

Erweiterung des Modells[430]	
1997 – Lernen an der Schnittstelle (Nadler/Luckner)	Edgeworking: hier geht es vor allem darum, dass die Reflexion genau im Moment der Lernerfahrung ansetzt (was passiert jetzt gerade....) und nicht nachträglich, wenn die Intensität der Erfahrung nicht mehr präsent ist, reflektiert wird
1995 – Lernen durch selbstgenerierte Metaphern (Hovelynck)	selbstgenerierte Metaphern: nicht der/die Trainer/-innen generieren bzw. konstruieren Metaphern für die Teilnehmer/-innen, sondern diese suchen selbst Metaphern für ihr Handeln.

Diese Anleitungen sind als didaktische Vorgaben zu lesen, da sich daraus direkt Konsequenzen für die Gestaltung der Programme ableiten lassen. Dementsprechend kann man auch von einem Merkmal „Didaktik" sprechen.

430 nach Schödlbauer (1997) und Schödlbauer (1999).
431 vgl. dazu die beiden Tagungsbände Schödlbauer, Paffrath und Michl (1999), Paffrath (1998) und besonders Schödlbauer (2000).
432 nach Schödlbauer (1997) und Schödlbauer (1999).

Didaktik; *(griech.): Unterrichtslehre* [433]

Didaktik *(griechisch didaskein; aktiv: lehren, unterrichten; passiv: lernen, belehrt werden; auch sich aneignen, didaxis Lehre, Unterricht; engl. didactics). 1) Didaktik ist im umfassenden Sinn der allgemeinen Didaktik die Wissenschaft des Lehrens und Lernens in allen pädagogischen Handlungsfeldern (z.B. Schule, Volksschule, Jugendarbeit, Universität) und im schulpädagogischen Sinn die Theorie des Unterrichts.* [434]

Diese These lässt sich am Beispiel „unkommentiertes Handlungslernen" gut begründen. Die Anleitungsform „Handlungslernen pur" bezieht sich im Wesentlichen auf die Standardprogramme bei Outward Bound bis in die 50er Jahre. Wie schon öfters erwähnt, wurden auf Grundlage der (schulischen) „Erlebnistherapie" Hahns in den Kurzschulen (Outward Bound Schools) Standardkurse mit der „Expedition" als Herzstück entwickelt. Diese Kurse wurden festgeschrieben (heute würde man sagen ein Curriculum entwickelt) und dementsprechend durchgeführt. In diesen ersten Standardkursen war die gesonderte Reflexion nicht vorgesehen, ganz nach der Hahnschen Vorstellung, dass die (alpinen) Erlebnisse an sich ihre eigene Wirkmächtigkeit besitzen. Aus der durchaus komplex gedachten Erlebnistherapie (vgl. dazu Kapitel 10.1 Der Tree of Science (Hilarion Petzold)) wurden didaktisch festgeschriebene Standardkurse.

Didaktiken prägen maßgeblich den Aufbau und Ablauf von Projekten. Theoretische Überlegungen und schriftliche Konzepte von Projekten werden zumeist nicht (mehr) weitergegeben, wie ein Projekt hingegen „ablaufen soll" verfestigt sich mit jeder Wiederholung und dieser (strukturelle) Ablauf wird dann zum eigentlichen Rahmen des Handelns. Dabei kann es passieren, dass die Struktur mit der Zeit immer wichtiger genommen, nicht hinterfragt und als „Regeln" weitervermittelt werden. So wird vielen „Einsteigern-/innen" oft durch das Einlernen des jeweiligen didaktischen Ablaufs eine Form der „richtigen Erlebnispädagogik" eingeprägt. Gerade hier zeigt sich die Wichtigkeit einer theoretischen Auseinandersetzung, damit Erlebnispädagogik nicht zur reinen Form gerinnt.

Zentrales Element einer Didaktik des geplanten Erlenbisses ist also die (pädagogische) Gestaltung der Aktivitäten in den verschiedenen Medien (siehe Abschnitt 9.5) nach didaktischen Prinzipien zu gestalten.

Didaktische Prinzipien: *Sind allgemein Grundsätze der Unterrichtsgestaltung.* [435]

Eines der meist zitierten Prinzipien ist die Festlegung, dass man dann von Erlebnispädagogik sprechen kann, wenn die Elemente Natur/Gruppe/Erlebnis (vgl. dazu Abschnitt 1.1 Definitionen in der Erlebnispädagogik) pädagogisch zielgerichtet miteinander verbunden werden.

433 Duden (1996), S. 214.
434 dtv-Wörterbuch Pädagogik (2004), S. 152.
435 Wörterbuch der Pädagogik, S. 159.

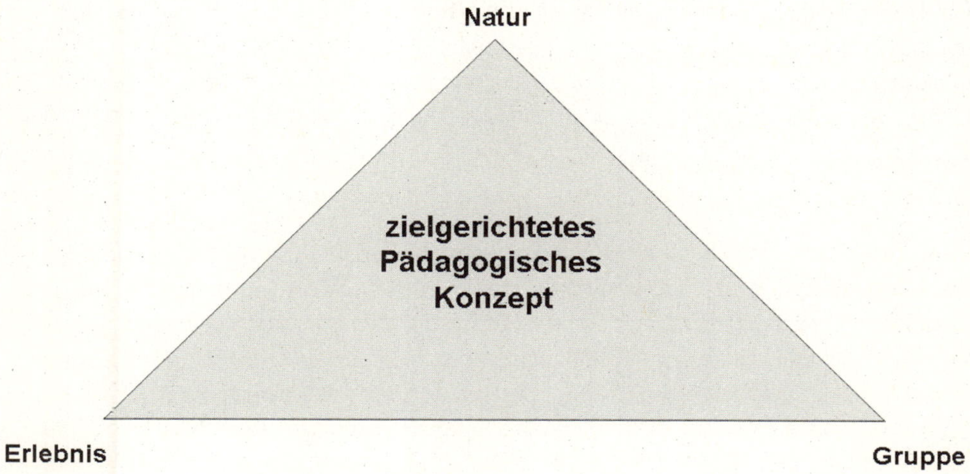

Eine ausführlichere Übersicht „erlebnispädagogischer Prinzipien" stellt das erlebnispädagogische Säulenmodell von Michael Rehm dar. Dazu vermerkt er, dass nicht alle Säulen vorhanden sein müssen, sondern dass durch das Fehlen einzelner Säulen die Gewichtung der anderen umso stärker ausfallen muss. Hier ist auch eine „Grenze der Erlebnispädagogik" angedacht; nämlich dann, wenn zu viele Säulen nicht berücksichtigt werden und so das „Dach" nicht mehr getragen wird.

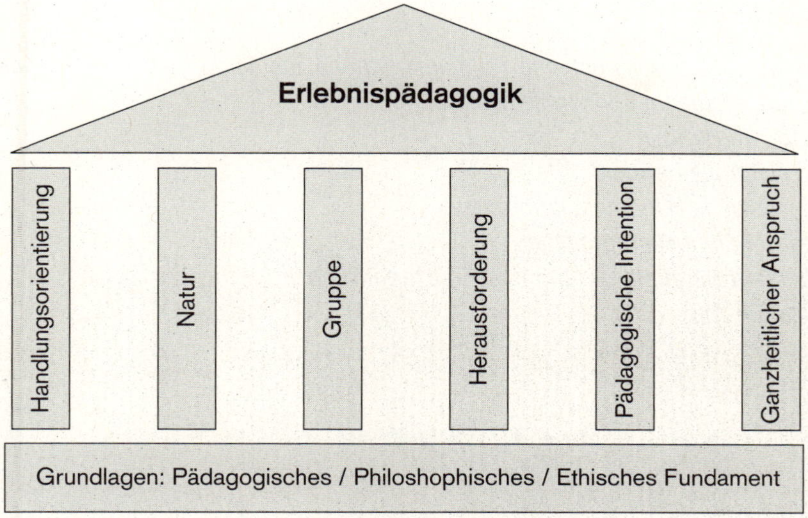

Erlebnispädagogisches Säulenmodell von Michael Rehm [436]

436 entnommen aus http://www.erlebnispaedagogik.de Texte am 13.12.2010.

Von diesem Modell ausgehend verfassten König/König ihre „Outdoors-Prinzipien“. Mit Outdoors wird die starke Gewichtung des Arbeitsfeldes der betrieblichen Fort- und Weiterbildung gekennzeichnet. Dabei sind diese Prinzipien sehr stark von „Project Adventure (Challenge by Choice) beeinflusst und besonders auffallend ist das Fehlen der Prinzipien Natur und pädagogische Intention:

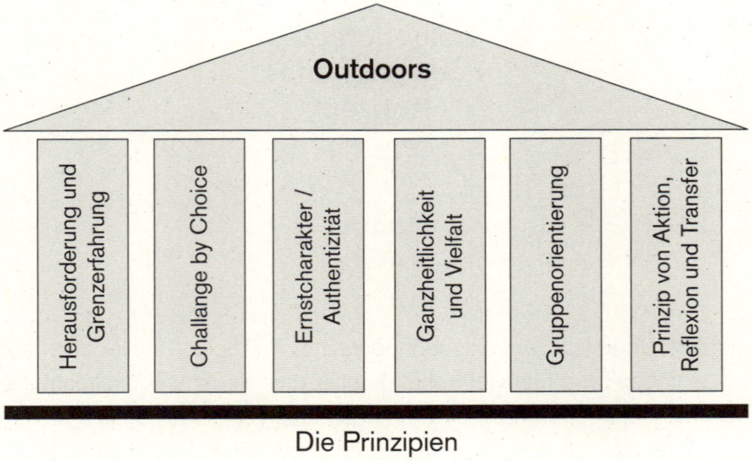

Die Outdoor-Prinzipien nach König/König[437]

Niko Schad postuliert für das Arbeitsfeld der betrieblichen Weiterbildung folgende „Outdoorprinzipien[438]:

Outdoor-Trainings bezeichnet eine Trainingsmethode aus der betrieblichen Weiterbildung, die sich durch folgende Merkmale auszeichnet:

- *unter freiem Himmel*
- *häufig Natur als Lernfeld*
- *hohe physische Handlungskomponente*
- *direkte Handlungskomponente*
- *Arbeiten mit Herausforderung und Grenzerfahrung*
- *als Medium-Mix*

437 nach König, König (2005), S. 69.
438 Schad (1993), S. 23.

Zur Abrundung sei abschließend noch auf das Modell von Anuschka Düppe hingewiesen:

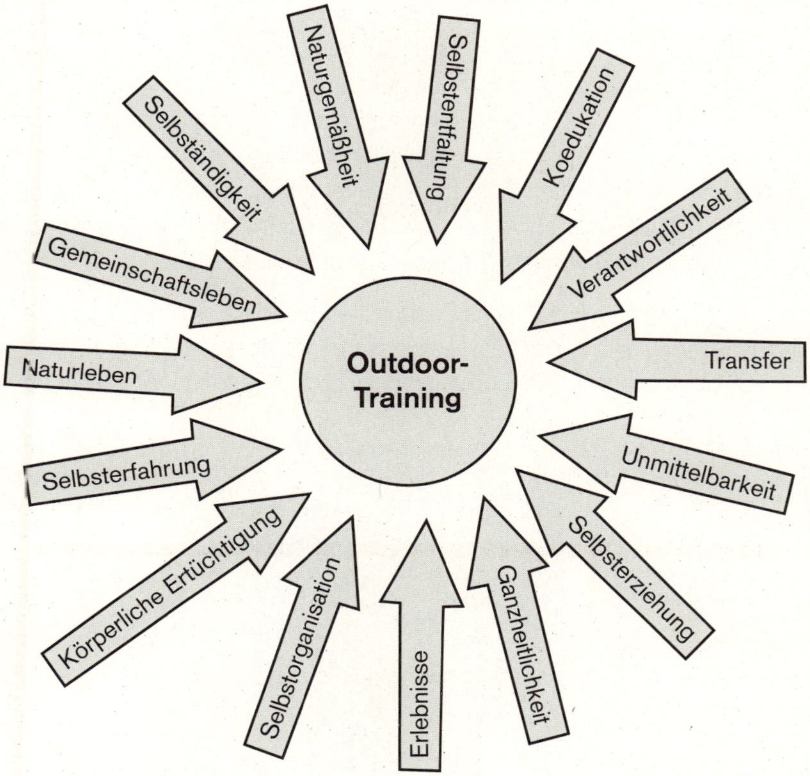

Zusammenfassender Überblick über die konstitutiven Elemente im OT. Konstitutive Elmente von Outdoor-Trainings nach Düppe:[439]

In diesem Buch werden drei realexplikative Theorien der Erlebnispädagogik postuliert und dementsprechend drei didaktische Handlungsansätze (siehe auch Abschnitt 10.3)

Realexplikative Theorien der Erlebnispädagogik
Erlebnispädagogik als Pädagogik des geplanten Erlebnisses
Erlebnispädagogik als Pädagogik des reflektierenden Handelns
Erlebnispädagogik als Pädagogik des spielerisch-sozialen Interagierens

439 Düppe (2004), S. 85.

9.3.1 Didaktik des (geplanten) Erlebnisses

Wie schon oft ausgeführt sind Erlebnisse pädagogisch eigentlich nicht planbar. Dementsprechend wird in der „Erlebnisdidaktik“ kein pädagogischer Plan entworfen (wie z.B. im reflektierenden Handlungslernen) sondern es geht um die Schaffung von Settings mit „hoher Erlebniswahrscheinlichkeit“, mit einem hohen Potential von „Wagnis und Bewährung“. Um diese „Settings“ musste natürlich ein sinnvoller pädagogisch-konzeptioneller Rahmen geschaffen werden: die Aktivitäten müssen geplant und organisiert werden, technische Grundfertigkeiten müssen gelernt werden usw. und je nach Zielgruppe und Konzept können die Teilnehmer/-innen mehr oder weniger aktiv beteiligt werden.

Beispielhaft soll dies kurz an Kurt Hahns Erlebnistherapie, dem ersten didaktischen Konzept der Erlebnispädagogik, noch einmal dargestellt werden. Dabei stellen Expedition und Rettungsdienst „Settings mit hoher Erlebniswahrscheinlichkeit“ dar (vgl. Abschnitt 4.3.1):

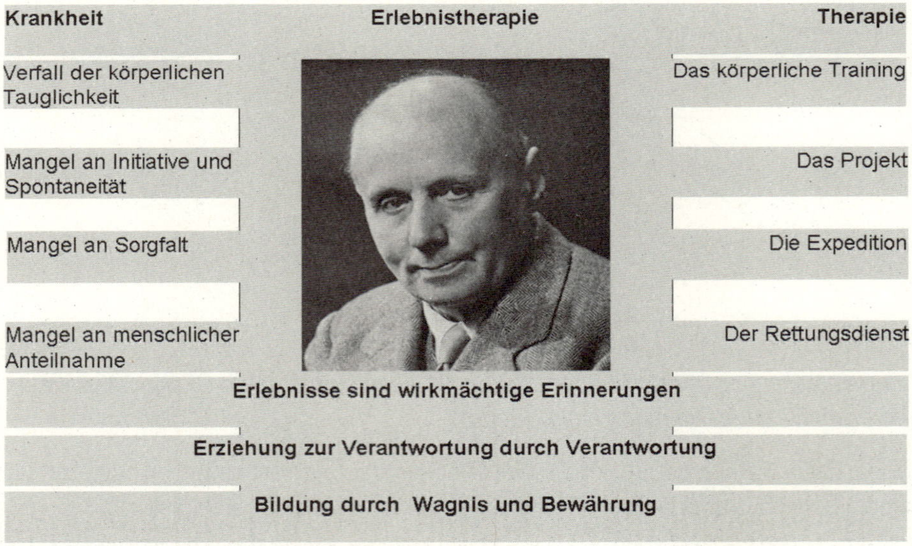
Krankheit
Erlebnistherapie
Therapie
Verfall der körperlichen Tauglichkeit
Das körperliche Training
Mangel an Initiative und Spontaneität
Das Projekt
Mangel an Sorgfalt
Die Expedition
Mangel an menschlicher Anteilnahme
Der Rettungsdienst
Erlebnisse sind wirkmächtige Erinnerungen
Erziehung zur Verantwortung durch Verantwortung
Bildung durch Wagnis und Bewährung

Praktische Umsetzung in einem 4-wöchigen Standardkurs um 1960:

Das Kursprogramm in Weißenhaus setzte sich zusammen aus Seemannschaft, Erste Hilfe und Rettungsdiensten, Leichtathletik, landschaftskundlichen Exkursionen, einer zweitägigen Expedition und verschiedenen Arbeitsgemeinschaften. Der Tagesplan sah vormittags jeweils zwei, nachmittags eine zweistündige Gruppenarbeit vor, in der die Ausbildung in Leichtathletik, Seemannschaft und den Rettungsdiensten stattfand. Am Nachmittag und Abend fanden Vorträge, Diskussionen und freiwillige Arbeitsgemeinschaften statt. Zwei Nachmittage der Woche und der Sonntag waren frei von Gruppen-

arbeit. Die einzelnen Arbeitsgebiete wurden während eines Vier-Wochen Kurses etwa folgendermaßen verteilt: 12 Stunden Lebenskunde, 10 Stunden Segeln und Rudern, 10 Stunden Knoten, je 12 Stunden Raketenrettungsapparat und Feuerwehr, 16 Stunden Erste Hilfe, 12 Stunden Hindernisbahn, 16 Stunden Leichtathletik, 16 Stunden Biologie und 12 Stunden Musik. [440]

9.3.2 Didaktik des (reflektierenden) Handelns

Diese Didaktik liegt eigentlich den meisten erlebnispädagogischen Projekten zugrunde und bezieht sich im Grunde auf den „handlungsorientierten Ansatz“ von Dewey, bzw. auf dessen „Theory of Inquiry“ (vgl. Abschnitt 2.2). Besonders im Bereich der Outdoor-Trainings ist es nicht wegzudenken. Für den Bereich der Erlebnispädagogik stellt Simon Priest den Zusammenhang wie folgt dar:

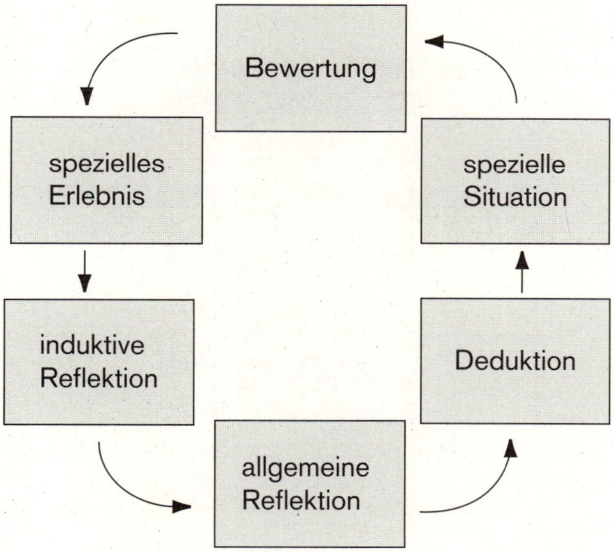

erfahrungsorientierter Lernkreis nach Simon Priest [441]

Auf Grund einer neuen, durch die Erlebnispädagogen / -innen provozierten, herausfordernden, speziellen Situation (ungewisse Situation) muss eine Entscheidung zum Handeln getroffen werden. Die gewählte Handlung kann entweder an alte Handlungsmuster anschließen oder es werden neue Handlungsweisen ausprobiert, vor allem wenn für die Situation noch keine Erfahrungen existieren. Im Zuge der Umsetzung werden (neue) Erfah-

440 Weber, Ziegenspeck (1983).
441 entnommen aus Paffrath (1998), S. 99.

rungen gemacht, die danach reflektiert werden. Diesen Reflexionsprozess gliedert Priest in eine, von persönlicher Betroffenheit gekennzeichnete, „induktive Refexionsphase“ und eine sachlich-distanziertere allgemeine Reflexion. Die Erkenntnisse der Refexion werden im Rahmen des Reflexionsprozesses vom Menschen generalisiert und stehen, je nach Intensität der Erfahrungen (wirkmächtige Erinnerungen) und (positiven) Bewertung, als „Handlungsoption“ zur Verfügung. Das bewusste Wahrnehmen und Reflektieren ist also die Voraussetzung für den Zuwachs an Wissen, welches dann als Erfahrung abgespeichert wird.

Wenn spezielle Lernziele (z.B. Kommunikation effizienter gestalten...) im Fokus stehen, werden in Outdoortrainings oft die so genannten „Verbesserungszirkel“ verwendet. Die Lernziele stehen dann im Mittelpunkt der Reflexion und man versucht durch stetiges Üben eine Verbesserung zu erzielen.

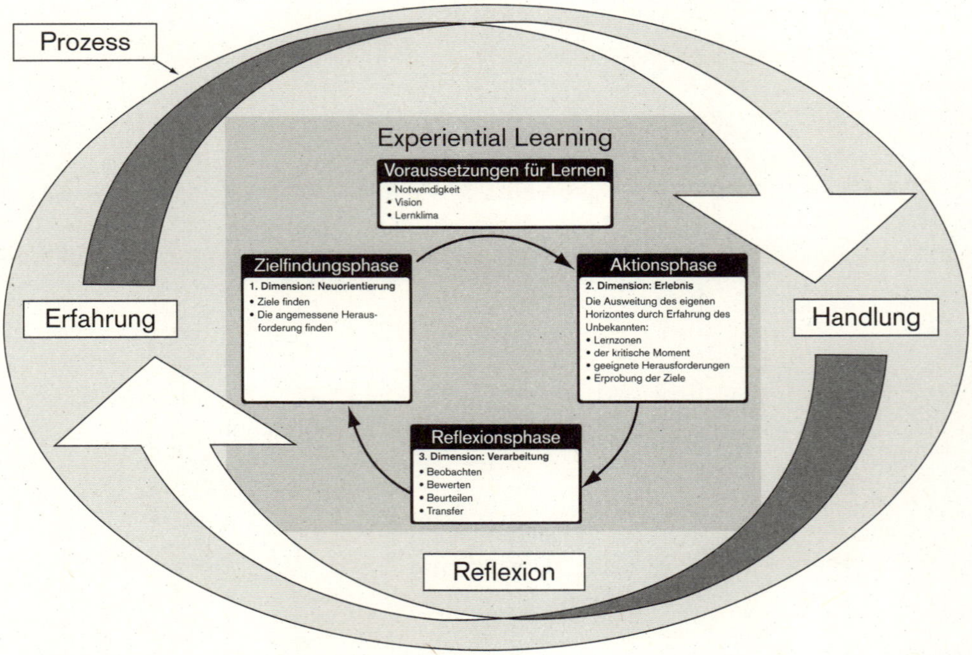

Tom Senninger erweitert durch Baig-Schneider[442]

Im Bereich des Sozialen Lernens sind solche (unbewusste) Lernzirkel auch nachweisbar, wie Miles in seinem, psychologischen, sozialen Lernmodell ausführt.

442 Senninger (2000): Abenteuer leiten – in Abenteuern lernen. Münster: Ökotopia, S. 28.

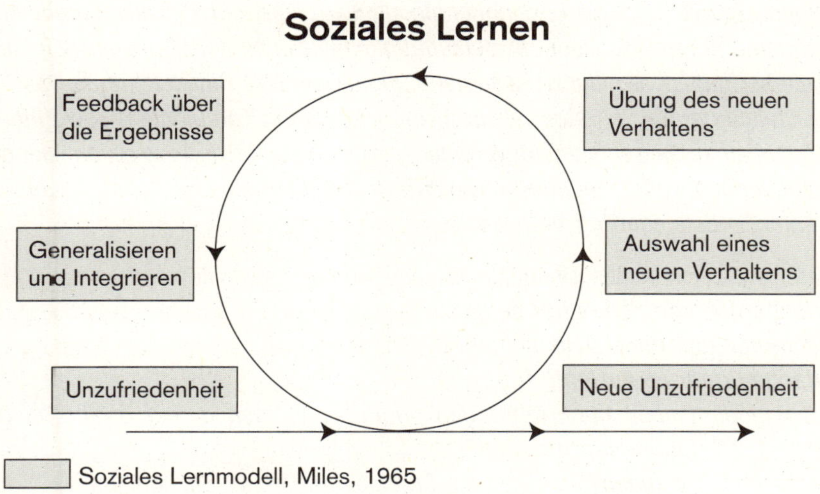

Soziales Lernmodell nach Miles [443]

Walter Fürst greift in seinem Modell „die Erlebnisgruppe am Berg" auf dieses Soziale Lernmodell zurück und geht besonders auf die Konsequenzen für das Erlebnispädagogische Arbeiten mit fortlaufend (sozial) gestörte Gruppen ein, in denen eben keine Entwicklung stattfindet. [444]

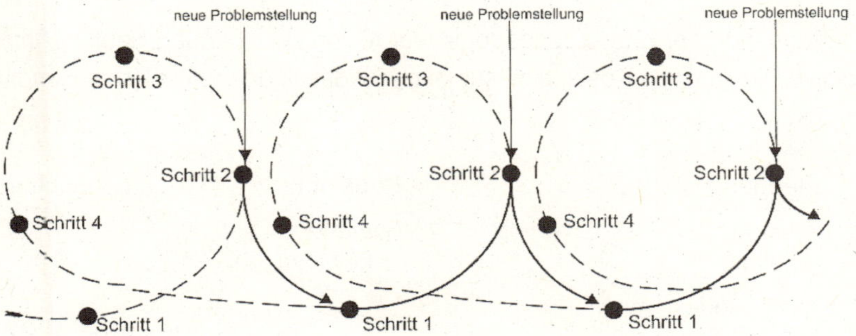

Die fortlaufend gestörte Gruppe

Kennzeichen des reflektierten Handlungslernens, als „handlungsorientierte Didaktik"bezeichnet, im Arbeitsfeld der beruflichen Fort- und Weiterbildung haben Arnold/Müller gesammelt:

443 entnommen aus Majce-Egger (1999), S. 100.
444 Fürst (2009), S. 136.

Handlungsorientierte Didaktik bezeichnet ein aktivierendes, didaktisch-methodisches Lernarrangement. Dem Konzept der Selbsttätigkeit wie auch der Logik der Selbstorganisation gleichermaßen verpflichtet, zielt handlungsorientierte Didaktik auf die weitgehende Selbsterschließung des Lehrstoffs. Durch eine spezifische Kombination sowohl Anleitung zu geben, als auch die Selbstständigkeit der Lernenden zu fördern, versucht sie, den in der Pädagogik grundlegenden Konflikt zwischen notwendiger Fremdsteuerung und angestrebter Selbststeuerung zu lösen. [445]

Wichtigste Kennzeichen dieser handlungsorientierten Didaktik sind: [446]

- ***Zweifacher Bezug auf das Handeln:***
  Lernen durch und für das Handeln
- ***Zweifache Erfahrungsorientierung:***
  In das Handeln fließen alte Erfahrungen ein und es entstehen neue Erfahrungen.
- ***Vorrang der Selbststeuerung***
  Die Lernenden beginnen selbst mit der Erschließung neuer Sachgebiete.
- ***Handlungsorientierte Lernschleife***
  alte Erfahrung-Aufgabe-Aktion-Reflexion
- ***Der – kaum noch lehrende – Pädagoge***
  „nur“ Arrangement der Lernsituation
- ***Ganzheitlicher Charakter***
  die Person – die Sache – die Gruppe
- ***Persönlichkeitsentwickelndes Lernen***
  Entwicklung personaler Schlüsselqualifikationen

Speziell für das Feld der Erlebnispädagogik wurde von Brischar und Saur, in Anlehnung an die subjektive Didaktik von Kösel, eine subjektive Didaktik des reflektierten Handlungslernens entwickelt:

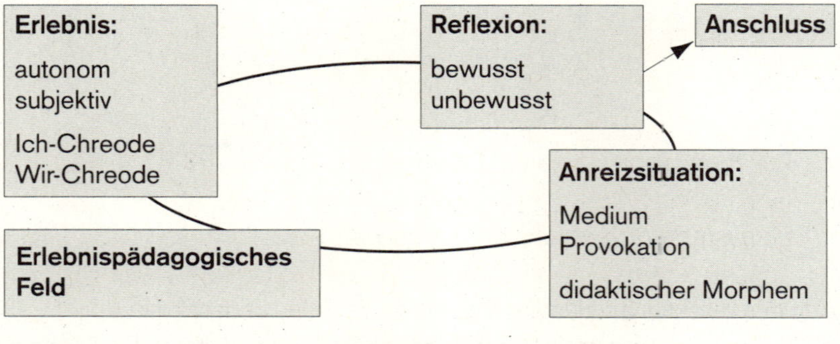

Mikrozyklus der subjektiven Didaktik der Erlebnispädagogik [447]

445 Arnold/Müller zitiert nach Datzberger (2003), S. 29.
446 nach Arnold/Müller; vgl. Datzberger (2003), S. 29–39.
447 Meier-Gantenbein (2000), S. 54.

Hier schließt übrigens auch der Begriff der Mikrowelten von Senge an, denn in den besonders gestalteten Mikrowelten („als ob Welten" im Spiel) können Verhalten (gefahrlos) erprobt und eben auch verbessert werden. Gemeint ist damit, dass z.B. im „künstlichen Setting" einer handlungsorientierten Problemlösungsaufgabe (z.B. Spinnennetz) ohne weitreichende Konsequenzen für die „reale" (Berufs)Welt Handlungen und Verhalten ausprobiert werden können und diese, durch die Reflexion generaliserten, Erfahrungen stehen dann bei „realen Anforderungen" als Handlungsoption zur Verfügung. Jeder durchlaufene Mikrozyklus entspricht also einer „Handlungsoption". Durch den Durchlauf vieler solcher Zyklen wird eine große Anzahl von Handlungsoptionen erzeugt, oder aber auch, wenn immer wieder thematisch angeschlossen wird, ein Handlungsmuster „optimiert".[448]

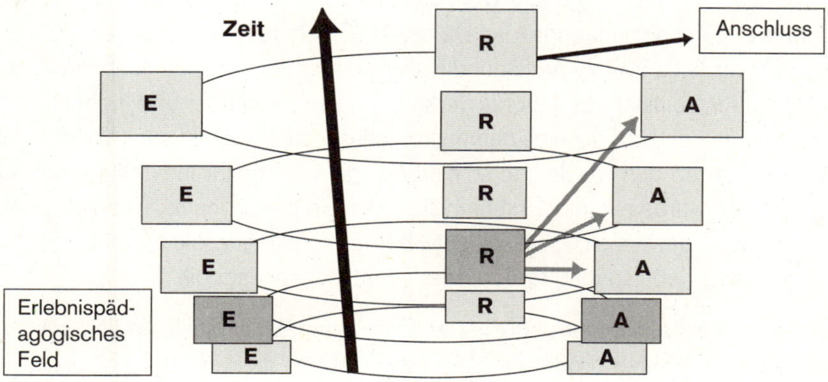

Makrozyklus der subjektiven Didaktik der Erlebnispädagogik

Alle diese Modelle implizieren dabei folgende Voraussetzungen:

- **die Lernenden sind in der Lage zur Reflexion**
- **die Lernenden besitzen ein Mindestmaß an intellektueller Reife**
- **die Situation wird als Herausforderung (ungewisse Situation) erlebt**

Diesen Zusammenhang beschreibt Arnold in seiner „Ermöglichungsdidaktik":
Um lebendiges Lernen zu organisieren, braucht man – Arnold spricht in diesem Zusammenhang von Ermöglichungsdidaktik – zwei Zutaten: eine Didaktik, die die richtigen Herausforderungen arrangiert und eine/n Lernende/n, der/die diese Herausforderung für sich selbst in Lernen umsetzen kann. In einer solchen Didaktik wird versucht von den Lernenden aus zu denken und es wird ihnen alles in die Hand gegeben, was sie brauchen, damit sie ihr Lernen selbst vollziehen können.(...) Grundelemente für die Entwicklung ermöglichungsdidaktischer Konzepte halten insbesondere reformpädagogische

448 Meier-Gantenbein (2000), S. 55.

Überlegungen bereit. Die im Umfeld der humanistischen Psychologie von Ruth Cohn und Carl Rogers entstandenen Methoden eines lebendigen oder signifikanten Lernens haben den ermöglichungsdidaktischen Methoden-Pool im Bereich der Erwachsenenbildung an subjektorientierter Vielfalt bereichert. [449]

9.3.3 Didaktik der (gruppendynamischen) Interaktion [450]

Das Curriculum von Project Adventure hat eine große Vorbildwirkung auf die moderne Erlebnispädagogik, vor allem auf die „Outdoor-Trainings". Ist die „Erlebnistherapie" bzw. das Konzept des „Learning by doing" die „Grunddidaktik" der „Wilderness Education", so stellt das Grundkonzept von Project Adventure wohl **die** Didaktik der modernen, nicht mit Naturmedien arbeitenden, Erlebnispädagogik dar. Da bei der Entstehung dieser Didaktik ganz bewusst versucht wurde das „Outward Bound Konzept" für die Schule zu adaptieren, ist es auch sehr geeignet für Seminare und für die Verknüpfung von „Outdoor und Indoor". Es ist daher nicht sehr verwunderlich, dass es dementsprechend oft als didaktische Vorlage für andere Projekte herangezogen wurde und so eine Art „didaktische Grundvorlage" entstand. Bei Project Adventure wurde aus den Erkenntnissen der Gruppendynamik eine Art „gestalterisches Grundgerüst" entwickelt: diese Didaktik berücksichtigt also die Grundlagen der Gruppendynamik, der Erlebnispädagogik und der Interaktionspädagogik.

Project Adventure hat ein relativ klar gegliedertes Curriculum der Projekte, in dem der Anspruch an die Gruppe immer größer wird. Prinzipiell gibt es drei Lernstufen: Spiele, Initiativprobleme und Seilkurselemente.

- Spiele
  - die „Eisbrecher" und Bekanntschaftsaktivitäten
  - die enthemmenden Aktivitäten
  - die Vertrauens- und Beobachtungsaktivitäten
- Full Value Contract
- Initiativenprobleme
  - die (methodische) Nachbearbeitung
- Seilkurselemente
  - die niedrigen Elemente
  - die hohen Elemente
  - die (methodische) Nachbearbeitung
- Die methodische Nachbearbeitung (aller drei Lernstufen)

449 Rolf (1999) zitiert nach Datzberger (2003), S. 39–40.
450 vgl. Nasser (1993), S. 95–134.

Wie schon erwähnt, baut die Abfolge der Spiele auf die Erkenntnisse der Gruppendynamik auf (vgl. Abschnitt 7.3.1 und 7.4.2) und eine Besonderheit ist, dass am Ende der „Spiel-“ oder Aufwärmphase der so genannte „Full Value Contract“ steht:

Der „Full Value Contract“ sollte Bestandteil jedes Abenteuererlebnisses sein und ist mit drei Verpflichtungen verbunden:
Die Übereinstimmung als eine Gruppe zusammenzuarbeiten und in Richtung Individual- und Gruppenzielen zu arbeiten.
Die Übereinstimmung, an bestimmten Sicherheits- und Gruppenverhaltensrichtlinien festzuhalten.
Die Übereinstimmung, eine Rückmeldung zu geben und zu erhalten, beides, positive und negative; und in Richtung eines veränderten Verhaltens zu arbeiten, wenn es angemessen ist. [451]

Über all dem steht das Grundprinzip der „Challenge by Choice“; der Herausforderung nach eigener Wahl. Deshalb werden solche Programme auch als „Challenge-Programmes“ bezeichnet.
Ein abgeschlossener Zyklus wird als „Abenteuerwelle“ bezeichnet, die wie folgt gegliedert ist:

Vorabaktivitäten	Vorbesprechung	Durchführung	Nachbesprechung
• Aufwärmen • Eisbrecher- und Kennenlernspiele • Vertrauensspiele • Hilfestellungs- und Sicherungstechniken • sonstige Techniken	• Gemeinsame Zielsetzung • Der Wertevertrag • Die Sicherheitsinstruktionen • Die geteilten Informationen	• Spiele • Intitiativen • Problemlösungen • Seilkurselemente – niedrige Elemente – hohe Elemente	• The What • The So What • The Now What • Initiativenorientiert: – Transfermöglichkeiten – Bewusstmachung

Man kann unschwer erkennen, dass hier die Grundlagen der handlungsorientierten Didaktik und die der Gruppendynamik berücksichtigt werden. Mehrere einzelne Wellen werden als so genannter „Abenteuerwellenplan“ bezeichnet, der vor allem auch im „Adventure Based Counseling“, der therapeutischen Ausrichtung von Projekt Adventure, von Bedeutung ist: [452]

451 Nasser (1993), S. 119.
452 entnommen aus Nasser (1993), S. 139.

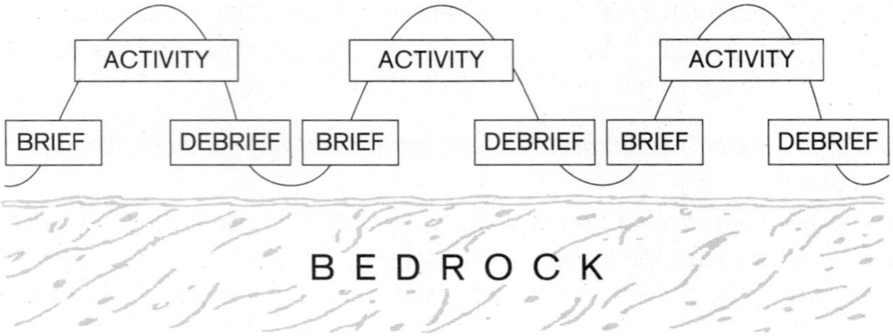

9.4 Merkmal Erlebnis und andere „didaktische Ansätze“

Erlebnispädagogik unterscheidet sich durch die gezielte Nutzung von Erlebnissen als lehrreiche Situationen von anderen Pädagogiken[453]

In seinem Merkmalmodell bezieht sich Ernst nur auf „das Erlebnis“ als Abgrenzungsmerkmal zu anderen pädagogischen Handlungsformen. Allerdings wurde ja schon weitgehend ausgeführt, dass es noch andere „Abgrenzungsmerkmale“ gibt: Erleben, Handlung, Abenteuer etc. Das besondere ist, dass den einzelnen Begriffen spezifische Wirkungen und Wirkannahmen zugewiesen werden. Diese Begriffe, die ihnen zugeschriebenen Bedeutungen/Wirkungen und die darüber geführten Diskurse konstituieren dementsprechend spezifische „(Bedeutungs-)Felder“:

Feld: *ein Begriff, der häufig (...) als Ausdruck für Bereich, Gebiet, Raum (...) gebraucht wird. (...) Im strengen Sinn ist ein Feld das Ergebnis von Kräften, die dem sie umgebenden Raum bestimmte dynamische Beschaffenheit verleihen.*[454]

„Erlebnispädagogische (Bedeutungs-)Felder“ werden bestimmt durch einen Leitbegriff, die ihm zugeschriebenen Bedeutungen/Wirkungen, die ihm zugeordneten didaktischen Gestaltungen/Methoden und die spezifischen Diskurse. Folgende Leitbegriffe für „erlebnispädagogische (Bedeutungs-)Felder“ sind generierbar:

- Das Erlebnis
- Das Erleben
- Die Handlung
- Die Interaktion
- Das Abenteuer
- Die Natur
- Die Wildnis

453 Ernst (2001), S. 19.
454 Dorsch (2004), S. 309.

9.5 Die Merkmale Räume, Medien, Aktivitäten und Methoden

„Medium“ *(lat.; Mittel(glied); Mittler(in), Mittelsperson (bes. beim Spiritismus), Kommunikationsmittel)* [455]
Aktivität: *(Tätigkeit(sdrang); Wirksamkeit)* [456]
Methoden *(griech. methodos Vorgehen, Verfahren; engl. methods)* [457]

Die Durchführung von gewissen Aktivitäten bzw. der Aufenthalt in gewissen Räumen/Medien reicht oft schon um Projekte als scheinbar „erlebnispädagogisch“ zu kennzeichnen. Das Abseilen mit einer Gruppe, die Fahrt mit dem Schlauchboot, die Wanderung in den Bergen sind ausreichendes Erkennungsmerkmal und Programm. Ebenso ist die fachliche Kompetenz, das jeweilige Medium (Fluss, Berg, Meer...) zu „beherrschen“ anscheinend ausreichend, um erlebnispädagogische Projekte im jeweiligen Medium durchführen zu können. Hier wird natürlich vernachlässigt, dass nicht die Medien „das Pädagogische“ darstellen, sondern der durchdachte, begründete pädagogische Plan. Methoden sind als „Merkmal“ einer Systematik zu indifferent, da sie inhaltlich an keine „pädagogische Form“ gebunden sind. Dennoch prägen Methoden, Aktivitäten und Medien die pädagogische Praxis und sind so scheinbare „Erkennungszeichen der Erlebnispädagogik“. Eine nicht unbeträchtliche Anzahl der erlebnispädagogischen Publikationen handelt von „Methoden“, sie sind das „Handwerkszeug“ und nicht umsonst wird im englischen Sprachraum ja oft von Tools gesprochen, die es zu beherrschen gilt.

Methoden und Medien sind aber keine Kategorie pädagogischen Handelns und daher sind Medien, Methoden und Aktivitäten ein Merkmal der erlebnispädagogischen Praxis und nicht der erlebnispädagogischen Theorie.

König/König unterscheiden folgende Formen der Aktivitäten: [458]

a. Natursportarten
b. Initiativübungen
c. Problemlösungsaufgaben
d. künstliche Arrangements
e. pädagogische Handlungsformen

a.: Wie schon erwähnt wird einerseits der Terminus „Natursportarten“ oder auch „Medium“ verwendet. Im Fall der Merkmale kann man die Begriffe als synonym ansehen.
b. und c.: Darunter sind vor allem Übungen aus dem Bereich von Project Adventure zu verstehen. [459]

455 Duden (1996), S. 484.
456 Duden (1996), S. 97.
457 dtv-Wörterbuch Pädagogik (2004), S. 383.
458 König, König, S. 57–61.
459 vgl. dazu Nasser (1993).

d.: Hier wird oft unterschieden zwischen so genannten Low Elements und High Elements. Damit werden Seilanlagen bezeichnet, die entweder in Hüfthöhe gespannt werden (= Low Elements) oder so genannte Hochseilgärten in wesentlich größerer Höhe (= High Elements).
e.: Darunter verstehen König/König die verschiedensten (Reflexions)Methoden aus den unterschiedlichen Bereichen wie die Themenzentrierte Interaktion (Ruth Cohn) oder das Neurolinguistische Programmieren (R. Bandler und J. Grinder) usw. Als Unterscheidungsmerkmal in unserem Sinne erscheint es allerdings nicht unbedingt sinnvoll.

Heckmair/Michl befassen sich ebenfalls ausführlich mit erlebnispädagogischen Aktivitäten:[460]

Erlebnispädagogische Aktivitäten im Vergleich						
	Charakteristik	**Anforderung an Ausrüstung, Technik, Teilnehmer**	**Lern- und Erfahrungsmöglichkeiten**	**Planung und Mitbestimmungsmöglichkeiten**	**Anforderungen an die Leitung**	**Ökologische Verträglichkeit**
(Berg-) Wandern	„sich auf die Spitze treiben"; Rhythmus des Gehens; Freiheit, überall hingehen zu können	Grundkondition; „Vergessene" Technik des Gehens; Minimale Ausrüstung	einsam und gemeinsam; eigenen Rhythmus finden; Gehen und Meditation; Naturbeobachtung; Zeit und Muße für sich, andere und Natur entwickeln	optimale Mitbestimmungs- und Planungsmöglichkeiten	geringer Aufforderungscharakter – pädagogische Herausforderung; Rückzug von Leiterrolle; Reiz des Wanderns erschließt sich langsam	beim Wandern auf „Abwegen" ökologische Gefahren; Bedrohung der Natur ist überall sichtbar und muss bewusstgemacht werden
Klettern und Abseilen	„der Schwerkraft Paroli bieten", Vertrauen zum Sichern der Partner; Widerstände bearbeiten; hohe psychische Herausforderung	nicht besonders aufwändige Ausrüstung; keine Vorkenntnisse notwendig; natürliche Bewegung, Beweglichkeit, Körperspannung	Mut, Vertrauen und Verantwortungsbewusstsein; Muskelspannung; Eigenrhythmus finden; intensive Rückmeldungen der Tast- und Gleichgewichtssinne; Vertrauen in die eigene Leistungsfähigkeit	möglich während der Vorbereitungen; in Absprache mit der Leitung auch bei den Aktivitäten; Sicherheitsgründe begrenzen die Selbststeuerung	souveränes fachliches Können; große Erfahrung; Umsichtigkeit und Überblick; ständige Konzentration während der Aktionen	keine erosionsgefährdeten Zugänge benutzen; Störung von Vögeln, besonders während der Brutzeiten, vermeiden; ökologisch verträgliche Ver- und Entsorgung beim Zelten/ Biwakieren; Verantwortung für Klettergärten überehmen

460 Heckmair, Michl (2002), S. 204–207.

Skitouren	die Stille des Winters entdecken; langsames, gleichmäßiges Aufsteigen; genussvolles und kämpferisches Abfahren	relativ aufwändige Materialbeschaffung; hohe Anforderungen an technisches Können; mittlere bis gute Kondition	der Kälte die wärmende Bewegung des Körpers entgegensetzen; den eigenen Rhythmus finden; Kampf mit dem Schnee; Genuss an der Bewegung	gute Mitbestimmungsmöglichkeiten während der Vorbereitung – während der Touren nur bei ganz sicheren Verhältnissen; Lawinengefahr schränkt Gruppenselbststeuerung ein	genaueste Planung und Gefahrenbeurteilung obligatorisch; Wissen und große Erfahrung unabdingbar; ständige Situationskontrolle; Reflexionsvermögen hinsichtlich subjektiver Einflüsse auf die Gefahrenbeurteilung	Schädigung von Jungwald, Latschen und Matten möglich; besondere Vorsicht in der Krummholzzone; Störung von Niederwild (Rauhfußhühner); prinzipiell nur bei ausreichender Schneelage
Höhlenerkundung	„sich im Dunkeln vertiefen"; andere Wahrnehmung; Herausforderung für die Sinne	außer Helme und Lampen keine besondere Ausrüstung (für Höhlen für Anfänger); Trittsicherheit; mittlere Kondition	Gruppe bedeutet Geborgenheit; Schulung der Wahrnehmung; Sinne und Sinnfragen; Erleben und Reden über physische und psychische Belastung	sehr begrenzt, da Teilnehmer nicht wissen, worauf sie sich einlassen; Leistungsdruck vermeiden durch offene Gruppenatmosphäre	Empathie; Kenntnis des Höhlensystems; Erfahrungen in der Höhlenbefahrung; Beherrschung von Klettertechnik: Umgang mit psychischen Belastungen	empfindliches Ökosystem Höhle; äußerste Behutsamkeit ist notwendig; Müll vermeiden und fremden Müll mitnehmen
Kajak	„spielerische" Einheit zwischen Körper, Boot und Wasser; Entscheidungs- u. Handlungszwang	Vorübungen und Grundkenntnisse notwendig; Gefühl für Wasser; sehr aufwändige Materialbeschaffung	„alles oder nichts"; Flucht nach vorn; vorausschauendes Denken; Wahrnehmung und Handeln eng verbunden; Einzelkämpfer	möglich, aber nur in Absprache mit Leitung; Fahrtdistanz; Besichtigung von Schlüsselstellen	genaueste Planung und Berechnung aller Gefahren notwendig; Vetorecht bei allen Entscheidungen	Eingriff in die Flussökologie; Beachtung von Naturschutzgebieten und Brutzeiten; nicht nur Müllvermeidung sondern aktiver Beitrag durch Müllsammeln ist gefordert; Sensibilisierung für Natur und Naturzerstörung ist Lernziel

Erlebnispädagogische Aktivitäten im Vergleich						
	Charakteristik	**Anforderung an Ausrüstung, Technik, Teilnehmer**	**Lern- und Erfahrungsmöglichkeiten**	**Planung und Mitbestimmungsmöglichkeiten**	**Anforderungen an die Leitung**	**Ökologische Verträglichkeit**
Schlauchboot	alle in einem Boot; „Gruppe und Boot besiegen" die Wildheit des Wassers	weniger Technik, weniger körperliches Geschick und Körperbeherrschung als Kajak; aufwändige Materialbeschaffung; gut für Kurzzeitmaßnahmen	Gemeinschaftsleistung; Rollenverteilung; Flucht nach vorne; Kampf gegen das Element Wasser, Rhythmus zwischen Action und Ausruhen	Teilnehmer können noch mehr in die Planung einbezogen werden(die Gruppe badet alles aus!)	realistische Gefahreneinschätzung notwendig; Rettungstechniken beherrschen und vermitteln	Eingriff in die Flussökologie; Beachtung von Naturschutzgebieten und Brutzeiten; nicht nur Müllvermeidung sondern aktiver Beitrag durch Müllsammeln ist gefordert; Sensibilisierung für Natur und Naturzerstörung ist Lernziel
Fahrradtouren	„Land und Leute erfahren"; Lob des Fahrrads; Einzel- und Gemeinschaftsleistung	Fahrrad hat jeder, guter technischer Zustand wird vorausgesetzt; Grundkonditon; Langsamfahren ist schwieriger als zu rasen	Gruppenerfahrung steht im Vordergrund; eine Landschaft kennen lernen; Natur „pur" erleben	gute Mitbestimmungsmöglichkeiten; offen sein für neue Ziele; Konflikte und Pausen; Grenzen liegen in den Gefahren des Autoverkehrs	Grundregeln des Verhaltens mit Teilnehmern aufstellen und auf Einhaltung achten; ansonsten Rückzug von Leiterrolle, so weit wie möglich	Fahrrad als das ökologisch verträglichste Fortbewegungsmittel; Natur und Landschaft als Lernchancen
Kuttersegeln	„den Wind in den Händen halten"; das Zusammenspiel der Crew; auf engem Raum leben	Beschaffung und Wartung von Schiffen relativ teuer und aufwändig; einfache Technik, die ohne Hilfsmittel auskommt, erfordert zupackende Teilnehmer	Teamwork ist alles; Rollenverteilung; nicht nachgeben – sich Wind und Wetter entgegenstellen; Rücksichtnahme und Toleranz auf engstem Raum	sehr gute Möglichkeiten der Partizipation; Gruppenselbststeuerung; Planung und Vorbereitung nimmt viel Zeit in Anspruch	genaue Planung; gründlicher Check der Ausrüstung; große Segelerfahrung, Erfahrung im Kuttersegeln; den Überblick haben und Ruhe bewahren; Umgang mit psychischen Belastungen	Versorgung und Entsorgung; umweltverträgliche Ankerplätze; Gewässerökologie; Sensibilisierung für Ökosysteme

Erlebnispädagogische Aktivitäten im Vergleich						
	Charakteristik	**Anforderung an Ausrüstung, Technik, Teilnehmer**	**Lern- und Erfahrungsmöglichkeiten**	**Planung und Mitbestimmungsmöglichkeiten**	**Anforderungen an die Leitung**	**Ökologische Verträglichkeit**
Problemlösungsaufgaben/ Seilgärten	Abenteuer in „Pillenform"; ernsthaft spielend über sich und andere etwas erfahren	ein paar Tücher, Schnüre, Bretter bei einfachen Initiativübungen; komplette Kletterausrüstung bei hohen Seilgärten	sich auf einzelne Sinne konzentrieren; intensiv wahrnehmen (bei einfachen Initiativübungen); unter Stress etwas leisten; Mut zeigen; Verantwortung übernehmen (vor allem bei hohen Seilgären)	wenig Mitbestimmungsmöglichkeiten in Bezug auf Regeln und Abläufe; indes hohe Variabilität im Handeln während der Aktionen	spielpädagogische Kompetenz bei den Initiativübungen und Problemlösungsaufgaben; zusätzlich souveränes technisches Können und breite Erfahrung in der Bedienung und Wartung von Seilgärten	i. d. R. sehr gut verträglich; auch in der Stadt umsetzbar; wenn Bäume zur Verankerung einbezogen werden, ist die Anlage von Seilgärten nicht ganz unproblematisch
City Bound	im „Dickicht der Städte"; die Stadt neu entdecken; ungewöhnliche Perspektiven eröffnen; überraschende Ein- und Ausblicke	Stadtpläne und Fahrkarten für öffentliche Verkehrsmittel; bei natursportlichen Aktivitäten: siehe dort	„was man schon immer mal tun wollte, aber sich noch nie getraut hat"; mit Tabus spielen; die Fassaden des Alltags durchschauen	gute Mitbestimmungsmöglichkeiten; hohe Selbständigkeit bei den Aktionen	das „Dickicht der Stadt" ist gefährlich!; Auffanglinien ziehen; Notrufnummern ausgeben; was der Wurfsack für den Kanuten ist das „Handy" für den Stadtpädagogen	Biotope gibt es auch in den Innenstädten!; umsichtige Entsorgung bei Biwaks

Anuschka Düppe untersucht den Zusammenhang von Aktivitäten, Fähigkeiten und Fertigkeiten:[461]

			Körperliche Nähe	(Eigen-) Initiative	Teamwork	Kommunikation	Kooperation/Rücksichtnahme	Verantwortung	Vertrauen	Toleranz	Organisations- & Problemlösungsfähigkeit	Kreativität/Spontanität	Wahrnehmung/Sensibilisierung	Planungsfähigkeit	Überblick	Sorgsamkeit/Präzision	Geduld, Zuhören	Naturerfahrung	Selbstüberwindung	körperliche Anstrengung	Körpererfahrung	Leistungsbereitschaft	Ausdauervermögen	Motivation
Initiativübung		Balken	×		×	×	×				×			×		×								
		Insel	×		×	×	×				×	×		×										
		Rollmops	×		×						×													
		Vertrauenswanderung	×		×	×		×	×				×	×		×			×					
		Kreis des Vertrauens	×		×			×	×				×			×			×		×			×
Problemlösungsaufgaben	Indoors oder outdoors	Kleiner Zaun	×		×	×	×		×		×	×		×		×								
		Spinnennetz		×	×	×	×	×		×	×	×		×	×	×				×		×		×
		Seilquadrat			×	×	×				×			×	×									
		Irrgarten		×	×	×				×	×	×	×		×	×	×							
		Doppelter Verkehrsstau			×	×	×				×	×		×	×	×	×					×		
		Moorpfad		×	×	×	×	×			×	×		×		×						×		
		Ropes Courses		×	×			×	×		×	×		×	×	×			×	×		×		
	Alpine Aktivitäten	Bergtour					×	×	×	×			×	×				×		×	×	×	×	
		Klettern:																						
		* Top-Rope-Klettern		×	×			×	×				×			×			×	×	×	×		
		* Vorstiegs-Klettern		×	×			×	×				×	×	×	×			×	×	×	×		
		Abseilen		×				×	×				×			×			×		×	×		×
		Höhle			×		×		×				×					×	×	×				×
		Schneeschuhe		×	×	×	×			×			×	×				×		×	×		×	
		Skitour		×	×	×	×	×	×	×			×	×	×			×		×	×		×	
	Aktiv. Auf Wasser	Kanu		×	×	×	×				×		×		×			×		×	×		×	
		Schlauchboot			×	×	×	×			×	×				×		×		×				×
		Segeln		×	×	×	×	×		×	×		×	×	×			×				×	×	
		Floßbau		×	×	×	×	×			×	×		×	×		×	×		×		×		
	Aktivitäten unterwegs	Wandern		×		×	×			×			×	×	×		×	×		×	×		×	
		Radtour		×		×	×	×		×			×	×	×		×	×		×			×	
		Biwak		×	×	×	×		×				×	×				×	×		×			
		Solo		×							×	×	×	×				×	×		×		×	
		Schluchtüberquerung		×	×	×	×	×	×		×	×		×	×	×			×	×	×	×		×

Zusammenfassende Übersicht mit Zuordnungen der Fähigkeiten und Fertigkeiten

461 Düppe (2004), S. 48.

Andreas Puschnig ermittelt die Verteilung der Aktivitäten in Outdoortrainings:[462]

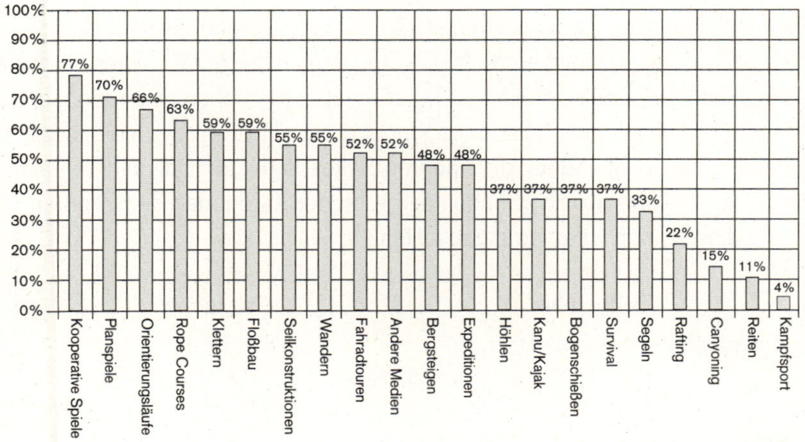

9.6 Das Merkmal Teilnehmende

Dieses Merkmal befasst sich mit den „Zielgruppen" und diese stehen in einem engen Zusammenhang zum „Arbeitsfeld" bzw. zum Geschäftsfeld der Anbietenden (siehe daher die Merkmale Arbeitsfeld und Anbietende). In ihrer Untersuchung zur Ausbildung des Erlebnispädagogen erfassste Katrin Leibner z.B. folgende Zielgruppen.[463]

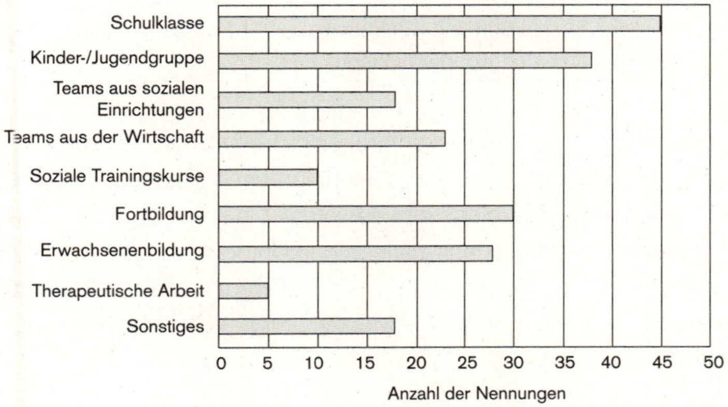

Häufigkeit erlebnispädagogischer Arbeit mit bestimmtenZielgruppen

Als Merkmal für die Systematik ist dieses Merkmal aber vernachlässigbar.

462 nach Puschnig (2000), S. 125.
463 Leibner (2004), S.73.

9.7 Das Merkmal Anbietende

Sowohl Simon Priest mit seinen Programmtypen als auch Jürgen Einwanger mit seinem Handlungsmotivationsmodell haben de facto Handlungsfelder der Anbieter dargestellt (vgl. dazu Abschnitt 9.1 und Abschnitt 9.2). In der Literatur stehen einander hauptsächlich zwei diametrale Arbeitsfelder scheinbar gegenüber: auf der einen Seite die (sozial-pädagogische) Erlebnispädagogik und auf der anderen Seite die (wirtschaftlich-unternehmerische) Outdoorpädagogik. König/König[464] haben aufgrund der Kategorien Zielgruppe und Zielthemen versucht diese Differenzierung darzustellen:

	Zielthemen	Zielgruppe
Erlebnispädagogik	• Sozialverhalten • Persönlichkeitsentwicklung • Aufbau von Selbstvertrauen • Gruppenbildung • Verminderung dysfunktionaler Verhaltensweisen • Übernahme von Verantwortung	Schüler Studenten Menschen mit Behinderungen Teilnehmer sozialer Einrichtungen Multiplikatoren
Outdoortraining	• Führungskompetenz • Projektmanagement • Teamentwicklung • Persönlichkeitsentwicklung • Cross-Culture, Entwicklung interkultureller Kompetenz • Optimierung von Kommunikations- und Kooperationsprozessen	Fach- und Führungskräfte Nachwuchsführungskräfte Teams Projektgruppen Auszubildende Trainees Neu zu strukturierende Abteilungen

Wie ich allerdings in Kapitel 11 näher ausführe, sind die Anbietenden zumeist auf beiden, scheinbar getrennten, „Märkten" tätig und dementsprechend ist diese Differenzierung sehr schwer aufrecht zu erhalten. Allerdings gibt es so gut wie keine Untersuchungen zu diesem Zusammenhang, denn in den wenigen existierenden Untersuchungen wird in den Designs schon das Handlungsfeld vorweggenommen. Außerdem gibt es keine Untersuchung zu den „Anbieterstrukturen (Firma – Ich-AGs). Als Merkmal für die Systematik ist dieses Merkmal vernachlässigbar.

464 König, König (2005), S. 23.

10. Systematik der modernen Erlebnispädagogik [465]

Im ersten Teil dieses Buches wurden Definitionen vorgestellt und nach Michael Ernst aus der erlebnispädagogischen Literatur ein „Grundwortschatz" generiert. Im zweiten Teil wurden in einem historischen Längsschnitt die (ideen)geschichtlichen Entwicklungen und Transformationen von der „Erlebnistherapie" bis zur heutigen Erlebnispädagogik verfolgt und dabei die zentrale Bedeutung dreier Theorien postuliert:

- pädagogische Erlebnistherapie (Kurt Hahn)
- handlungspädagogische Theorie (John Dewey)
- interaktionspädagogische Theorie (George Mead)

Im dritten Teil wurden bisher nach dem Modell von Michael Ernst die „Merkmale der Erlebnispädagogik" beschrieben und nun soll auf Basis des „Tree of Science" ein formales Grundgerüst, eine „Erlebnispädagogische Systematik", erstellt werden.

Ein Problem stellt dabei die schon oft erwähnte Heterogenität der Erklärungsversuche auf den unterschiedlichsten Ebenen dar:

Von Hahn und seiner zentralen Kategorie des „Erlebens" ausgehend, entwickelten sich verschiedene Praxisfelder. (…) Ich verzichte auf eine ausführliche Schilderung der einzelnen theoretischen Konzeptualisierungen, die generell versuchen, die Idee der Erlebnispädagogik mit je verschiedenen sozialwissenschaftlichen und psychologischen Ansätzen, mit anthropologischen, philosophischen und allgemein-pädagogischen Argumenten, mit Assoziationen oder Metaphern zu unterlegen, um ihren Wert und Stellenwert herauszustellen. Es finden sich viele plausible Verbindungen (…), die ihre Funktion auch erfüllen, die Sinnhaftigkeit erlebnispädagogischen Handelns zu belegen(…) [466]

In den theoretischen Konzeptualisierungen und Beschreibungen wird auf eine Viehlzahl von Theorien aus den unterschiedlichsten Bezugswissenschaften zurückgegriffen, ohne dass auf die Spezifika der jeweiligen Bezugswissenschaft eingegangen wird. Theorien sind Ergebnisse eines komplexen (Wissenschafts)Systems und beinhalten damit philosophische Anteile (Ethik, Menschenbild), spezielle Verfahren der Erkenntnisgewinnung (Epistemologie so z.B. hermeneutische, empirische, phänomenologische Erkenntnisgewinnung…) und seit dem 19. Jahrhundert auch die speziellen Perspektiven der sich ausformenden Disziplinen (Soziologie, Psychologie…). Somit wird mit der Wahl einer bestimmten wissenschaftlichen Disziplin, bzw. einer aus dieser Disziplin entstandenen Theorie, eine gewisse Betrachtungs-

465 Diese Systematik wurde bereits 2008 im Rahmen einer Kongressdokumentation veröffentlicht, siehe Baig-Schneider (2008). Chronologisch gesehen war diese veröffentlichte Systematik das Ergebnis der Überlegungen im Zuge der Diplomarbeitserstellung, die damals aus zeitlichen Gründen nicht mehr möglich war. In diesem Buch werden nun diese Diplomarbeit und die nachfolgenden Arbeiten, jede für sich etwas fragmentarisch, zu einem einheitlichen Ganzen zusammengeführt.

466 Sommerfeld (1993), S. 33.

weise (Fokus, bzw. Brille) und eine besondere Form der Erkenntnisgewinnung vorgegeben. Diese Begrenztheit ist für die einzelne Darstellung nicht problematisch, da sie sich ja, wenn auch oft nicht explizit, in den Grenzen der jeweiligen Disziplin bewegt. Ein Problem entsteht erst dann, wenn diese unterschiedlichen Beschreibungen auf einmal, wie es in der erlebnispädagogischen Literatur oft passiert, scheinbar einträchtig miteinander diskutiert werden und oft die jeweiligen Perspektiven und Begrenztheiten der Disziplinen nicht mehr transparent sind. So wird in der erlebnispädagogischen Literatur oft die praktische Bedeutung von „Erlebnissen“ besprochen, ohne dass auf die „wissenschaftstheoretische Herkunft“ näher eingegangen wird: Das Erlebnis wird als Qualität des „Mensch seins an sich“ beschrieben (Anthropologie), ist als Erlebnis (nur) für den einzelnen bedeutsam (Lebensphilosophie), setzt das Erlebnis in individuell besonders bedeutsamen Situationen besondere persönliche Energien frei (Existenzphilosophie), stellt das Erlebnis eine Verbindung von Außen- und Innenwelt her (Psychologie), entfaltet als pädagogisch geplantes Erlebnis seine Wirkung (Pädagogik) und schließlich können besondere Erlebnisse heilen (Erlebnistherapie).

Disziplin	Qualität des Erlebnisses
Anthropologie	Erlebnis wird als Qualität des „Mensch seins an sich“ beschrieben
Lebensphilosophie	Das Erlebnis als bedeutsames, individuelles Ereignis
Existenzphilosophie	Das Erlebnis als existentielle Grenzerfahrung
Psychologie	Das Erlebnis als Verbindungsglied von Außen- und Innenwelt
Pädagogik	Das Erlebnis als geplantes pädagogisches Erziehungsmittel
Psychotherapie	Das Erlebnis als therapeutisches Mittel

Zu jeder theoretischen Brille gehört aber auch die jeweilige Kritik an dieser Perspektive, so werden existenzielle Krisenerlebnisse eher selten als entwicklungsfördernd erlebt, ist nicht jeder Mensch auf der Suche nach individuell bedeutsamen Ereignissen, ist diese Außen- und Innenwelt für den beobachtenden Menschen nur sehr begrenzt zugängig, stellt sich die Frage, ob ein Erlebnis überhaupt planbar ist und außerdem stellt sich die Frage nach der Zuverlässigkeit „heilsamer“ Erlebnisverfahren.

Eine Systematik der Erlebnispädagogik muss daher die theoretische Ebene und die methodische Ebene mitberücksichtigen und gleichzeitig offen genug sein, um die heterogenen Beschreibungsversuche zu integrieren. Es kann sich somit nur um eine „Rahmensystematik“ handeln.

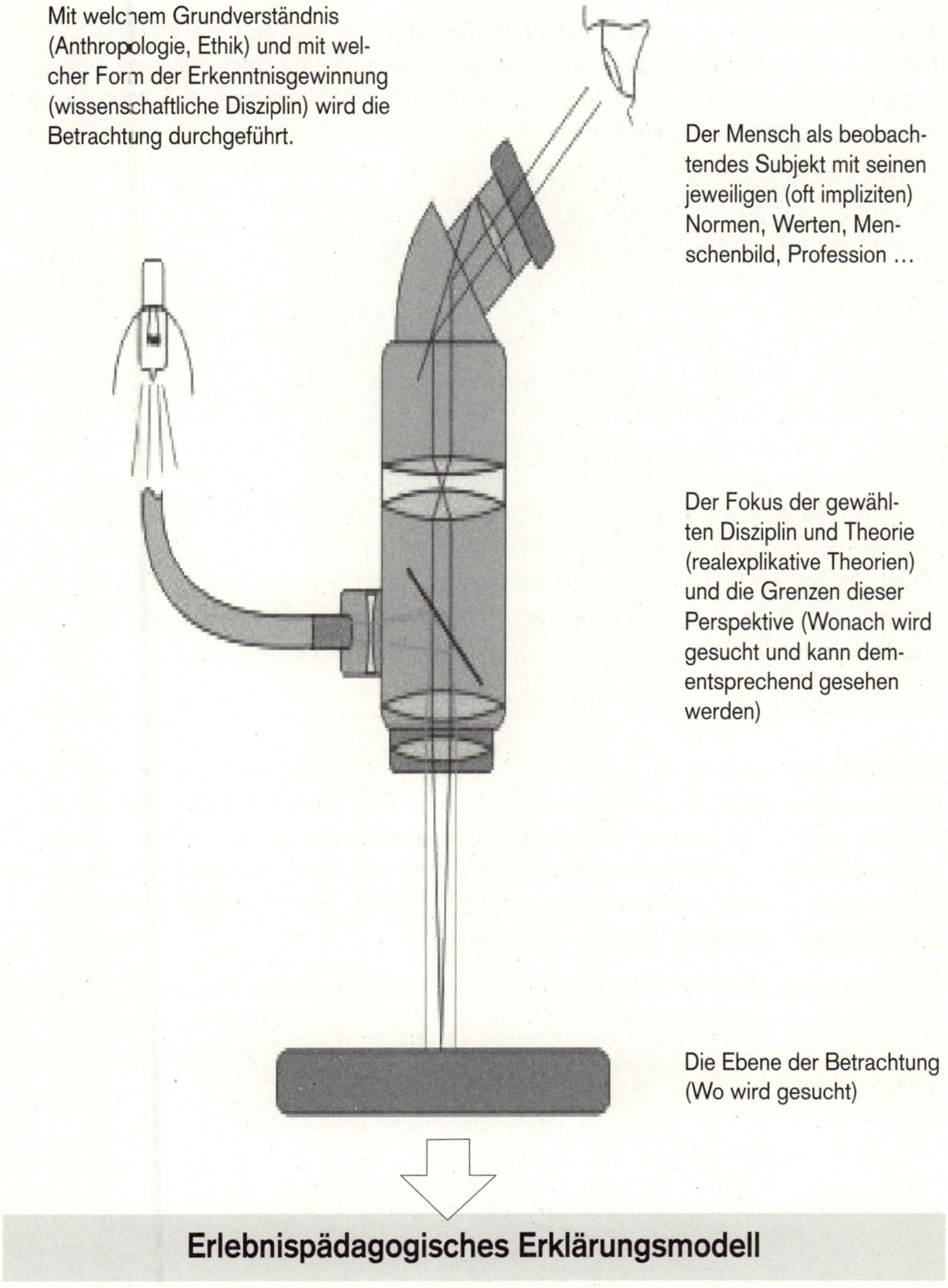
Mit welchem Grundverständnis (Anthropologie, Ethik) und mit welcher Form der Erkenntnisgewinnung (wissenschaftliche Disziplin) wird die Betrachtung durchgeführt.
Der Mensch als beobachtendes Subjekt mit seinen jeweiligen (oft impliziten) Normen, Werten, Menschenbild, Profession …
Der Fokus der gewählten Disziplin und Theorie (realexplikative Theorien) und die Grenzen dieser Perspektive (Wonach wird gesucht und kann dementsprechend gesehen werden)
Die Ebene der Betrachtung (Wo wird gesucht)
Erlebnispädagogisches Erklärungsmodell

10.1 Der Tree of Science (Hilarion Petzold)

Durch das Modell von Petzolds „Tree of Science" wird einerseits die wissenschaftstheoretische Verortung und gleichzeitig die Kennzeichnung der Betrachtungsebenen möglich. Petzold entwickelte dieses Modell, um die heterogenen Beschreibungsversuche im Bereich der Psychotherapie zu systematisieren:

Der „Tree of Science" bietet ein formales Gerüst, das aktuelle Bestandsaufnahme und Genealogie zugleich ist, die Oberfläche und Tiefenstruktur, Reichweite wie Volumen einer wissenschaftlichen Disziplin umreißt. (...) Dieses Gerüst soll in der vorliegenden Form gewisse Strukturen verdeutlichen, die generell allen „angewandten Humanwissenschaften" zugrunde liegen, und es soll speziell als Metamodell die „Wissensstruktur" von Psychotherapien darlegen. In jeder Form „systematischer Praxis" finden sich über die expliziten theoretischen Konzeptualisierungen der Praktiker hinaus implizite Theorien, finden sich Aussagen über Erkenntnistheorie, über das Menschenbild, finden sich ethische Implikationen, gesellschaftspolitische Visionen, lassen sich Umrisse einer Persönlichkeitstheorie und diagnostische Folien erkennen. Es ist daher sinnvoll, implizite Theorien explizit zu machen und in der Reflexion des Theorie-Praxis-Verhältnisses deutlich werden zu lassen, dass aus ihnen die Ziele und Inhalte kommen, die durch Methoden, Techniken, Medien, Stile und Formen in der Praxis angestrebt und verwirklicht werden sollen. Bei einer solchen Reflexion der Hintergrundsbedingungen wird oft erkennbar werden, dass verschiedene theoretische Strömungen in den Praxeologien parallel laufen (...)[467].

Jede „systematische Praxis" umfasst dementsprechend:

TREE OF SCIENCE
jede systematische Praxis umfasst

Metatherorien – Philosophie
Ethik, Menschenbild, Ansichten über das Sein an sich
z.B. Das „ganzheitliche Menschenbild" und daraus resultierende ethische Forderungen

Realexplikative Theorien – die spezifischen Theorien
Erklärungsangebote über das jeweilige Phänomen
z.B. Erklärungen aus den verschiedensten wissenschaftlichen Disziplinen zu den Begriffen Erlebnis, Handlung, Abenteuer

Praxeologie – die methodische Umsetzung
Wie wird methodisch vorgegangen? z.B. das pädagogische Spiel (Spinnennetz), eine Expedition in alpines Gelände, das Befahren von Gewässer etc.

467 Petzold (2003), S. 393

Die Erlebnistherapie von Kurt Hahn ist dementsprechend als „Tree of Science“ wie folgt darstellbar:

Menschenbild (Metatheorien)	**Platons Krankheits- und Wagenmethapher…**
Handlungstheorien (realexplikative Theorien)	…Platons ganzheitlicher Bildungsansatz, die Ideen Pestalozzis, die Projektmethode und der handlungsorientierte Ansatz Deweys, die Ansätze der Reformpädagogik…
Ziel und Intention	… liefern die Grundlage für die **Heilung der Zivilisationskrankheiten** durch die…
Praktische Umsetzung (Praxeologie)	… Erlebnistherapie.

In der erlebnispädagogischen Literatur finden wir dazu drei Ansichten, die durchaus mit dem Petzoldschen System und dem Verfahrensansatz korrelieren (siehe Abschnitt 1.3):

- EP ist eine Haltung – „philosophische Dimension“ von EP
- EP ist ein Zweig der Pädagogik – realexplikative Theorien
- EP ist eine Methode – „Handlungsmethode“ Erlebnispädagogik

10.2 Philosophie und Metatheorien der Erlebnispädagogik[468]

Hahn bezieht sich in seiner Erlebnispädagogik auf Platons Menschenbild des vernünftigen Wagenlenkers in dem „mutig“ der Vernunft gefolgt wird und „vernünftig“ die Begierde gemäßigt wird:

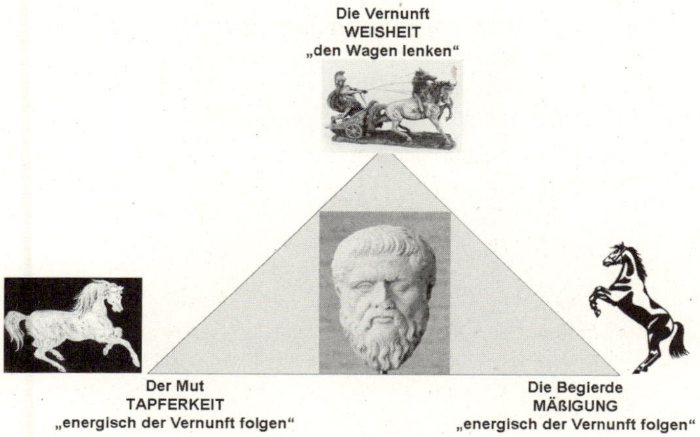

468 zum Menschenbild in der Erlebnispädagogik siehe auch Baig-Schneider (2010)

In der modernen Erlebnispädagogik gibt es aber schon längst nicht mehr „das“ erlebnispädagogische Menschenbild, sondern nur verschiedene Grundhaltungen der einzelnen „Verfahren“, Personen oder auch Organisationen (Leitbilder), die sich der Erlebnispädagogik verbunden fühlen. Der kleinste gemeinsame Nenner dieser Grundhaltungen ist wohl der gemeinsame Bezug auf ein „ganzheitliches Menschenbild“:

Erlebnispädagogik hat ihr eigenes Menschenbild, das den ganzheitlichen Charakter humanistischer Bildung in sich aufgenommen hat. [469]

In unserer Zeit ging wissenschaftlicher Fortschritt auch mit der Verkürzung des Menschenbildes einher. Da tut es gut zu wissen, dass es die Erlebnispädagogik gibt, die ein Menschenbild voraussetzt und neu gestalten möchte, das uns wohl den ganzen Menschen und das „Leben in Fülle“ (NT, Joh. 10,10) schenken will. [470]

Ein ganzheitlicher Ansatz kennzeichnet erlebnispädagogisch definierte, bzw. begleitende Maßnahmen und Programme – „buten und binnen“ allgemein: [471]

Ganzheitliches Menschenbild: Der Mensch ist ganzheitliches Subjekt der geistigen und praktischen Tätigkeit in der Einheit emotionaler, intellektueller und sozialer Wirklichkeit [472]

Was aber jetzt genau diese „Ganzheitlichkeit“ sein soll, ist aber noch immer nicht ganz greifbar.

In der erlebnispädagogischen Literatur wird daher oft der Philosoph/Pädagoge Heinrich Pestalozzi zur theoretischen Absicherung herbeizitiert (siehe auch Kapitel 3.1.3). Mit seiner Forderung nach ganzheitlichen Lernerfahrungen (Kopf, Herz und Hand) wird der Handlung ein wesentlicher Aspekt im Erziehungsprozess zugeschrieben:
Wichtige Elemente seines Menschenbilds sind:
- *Erziehung und Bildung erfolgen über authentische, vitale Erfahrungen*
- *Sozialverhalten wird durch Erfahrung ausgeprägt, nicht durch Belehrung*

Er versteht den Menschen
- als Werk der Natur (Naturzustand),
- als Werk der Gesellschaft (gesellschafltícher Zustand) und
- als Werk seiner selbst (sittlicher Zustand)

469 Fischer, Lehmann (2009), S. 108.
470 Weiss (1992), S. 68.
471 Ziegenspeck (1992), S. 21
472 Fischer, Lehmannm (2009), S. 107

Außerdem wird noch gerne auf Rousseau zur philosophischen Absicherung zurückgegriffen (siehe Abschnitt 3.1.2):

- Für Rousseau gibt es drei Faktoren, die die Erziehung des Menschen beeinflussen: die Natur, der Mensch und die Dinge
- Der Heranwachsende wird durch eigene Erfahrungen erzogen, die er unmittelbar in der Natur oder mit den ihn umgebenden Dingen bzw. Gegenständen macht
- Das Kind soll dabei seinem natürlichen Bedürfnis nach Bewegung in der freien Natur, unmittelbarem Erleben durch Sinne, dem Lernen aus eigenen Erfahrungen und dem Erwerb von Selbständigkeit nachkommen dürfen.

Es handelt sich nach Rousseau also um eine „Antipädagogik“, um eine Pädagogik der Ermöglichung und des möglichst geringsten Einflusses von Erwachsenen und „der Kultur“. Für beide Menschenbilder gilt, dass dem Menschen das Potential zugestanden wird, durch eigene (natürliche) Erfahrungen und Erlebnisse zur Reifung zu gelangen[473] und dass an diesem Reifungsprozess die Natur, der Mensch und die Gesellschaft beteiligt sind.

473 vlg. dazu Witte (2002), S. 22.

Diese pädagogisch/philosophischen Überlegungen sind heute fester Bestandteil in den didaktischen Überlegungen der erlebnispädagogischen Praxis. Zur systematischen Beschreibung der erlebnispädagogischen Praxis und des dahinter liegenden „erlebnispädagogischen Menschenbilds“ scheinen sie aber noch nicht ausreichend. Zur Schließung dieser Lücke eignet sich Johannes Schillings[474] anthropologisches, sechs Dimensionen umfassendes Menschenbildmodell, das dem mehrdimensionalen Charakter der erlebnispädagogischen Praxis mehr entspricht:

Der Mensch ist ein…	Inter/Intra	Dimension	Bezeichnung
körperlich/leibliches Wesen	Intra-personal	Körper/Leib	biologisch-leiblich
fühlendes Wesen	Intra-personal	Gefühl	emotional-affektiv
denkendes Wesen	Intra-personal	Verstand	kognitiv-rational
handelndes Wesen	Intra-inter-personal	Handlung	psycho-motorisch
soziales Wesen	Inter-personal	Sozietät	sozial-kommunikativ
kulturelles Wesen	Inter-personal	Kultur	kulturell-ethisch

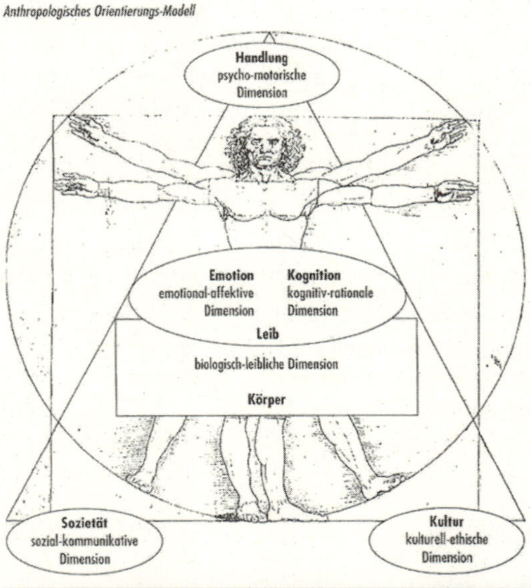

Der Mensch hat das Potential durch eigene (natürliche) Erfahrungen und Erlebnisse zur Reifung zu gelangen. An diesem Reifungsprozess sind die Natur, der Mensch und die Gesellschaft beteiligt.

Schilling, Johannes (2004), S. 251

Als Beispiel denke man an ein Floßbauprojekt: an den Prozess der Planung (kognitiv-rational), die physische Herausforderung (biologisch-leiblich) bei der praktischen Umsetzung (psycho-motorisch) in der Gruppe (sozialkommunikativ), bis hin zu den Gefühlen und Emotionen (emotional-affektiv) während der Durchführung.

Die Ethik hängt im Wesentlichen von zwei unterschiedlichen Faktoren ab: einerseits ist sie, vor allem bei theoretischen Betrachtungen, in einem Verfahren (siehe Hahns Erlebnistherapie) oder einer wissenschftlichen Disziplin (Psycholgie, Medizin) eingebettet, andererseits wird sie vor allem bei der praktischen Umsetzung vom jeweiligen Handlungsfeld (Therapie, Soziale Arbeit, betriebliche Fortbildung)

474 vgl. Schillingw (2004) auf den auch Cornelius Fiedler in seiner Monographie, der einzigen über „Menschenbilder in der Erlebnispädagogik“, zurückgreift.

beeinflusst. Der Tree of Science berücksicht allerdings in seiner theroetischen Konstruktion vor allem die „Ethik der Theorie“ und nicht die „Ethik der Praxis“. Um diese theoretische Lücke zu schließen, habe ich im „erlebnispädagogigschen Tree of Science“ zwischen Theorie und Praxeologie noch eine Ebene „Handlungsfeld“ eingefügt, in der die „Ethik der Praxis“ berücksichtigt wird. Die Formen der Erkenntnisgewinnung (empirische Methoden, kritisch-hermeneutische Methoden, etc.) stehen in einem engen Kontext mit den (gewählten) wissenschaftlichen Disziplinen (Soziologie, Physik, Psychologie…)

Die Metatheorien der Erlebnispädagogik stellen sich dementsprechend wie folgt dar:

I. allgemeine Metatheorien der Erlebnispädagogik	
Meta-theorien	**spezifisches Menschenbild der Erlebnispädagogik** Der ganzheitliche Mensch ist ein körperlich/leibliches, fühlendes, denkendes, handelndes, soziales und kulturelles Wesen
	Ethik der wissenschaftlichen Dizsiplin und spezifische Erkenntnisgewinnung (Epistemologie)
	Wissenschaftliche Disziplinen (spezielle Perspektiven) und Gesellschaftstheorie: Philosphie, Religionswissenschaft, Psychologie, Pädagogik, Soziologie, Betriebswirtschaft, Medizin

Aus dieser „allgemeinen Metatheroie“ der Erlebnispädagogik“ lässt sich, den bisherigen Betrachtungen folgend, eine „spezifische Metatheorie“ entwicklen (vgl. dazu die Skizze theoretische Bezugspunkte der schulischen Erlebnispädagogik in Abschnitt 2.1.5 und Abschnitt 3 Philosophisch-pädagogischen Wurzeln).

I. spezifische Metatheorie der Erlebnispädagogik	
Metatheorien – Philosophie	philosophische Wurzeln (Platon, Rousseau, Dilthey) spezifisches Menschenbild der Erlebnispädagogik: **Der ganzheitliche Mensch ist ein körperlich/leibliches, fühlendes, denkendes, handelndes, soziales und kulturelles Wesen** klassische pädagogische Wurzeln (Rousseau, Pestalozzi) und reformpädagogische Wurzeln

10.3 Realexplikative Theorien in der Erlebnispädagogik

Wie schon in Kapitel 9.3 (Das Merkmal Anleitung und Didaktik) ausgeführt, wurden in diesem Buch drei realexplikative Theorien der Erlebnis-Pädagogik postuliert.

Realexplikative Theorien der Erlebnispädagogik
Erlebnispädagogik als Pädagogik des (geplanten) Erlebnisses
Erlebnispädagogik als Pädagogik des (reflektierten) Handelns
Erlebnispädagogik als Pädagogik des (spielerisch-sozialen) Interagierens

Somit ist klar, dass die Pädagogik den wissenschaftlichen Referenzrahmen liefert. Allerdings wird zur Beschreibung einzelner Phänomene auch auf Theorien der Bezugswissenschaften zurückgegriffen. Diese haben aber keinen spezifischen Bezug zur Erlebnispädagogik. So finden derzeit z.B. viele Forschungserkenntnisse aus der Neurobiologie Eingang in die Betrachtung erlebnispädagogischer Praxis. Ähnliches gilt für die Psycholgie, die Soziologie usw. (vgl. dazu vor allem Abschnitt 7.3). Im Sinne einer stringenten Systematik ist es daher notwendig, dies auf der Ebene der realexplikativen Theorie zu kennzeichnen. Damit ist klar markiert, dass z.B. die Theorien der therapeutischen Schulen und die verschiedenen religiösen Weltanschauungen keinen spezifischen Bezug zur Erlebnispädagogik haben, wenn sie auch manchmal für die erlebnispädagogische Praxis (siehe kreativ-rituelle Ansätze, Erlebnistherapien im klinischen Setting) sehr wohl von Bedeutung sind (vgl. dazu auch Abschnitt 7.3).

<table>
<tr><td>Meta-theorien</td><td colspan="5">Wissenschaftliche Disziplinen (spezielle Perspektiven und Menschenbilder)
Philosphie, Religionswissenschaft, Psychologie, Pädagogik, Soziologie, Betriebswirtschaft, Medizin u.a.</td></tr>
<tr><td colspan="6">realexplikative Theorien</td></tr>
<tr><td>allgemeine realexplikative Theorien</td><td colspan="5">spezifische realexplikative Theorien der wissenschafltichen Disziplinen zur Beschreibung spezifischer Phänomene aus einer spezifischen Perspektive (z.B. Systemtheorie, Konstruktivismus, Theorien aus der Neurobiologie, psychologische Lerntheorien usw., philosophische Schulen, Religionstheorien, Theorie der kritischen Schule, Theorien der Sozialwissenschaften, etc.)</td></tr>
<tr><td rowspan="3">realexplikative Theorien der Erlebnispädagogik nach Programmtypen/Handlungsfeldern</td><td colspan="2">Theorien der Bezugswissenschaften Philosophie, Psychologie, Soziologie etc.</td><td>affine Theorien aus den Bezugswissenschaften</td><td>spezifische Theorien der Erlebnispädagogik</td><td>Freizeit</td></tr>
<tr><td>philosoph. spirituelle Deutung</td><td>Theorie der (Psycho)-Therapien</td><td>Sportpädagogik, Psychologie, Wirtschaftspädagogik …</td><td>Handlungs-Pädagogik
Erlebnis-Pädagogik
Interaktions-Pädagogik</td><td>Freizeit</td></tr>
<tr><td>spirituelle Bereiche</td><td>Therapie</td><td>Training</td><td>Pädagogik
Bildung und Erziehung</td><td>Freizeit</td></tr>
</table>

10.4 Einschub: Handlungsfelder und Ziele

In Anlehnung an die Programmtypen von Simon Priest wurden Arbeitsfelder und die damit verbundenen Ziele besprochen. Arbeitsfelder stellen somit so etwas wie die „Verbindungsglieder“ zwischen Metatheorien und Praxis dar (vgl. dazu Abschnitt 9.1, Abschnitt 9.2 und Abschnitt 7). Menschenbilder, ethische Grundannahmen und wissenschaftliche Disziplinen werden zumeist von dem jeweiligen Arbeitsfeld beeinflusst oder sogar bestimmt. Ebenso ergeben sich aus dem Arbeitsfeld oft die Intentionen und Ziele des professionellen Handelns: das zielgerichtete, methodische Vorgehen zur Erreichung von (pädagogischen) Zielen ist schließlich eines der wesentlichen Merkmale pädagogischen Handelns.

	Arbeitsfelder spezifische Menschenbilder, Arbeitsethiken, Ziele, Zielgruppen, Motivationen, Intentionen und Themen					
Arbeits-felder	spiritueller Bereich	Therapie	Training	Pädagogik		Freizeit
Ziele (der Arbeits-felder)	Sinn des Lebens	Heilung	Training	Bildung	Erziehung	selbstbest. sinnvolle Freizeit-gestaltung

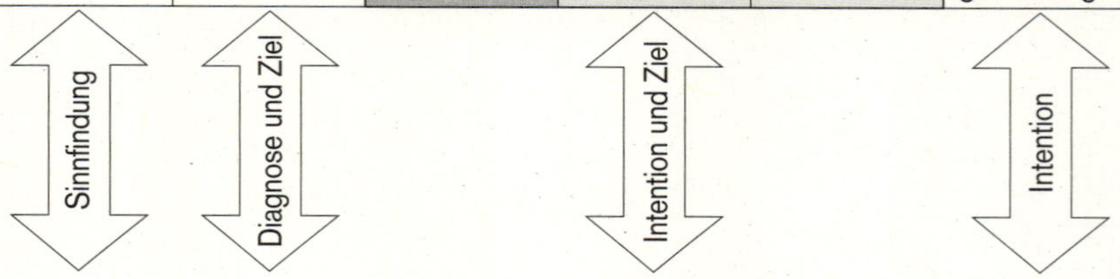

Im ursprünglichen Tree of Science finden Arbeitsfelder keine Berücksichtigung, was aber darauf zurückzuführen ist, dass er ja zur Beschreibung der psychotherapeutischen Praxis, also eines speziellen Arbeitsfeldes, entwickelt wurde.

10.5 Praxeologie der Erlebnispädagogik

Die Praxeologie wird beeinflusst von der *didaktischen Gestaltung* und deren *methodisch-technischen* Umsetzung in einem *spezifischen Handlungsfeld*. In Anlehnung an Michael Rehms „Säulen der Erlebnispädagogik" bzw. der Outdoor-Prinzipien ist die Praxeologie wie folgt darstellbar:

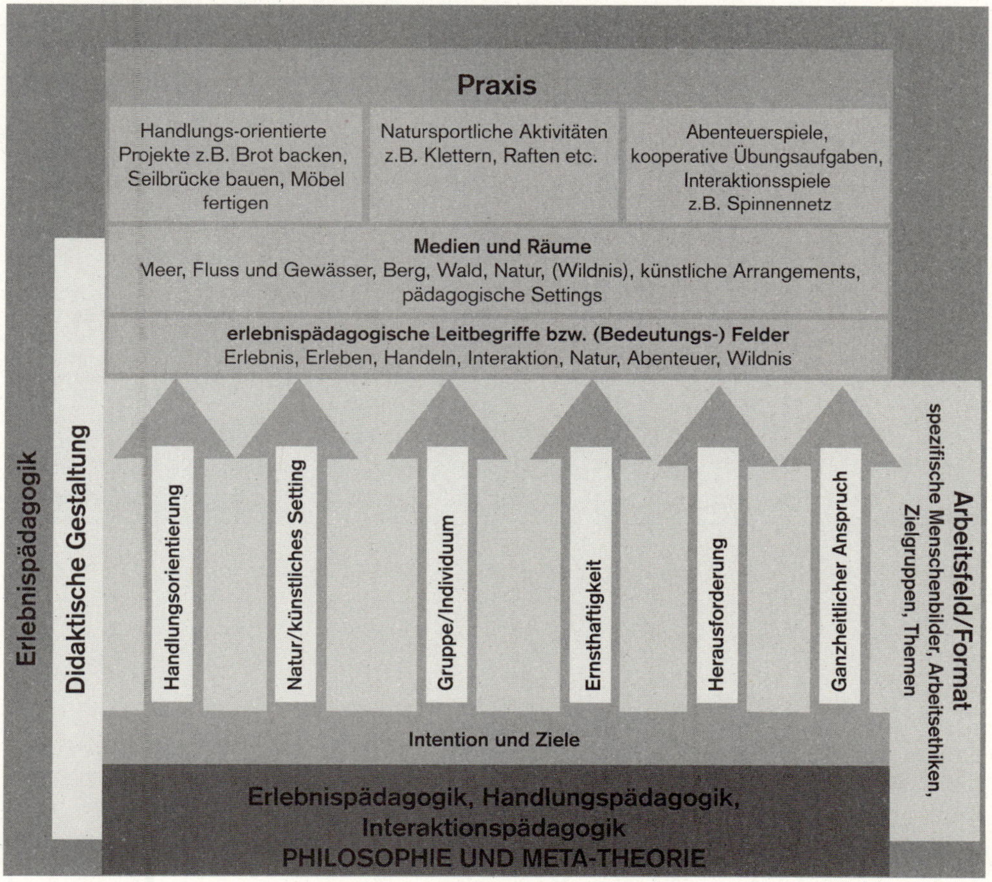

Fokusiert man mehr auf die methodisch-technische Umsetzung ergibt sich folgendes Bild:

<table>
<tr><th colspan="3">Praxeologie der Erlebnispädagogik</th></tr>
<tr><td rowspan="6">Vorgaben des Handlungsfeldes
spezifische Menschenbilder, Arbeitsethiken, Zielgruppen, Themen</td><td colspan="2">Motivation, Intention und Ziel</td></tr>
<tr><td rowspan="2">Didaktische Gestaltung</td><td>Didaktische Ansätze
Erlebnis-Ansatz
Handlungs-Ansatz
Interaktions-Ansatz
andere Ansätze</td></tr>
<tr><td>erlebnispädagogische Leitbegriffe bzw. (Bedeutungs-) Felder
Erlebnis, Erleben, Handeln, Interaktion, Natur, Abenteuer, Wildnis</td></tr>
<tr><td rowspan="3">Räume, Medien,
Aktivitäten, Methoden</td><td>Medien und Räume
Meer, Fluss und Gewässer, Berg, Wald, Natur, (Wildnis), künstliche Arrangements, pädagogische Settings</td></tr>
<tr><td>Aktivitäten
Handlungsorientierte Projekte und Aktivitäten
(Natur)sportliche Aktivitäten
Abenteuerspiele, handlungs- und lösungsorientierte Kooperationsaufgaben, Interaktionsspiele</td></tr>
<tr><td>technisch-methodische Umsetzung
Klettern, Abseilen, Rad fahren, Floß bauen, Projektmodelle erstellen, Wandern, Segeln, Ofen bauen, Spinnennetz gemeinsam überwinden…</td></tr>
</table>

10.6 Der „Tree of Science“ der Erlebnispädagogik

TREE OF SCIENCE
jede systematische Praxis umfasst

Metatherorien – Philosophie
philosophische Wurzeln (Platon, Rousseau, Dilthey)
spezifisches Menschenbild der Erlebnispädagogik:
Der ganzheitliche Mensch ist ein körperlich/leibliches, fühlendes, denkendes, handelndes, soziales und kulturelles Wesen
klassische pädagogische Wurzeln (Rousseau, Pestalozzi) und reformpädagogische Wurzeln

Realexplikative Theorien – die spezifischen Theorien
Erlebnis-Pädagogik, Handlungs-Pädagogik, Interaktions-Pädagogik
+
diverseste Theorien aus verschiedenen wissenschaftlichen Disziplinen

Arbeitsfelder
spezifische Menschenbilder, Arbeitsethiken, Ziele, Zielgruppen, Motivationen, Intentionen und Themen

Praxeologie – die methodische Umsetzung
Didaktische Ansätze
Didaktische Prinzipien und **erlebnispädagogische Leitbegriffe bzw. (Bedeutungs-) Felder:** Erlebnis, Erleben, Handeln, Interaktion, Natur, Abenteuer, Wildnis
Medien und Räume: Meer, Fluss und Gewässer, Berg, Wald, Natur, (Wildnis), künstliche Arrangements, pädagogische Settings
Aktivitäten: handlungsorientierte Projekte und Aktivitäten, natursportliche Aktivitäten, Abenteuerspiele, lösungs- und handlungsorientierte Kooperationsaufgaben, Interaktionsspiele
techn. methodische Umsetzungen: Klettern, Abseilen, Rad fahren, Floß bauen, Spinnennetz, Ofen bauen, Segeln, Wandern, Projektmodelle fertigen, …

10.7 Systematik der Erlebnispädagogik

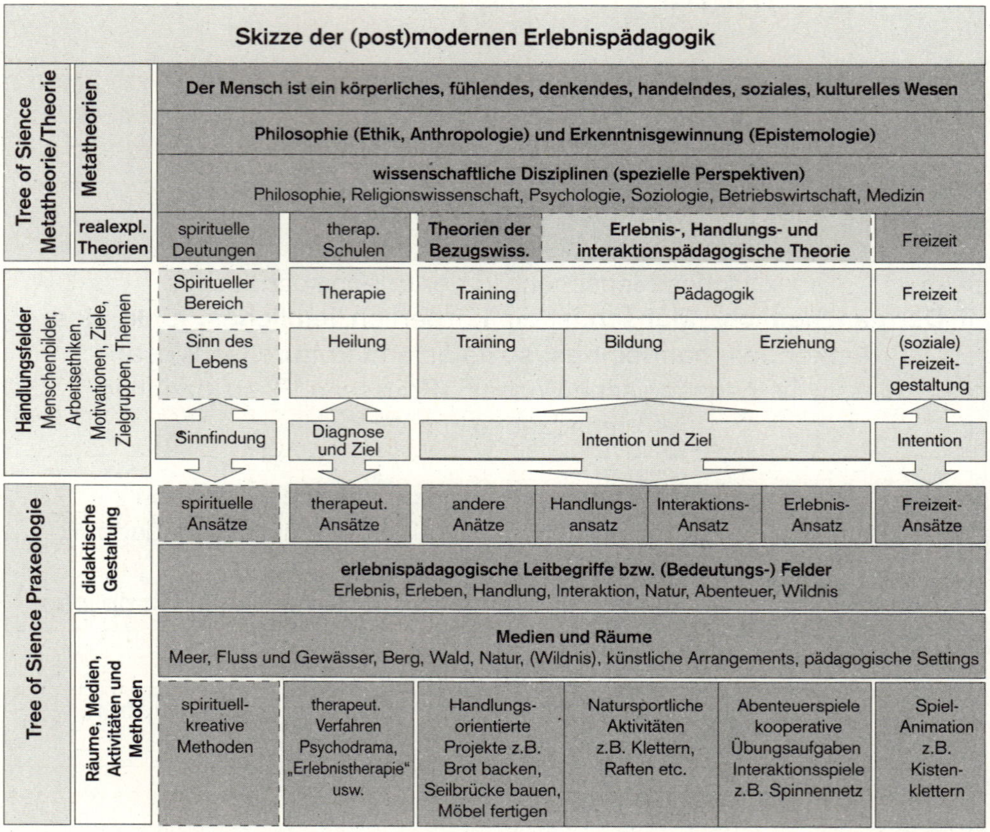

Skizze der (post)modernen Erlebnispädagogik
Tree of Sience Metatheorie/Theorie
Metatheorien
Der Mensch ist ein körperliches, fühlendes, denkendes, handelndes, soziales, kulturelles Wesen
Philosophie (Ethik, Anthropologie) und Erkenntnisgewinnung (Epistemologie)
wissenschaftliche Disziplinen (spezielle Perspektiven)
Philosophie, Religionswissenschaft, Psychologie, Soziologie, Betriebswirtschaft, Medizin
realexpl. Theorien
spirituelle Deutungen
therap. Schulen
Theorien der Bezugswiss.
Erlebnis-, Handlungs- und interaktionspädagogische Theorie
Freizeit
Handlungsfelder
Menschenbilder, Arbeitsethiken, Motivationen, Ziele, Zielgruppen, Themen
Spiritueller Bereich
Therapie
Training
Pädagogik
Freizeit
Sinn des Lebens
Heilung
Training
Bildung
Erziehung
(soziale) Freizeit-gestaltung
Sinnfindung
Diagnose und Ziel
Intention und Ziel
Intention
Tree of Sience Praxeologie
didaktische Gestaltung
spirituelle Ansätze
therapeut. Ansätze
andere Anätze
Handlungs-ansatz
Interaktions-Ansatz
Erlebnis-Ansatz
Freizeit-Ansätze
erlebnispädagogische Leitbegriffe bzw. (Bedeutungs-) Felder
Erlebnis, Erleben, Handlung, Interaktion, Natur, Abenteuer, Wildnis
Räume, Medien, Aktivitäten und Methoden
Medien und Räume
Meer, Fluss und Gewässer, Berg, Wald, Natur, (Wildnis), künstliche Arrangements, pädagogische Settings
spirituell-kreative Methoden
therapeut. Verfahren Psychodrama, „Erlebnistherapie“ usw.
Handlungs-orientierte Projekte z.B. Brot backen, Seilbrücke bauen, Möbel fertigen
Natursportliche Aktivitäten z.B. Klettern, Raften etc.
Abenteuerspiele kooperative Übungsaufgaben Interaktionsspiele z.B. Spinnennetz
Spiel-Animation z.B. Kisten-klettern

11. Das Zeitalter der Pädagogisierung[475]

Setzt sich ein neues pädagogisches Konzept durch bzw. gewinnt ein bisher wenig beachtetes massiv an Aktualität, sollte das deshalb durchaus auch immer wieder zum Anlass genommen werden, die jeweils Pate stehenden gesellschaftlichen Rahmenbedingungen, das gängige Menschenbild und die aktuellen Wertevorstellungen zu hinterfragen.[476]

Der plötzliche Boom einer speziellen pädagogischen Konzeption ist also *auf die jeweils Pate stehenden gesellschaftlichen Rahmenbedingungen* hin zu untersuchen. Nun, es steht außer Frage, dass erlebnispädagogische Projekte in den letzten zwanzig Jahren einen großen Boom erlebten. Daher stellt sich die Frage nach dem Warum, die auch in der erlebnispädagogischen Literatur, meist mit den Begriffen „Königsweg" oder „letzter Anker" verbunden, diskutiert wird. Als Ausgangspunkt meiner Betrachtungen wähle ich dabei die gesellschaftskritische Pädagogisierungsidee (zur Begrifflichkeit später). Diese Vorgangsweise scheint durch folgende Übereinstimmungen gerechtfertigt:

- die Übereinstimmung des Zeitraums, in dem die Pädagogisierungsidee unter Beobachtung gesellschaftlicher Veränderungen ansetzt und die des „erlebnispädagogischen Boom"
- die Ausweitung erlebnispädagogischer Projekte in den Bereich der Erwachsenenbildung und der betrieblichen Fortbildung in den letzten zwei Jahrzehnten
- die partielle Übereinstimmung formulierter Ziele erlebnispädagogischer Projekte mit Schlagwörtern der Pädagogisierung (Persönlichkeitsentwicklung, Schlüsselqualifikation, Sozialkompetenz...)
- das Entstehen eines „erlebnispädagogischen Marktes" im Sinne der Pädagogisierungsidee
- das Wiederfinden meiner eigenen Überlegungen aus zehn Jahren Feldarbeit

Wie schon der Titel des Forums sagt, geht es darum, die Entwicklungen der letzten zwanzig Jahre aus dem Blickwinkel der Pädagogisierung und aus der Wechselseitigkeit von Ökonomie und Pädagogik zu betrachten. Dabei handelt es sich aus Sicht des Handlungsfelds Erlebnispädagogik um eine Erfolgsgeschichte, wenn man die steigende Anzahl der Institutionen, Anbietenden und Projekte betrachtet. Also um die Betrachtung eines Erfolgsmodells.

475 Dieses Kapitel der damaligen Diplomarbeit wurde schon vorab veröffentlicht; siehe Schneider (2006).
476 Ribolits (2004), S. 31.

11.1 Begriffsbestimmung „Pädagogisierung“

Mit Pädagogisierung wird allgemein eine Expansion pädagogischer Semantik(en) in andere soziale Systeme wie Ökonomie, Politik usw. beschrieben. (...) Gemeint ist damit, dass die historisch entstandenen Formen pädagogischen Denkens und Handelns sich von den in den letzten 40 Jahren so vertraut gewordenen Bezügen und Bereichen, von ihren typischen Institutionen und Räumen lösen und auf neue, von der Pädagogik bisher noch nicht erfasste Altersstufen und Lebensbereiche übertragen werden. [477]

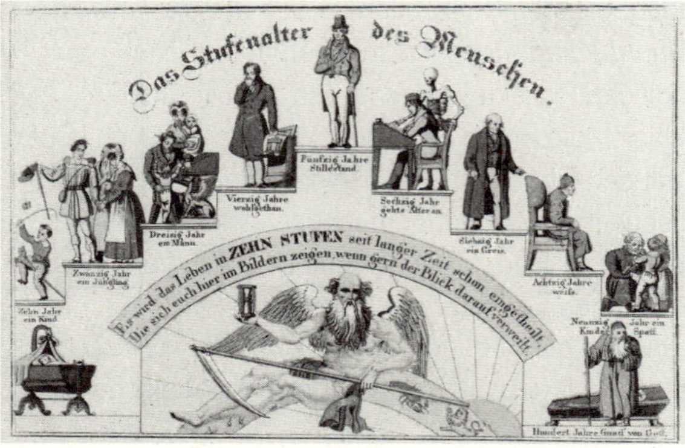

Die Grundlagen dieser Idee wurden nicht erst in den letzten zwanzig Jahren entwickelt, sondern das Phänomen der „Pädagogisierung“ (Janpeter Kob) und das Stichwort des „sozialen Totalitarismus“ (Schelsky) ist bereits seit Beginn der 60er Jahren präsent. [478] Wesentlich dabei ist, dass alte Institutionen verlassen werden und zugleich *pädagogische Formen des Denken und Handelns* auf neue Zielgruppen, Systeme angewandt, übertragen werden. Elke Gruber beschreibt diesen Vorgang sehr anschaulich:

In der Praxis zeigt sich die Tendenz, Lernen als universelles Veränderungs- und Problemlösungsmodell einzusetzen, darin, dass selbst Systeme oder Bereiche, denen man bisher ganz andere Aufgaben zuschrieb, pädagogisiert werden (...). Danach werden bei der Bewältigung des beschleunigten ökonomischen und sozialen Wandels immer mehr Strategien und Methoden eingesetzt, die eindeutig pädagogischen Ursprungs sind. Es finden neben verschiedensten Formen der Beratung, des Coachings und Consultings, der Projekt- und Gruppenarbeit, des Selbstlernens und der Selbststeuerung auch Prozessorientierung, Situations- und Teilnehmerorientierung Anwendung – Methoden und Prinzipien, die großteils der Didaktik der „klassischen“ Erwachsenenbildung entlehnt sind. [479]

---

477 Höhne (2004), S. 31.
478 zur Geschichte vgl. Höhne (2004), S. 31-34. und ausführlicher Höhne (2003), S. 229–239.
479 Gruber (2004), S. 90.

Dass viele der hier verwendeten Begriffe und Methoden schon zur Grundausstattung eines „Pädagogen", einer „Pädagogin" gehören und meiner Meinung nach gleichzeitig schon Teil eines Allgemeinvokabulars sind, unterstreicht für mich die Schlüssigkeit der These. Ein zweiter Aspekt der Pädagogisierung, der von Elke Gruber stark in den Vordergrund geschoben wird, ist die *Tendenz Lernen als universelles Veränderungs- und Problemlösungsmodell* einzusetzen. Ein Bereich, hier beziehe ich mich speziell auf Österreich, wo diese Tendenz zu Tage tritt, ist der der so genannten aktiven Arbeitsmarktpolitik. In den letzten Jahren ist hier die Anzahl der, zumeist in prekären Dienstverhältnissen beschäftigten, Trainer/-innen, der Projekte und der Institutionen stark ansteigend. Dabei verlieren alteingesessene Bildungsinstitutionen an Bedeutung, in Österreich vor allem im Bereich der „klassischen" Erwachsenenbildung wie Volkshochschulen, und an deren Stelle treten neue, zumeist gewinnorientierte Trainingsinstitute.[480]

Wichtige Ansätze der Pädagogisierung sind also:
- die Expansion pädagogischer Semantiken in andere Systeme
- die Tendenz Lernen als *universelles* Problemlösungs-, Veränderungs- und Bewältigungsmodell einzusetzen
- die Übertragung von Formen pädagogischen Denkens und Handelns
- das Verlassen der typischen Räume und Institutionen

11.2 Der Prozess der „Umcodierung"

Einen wesentlichen Aspekt der Pädagogisierungsdebatte stellt der Begriff der „Umcodierung" dar. Dieser Begriff[481] umschreibt einen vielschichtigen Prozess:
- die Verlagerungen der Verantwortung der Problemlösung von der gesellschaftlichen Ebene auf die individuelle
- die Problemlösung mittels Formen pädagogischen Denkens und Handelns
- ein schuldzuweisend-defizitäres Subjektverständnis

Es geht also nicht nur darum, dass Formen pädagogischen Denkens und Handelns zur Bewältigung von gesellschaftlichen Problemen eingesetzt werden, sondern um die **individuelle** Bewältigung derselben mittels pädagogischer Methoden. Dabei spielt der Begriff des Lernens, besonders des lebenslangen Lernens, eine zentrale Bedeutung. Außerdem ist der Begriff sehr eng mit dem Begriff „Arbeit" verbunden – im Wesentlichen werden damit überwiegend Tendenzen und Lösungsansätze beschrieben, die zur gesellschaftlichen Bewältigung der Probleme durch die Veränderungen am „Arbeitsmarkt" (oder fast müsste man sagen des Nicht-Arbeitsmarktes, besser noch des Arbeitslosenmarktes) verwendet werden. Basil Bernstein umschreibt diesen Zustand als „pädagogische Panik", die zumeist die moralische Panik maskiert:

480 sehr umfangreiches Datenmaterial für Österreich unter http://www.ams.or.at.
481 zum Begriff vgl. Höhne 2004, S. 31–32, und ausführlicher Höhne 2003, 229–252.

Ich denke, was wir gerade erleben, ist eine pädagogische Panik, die die moralische Panik maskiert, eine tiefe Panik in unserer Gesellschaft, die nicht weiß, was ist und wohin es geht. Und das ist eine Periode der pädagogischen Panik. Und es ist das erste Mal, dass pädagogische Panik die moralische Panik maskiert bzw. verschleiert. [482]

Betrachten wir diesen Aspekt noch einmal genauer. Im Wesentlichen herrscht Einigkeit darüber, dass in Europa seit den 80er Jahren eine Vielzahl von Veränderungen auf den verschiedensten Gebieten zu beobachten ist. Besonders wahrnehmbar, oder auch besonders öffentlich diskutiert, werden dabei die Veränderungen auf dem Arbeitsmarkt. Parallel zur ansteigenden Arbeitslosigkeit steigt die Anzahl der so genannten „atypischen Arbeitsverhältnisse" und die Zahl der „Einzelunternehmer/-innen" (in Deutschland auch als ICH-AGs bezeichnet). Eine (politische) Antwort darauf ist, hier beziehe ich mich besonders auf Österreich, eine massive Ausweitung von Schulungen und Trainings. Unter diesen Trainings sind allerdings nicht (nur) mehr fachspezifische Aus- und Weiterbildungen zu verstehen, sondern besonders Kurse mit Inhalten wie Förderung der Sozialkompetenz, der Schlüsselqualifikationen etc. Für alle Gruppen gilt gleich, dass (lebenslanges) Lernen und Qualifizierung ein scheinbar wesentlicher Bestandteil des ökonomischen Überlebens ist. Es handelt sich dabei um *„einen von Entscheidungsträgern aus Wirtschaft und Politik penetrant und immer wieder wiederholten Hinweis, dass es heute für jedermann zwingend notwendig sei, seine Employability durch das lebenslange Update arbeitsmarktrelevanter Qualifikationen abzusichern.* [483]

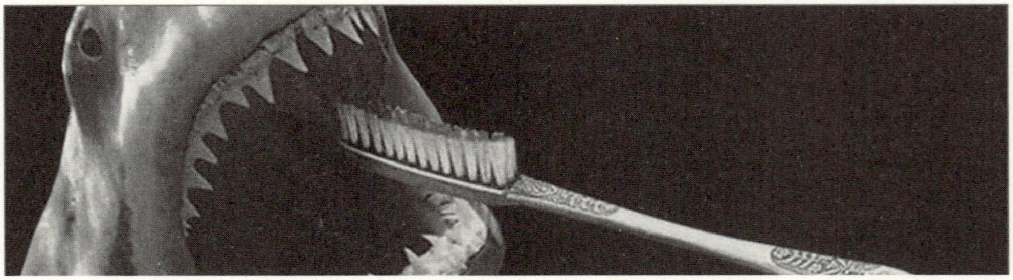

Egal zu welcher Gruppe man jetzt also gehört – Lernen ist, so scheint es, ein wesentlicher Bestandteil, um am „Markt" zu überleben. Und dies ist eben das zentrale Moment der Umcodierung:

Soziale Probleme sind damit jedoch auch keine Auswirkungen und Widerspiegelungen gesellschaftlicher Fehlentwicklungen und Ungleichheiten, sondern individuelle Defizite. Diese müssen sodann auch individuell (pädagogisch) gelöst werden. [484]

482 Basil Bernstein zitiert nach Sertl (2004), S. 26.
483 Ribolits (2004), S. 9.
484 Erler (2004), S. 45.

Oder wie es Geißler umschreibt *nicht die Politik, wir stehen unter Zugzwang*[485]. Ribolits beschreibt in Anlehnung an Andre Gorz diese Entwicklung folgendermaßen:

Sie verlangt von den Erwerbstätigen ein Sich-selbst-Einbringen – eine Bereitschaft aktiv zu werden, die über die extrinsische Motivation, die sich aus den Belohnungen der Warengesellschaft ableitet, weit hinausgeht. Nicht bloß der „Arbeitnehmer", der seine Arbeitskraft über den Weg erlernten Wissens und Könnens verkauft, sondern der „Mensch als ganze Person" ist dabei gefordert.[486]

Kurz die wesentlichsten Aspekte zusammengefasst:

- Lernen/Bildung wird zu einem wesentlichen Bestandteil der Strategien zur Lösung (gesellschaftlicher) Probleme (Verwertbarkeit)
- Das Lernen umfasst nicht nur mehr fachliche Qualifizierungen, sondern auch Persönlichkeitsfaktoren (Gesinnungserzeugung)
- Diese Individualisierung führt zu einer Erweiterung des pädagogischen Tätigkeitsfeldes (Entgrenzung).
- Gleichzeitig führt die Forcierung der eigenverantwortlichen Unternehmer/-innen und die Ausweitung des Handlungsfeldes zu einem Anstieg der pädagogischen Professionisten/-innen (Machbarkeitswahn).
- Der „ganze Mensch" wird gefordert und wandelt sich teilweise zum (eigenen) Humankapital (Nützlichkeitsprimat).

11.3 Handlungsfeld Erlebnispädagogik und Pädagogisierung

Die erlebnispädagogische Literatur verfügt über einen Grundwortschatz, dessen sie sich bedient, um Erlebnispädagogik zu definieren. Dabei werden unterschiedliche Merkmale genutzt, um sowohl ganze Programme als auch einzelne Aktivitäten zu beschreiben[487].

Es gibt keine einheitliche Definition von Erlebnispädagogik, sondern nur einen gemeinsamen Grundwortschatz und unterschiedliche Merkmale. Dies macht die Beschreibung eines Handlungsfeldes Erlebnispädagogik einigermaßen schwierig. In der Literatur wird oft, wenn auch nicht immer explizit, zwischen den zwei Handlungsfeldern **Erlebnispädagogik** (umschreibt mehr oder weniger den psychosozialen Bereich) und **Outdoortrainings** (umschreibt meist den Bereich der betrieblichen Fort- und Weiterbildung bzw. der Erwachsenenbildung) unterschieden.[488] Dieser Unterscheidung folgen auch Andrea und Stefan

485 Geißler (2004). 67.
486 Andre Gorz zitiert nach Ribolits (2004b), S. 53.
487 Ernst (2001), S. 17.
488 Dies erinnert durchaus an die Unterscheidungsversuche von Coaching/Supervision.

König in ihrem Differenzierungsmodell. Aus der Perspektive der Pädagogisierungsidee ist diese Unterscheidung allerdings fraglich. Ich werde dies anhand des „Merkmalmodells" von Ernst[489] darstellen, wobei ich nur auf vier von ursprünglich sieben Merkmalen Bezug nehme:

- Merkmal Arbeitsfeld
- Merkmal Ziele
- Merkmal zur Beschreibung der Anbietenden
- Merkmale zur Beschreibung der Teilnehmenden

11.4 Differenzierungsmodell Outdoortraining / Erlebnispädagogik[490]

Merkmal Arbeitsfeld	Merkmal Ziele	Merkmale zur Beschreibung der Teilnehmenden	
	Zielthemen	Zielgruppe	Merkmale zur Beschreibung der Anbietenden
Erlebnispädagogik	• Sozialverhalten • Persönlichkeitsentwicklung • Aufbau von Selbstvertrauen • Gruppenbildung • Verminderung dysfunktionaler Verhaltensweisen • Übernahme von Verantwortung	• Schüler • Studenten • Menschen mit Behinderungen • Teilnehmer sozialer Einrichtungen • Multiplikatoren	
Outdoortraining	• Führungskompetenz • Projektmanagement • Teamentwicklung • Persönlichkeitsentwicklung • Cross-Culture, Entwicklung interkultureller Kompetenz • Optimierung von Kommunikations- und Kooperationsprozessen	• Fach- und Führungskräfte • Nachwuchsführungskräfte • Teams • Projektgruppen • Auszubildende • Trainees • Neu zu strukturierende Abteilungen	

Modell König/König, Erweiterung nach Ernst

489 vgl. Ernst (2001), S. 17–18)
490 König, König (2005), S. 23.

Dieses erweiterte Modell soll unser Ausgangspunkt für eine Analyse des Zusammenhangs zwischen Pädagogik und Ökonomie im Handlungsfeld Erlebnispädagogik sein. Überprüfen wir nun in einem ersten Schritt das Vorhandensein von Pädagogisierungsmerkmalen. Dabei betrachten wir zuerst das Merkmal Anbietende. König/König äußern dazu:

Die angewandten Methoden im Bereich Erlebnispädagogik und im Outdoorbereich sind vergleichbar. Anbieter erlebnispädagogischer Programme bieten oft auch gleichzeitig Outdoor-Trainings an. Annähernd klar können jedoch Ziele und Zielgruppen differenziert werden: (...) Die Tatsache, dass Outdoor-Trainings ihre Wurzeln, zumindest einen großen Teil davon, in der Erlebnispädagogik haben, scheint jedoch unumstritten. [491]

D.h. die ursprünglich dem sozialpädagogischen Bereich zugehörige „Erlebnispädagogik" findet unter dem Begriff „Outdoor-Trainings" in einem neuen System ihre Anwendung. Aber es bei dieser Betrachtung zu belassen, wäre doch etwas zu einfach. Oft habe ich den Eindruck, dass nur Einbahnmechanismen beschrieben werden (Einwirkung Ökonomie auf Markt oder umgekehrt). Es handelt sich meiner Meinung nach um einen wechselseitigen Mechanismus, der sich gerade am Beispiel Erlebnispädagogik sehr schön aufzeigen lässt (Interaktion von Ökonomie und Pädagogik). Bleiben wir also noch bei den „Merkmalen der Anbietenden". Nach obigem Zitat bieten die *„Anbieter erlebnispädagogischer Programme (...) oft auch gleichzeitig Outdoor-Trainings an".* Demzufolge kann von unterschiedlichen Handlungsfeldern, zumindest von Seiten der Anbietenden, nicht ausgegangen werden. Eine Unterscheidung der Anbietenden auf Grund des Merkmals „gewinnorientiert oder Non-Profit-Organisation" ist ebenfalls schwer zu argumentieren. Besonders durch die Umgestaltung der Förderungsstrukturen, den Professionaliserungsschub und Auftreten marktwirtschaftlicher, gewinnorientierter Unternehmungen im „System Pädagogik" ist diese an sich nicht mehr stichhaltig. [492] Hier schließt sich gleich die Frage nach der Organisationsform der Anbietenden, handelt es sich um Netzwerke, Einzelunternehmungen, Firmen etc. an. [493] Dies wäre hinsichtlich der Überschneidung von Markt und Pädagogik interessant. [494] Wie viele Erlebnispädagogen/-innen sind Einzelunternehmer/-innen und unterliegen damit in doppelter Weise den „Marktmechanismen"? Dazu später noch etwas mehr.

Für diesen Abschnitt möchte ich zusammenfassen:

- die Ausweitung der Erlebnispädagogik in den Bereich der Erwachsenenbildung/Fortbildung
- die Überschneidung der Handlungsfelder, des Marktes
- die daraus resultierende, geringe Trennschärfe zwischen „sozialer" Erlebnispädagogik und „marktwirtschaftlichem" Outdoortraining (methodisch, Personal, Ziele)

491 König, König (2005), S. 22.
492 vgl. dazu Schaarschuch, Flösser und Otto (2001), S. 266–274, bes. S. 269.
493 vgl. Fahr (1997), Puschnig (2002) und Leibner (2004).
494 Es wäre sehr interessant aufgrund dieser Ansätze exemplarisch die Struktur, vor allem die Personalstruktur, als großer Anbieter in beiden Bereichen, von Outward Bound (Trennung professionell/e.V), zu analysieren.

- das Entstehen sozialer Dienstleistungsproduktionen und das Entstehen „quasi-marktförmiger" Konkurrenzbeziehungen „freier" Träger
- Erlebnispädagogen/-innen als Einzelunternehmungen am „freien Markt"

11.5 Synonyme „Schlüsselqualifikationen"

Wie schon oben die Merkmale „Handlungsfeld" und „Anbietende" die Überschneidungen zwischen Pädagogik und Ökonomie gezeigt haben, ist dies hinsichtlich des postulierten Unterscheidungsmerkmals „Ziele" ebenso. Auch hier fällt die geringe Trennschärfe auf. König/König versuchen anhand der Merkmale Ziele und Zielgruppe eine Unterscheidung zwischen Erlebnispädagogik und Outdoortraining. Für mich stellt sich hierbei aber die Frage, ob die „Ziele" nicht vielmehr synonym zu verstehen sind. Dies ist für mich ein sehr wesentlicher Aspekt hinsichtlich der Wechselseitigkeit von Pädagogik und Ökonomie. Einen interessanten Ansatz dazu liefert Hartmut von Hentig:

Mit Beglückung stellt man fest (...) dass die moderne Wirtschaft ähnliche Eigenschaften bevorzugt wie die moderne Pädagogik. Beide sprechen von Schlüsselqualifikationen und meinen damit in erster Linie die möglichst reibungslose Anpassung an die veränderten Bedingungen auf dem Arbeitsmarkt und in der Wirtschaft. [495]

Für mich stellt daher das Merkmal „Ziele", in Zusammenhang mit dem Schlagwort „Schlüsselqualifikation", kein Unterscheidungsmerkmal dar, sondern ganz im Gegenteil ein starkes Indiz für die Wechselseitigkeit von Ökonomie und Pädagogik. Oder wie es Mark Ostenrieder und Michael Weiß formulieren:

Diese Kriterien (gemeint sind Schlüsselqualifikationen, der Verf.) gelten unserer Ansicht nach nicht nur für Führungskräfte, sondern für jeden, der heute im Arbeits- und Gesellschaftsprozess steht. [496]

Die zentrale Frage für Erlebnispädagogik ist für mich dabei, wie sehr das „Trainieren" von Schlüsselqualifikationen nicht zu einem unreflektierten „Antrainieren" angeblich erforderlicher Fertigkeiten wird. Wird dabei eben der gesamtgesellschaftliche Kontext nicht berücksichtigt, sehe ich durchaus die Gefahr, dass aus erlebnispädagogischen Projekten Trainings für soziales Verhalten, mit dem Ziel des Eintrainierens angeblich notwendiger Techniken werden. Oder wie Michael Sertl formuliert:

495 Hartmut von Hentig zitiert nach Gruber (2004), S. 90.
496 Ostenrieder, Weiß (1994), S. 79.

Hier deutet sich an, was Bernstein unter „Pädagogisierung" versteht: die Umwandlung eines vormals anders verstandenen sozialen Zusammenhangs zuerst in einen pädagogischen Diskurs und dann in eine eher instrumentelle „Technik" oder Qualifikation.[497]

In diesen Kontext fallen auch folgende Kritikpunkte der „Diagnose Pädagogisierung":

- das Subjekt wird zum eigenen Humankapital
- Entwicklung von Selbst-Technologien zur Steigerung von Selbst-Entwicklung und Selbst-Optimierung
- zentrale Fähigkeit ist es, in unterschiedliche „Funktionskontexte" friktionsfrei wechseln zu können
- individueller Charakter wandelt sich zur (konstruierten) Identität
- „totale Pädagogisierung" stellt die hegemoniale Ausbreitung des bürgerlichen Bildungskonzepts dar

Ein interessanter Analysegegenstand für diese Überlegungen wären die Ziele und Inhalte vieler „Erlebniswochen" für Schüler/-innen oder auch die Inhalte so mancher „erlebnispädagogischer Trainings" im Rahmen der aktiven Arbeitsmarktpolitik.

11.6 Zur Betrachtung von „Markt und Krise"

Wie schon zu Beginn erwähnt, hat sich im Laufe der letzten zwei Jahrzehnte die Bildungslandschaft stark verändert. Zu den „alten" Bildungsinstitutionen ist eine große Anzahl von neuen Institutionen gestoßen. Für den Bereich der Erlebnispädagogik kann man sagen, dass sich der Markt erst in dieser Zeit so richtig entwickelt hat[498]. Aus einer pädagogischen Idee ist eine Marktidee geworden. Eine beachtenswerte Überlegung dazu ist der Ansatz, Lernen als Krisenbewältigung zu sehen. Stand die Krise schon am Anfang der Erlebnispädagogik, so ist es interessant, dass der neue Boom gerade wieder in einer krisenhaften Zeit erfolgt. Es wurde schon mehrfach auf die (scheinbare) „persönliche Notwendigkeit" von „Schlüsselqualifikationen" und auf lebenslanges Lernen zur Bewältigung heutiger Aufgaben hingewiesen. Ein etwas anderer Erklärungsansatz des „Bildungsbooms" ist die These, ob nicht der **Akt** der Fortbildung allein schon **das** Mittel zur Krisenbewältigung darstellt.

Damit wird Lernen als Veränderungsprogramm paradoxerweise zur weitgehend wirkungslosen Routine. Aber Routinen geben immerhin Sicherheiten, vermitteln Vertrauen und die Vorstellung von Legitimität. Das ist der wahre Charme des Lernens, der es in der Krise nochmals attraktiver macht[499]

497 Basil Bernstein zitiert nach Sertl (2004), S. 20.
498 vgl. Fahr (1997), Puschnig (2002) und Leibner (2004).
499 Orthey (2004), S. 73.

Daraus folgt:

- pädagogische Mittel werden für Lösungen gesellschaftlicher Probleme verwendet
- Lernen als Routine ist eine Möglichkeit der Krisenbewältigung und Stabilisierung

Wichtig scheint dabei „das Handeln" (im Sinne von „nicht tatenlos zusehen") zu sein, was wiederum mit dem Begriff der pädagogischen Panik korrespondieren würde. Die Frage ist dabei, ob es sich hier nicht um eine „inhalts- und ziellose Bildung" handelt. Diese Entwicklung wird oft auch mit den Begriffen wie „Fast Food Pädagogik" oder „Wegwerfqualifikation" [500] umschrieben. Ein weiterer, damit korrespondierender Aspekt ist der Anstieg pädagogischer Professionisten/-innen, die für sich wieder am „freien Markt" tätig werden müssen. Sie stellen dadurch, dass die „alten" Bildungsinstitutionen an Bedeutung verlieren und der Schulungsbedarf durch sie nicht mehr (marktkonform) gedeckt wird, einen wichtigen Marktfaktor dar. Seitens der Pädagogisierungsidee wird dies mit der Transformation in eine „Kontrollgesellschaft" erklärt:

Denn wie das Unternehmen die Fabrik ablöst, löst die permanente Weiterbildung tendenziell die Schule ab und die kontinuierliche Kontrolle das Examen. (...) In der Disziplinargesellschaft hört man nie auf, anzufangen (...) während man in den Kontrollgesellschaften nie mit etwas fertig wird. [501]

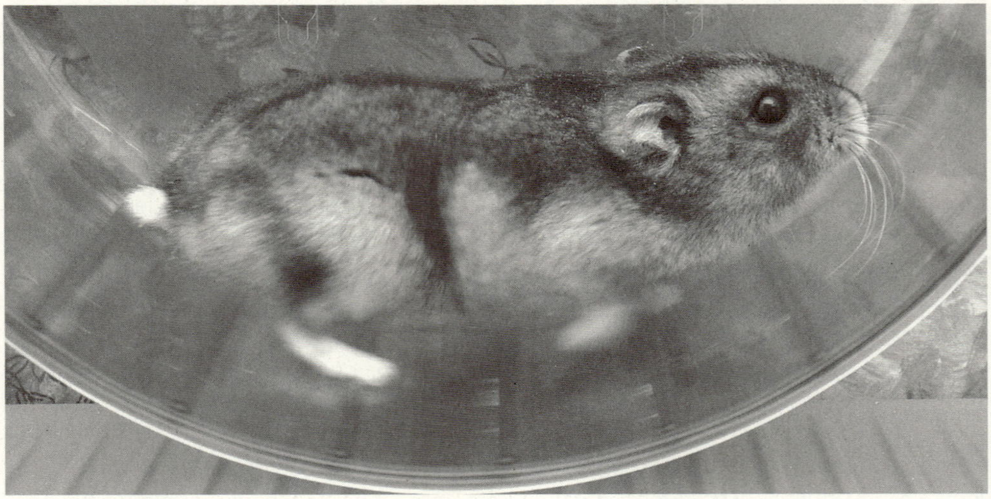

500 vgl. Geißler (2004), S. 71.
501 Höhne (2004), S. 42.

Und permanente Weiterbildung verlangt nach einem völlig neuen „Lehrendentypus". In diesem Gesamtkontext gesehen, ist vielleicht der Boom der erlebnispädagogischen Ausbildungen zu sehen. Denn in den letzten Jahren hat es einen Anstieg in mehrfacher Hinsicht gegeben:

- Anstieg der Anbietenden [502]
- Anstieg der Ausbildungsanbietenden [503]
- daraus folgernd der Anstieg der Teilnehmer/innen an Weiterbildungsmaßnahmen

Dabei beziehen sich die oben angeführten Untersuchungen zumeist auf den Bereich „Outdoor-Trainings", der Anstieg im Bereich der Jugendwohlfahrt, Jugendprojekte etc. ist damit nur unzureichend erfasst. Was die Anzahl der Ausbildungsanbietenden hinsichtlich ihres „ideologischen" Hintergrundes (pädagogisch oder ökonomisch) betrifft, kann man, meines Erachtens, keine besondere Gewichtung feststellen. Hier verteilt sich der Markt anscheinend homogen zwischen den scheinbar ideologischen Grenzen. Allerdings gibt es, wie schon erwähnt, nur wenige Daten über die Anbietenden und ihre Organisationsformen.

Wenn *„Lernen die Grenzen des Wachstums verhindern soll"*[504], dann lassen sich auch hinsichtlich der Erlebnispädagogik folgende Hoffnungsdimensionen postulieren:

- wachstumsträchtiger Hoffnungsmarkt für (etablierte) Beratungsunternehmungen
- (neuer) finanziell attraktiverer Hoffnungsmarkt für „freie Träger"
- Hoffnungsmarkt für Einzelpersonen

Abschließend bleibt also für den Markt Folgendes festzuhalten:

- pädagogische Mittel werden für die Lösung gesellschaftlicher Probleme verwendet
- Lernen als Routine ist eine Möglichkeit der Krisenbewältigung
- Bildung ist ein Hoffnungsmarkt jenseits der Grenzen des Wachstums

11.7 Die „postmodernen Hofnarren"

Wie schon mehrfach ausgeführt, bewegen sich diese Einzelunternehmer/-innen dabei in einem doppelten Spannungsfeld: einerseits als Anbietende am freien Markt, andererseits als Kunden/-innen der Weiterbildungsangebote am freien Markt zur Erhaltung ihres „(Human)Kapitals". Diese pädagogische Ausweitung führt zu einem neuen Markt mit neuen Regeln und neuen Beteiligten. Frank Orthey bezeichnet dabei die beteiligten Trainer/-innen als „postmoderne Hofnarren":

Das, was da getan wird, hat höfische Traditionen. Damals hießen die entsprechenden Kolleginnen und Kollegen: „Hofnarren". Wir sind deren postmoderne Variation. Denn

502 vgl. Fahr (1997) und Fuschnig (2002).
503 vgl. Leibner (2004).
504 Orthey (2004), S. 83.

auch wir sind zuständig für einen professionellen Mix aus diskreten Belehrungen und guter Unterhaltung. Natürlich muss das auch immer Spaß machen – jedenfalls meistens. Es muss nachhaltige Veränderungen erzeugen, was wir da appetitlich anrichten, Resonanzen bei den Personen und innerhalb deren Beziehungsgeflechten hinterlassen. All das eben, was ehedem die Hofnarren auch leisten mussten, damit man sie sich weiter leistete bei Hofe. [505]

Ribolits spricht von „Trainern/-innen als Ausweitung des Lehrerstandes in Hinblick auf das lebenslang geforderte Lernen" und von „Professionisten/-innen für lebenslange Erziehung". [506]

11.8 Resümee

Ökonomie und Pädagogik stehen in einer steten Wechselbeziehung. Jede pädagogische Diskussion, die auf Praxis abzielt, beinhaltet immer auch eine ökonomische Dimension und umgekehrt. Ökonomie und Pädagogik prägen entscheidend die gesellschaftlichen Rahmenbedingungen und haben damit eine fundamentale Relevanz für das Leben der Menschen. In diesem Beitrag wurde, den Umständen entsprechend verkürzt, begonnen, die vielseitigen Wechselbeziehungen zu skizzieren. Ziel ist es, die Ansätze der Pädagogisierungsidee im Handlungsfeld Erlebnispädagogik vorzustellen und einen Anstoß für eine vertiefende Auseinandersetzung über *die jeweils Pate stehenden gesellschaftlichen Rahmenbedingungen* zu geben. Denn erst dadurch werden Haltungen und Einstellungen offen gelegt und in weiterer Folge diskutierbar. Und diese öffentliche Diskussion der Haltungen und Einstellungen ist das wichtigste Steuerelement demokratischer Gesellschaften und prägt wiederum entscheidend die gesellschaftlichen Rahmenbedingungen.

Der gesellschaftliche Hintergrund ist Teil der Pädagogik, muss Teil der Pädagogik sein, wenn sie Sinn erzeugen soll. Und mit dem gesellschaftlichen Hintergrund ist mehr gemeint als die wirtschaftliche (Schein)Notwendigkeit. [507]

505 Orthey (2004), S. 80–81.
506 Ribolits (2004b), S. 11.
507 Sertl (2004), S. 26.

Über den Autor

Rainald Baig-Schneider

Diplomierter Erlebnispädagoge, Andragoge, Mediator und Integrativer Konfliktbearbeiter, Leiter Bereich Bildung und Erlebnispädagogik des Arbeitskreises Noah, www.noah.at, Handlungs- und erlebnisorientierte Fortbildung und Konfliktbearbeitung, www.baig-schneider.at

Literaturverzeichnis

Allison, Peter (1999): Grönland – mehr Fragen als Antworten. In: Metaphern – Schnellstraßen, Saumpfade und Sackgassen des Lernens. Internationaler Kongress „erleben und lernen“. Hrsg. von Cornelia Schödlbauer, F. Hartmut Paffrath, Werner Michl. Augsburg: ZIEL.

Antons, Klaus und Bert Voigt (1999): Transferprobleme oder: wie finde ich die selbst versteckten Ostereier?. In: Gruppendynamik: Geschichte, Theorien, Methoden, Anwendungen, Ausbildungen. 3. Aufl., hrsg. von Oliver König. Wien/München: Profil.

Antons, Klaus (2000): Praxis der Gruppendynamik. Übungen und Techniken, 8. durchgesehene und ergänzte Auflage. Göttingen/Bern/Toronto/Seattle: Verlag für Psychologie.

Amesberger, Günter (2003): Persönlichkeitsentwicklung durch Outdoor-Aktivitäten? Untersuchung zur Persönlichkeitsentwicklung und Realitätsbewältigung bei sozial Benachteiligten, 4. unveränd. Aufl. Butzbach-Griedel: AFRA.

Amesberger, Brigitte und Günter: Was wirkt in Outdoor-Therapie-Programmen? Entnommen aus http://www.ioa.at/Artikel/interventionskonzepte.htm am 31.03.2005.

Baig-Schneider, Rainald (2010): Menschen-Bilder in der Erlebnispädagogik. In: Unterwegs auf bewegenden Wegen. Hrsg. von Alex Ferstl, Martin Scholz und Christine Thiesen. Augsburg: ZIEL.

Baig-Schneider, Rainald (2008): Was genau ist jetzt Erlebnispädagogik, Outdoortraining oder Handlungslernen. In: Menschen stärken für globale Verantwortung. Hrsg. von Alex Ferstl, Martin Scholz und Christiane Thiesen. Augsburg: ZIEL.

Bauer, Hans G. (1997): Erlebnispädagogik – Sozialpädagogisches Rettungskonzept oder Bildungsansatz. In: Erlebnispädagogik. Schlagwort oder Konzept? Hrsg. von Fridolin Herzog, 2. unveränderte Aufl. Luzern: Edition SZH/SPC.

Bauer, Hans G. (1989): Erlebnispädagogik im Atomzeitalter. Oder: Von Versuchen den Bildungsbegriff zu erweitern. In: Erlebnispädagogik in der sozialen Arbeit, hrsg. von Hans G. Bauer und Werner Nickolai. Lüneburg: Neubauer (Schriften – Studien – Dokumente zur Erlebnispädagogik 6).

Bauer, Hans G. (1989a).: Erlebnispädagogik in der sozialen Arbeit. Lüneburg: Neubauer (Schriften-Studien-Dokumente zur Erlebnispädagogik 6).

Bauer, Hans G. (2001): Erlebnis- und Abenteuerpädagogik. Eine Entwicklungsskizze, 6. überarb. Auflage, hrsg. von der Gesellschaft für Ausbildungsforschung und Berufsentwicklung (GAB). München/Mering: Rainer Hampp Verlag.

Bender, Walter (1997): Teambuilding – Gemeinsamkeit als Fiktion. In: e&l – erleben und lernen. Zeitschrift für handlungsorientierte Pädagogik 2/1997.

Bonarius, Silke (1992): Brüder des Abenteuers vergaßen schon immer egozentrische Macken. Erlebnispädagogische Ansätze aus dem letzten Jahrhundert finden Anwendungen im Management-Training und in der Therapie. In: Management und Seminar 7&8/1992.

Buer, Ferdinand (2007): Zehn Jahre Format und Verfahren in der Beziehungsarbeit – Zur Rezeption einer bedeutsamen Unterscheidung. In: Organisation – Supervision – Coaching, Heft 3.

Carpenter, Peter (1997): Die Ursprünge von Outward Bound. In: e&l – erleben und lernen. Zeitschrift für handlungsorientierte Pädagogik 3&4/1997.

Carpenter, Peter (2000): Outward Bound. Die ersten Jahre. In: e&l – erleben und lernen. Zeitschrift für handlungsorientierte Pädagogik 2/2000.

Datzberger, Andreas (2003): Outdoor-Trainings als erfahrungs- und handlungsorientiertes Lernarrangement in der Erwachsenenbildung. Diplomarbeit eingereicht an der Fakultät für Philosophie und Bildungswissenschaften der Universität Wien.

Dorsch Psychologisches Wörterbuch (2004). Hrsg. von Hartmut O. Häcker und Kurt-H. Stapf, 14. vollständig überarbeitete und erweiterte Auflage. Bern/Göttingen/Toronto/Seattle: Verlag Hans Huber.

Duden (1996). Rechtschreibung der deutschen Sprache, 21. völlig neu bearbeitete und erweiterte Auflage. Mannheim/Leipzig/Wien/Zürich: Dudenverlag.

Duden. Etymologie Herkunftswörterbuch der deutschen Sprache (1989), 2. völlig neubearb. und erweiterte Aufl. Mannheim/Leipzig/Wien/Zürich: Dudenverlag (=Duden Band 7).

dtv – Wörterbuch Pädagogik (2004), hrsg. von Horst Schaub und Karl Zenke, 6. Aufl. München: dtv.

Düppe, Anuschka (2004): Outdoor-Training als betriebliche Weiterbildungsmaßnahme unter besonderer Berücksichtigung seiner historischen Entwicklung. Dissertation zur Erlangung des akademischen Grades eines Dr. phil. Universität der Bundeswehr München: Fakultät für Pädagogik.

Eckern, Monika und Nico Schad (1998):„See me, feel me, touch me, heal me…“ Erlebnis und Therapie = Erlebnistherapie?. In: Zu neuen Ufern. Internationaler Kongress erleben und lernen. Hrsg. von F. Hartmut Paffrath. Alling: Sandmann.

Edding, Cornelia (1999): Die Domestizierung der Gruppendynamik. In: Gruppendynamik: Geschichte, Theorien, Methoden, Anwendungen, Ausbildungen. 3. Aufl., hrsg. von Oliver König. Wien/München: Profil.

Einwanger, Jürgen (2006): Erlebnis…?. In: Wirksam lernen, weiter bilden, weiser werden. Erlebnispädagogik zwischen Pragmatismus und Persönlichkeitsbildung. Hrsg. von Alex Ferstl und Christiane Thiesen. Augsburg: ZIEL.

Einwanger, Jürgen (Hg): Mut zum Risiko. Herausforderungen für die Arbeit mit Jugendlichen. München: Reinhardt 2007.

Erler, Ingolf (2004): Selbstdisziplinierung des flexiblen Menschen. In: Pädagogisierung. Die Kunst, Menschen mittels Lernen immer dümmer zu machen! Hrsg. von Erich Ribolits und Johannes Zuber. Innsbruck, Wien, München, Bozen: Studienverlag (= Schulheft 116).

Ernst, Michael (2001): Drei Prototypen von Erlebnispädagogik. In: Zeitschrift für Erlebnispädagogik 1&2/2001.

Ewald, Thomas (1994): Kritisches zur Erlebnispädagogik. Die geschichtlichen Wurzeln gegenwärtiger Irrationalismen. In: Jugendreport 4/1994.

Fahr, Heike (1997): Der Trend hält an – Studie zur Angebotssituation in Deutschland. In: e&l – erleben und lernen. Zeitschrift für handlungsorientierte Pädagogik 2/1997.

Fahr, Heike (1996): Empirsche Erhebung deutscher Anbieter von Outdoor-Trainings. Vom systematischen Vergleich zur Entwicklung praktischer Auswahlkriterien. Diplomarbeit eingereicht an der Fachhochschule Kempten-Neu-Ulm, Hochschule für Technik und Wirtschaft, Fachbereich Betriebswirtschaft, Studiengang Touristik 1996.

Ferstl, Alex, Peter Schettgen, Martin Scholz (Hrsg) (2004): Neue Wege der Transfersicherung bei handlungsorientierten Lernprojekten. Augsburg: ZIEL (Gelbe Reihe: Praktische Erlebnispädagogik).

Ferstl, Alex, Martin Scholz und Christiane Thiesen (Hrsg) (2006): wirksam lernen – weiter bilden – weiser werden. Erlebnispädagogik zwischen Pragmatismus und Persönlichkeitsentwicklung. Augsburg: ZIEL 2006 (Gelbe Reihe: Praktische Erlebnispädagogik).

Feuchthofen, Jörg: Lernen unter freiem Himmel. In: e&l – erleben und lernen. Zeitschrift für handlungsorientierte Pädagogik 2/1997.

Fritz, Jürgen (1981): Methoden des sozialen Lernens, 2. Aufl. München: Juventa.

Fischer Torsten und Jens Lehmann: Studienbuch Erlebnispädagogik. Bad Heilbronn: Klinkhardt 2009 (= Universitäts Taschen Buch 3191).

Fischer, Torsten und Jörg Ziegenspeck (2000): Handbuch Erlebnispädagogik. Von den Ursprüngen bis zur Gegenwart. Bad Heilbronn: Klinkhardt.

Fiedler, Cornelius (2008): Menschenbilder in der Erlebnispädagogik. Augsburg: ZIEL.

Fürst, Walter (1992): Die Erlebnisgruppe. Ein heilpädagogisches Konzept für soziales Lernen. Freiburg im Breisgau: Lambertus.

Galuske, Michael (2002): Methoden der Sozialen Arbeit. Eine Einführung, 4. Aufl. Weinheim/München: Juventa (=Grundlagentexte Sozialpädagagogik/Sozialarbeit, hrsg. von Thomas Rauschenbach).

Geißler, Karlheinz (2004): Bildung und Einbildung. In: Pädagogisierung. Die Kunst, Menschen mittels Lernen immer dümmer zu machen! Hrsg. von Erich Ribolits und Johannes Zuber. Innsbruck, Wien, München, Bozen: Studienverlag (=Schulheft 116).

Geißler Erich und H-W Wollersheim (1987): Kurt Hahns Menschenbild. In: Kurt Hahn. Lüneburg: Klaus Neubauer (=Schriften/Studien/Dokumente zur Erlebnispädagogik 2).

Gilsdorf, Rüdiger (2004): Von der Erlebnispädagogik zur Erlebnistherapie. Perspektiven erfahrungsorientierten Lernens auf der Grundlage systemischer und prozessdirektiver Ansätze. Bergisch Gladbach: EHP.

Gilsdorf, Rüdiger und Kathi Volkert (Hrsg) (2004): Abenteuer Schule. Augsburg: ZIEL.

Gilsdorf, Rüdiger und Günter Kistner (1995): Kooperative Abenteuerspiele. Praxishilfe für Schule und Jugendarbeit. Seelze-Velber: Kallmeyersche Verlagsbuchhandlung.

Gilsdorf, Rüdiger und Günter Kistner (2001): Kooperative Abenteuerspiele II. Praxishilfe für Schule, Jugendarbeit und Erwachsenenbildung. Seelze-Velber: Kallmeyersche Verlagsbuchhandlung.

Görg, Christoph (2004): Globalisierung. In: Glossar der Gegenwart. Hrsg. von Ulrich Bröckling, Susanne Krasmann und Thomas Lemke. Frankfurt/Main: Suhrkamp 2004.

Großer, Michael (2003): Outdoor für Indoors. Mit harten Methoden zu weichen Zielen, 2. überarb. Aufl. Augsburg: ZIEL.

Gruber, Elke (2004): Pädagogisierung der Gesellschaft und des Ich durch lebenslanges Lernen. In: Pädagogisierung. Die Kunst, Menschen mittels Lernen immer dümmer zu machen! Hrsg. von Erich Ribolits und Johannes Zuber. Innsbruck, Wien, München, Bozen: Studienverlag (= Schulheft 116).

Gudjons, Herbert (1987): Spielbuch Interaktionserziehung. 3. Aufl. von „Praxis der Interaktionserziehung. Bad Heilbrunn: Klinkhardt.

Gudjons, Herbert (2003): Pädagogisches Grundwissen. Überblick-Kompendium-Studienbuch, 8. aktualisierte Auflage. Bad Heilbrunn: Klinkhardt.

Händel, Ulf: (1995): Aufbruch ins Offene. Outward Bound als Ereignis. Lüneburg: edition Erlebnispädagogik.

Händel, Ulf (1995a): Variationen zum Thema Erlebnispädagogik. In: Wege Moderner Erlebnispädagogik. Hrsg. von Hubert Kölsch. München: Sandemann.

Harenberg Kompaktlexikon in 5 Bänden (1994): Band 5: Sao-Z. Hrsg. von Bodo Hardenberg, 2., teilw. überarb. Ausgabe. Dortmund: Harenberg.

Heckmair, Bernd und Irmelin Küthe (1993): Qualifikationsprofil Erlebnispädagoge – Versuch einer Standortbestimmung. In: e&l – erleben und lernen, Zeitschrift für handlungsorientierte Pädagogik 2&3/1993.

Heckmair, Bernd und Franz-Josef Wagner (1997): Outdoor-Training – von der Exotik zur Normalität. In: e&l – erleben und lernen. Zeitschrift für handlungsorientierte Pädagogik 2/1997.

Heckmair, Bernd und Werner Michl (1998): Erleben und Lernen. Einstieg in die Erlebnispädagogik. Neuwied/Krieftel/Berlin: Luchterhand.

Heckmair, Bernd und Werner Michl (2002): Erleben und Lernen. Einstieg in die Erlebnispädagogik, 4. erw. und neu überarb. Aufl. Neuwied/Krieftel/Berlin: Luchterhand.

Heckmair, Bernd und Werner Michl (2008): Erleben und Lernen. Einstieg in die Erlebnispädagogik, 6. überarb. und erw. Aufl. München/Basel: Reinhardt.

Heckmair, Bernd, Werner Michl und Ferdinand Walser (Hrsg) (1995): Die Wiederentdeckung der Wirklichkeit – Erlebnis im gesellschaftlichen Diskurs und in der pädagogischen Praxis. Allingen: Sandmann.

Heibutzki, Henry (1992): Eine Mischung aus Rambos Bruder und Courths-Mahlers Schwester. In: Management und Seminar 7&8/1992.

Herzog, Fridolin (Hrsg) (1997): Erlebnispädagogik. Schlagwort oder Konzept?, 2. unveränderte Aufl. Luzern: Edition SZH/SPC.

Höhne, Thomas (2003): Pädagogik der Wissensgesellschaft. Bielefeld: Transcript.

Höhne, Thomas (2004): Pädagogisierung sozialer Machtverhältnisse. In: Pädagogisierung. Die Kunst, Menschen mittels Lernen immer dümmer zu machen! Hrsg. von Erich Ribolits und Johannes Zuber. Innsbruck, Wien, München, Bozen: Studienverlag (=Schulheft 116).

Hogan, Martin James (1966): Die Gründung der ersten Outward-Bound-Schule. In: Bildung als Wagnis und Bewährung. Eine Darstellung des Lebenswerkes von Kurt Hahn. Hrsg. von Hermann Röhrs. Heidelberg: Quelle und Meyer.

Hufenus, Hans-Peter und Astrid Habiba Kreszmeier (2000): Wagnisse des Lernens. Aus der Praxis der kreativ-rituellen Prozessgestaltung. Bern/Stuttgart/Wien: Haupt.

Jagenlauf, Michael (1993): Lernen durch Herausforderung – die Bedeutung der Erlebnispädagogik für das Bildungsmanagement lernender Organisationen. In: e&l – erleben und lernen. Zeitschrift für handlungsorientierte Pädagogik 2&3/1993.

Klawe, Willy und Wolfgang Bräuer: Erlebnispädagogik zwischen Alltag und Alaska. Praxis und Perspektiven der Erlebnispädagogik in den Hilfen zur Erziehung. Weinheim/München: Juventa.

König, Andrea und Stefan König (2005): Outdoor-Teamtrainings. Von der Gruppe zum Hochleistungsteam, 2. überarb. Aufl. Augsburg: ZIEL.

König, Eckhard und Peter Zedler (2002): Theorien der Erziehungswissenschaften. Einführung in Grundlagen, Methoden und praktische Konsequenzen, 2. überarb. Aufl. Weinheim/Basel: Beltz.

Kolbinger, Martin Lu (1999): Subjektive Theorien zur Wirkung von Erlebnispädagogik bei Jugendlichen mit speziellen Erziehungsbedürfnissen. In: F. Hartmut Paffrath, Alexandra Salzmann, Martin Scholz (Hrsg): Erleben, Forschen, Evaluieren, Wissenschaftliche Forschung in der Erlebnispädagogik. Tagung Hochschulreform Erlebnispädagogik. Augsburg: ZIEL.

Kölbinger, Mario: Blut, Schweiß und Training. Outdoor-Seminare. In: Manager Seminare 20/1995.

Kreszmeier, Astrid Habiba: Das Schiff Noah – Dokumente einer therapeutischen Reise. Weitra: Austria.

Kron, Friedrich (1999): Wissenschaftstheorie für Pädagogen. Mit 25 Abbildungen und 9 Tabellen. München/Basel: E. Reinhardt (=UTB für Wissenschaft: Grosse Reihe).

Kron, Friedrich (2001): Grundwissen Pädagogik, 6. überarb. Aufl. München/Basel: Reinhardt (= UTB für Wissenschaft: Grosse Reihe).

Krüger, Heinz-Hermann (2002): Einführung in Theorien und Methoden der Erziehungswissenschaft, 3. durchgesehene Aufl. Opladen: Lesek + Budrich (= Einführungskurs Erziehungswissenschaft, hrsg. von Heinz-Mermann Krüger, Bd. 2).

Kunert, Hubertus (1973): Deutsche Reformpädagogik und Faschismus. Hannover: Schroedel.

Kupfer, Heinrich (1966): Die Periode der Anfechtungen und Gefährdungen. In: Bildung als Wagnis und Bewährung. Eine Darstellung des Lebenswerkes von Kurt Hahn. Hrsg. von Hermann Röhrs. Heidelberg: Quelle und Meyer.

Kupfer, Heinrich (1984); Der Faschismus und das Menschenbild in der deutschen Pädagogik. Frankfurt/Main: Fischer Taschenbuch Verlag.

Langenscheidts Großes Schulwörterbuch Englisch-Deutsch (1974): Hrsg. von Heinz Messinger und Werner Rüdenberg, 3. Aufl. Wien: Langenscheidt.

Leibner, Katrin (2004): Ausbildung zum Erlebnispädagogen – Anspruch und Wirklichkeit, Diplomarbeit an der Evangelischen Fachhochschule Freiburg, Fachbereich Sozialpädagogik. Freiburg.

Lenzen, Dieter (Hrsg) (2004): Pädagogische Grundbegriffe. Unter Mitarbeit von Friedrich Rost. Bd.1:Aggression bis Interdisziplinarität, 7. Auflage. Reinbeck bei Hamburg: rowohlt.

Lenzen, Dieter (Hrsg) (2005): Pädagogische Grundbegriffe. Unter Mitarbeit von Friedrich Rost. Bd. 2: Jugend-Zeugnis, 7. Auflage. Reinbeck bei Hamburg: rowohlt.

Majce-Egger, Maria (Hrsg) (1999): Gruppentherapie und Gruppendynamik – Dynamische Gruppenpsychotherapie. Theoretische Grundlagen, Entwicklungen und Methoden. Wien: Facultas (= Bibliothek Psychotherapie 9).

Mann, Golo (1966): Kurt Hahn als Politiker. In: Bildung als Wagnis und Bewährung. Eine Darstellung des Lebenswerkes von Kurt Hahn. Hrsg. von Hermann Röhrs. Heidelberg: Quelle und Meyer.

Meier-Gantenbein, Karl F. (2000): Ermöglichen statt erziehen. Bausteine einer erlebnispädagogischen Didaktik. Freiburg im Breisgau: Lambertus.

Michl, Werner (1998): Über riskante Wahrheiten und wahre Risiken. Gedanken zur Erlebnispädagogik. In: „Tatort" Erlebnispädagogik. Spurensicherung, Qualifizierung, Einsatzorte, Handwerkszeug. Hrsg. von Gerd Stüwe und Rainer Dilcher. Frankfurt/Main: Fachhochschulverlag.

Michl, Werner (1999). Zur Einführung. In: Metaphern – Schnellstraßen, Saumpfade und Sackgassen des Lernens. Internationaler Kongress „erleben und lernen", hrsg. von Cornelia Schödlbauer, F. Harmut Paffrath und Werner Michl. Augsburg: ZIEL.

Miner, Joshua (1966): Die Outward Bound Bewegung in den USA. In: Bildung als Wagnis und Bewährung. Eine Darstellung des Lebenswerkes von Kurt Hahn. Hrsg von Hermann Röhrs. Heidelberg: Quelle und Meyer.

Müller, Wolfgang (2002): Outdoor Training für Fach- und Führungskräfte: Event oder Personalentwicklung? Düsseldorf: Verlag Dr. Müller 2002.

Mutzeck, Wolfgang (2000): Verhaltensgestörtenpädagogik und Erziehungshilfe. Bad Heilbrunn: Klinkhardt.

Nasser, Dirk (1993): Erlebnispädagogik in Nordamerika. Eine Darstellung am Beispiel „Project Adventure" Das reformpädagogische Modell und seine grundlegende Bedeutung. Mit einem Vorwort von Hans Josef Buchkremer. Lüneburg: edition Erlebnispädagogik.

Nellessen, Lothar (1999): Der Preis der Konsolidierung. In: Gruppendynamik: Geschichte, Theorien, Methoden, Anwendungen, Ausbildungen. 3. Aufl., hrsg. von Oliver König. Wien/München: Profil.

Neubert, Waltraud (1990): Das Erlebnis in der Pädagogik. Mit einem Vorwort von Karl Sauer und einem Nachtrag von Jörg Ziegenspeck. Lüneburg: Verlag edition erlebnispädagogik (= Schriften – Studien – Dokumente zur Erlebnispädagogik 7).

Ostenrieder, Mark und Michael Weiß (1994): Erleben – Lernen – Kooperieren. Innovation durch erfolgreiches Miteinander. München. Fachhochschulschriften Sandmann (= Soziale Arbeit in der Wende 18).

Oelkers, Jürgen (1995): Zum Verhältnis von Erleben und Erziehen. In: Die Wiederentdeckung der Wirklichkeit – Erlebnis im gesellschaftlichen Diskurs und in der pädagogischen Praxis. Hrsg. von Bernd Heckmair, Werner Michl und Ferdinand Walser. Alling: Sandmann. (= Themenhefte praktischer Erlebnispädagogik).

Oelkers, Jürgen (1998): Erlebnis oder Erziehung als Erlebnis? In: Zu neuen Ufern. Internationaler Kongress erleben und lernen. Hrsg. von F. Harmut Paffrath. Alling: Sandmann.

Orthey, Frank Michael (2004): zwielichtiges lernen. In: Pädagogisierung. Die Kunst, Menschen mittels Lernen immer dümmer zu machen! Hrsg. von Erich Ribolits und Johannes Zuber. Innsbruck, Wien, München, Bozen: Studienverlag (= Schulheft 116).

Ostenrieder, Mark und Michael Weiß (1994): Erleben – Lernen – Kooperieren. Innovation durch erfolgreiches Miteinander. München: Fachhochschulschriften Sandmann (= Soziale Arbeit in der Wende 18).

Pädagogische Grundbegriffe (2004): Hrsg. von Dieter Lenzen.7. Auflage. Reinbek bei Hamburg: Rowohlt.

Paffrath, F. Hartmut, Alexandra Salzmann, Martin Scholz (Hrsg): Erleben, Forschen, Evaluieren, Wissenschaftliche Forschung in der Erlebnispädagogik. Tagung Hochschulreform Erlebnispädagogik. Augsburg: ZIEL.

Paffrath, F. Harmut (Hrsg) (1998): Zu neuen Ufern. Internationaler Kongress erleben und lernen. Alling: Sandmann.

Paffrath, F. Harmut und Michael Rehm (1998): Exkurse – Ergänzungen – Diskussionen. In: Zu neuen Ufern. Internationaler Kongress erleben und lernen. Hrsg. von F. Hartmut Paffrath. Alling: Sandmann.

Petzold, Hilarion (2004): Vorüberlegungen und Konzepte einer integrativen Persönlichkeitstheorie. 2. erw. Aufl. Paderborn: Junfermann (= Integrative Therapie 1).

Pielorz, Anja (1991): Werte und Wege der Erlebnispädagogik Schule Schloß Salem. Neuwied/Berlin/Kriftel: Luchterhand (= Schriften zur Erlebnis- und Reformpädagogik 1).

Pfreimer, Georg und Stefan Jenuwein (2004): „Draußen sein, um drinnen besser zu werden. In: Der Nutzen des Nachklangs. Neue Wege der Transfersicherung bei handlungs- und erfahrungsorientierten Lernprojekten. Hrsg. von Alex Ferstl, Peter Schettgen und Martin Scholz. Augsburg: ZIEL.

Positionierung der Erlebispädagogik in Oberösterreich. Richtlinien. Amt der Oberösterreichischen Landesregierung, Abteilung Jugendwohlfahrt, Altstadt 30, 4021 Linz, Jänner 2004.

Priest, Simon (1997): Interview mit Simon Priest. In: e&l – erleben und lernen 2/1997.

Priest, Simon und Michael Gass (1999): Techniken der unterstützenden Prozessbegleitung. In: Metaphern – Schnellstraßen, Saumpfade und Sackgassen des Lernens. Hrsg. von Cornelia Schödlbauer, F. Hartmut Paffrath und Werner Michl. Internationaler Kongress „erleben und lernen“ Augsburg: ZIEL.

Pretzl, Walter (1999): Die Farbe des Himmels. Möglichkeiten, Grenzen und Probleme der Erlebnispädagogik in einer Zeit wachsender gesellschaftlicher und ökologischer Unsicherheit. Aachen: Mainz.

Puschnig, Andreas (2000): Der Markt für Outdoor-Trainings – eine Qualitätsanalyse der Angebotsstruktur. Diplomarbeit im Fachbereich Pädagogik an der Universität Trier 2000.

Puschnig, Andreas (2002): Der Markt für Outdoor-Trainings. In: e&l – erleben und lernen. Zeitschrift für handlungsorientierte Pädagogik 1/2002.

Rechtien, Wolfgang (1999): Geschichte der Angewandten Gruppendynamik. In: Gruppendynamik: Geschichte, Theorien, Methoden, Anwendungen, Ausbildungen. 3. Aufl., hrsg. von Oliver König. Wien/München: Profil.

Rehm, Michael (1996): Der erlebnispädagogische Prozess – ein Stufenmodell zur Analyse. In: e&l – erleben und lernen. Zeitschrift für handlungsorientierte Pädagogik. 5/1996.

Rehm, Michael (1996b): Erläuterungen zur englischsprachigen Literatur im Bereich der Erlebnispädagogik. In: e&l – erleben und lernen. Zeitschrift für handlungsorientierte Pädagogik 2/1996.

Renner, Hans-Georg und Jochen Strasmann (2000): Outdoor-Seminare in der betrieblichen Praxis – eine Einführung. In: Outdoor. Das Outdoor-Seminar in der betrieblichen Praxis. Hrsg. von Hans Georg Renner und Jochen Strasmann. Hamburg: Windmühle.

Reiners, Annette (1993): Praktische Erlebnispädagogik: neue Sammlung motivierender Interaktionsspiele, 3. Aufl.-München: Fachhochschulschriften Sandmann (= Soziale Arbeit in der Wende 8).

Reiners, Annette (1995): Erlebnis und Pädagogik: praktische Erlebnispädagogik; Ziele, Didaktik, Methodik, Wirkungen. München: Fachhochschulschriften Sandmann.

Reiners, Annette (2011): Praktische Erlebnispädagogik. Neue Sammlung motivierender Interaktionsspiele, 8. überarb. Auflage. Augsburg: ZIEL.

Reiners, Annette (2009): Praktische Erlebnispädagogik 2. Neue Sammlung handlungsorientierter Übungen für Seminar und Training – Band 2. 2. überarb. Auflage. Augsburg: ZIEL.

Renner, Hans-Georg (2000): Das Outdoorseminar in der betrieblichen Praxis. Hamburg: Windmühlen.

Ribolits, Erich und Johannes Zuber (Hrsg) (2004): Pädagogisierung. Die Kunst, Menschen mittels Lernen immer dümmer zu machen! Innsbruck, Wien, München, Bozen: Studienverlag (= Schulheft 116).

Ribolits, Erich (2004): Pädagogisierung. In: Pädagogisierung. Die Kunst, Menschen mittels Lernen immer dümmer zu machen! Hrsg. von Erich Ribolits und Johannes Zuber. Innsbruck, Wien, München, Bozen: Studienverlag (= Schulheft 116).

Ribolits, Erich (2004b): Exkurs: Gorz André: Wissen, Wert und Kapital. In: Pädagogisierung. Die Kunst, Menschen mittels Lernen immer dümmer zu machen! Hrsg. von Erich Ribolits und Johannes Zuber. Innsbruck, Wien, München, Bozen: Studienverlag (= Schulheft 116).

Ribolits, Erich (2004c): Vom Lehrer zum Lerncoach? In: Pädagogisierung. Die Kunst, Menschen mittels Lernen immer dümmer zu machen! Hrsg. von Erich Ribolits und Johannes Zuber. Innsbruck, Wien, München, Bozen: Studienverlag (= Schulheft 116).

Ribolits, Erich (2004d): Vom Lehrer zum Lerncoach? In: Ribolits, Erich und Johannes Zuber (Hrsg): Pädagogisierung. Die Kunst, Menschen mittels Lernen immer dümmer zu machen! Innsbruck, Wien, München, Bozen: Studienverlag (= Schulheft 166), S. 11.

Richter, Gustav (1966): Die deutschen Kurzschulen-ihre Entstehung und Entwicklung. In: Bildung als Wagnis und Bewährung. Eine Darstellung des Lebenswerkes von Kurt Hahn. Hrsg von Hermann Röhrs. Heidelberg: Quelle und Meyer.

Rohnke, Karl, (1977): Cowtrails & Cobras. A Guide to Ropes Courses, Initiative Games, and other Adventure Activities, Project Adventure: Hamilton.

Rohnke, Karl: High Profile (1981): A how-to Book for Building, Belaying and Use of indoor Climbing Walls and selected Robe Course Elements, Project Adventure 1981.

Rohnke, Karl (1984): Silver Bulle. A Guide to Initiative Problems, Adventure Games, Stunts and Trust Activities, Project Adventure 1984.ts

Rohnke, Karl (1989): Cowtails and Cobras II. A Guide to Games, Initiatives, Ropes Courses & Adventure Curriculum, Project Adventure Inc: Dubuque, Iowa.

Rohnke, Karl and Steve Butler (1995): Quicksilver. Adventure Games, Intitiative Problems, Trust Activities and a Guide to Effictive Leadership, Project Adventure.

Röhrs, Hermann (Hrsg) (1966): Bildung als Wagnis und Bewährung. Eine Darstellung des Lebenswerkes von Kurt Hahn. Heidelberg: Quelle und Meyer.

Röhrs, Hermann (1966): Die pädagogische Provinz im Geiste Kurt Hahns. In: Bildung als Wagnis und Bewährung. Eine Darstellung des Lebenswerkes von Kurt Hahn. Hrsg. von Hermann Röhrs. Heidelberg: Quelle und Meyer.

Röhrs, Hermann: Die Reformpädagogik. Ursprung und Verlauf unter internationalem Aspekt. 6. Aufl. Weinheim/Basel: Beltz (= UTB 8215).

Roscher, Sandra (2005): Erziehung durch Erlebnisse. Der Reformpädagoge Kurt Hahn im Lichte von Zeitzeugen. Augsburg: ZIEL.

Rousseau, Jean Jacques (1993): Emil oder Über die Erziehung. Vollständige Ausgabe. In deutscher Fassung besorgt von Ludwig Schmidts, 13. unveränderte Auflage. Paderborn, München, Wien, Zürich: Schönigh.

Schaarschuch, Andreas, Gaby Flösser und Hans-Uwe Otto (2001): Dienstleistung. In: Handbuch Sozialarbeit. Sozialpädagogik. Neuwied, Kriftel: Luchterhand.

Schad, Niko (1993): Erleben und miteinander reden – Reflexionsmodelle in der Erlebnispädagogik. In: Zeitschrift für Erlebnispädagogik 2&3/1993.

Schenz, Axel (2006): Erlebnis und Bildung. Die Bedeutung des Erlebens und des Erlebnisses in Unterrichts- und Erziehungsprozessen. Karlsruhe: Universitätsverlag.

Schilling, Johannes (2004): Anthropologie. Menschenbilder in der Sozialen Arbeit. Neuwied: Luchterhand.

Schlich, Jutta (1994): Grande Passion – drei Versuche, Kurt Hahns Erlebnistherapie in die heutige Wirklichkeit zu übersetzen. In: e&l – erleben und lernen. Zeitschrift für handlungsorientierte Pädagogik 6/94.

Schneider, Rainald (2006): Pädagogisierung und Erlebnispädagogik. Überlegungen zur Interaktion von Ökonomie und Pädagogik im Handlungsfeld der Erlebnispädagogik. In: Wirksam lernen, weiter bilden, weiser werden. Erlebnispädagogik zwischen Pragmatismus und Persönlichkeitsbildung. Hrsg. von Alex Ferstl und Christiane Thiesen. Augsburg: ZIEL.

Schödlbauer, Cornelia, F. Hartmut Paffrath, Werner Michl (Hrsg): Metaphern – Schnellstraßen, Saumpfade und Sackgassen des Lernens. Internationaler Kongress erleben und lernen. Augsburg: ZIEL.

Schödlbauer, Cornelia (1997): Metaphern. Ein Beitrag zur erlebnispädagogischen Methodik, Ethik und Ästhetik. In: e&l – erleben und lernen. Zeitschrift für handlungsorientierte Pädagogik 3&4/1997.

Schödlbauer, Cornelia (1999): Von Schnellstraßen, Saumpfaden und Sackgassen. Metaphern als zielstrebige Umwege des Lernens. In: Metaphern – Schnellstraßen, Saumpfade und Sackgassen des Lernens. Internationaler Kongress „erleben und lernen" Hrsg. von Schödlbauer, Cornelia, F. Hartmut Paffrath, Werner Michl. Augsburg: ZIEL.

Schödlbauer, Cornelia (2000): Metaphorisches Lernen in erlebnispädagogischen Szenarien: eine Untersuchung über handlungsorientierte Lehr-Lern-Prozesse. Hamburg: Kovac.

Schott, Thomas (2003): Kritik der Erlebnispädagogik. Würzburg: Ergon (= Systemische Pädagogik 5, hrsg. von Ines Breinbauer, Lutz Koch. Volker Ladenthin, Jürgen Rekus).

Schörghuber, Karl und Günter Amesberger: Gibt es erlebnsipädagogische Grundannahmen. Entnommen aus http://www.iao.at/Artikel/ep-grundanahmen.htm am 31.03.2005.

Schreier, Helmut (1991): John Dewey. Ein Wegbereiter der Modernen Erlebnispädagogik?. Neubauer: Lüneburg (= Wegbereiter der modernen Erlebnispädagogik 28).

Schüepp, Monika Flückiger (1991): Die Wildnis in mir: mit Drogenabhängigen in den Wäldern Kanadas. Mit einem Vorwort von Michael Gass. Alling: Sandmann.

Schwarz, Karl (1968): Die Kurzschulen Kurt Hahns. Ihre pädagogischen Theorien und Praxis. Ratingen bei Düsseldorf: Henn.

Sertl, Michael: A Totally Pedagogised Society. In: Pädagogisierung. Die Kunst, Menschen mittels Lernen immer dümmer zu machen! Hrsg. von Erich Ribolits und Johannes Zuber. Innsbruck, Wien, München, Bozen: Studienverlag (= Schulheft 116).

Siebert, Walter und Stefan Gatt (1998): Zero Accident. Qualitätsstandards für erlebnisorientierte Wirtschaftstrainings. In: Zu neuen Ufern. Internationaler Kongress erleben und lernen. Hrsg. von F. Hartmut Paffrath. Alling: Sandmann.

Siegrist, Herbert: Arge Noah. Das österreichische Jugendschiff – Ein erlebnispädagogisches Jugendprojekt. In: Zeitschrift für Erlebnispädagogik 4/1993.

Sommerfeld, Peter (1993): Erlebnispädagogisches Handeln. Ein Beitrag zur Erforschung konkreter pädagogischer Felder und ihrer Dynamik. München/Weinheim: Juventa (= Edition soziale Arbeit. Hrsg. von Hans Uwe Otto und Hans Thiersch).

Stüwe, Gerd und Rainer Dilcher (1998): „Tatort" Erlebnispädagogik. Spurensicherung, Qualifizierung, Einsatzorte, Handwerkszeug. Frankfurt/Main: Fachhochschulverlag.

von Hentig, Hartmut (1966): Kurt Hahn und die Pädagogik. In: Bildung als Wagnis und Bewährung. Eine Darstellung des Lebenswerkes von Kurt Hahn. Hrsg von Hermann Röhrs. Heidelberg: Quelle und Meyer.

Warzecha, Birgit (1994): Das Erlebnis in der Gestalttherapie – Bestandsaufnahme und Visionen. In: e&l – erleben und lernen. Zeitschrift für handlungsorientierte Pädagogik 6/94.

Weber, Helga und Jörg Ziegenspeck (1983): Die deutschen Kurzschulen. Historischer Rückblick – Gegenwärtige Situation – Perspektiven. Weinheim und Base: Beltz.

Weiss, Kurt (1992): Menschenbilder in der Erlebnispädagogik. In: Erlebnispädagogik. Mode, Methode oder mehr?. – München Sandmann.

Witte, Matthias (2002): Erlebnispädagogik: Transfer und Wirksamkeit – Möglichkeiten und Grenzen des erlebnis- und handlungsorientierten Handlungslernen. In: Zeitschrift für Erlebnispädagogik 5&6/2002.

Wörterbuch der Pädagogik (2005). Hrsg. von Winfried Böhm unter Mitarbeit von Frithjof Grell, 16. vollständig überarb. Aufl. Stuttgart: Kröner.

Zett, Silvie unter Mitarbeit von Nadja Abdelghani und Inga Knickrehm (2004): Historischer Rückblick, aktuelle Situation und erlebnispädagogische Relevanz am Beispiel des „Verbands Christlicher Pfadfinderinnen und Pfadfinder" (VCP), des „Pfadfinder- und Pfadfinderinnenbundes Nord" (PBN) und des „Bundes der Pfadfinderinnen und Pfadfinder" BdP. In: Zeitschrift für Erlebnispädagogik 8&9&10/2004.

Ziegenspeck, Jörg: (1990): Erlebnispädagogik. Grundsätzliche Anmerkungen mit nachfolgenden Literaturhinweisen zu einer wissenschaftlichen Praxis und praktischen Wissenschaft.-In: Waltraud Neuber: Das Erlebnis in der Pädagogik, Mit einem Vorwort von Karl Sauer und einem Nachtrag von Jörg Ziegenspeck. Lüneburg: edition Erlebnispädagogik.

Ziegenspeck, Jörg (1992): Vorbemerkungen. – In: Andreas Bedacht, Wilfried Dewald, Bernd Heckmair, Werner Michl, Kurt Weis (Hrsg): Erlebnispädagogik: Mode, Methode oder mehr? München: Fachhochschule München, Fachbereich Sozialwesen.

Ziegenspeck, Jörg (1992b): Outward Bound. Ein erlebnispädagogischer Fachbegriff wurde aus der von kommerziellen Interessen diktierten Vereinnahmung durch den Verein „Deutsche Gesellschaft für Europäische Erziehung e.V." befreit. In: Zeitschrift für Erlebnispädagogik 1&2/1992.

Ziegenspeck, Jörg (Hrsg) (1987): Kurt Hahn: Erinnerungen – Gedanken – Aufforderungen. Beiträge zum 100. Geburtstag des Reformpädagogen. Lündeburg: Neubauer.

ziel

Gelbe Reihe : Praktische Erlebnispädagogik

Ulrich Lakemann (Hrsg)

Wirkungsimpulse von EP und Outdoor-Training

Empirische Ergebnisse aus Fallstudien
185 Seiten, Format 20 x 24 cm
57 Abbildungen und Fotos
19,80 € (D) / 20,40 € (A) / 35,00 sFr
ISBN 978-3-937 210-48-3 (Hardcover)

Wirken Erlebnispädagogik und Outdoor-Trainings? Profis sind davon überzeugt, bekommen aber manchmal durchaus Probleme, wenn ihre Auftraggeber eine exakte Prognose spezifischer Wirkungen verlangen. Kritiker bezweifeln hingegen grundsätzlich einen Transfer erlebnispädagogischer Erfahrungen in das Alltagsleben.
In diesem Buch werden die Ergebnisse einiger Fallstudien vorgestellt, die einer Evaluation mit qualitativen Methoden unterzogen wurden. Ausgehend von einem systemtheoretischen Konzept der Wirkungsimpulse werden zahlreiche Bedingungen verdeutlicht, unter denen sich die Wirkungen erlebnispädagogischer Kurse und Outdoor-Trainings nachhaltig entfalten können oder blockiert werden.

Pit Rohwedder

Outdoor Leadership

Führungsfähigkeiten, Risiko-, Nofall- und Krisenmanagement für Outdoorprogramme
188 Seiten, Format 20 x 24 cm
73 Abb. / Graf. / Tab.
19,80 € (D) / 20,40 € (A) / 35,00 sFr
ISBN 978-3-940 562-00-5 (Softcover)

Outdoorprogramme erfreuen sich nach wie vor zunehmender Beliebtheit. Das Buch möchte dazu einladen, differenzierte Führungsfähigkeiten zu entwickeln und konzentriert sich dabei hauptsächlich auf die weichen Faktoren (soft skills) für den Umgang mit Menschen in diesen Programmen. Hilfreiche Modelle aus der Persönlichkeits- und Sozialpsychologie liefern dabei praxisnahes Wissen. Die vorgestellten Risikomanagementstrategien bieten eine Vielzahl von Möglichkeiten zur Unfallvermeidung und berücksichtigen dabei neueste Erkenntnisse aus der Human Factor Forschung. Da sich auch bei größter Vorsicht Unfälle nicht völlig verhindern lassen, werden bewährte Ablaufstrukturen zum Notfall- und Krisenmanagement vorgestellt. Abschließend wendet sich das Buch der Erstellung von Sicherheitskonzepten zu.

Andrea Zuffelato, Astrid Habiba Kreszmeier

Lexikon Erlebnispädagogik

Theorie und Praxis der Erlebnispädagogik aus systemischer Perspektive
279 Seiten, Format 20 x 24 cm
19,80 € (D) / 20,40 € (A) / 35,00 sFr
ISBN 978-3-937 210-97-1 (Softcover)

Von Abenteuer bis Zirkularität lädt das Nachschlagewerk auf eine Studienreise durch die vielseitige Begriffswelt pädagogischer Arbeit ein. Wort für Wort erschließt sich eine Theorie, die wertvolle Brücken zwischen handlungsorientierter Lernpraxis und aktuellen systemischen Ansätzen schlägt. Die drei Kapitel Fachvokabular, Methoden und Impulsartikel bilden einen übersichtlichen Rahmen und die Möglichkeit, Themen einzeln oder in ihrer Vernetzung zu erforschen. Andrea Zuffellato und Astrid Habiba Kreszmeier vom Institut planoalto verknüpfen erlebnispädagogisches und systemisches Vokabular mit ihrer langjährigen Praxiserfahrung und bieten mit diesem Lexikon sowohl ein Grundlagenwerk für pädagogische Professionen als auch eine kompakte Sammlung zur Inspiration für Menschen aus Beratung und Therapie. Ein Beitrag zur Wirklichkeitskonstruktion für lebendiges Lernen in Gegenwart und Zukunft. Ein hilfreicher Wegbegleiter für Praktiker/-innen, Forscher/-inne, Schreiber/-innen, Studierende und solche, die es noch werden wollen.

Mart Rutkowski

Der Blick in den See

Reflexion in Theorie und Praxis
292 Seiten, Format 20 x 24 cm
zahlreiche Abbildungen / Spiele und Übungen
19,80 € (D) / 20,40 € (A) / 35,00 sFr
ISBN 978-3-940 562-48-7 (Softcover)

Der erfahrene Erlebnispädagoge und Trainer Mart Rutkowski beschreibt verständlich und klar, was Reflexion ist und wie sie imerlebnispädagogischen Rahmen stattfinden kann. Er richtet sich dabei nicht nur an Experten, sondern will vor allem Anfänger in die Thematik einführen. Anhand vieler lustiger und nützlicher Anekdoten aus dem Alltag als Erlebnispädagoge beschreibt er zunächst lebendig die theoretische Seite der Reflexion. Von der richtigen Wahl der Reflexionsmethode über die Gestaltung der geeigneten Atmosphäre bis hin zum Umgang mit Jugendlichen bei Reflexionsrunden werden alle relevanten Themen behandelt.
Im Mittelpunkt stehen zahlreiche praktische Tipps und Hinweise – aus der Praxis für die Praxis. Über 50 erprobte Reflexionsmethoden versprechen für jede Situation das richtige Werkzeug. Durch verständliche Beschreibung und zusätzliche Hilfestellungen, wie einleitende Worte oder Trainings-Beispiele, sind diese meist sofort umsetzbar. Viele Illustrationen und Beispiele aus dem Alltag des Erlebnispädagogen machen selbst komplexere Methoden anschaulich.

Fordern Sie den aktuellen Verlagskatalog an oder sehen Sie ins Internet: www.ziel-verlag.de

ziel

Bestellungen bitte an:
ZIEL – Zentrum für interdisziplinäres erfahrungsorientiertes Lernen GmbH
Zeuggasse 7–9, 86150 Augsburg
Tel. (08 21) 420 99 77, Fax (08 21) 420 99 78
E-Mail: verlag@ziel.org

Die Bücher unserer „gelben Reihe" zu erlebnispädagogischen und handlungsorientierten Themen – meist im Hardcover – sind eine ideale Verknüpfung von theoretischem Wissen und Anwendung in der Praxis. Die anregende und abwechslungsreiche Gestaltung, anschauliche Grafiken und die verständliche Sprache erhöhen den Gebrauchswert der Publikationen.

Online **www.ziel-verlag.de**
... und bei Ihrem Buchhändler!